国家开放大学开放教育·现代物业管理专业系列教材

2007年度国家精品课程（网络教育）教材
首届全国广播电视大学省建优质课程教材

Property Management Practice II

物业管理实务II

主　编　黄安心
副主编　黄宇航　王　丽

广东高等教育出版社
Guangdong Higher Education Press
·广州·

图书在版编目（CIP）数据

物业管理实务Ⅱ/黄安心主编．—广州：广东高等教育出版社，2022.3（2024.8重印）
（国家开放大学开放教育·现代物业管理专业系列教材）
ISBN 978－7－5361－7161－9

Ⅰ．①物… Ⅱ．①黄… Ⅲ．①物业管理－开放大学－教材 Ⅳ．①F293.347

中国版本图书馆CIP数据核字（2021）第249754号

WUYE GUANLI SHIWU Ⅱ

出版发行	广东高等教育出版社 地址：广州市天河区林和西横路 邮编：510500　电话：（020）87551597 http://www.gdgjs.com.cn
印　　刷	东莞市雅达彩印有限公司
开　　本	787毫米×1 092毫米　1/16
印　　张	22.75
字　　数	472千
版　　次	2022年3月第1版
印　　次	2024年8月第2次印刷
定　　价	59.00元

内 容 提 要

《物业管理实务Ⅱ》是物业管理实务的分类管理和实习部分，是通过物业分类管理和物业管理实习来具体消化基础理论的理论知识，包括物业管理的实际工作内容、工作程序、工作方法和工作要求等。本课程共两编：上编为物业分类管理，包括物业分类管理概述、居住物业管理、商务物业管理、工业物业管理和特种物业管理五章；下编为实习指导，包括物业管理实习概述，物业前期介入、承接查验与收楼实务，房屋装修与管理，设备管理实操，智能化设施的维护与管理，物业公共秩序管理实务，绿化管理，清洁卫生管理，服务管理，物业服务收费管理实务和档案资料管理等，共十一章。

本书是国家开放大学开放教育物业管理（专科）专业统设必修课指定使用的教材。同时也可以作为高职高专物业管理专业核心课程的教材，还可以作为物业管理行业企业员工培训和职业技能鉴定培训教材。

前 言

从20世纪80年代开始，随着改革开放的推进，专业化的物业管理模式也被引进到国内，并且随着我国经济体制改革的深化，专业化的物业管理已从城市新建住宅小区的范围扩展到不动产领域。而且管理领域也在继续拓展，物业管理服务领域在住宅小区、写字楼（含机关办公楼）、工业厂房、仓库、学校、医院、机场、酒店、超市、商场、农贸市场、广场、步行街、高速公路、会展中心、体育场馆、博物馆、图书馆、科技馆、汽车赛场、寺庙等基础上，又拓展到剧院、地铁、福利院、孤儿院、烈士陵园、农村等领域。文琳行业研究发布的《物业管理行业深度研究报告》显示，截至2017年年末，全国物业业态占比分别是住宅物业69.85%、商业物业8.65%、办公楼物业9.12%、公众物业1.76%、产业园区物业4.12%、学校物业1.65%、医院物业0.60%、其他物业4.25%。近几年来物业管理服务对住宅物业的渗透率明显提升。据中指研究院数据测算，2020年全国住宅面积为193亿平方米，如按存量面积300亿平方米测算，则2020年存量住宅物业渗透率为53.5%，仍有很大提升空间。2021年12月17日发布的《住房和城乡建设部办公厅关于印发完整居住社区建设指南的通知》提出了建设“完整居住社区”的概念、要求和标准，明确要求实现“物业管理全覆盖”。随着人们对美好生活的追求越来越迫切，专业的物业管理服务从高级消费品变成普通消费品。物业管理行业已成为与房地产开发并行的房地产业子行业，也成为与我国经济社会协调发展，与广大人民生活、工作息息相关，与其他服务业并驾齐驱、前景广阔的新兴服务行业。

物业管理行业的发展推动物业管理教育事业的发展，国家开放大学和广州开放大学共享开放教育物业管理专业的开设，顺应了时代的要求，为我国培养了物业管理高级应用型人才。

《物业管理实务Ⅰ》和《物业管理实务Ⅱ》是开放教育试点物业管理

专业核心必修课程。其中，《物业管理实物Ⅱ》是物业分类管理与实习指导部分，内容涉及学习者理论知识运用能力和业务技能培养的问题。

本教材在编写过程中，吸取了其他已出版的物业管理专业分类管理和实践教学课程教材的优点，并吸收、融汇了近年来高校及物业服务企业物业管理培训、实习与实践教学的新经验、新成果。在物业分类管理部分，综合了物业分类管理的理论及借鉴了实际工作的经验，在分类细化管理、物业管理新领域拓展、特种物业管理的关注等方面力求有新的改观；在实习指导部分本着实用、够用的原则，选择了物业服务企业关键岗位的重点业务工作知识模块，主要针对物业管理与服务实务性业务工作流程、方法的掌握来展开知识学习和实习，区别于物业管理理论课程和管理能力培训课程，对应的是教学大纲实践教学中的“专业见习”与“毕业实习”实践教学课程，物业管理专业“综合实训”中侧重于实操技能实训将在相关专业课程实践教学中实现，侧重于职业管理能力训练的部分在“物业管理职业能力训练”课程中实现。本教材力求突出重点，以满足学生的学习和就业的需要。

经过多年来的发展，物业行业和物业学科已经有了巨大的变化，党的十八以来，一系列有关物业管理政策法律法规的出台，特别是2021年1月1日《民法典》的实施，本教材第2版已不适应这些变化，修订出版新版教材势在必行。新版教材仍然按大纲要求修改，在保留第1版教材的精华和基本结构的基础上，尽可能与新的政策、法律法规保持一致。本教材部分篇章做了较多修改，如城市服务成为重要业务领域，做了修改；智能化设施的维护和管理，近十年产生了较多的新技术，做了较大修改；清洁卫生管理增加了垃圾分类和涉及清洁社区防疫；服务管理部分，根据目前服务竞争做了调整；物业服务收费管理实务部分增加了如何做预算等。同时吸收了物业管理学科及专业教育教学研究的成果，特别是吸收了远程开放教育条件下物业管理专业人才培养模式改革和专业教学模式、专业实践教学模式探索的成果，实习指导部分修改了部分内容。修改后的教材内容更加科学，教学功能更加完善有效，实现了教材的政策的现实性、理论的前瞻性、实践的针对性的有机统一。

本教材由国家开放大学开放教育物业管理专业主持教师黄安心教授策划

并担任主编。第一章至第六章以及各分章的学习和实习指导部分由黄安心编写；第七章至第十六章由黄宇航、王丽等编写。全书由黄安心教授统稿。

在编写过程中，得到了国家开放大学、广州开放大学领导的大力支持和关心，得到了物业管理行业企业专家的大力支持。广州开放大学校长熊军、副校长孙彬在编写和审定过程中给予关心和支持。在调研、编写及教材试用过程中还得到了广州颐和酒店物业管理有限公司真诚的帮助。武汉理工大学李晨辉教授、广州大学陈德豪教授先后担任本教材的主审工作，暨南大学管理学院马建会博士、广州城市职业学院魏晓安高级工程师、广东理工职业学院龙丁玲老师参加本教材的审定工作，并提出大量中肯意见。吴文欣、何金磊、柏沐函、陈少芬、梅汉荣、黄澜屿等同志参加了资料收集与校对工作，在此深表感谢。

由于时间仓促，编者水平有限，书中如有不妥之处，恳请各位专家、老师、读者指正。

编　者

2022年1月20日于广州麓湖

目 录

上编 物业分类管理

下编　实习指导

上　编

物业分类管理

上编共五章，是物业分类管理部分，主要以目前国内外理论界通行的分类方法与标准为依据，围绕各类物业及物业管理的特点来展开分析阐述，介绍分类管理的原理及实务知识，力求掌握各类物业管理的特点和规律，提高分类管理的能力。可以通过课堂教学、网上讨论、查阅资料等理论学习的方式，以及参观见习、顶岗实习等实践学习的方式开展学习。

第一章　物业分类管理概述

【学习目标】

了解： 物业类型；物业分类的标准及方法。

掌握： 物业分类管理的含义与特点；现代物业的主要类型及特点；物业分类管理的意义；国外物业分类管理的产生与发展的动因、物业管理类型的划分。

重点掌握： 现代物业的分类管理趋向；现代物业管理的主要类型。

【学习概要】

本章的重点内容：物业分类管理问题的提出、实行物业分类管理的必然性、物业分类管理的趋向、现代物业分类管理的意义、物业分类标准及方法、现代物业的主要类型、现代物业的主要特点、物业管理类型的划分。

通过本章的学习，从宏观的角度认识物业分类管理的重要性，了解物业分类管理的基本方法和现代物业管理的主要类型，为后面的章节学习打下基础。

第一节　物业分类管理的趋向及意义

一、物业分类管理问题的提出

物业分类管理
问题的提出

（一）物业分类管理的含义与特点

物业分类管理是指物业服务企业为了实现物业管理活动的满意目标，根据物业的性能、特点及其变化，业主和物业使用人的需要，以及物业管理工作的资源条件情况，运用现代物业管理方法、手段开展的具有针对性的、专门化的物业管理活动。专业物业管理作为以企业化的方式开展的业主公共事务管理，应在保持物业功能正常发挥的前提下，始终以满足业主及物业使用人的需要为宗旨。为达到这一目的，物业服务企业必须对物业及房地产、管理科学等相关学科领域情况的变化有敏锐的察觉和恰当的应对，只有这样才能不断满足业主及物业使用人的需要，从而使物业服务企业在激烈的物业服务市场竞争中保持不败，自身利益才能得到保障。

物业分类管理是一个相对的范畴，物业服务管理从一开始就具有综合性和专业性，必须有专业人员和专门机构来施行，如早期的物业服务企业开展的清洁服务、保安服务、修缮服务等同样需要专业人员和专门的机构来完成。但真正的有针对性的、专门化的物业分类管理应该是物业专业公司出现之后才有。但同时物业管理市场需要这种分类的精细服务管理是其产生和发展的前提。

物业分类管理的特点主要有：一是物业管理主体的多样性。即物业分类管理是以专业化为前提，各种不同类型的专业公司的存在是物业分类管理的存在和发展的基础。二是物业分类管理对象的特定性。即物业分类管理是以特定的物业及业主为服务对象，是物业管理的具体化和细化，它区别于物业管理实务的理论部分所指的抽象意义上的物业（及物业类型）、业主。三是物业分类管理活动的竞争性。没有物业管理市场及物业管理市场的竞争性，物业分类管理也失去了活动的动力，物业分类管理就不可能有存在和发展的“温床”，在传统的物业“管制”体制下，不可能有物业分类细化管理。四是物业管理服务目标的双重性。物业分类管理以追求业主与物业使用人的满意和自身的效益为目标，这是由物业管理的行业独立性和物业服务企业的独立法人实体的性质决定的。五是物业分类管理手段的先进性。表明物业分类管理在物业管理及相关物业服务领域的科学技术应用上，具有先导性和快速反应性特征，以满足业主的现代化、时尚化、人性化的个性要求。

（二） 国外物业分类管理的产生与发展的动因

1. 社会分工是物业分类管理的前提条件

在国外，物业分类管理是随着物业管理市场的发展和社会分工的需要而发展的。在英国，微观上，19 世纪 60 年代伯明翰市的奥克维娅·希尔（Octavia Hill）最早为其出租物业制定了一套规范——约束租户的行为管理办法，要求承租者遵守，同时女房东希尔女士本人也及时对损坏的设备、设施进行了修缮，维护了起码的居住环境。这被视为最早的物业管理。在宏观上，伯明翰市政府为适应当时的工业发展的需要，从城市建设的角度出发，开创了由政府出面主持房地产即物业的成片开发、租赁、管理的先例。

为适应物业管理行业的社会分工发展的需要，英国政府对物业管理行业实行社会化管理，一般不干涉，而由住宅中介机构 ARMG（住宅管理协会——英格兰和威尔士地区唯一物业管理机构）负责协调。随着物业管理行业的发展，1868 年英国皇家测量师协会（半官、半民性质）成立，它实际上是准全国性物业管理协会。其所辖的 7 个技术专业小组成员，除履行各自的与房地产有关的专业技术职能外，均要同时承担物业管理职能。

在英国，任何人、任何公司都可以从事物业管理，只要具备条件，并领取营业执照即可。物业管理服务项目多、范围广，内容涉及物业建设的前后及使用的全过程。在此情况下物业服务企业间分工明确，物业管理中的小工程、小项目一般由综合性物业公司内部人员完成，而大中型工程、专业项目等专业性强的业务则一般采用承包方式由专业的物业服务企业完成。

在日本，物业分类管理始于第二次世界大战以后，驻日美军雇用日本人专事楼房等设施管理。例如，1952 年，驻东京的美国大使馆的设施管理业务，美国人就是委托给日本的专业管理公司。在此之前，日本的各种楼群管理是使用本公司的雇员搞清扫、开电梯以及做一些细小的修缮工作。1955 年，日本经济开始高速发展，高楼大厦拔地而起，物业管理行业的分工发展也达到一定水平，直到今日，日本的物业管理企业达 2 万家，其业务也由住宅物业管理业务发展到非住宅物业领域。

2. 专业化是物业分类管理的直接动因

物业管理起源于英国，但真正的现代的专业性物业管理却是于 19 世纪末至 20 世纪 30 年代在美国形成和出现的。公寓大厦、摩天大楼的出现及其管理的需要，以及物业管理组织芝加哥建筑物管理人员协会（Chicago Building Managers Organization，CBMO）、建筑物业主组织（Building Owners Organization，BOO）和建筑物业主与管理人员协会（Building Owners and Managers Association，BOMA）等专业性物业管理行业组织的成立，使美国的物业管理进入专业化管理时代。同时，受泰勒（F. W. Taylor）的科学管理理论的影响，使美国的物业管理走上科学管理的轨道。

美国物业管理专业化是其最显著的特点，其社会化分工十分明确，例如，发展商开发楼盘后一般不管理自己开发的物业。他们买下土地后，由财务公司做策划，请项目建设公司建造，委托专业销售商售房，然后找一家管理公司或业主进行管理。开发商是不愿意搞物业管理的，因为他们认为房地产开发与管理不同，房地产开发是生产领域，房地产管理是经营管理领域，聘请专业的物业服务公司比自行管理费用更少。另外，物业管理在美国已经十分专业化，开发商自己成立一个物业服务公司，很难得到人们的认可。物业服务公司一般也只负责整个住宅小区的整体管理，具体业务则聘请专业的服务公司承担。物业服务公司接盘后将管理内容细化后再发包给清洁、保安、设备维修等专业单位。例如，小区绿化由专业绿化公司来承担，保安由专业保安公司负责派人承担，维修交由专业维修公司按维修合同负责。对外招投标手续也不像国内那样复杂，一般由投标公司自己出方案，主要看对方的价位和服务承诺，最后由业主进行挑选。美国纽约市各类外包合同总金额约占全年物业管理总费用的 25%。而保安工作则由安检警察来做，安检警察隶属于警察局。因此，物业服务公司碰到的因保安人员不具备执法权，而对业主违规违约行为不能处理的问题就迎刃而解了。

3．市场需要是物业分类管理的客观条件

在美国，由于人们收入的提高，物业服务市场日益成熟，物业管理为社会所充分认可，并成为城市建设和管理的一个重要产业。一些有着优秀管理经验的物业服务公司，他们的服务领域，根据社会化需求可以无限扩展，如在美国排名第一位的物业服务公司世邦魏理仕，它的管理范围延伸到医疗、IT行业、教育、证券以及高科技企业等各类物业。一些物业服务公司在常规的服务之外，还提供洗衣、配餐、病人的运送及护理等社会服务内容，这就对物业服务公司提出了很高的技能要求，要求物业公司既要具备有效的管理手段，同时还要具备跨领域、全方位的专业服务能力。

4．科学的公司治理结构是物业分类管理的微观基础

在美国，对物业服务公司来说，每一个物业均是其盈利中心，每一个物业的管理单位或分公司都是一个完全独立的公司，每一个分公司都代表了一个地区，是一个独立核算的盈利中心，不存在相互间盈亏互补的情况。但作为一个公司来讲，出于战略考虑，其管理模式、管理制度、管理程序都是统一的，都实行标准化管理。如具有80年发展历史，排列世界500强的Service Master公司是一家从事物业管理的服务性专业公司，有25万名员工，在43个国家为超过1 200万家客户提供服务，年营业额超过73亿美元，并创造了连续30年股价稳定增长的骄人纪录。

从公司内部运作看，美国的物业服务企业的管理，一般以一名或多名注册物业经理为核心，其他人员围绕其开展工作，因此，一般规模不大。那么，管理服务的日常事务，就主要是通过外包的方式，由专业性企业承包，物业服务企业起一个总调度和总负责的作用。因此，往往只有几个人的公司，实际上管理着几百栋物业。专业化经营把看似飘忽无序的管理服务搬上了生产流水线，其结果是专业化导致成本降低、经费项目化、易监督，有利于改进运作方式；专业机构实施业务，有行业标准和约束，服务更规范。

5．物业管理专业人员的职业化管理制度的完备是物业分类管理的宏观保障

在美国，有一大批精通物业管理的专业化人才，并实行了职业经理人制度。所谓职业经理人是指以企业行政为第一要务，接受投资者聘用，根据合同条款，运用杰出的管理和经营手段，使企业发展和获取利润的专门人才。物业管理职业经理人在美国已成为一个新的社会阶层，对城市管理和社会发展起到十分重要的作用。美国的物业管理经理人有三类：一是楼宇经理，他们一般不与业主直接发生联系，在总经理不在的时候，负责楼宇日常的管理工作；二是物业经理，其职责主要负责联系相关代理商、拟订物业财务报表、物业招租等；三是资产经理，负责地区物业战略发展规划，对市场进行调研，确定管理物业的整合和取舍。随着物业管理的职业化，目前一般资产经

理与物业经理综合在一起，物业经理的部分职能转由楼宇经理负责。因此，在美国一小区的物业管理事务只需要一个职业经理人就可以了，且这个经理人在某些只租不售的楼盘内还兼管租赁事务和资产管理。

随着物业管理经理人职业化的发展，全美国物业管理协会也扩展了相应的资质培训和认定，针对大型居住、商业、工业物业和综合物业的管理者，给予注册物业管理经理人的资质认定。注册物业管理经理人需通过一系列考试，包括物业维护运营、人力资源管理、营销与出租、金融操作、资产管理、风险管理等。注册物业管理经理是房地产管理领域的杰出专业人员，这项资质是成为专业人士的重要标志。在美国，物业服务公司与业主签约后半途撤退属于违法，做不好就得自己掏腰包，因此优质物业和科技含量高的物业管理，实力差的公司和管理者就不敢去碰。这样，等级、资质的作用就充分显现出来。

6. 现代物业及物业管理中高科技、智能化的应用推动了物业服务企业的科学化、精细化的物业分类管理

在美国，大多数楼宇智能化程度较高，随着计算机网络技术的提高，楼宇自动化控制技术也逐渐成熟，一般的楼宇智能环境可以对内外部环境的变化快速做出反应，通过集成系统对楼宇进行科学、有效的控制和管理。这必须根据物业的科技含量情况和物业管理手段的科技水平，实施科学的分类管理。如高档楼宇通常采用封闭式管理。就是以楼宇为管理单位，用隔离体将楼宇与外界分开，在管理范围内对进出楼宇区域的人员、车辆等流动性因素进行控制管理，即人、车、重要物件进出必须登记。管理者对楼宇内治安、防火、清洁卫生、水电供应等全面负责。采用这种模式管理，集中规范。业主、住用户感到安全舒适与方便。这种模式多用于高档高层住宅楼宇和一些重要部门的高层办公楼宇。物业服务公司为了保证安全，在楼宇停车场、存车库、大堂、电梯内等人员流动量大的地方安装闭路电视监控系统，出入口安装电动控制闸门，楼宇内还有可视的对讲装置、报警装置，方便业主与保安的联系。楼宇内还有24小时的昼夜巡岗，保证楼宇大厦的绝对安全。

（三）国内物业分类管理的实践

香港的物业管理是顺应房地产综合开发的发展而派生出来的产物，它的产生，可追溯到第二次世界大战之后，早期的物业管理主要是“看更”服务，即由专人进行夜间巡逻等治安保卫工作。香港的专业性物业管理的出现是在20世纪50年代。1953年圣诞节晚上，一场大火将香港九龙石硖尾木屋区变成废墟，5万人无家可归，造成了严重的社会问题，迫使香港当局开始更大规模和更大型楼宇的建设，并相应地成立了房屋建设委员会，负责建设和管理较为正规的楼宇。为筹划和管理好一批新建的公共楼宇和屋村，还特地从英国聘来了房屋管理经理。至此，专业性物业管理人才、管理

概念和方法才正式引进香港，并于1966年成立了英国皇家物业经理学会香港分会。

20世纪60年代，随着“村屋计划”的实施，香港对物业管理也越来越重视，专业性的房屋管理逐步形成和完善，物业管理业也随之发展起来，并成为香港房地产业中一个日显重要的部门。到1992年底，全港就有专业物业服务公司450多家，其中规模较大的约100家。香港物业管理内容从楼宇、屋村的管理开始向其他细分市场领域迈进。香港楼宇、屋村管理的出现和发展都是由物业管理行业分工发展的客观情况决定的，其职责的性质、范围和要求，也都是随着客观情况的发展变化而逐步深化和发展的。英国屋宇管理协会香港分会积极宣传国外物业管理的先进主张，将楼宇、屋村管理界定为物业管理，并明确物业管理是一种服务行业，它为物业的所有业主、租户和居民提供服务。

从20世纪70年代起，香港开始推行共同围绕管理好和发挥好楼宇、屋村使用效益的公共契约制度，对发展商、管理公司、业主或租客的权利和义务都有明确规定，又与《房屋条例》《多层大厦（业主立案法团）条例》《规划条例》《建筑物条例》《消防条例》《公共卫生条例》《防止贿赂条例》等相关法律配套，相互为用，体现出依法管理的系统化、规范化、法制化。香港楼宇、屋村管理能有高水平，在很大程度上是由于管理人员具有较高的素质，而管理人员之所以能有较高的素质，则应归功于对培训工作的重视和建立了一整套严密的培训制度。为了提高工作水平，他们很重视对职员的教育和培养，提倡“一生功业在房署”、为公共房屋事业贡献力量，相应地设立了基层管理员和护卫员培训、初级管理阶层员工培训、中级管理阶层员工培训、高级及行政阶层管理职员培训课程，使管理人员都精通自己的业务，各项工作很有秩序，职责分明，工作效率高。

香港回归后，物业管理发展加速，制度逐步完善。2016年5月26日，香港立法会通过《物业管理服务条例》，并成立了物业管理业监管局，为实施强制性发牌制度提供了法律框架，并制定细则。物业管理业监管局的主要职能是通过给物业管理公司及物业管理人发牌，规范香港物业管理服务的管理及管制；推动物业管理专业行事持正，提高该行业从业人员的能力及专业性，维持和提升物业管理专业的地位。

随着20世纪80年代初物业管理在内地沿海地区的出现，80年代中后期深圳、广州、上海等沿海城市相继出台了地方版的物业管理条例，规范了物业行业行为，促进物业管理向专业化方向发展。广州珠江物业酒店管理有限公司从90年代初就开始引进香港第一太平戴维斯物业咨询公司的经营管理经验，采取物业承包的方式承接广东世贸大厦的物业管理业务，在物业分类管理方面较早进行探索；其活动空间现已遍及北京、上海、广州、武汉等10多个城市，承管了近200万平方米物业；其特色主要是专业化的外包物业管理服务；其业务范围涵盖了别墅、住宅小区、酒店式公寓、机关办公区、工业厂区、大型综合建筑、购物中心、大学、医院、部队营房等物业类型。

1994 年 3 月，在我国的沿海开放城市物业管理试点的基础上，建设部颁布了《城市新建住宅小区管理办法》，提出逐步推行“社会化、专业化”的管理模式，更进一步促进了物业管理向专业化、细分化的分类管理方向发展。深圳万科物业管理有限公司（现更名为万物云空间科技服务股份有限公司）也于 20 世纪 90 年代中后期，较早在物业分类管理方面进行探索。目前，其业务范围从核心的物业管理业，发展到涉及管理顾问、智能化工程、汽车美容、物业租赁等业务。在致力于持续提升住宅物业管理品牌的同时，积极介入多类型住宅物业的管理与服务，丰富品牌内涵，如提供机关物业管理及后勤服务，受建设部之重托，为建设部机关辖区提供后勤服务，为深圳市交通警察局大厦、深圳市交通监控中心等提供服务；提供军队物业管理及后勤服务，为中国人民解放军总后勤部司令部大院提供后勤服务；提供公共物业管理及后勤服务；为深圳市福景外国语学校、深圳青年学院、深圳市老干部活动中心等提供物业管理与后勤服务；管理经验输出，推动行业在全国的均衡发展；发展住宅小区智能化工程业务。深圳万科物业管理有限公司业务遍及北京、上海、南京、天津、沈阳、武汉、成都、深圳、郑州、南昌等大中城市。由此可见，目前物业管理业务范围和空间越来越大，分类细化管理是必然趋势，这也是国内小区物业管理发展的一个必然趋势。

随着物业管理行业的发展，一些大中型物业公司纷纷向物业分类管理进军。如上海陆家嘴物业服务公司坚持以市场化、专业化、社会化为手段，以规模化、品牌化、科技化为目标，实施管理规模和产权的有效整合，极力倡导和实践专业管理与专业服务相分离的物业分类管理战略，追求物业细分市场的突破。目前，其管理的物业面积达 1 400 万平方米，类型包括办公楼、公众物业、别墅、公寓、普通住宅、酒店公寓、商场、学校、厂房及生产要素交易市场等。

广州城建开发物业有限公司主要从事住宅小区（大厦）、商业楼宇管理，管理着 40 多个住宅小区和大厦，管理面积达 500 多万平方米。其特点是管理的物业面积与规模大，类型不多，但物业管理具体情况复杂，如二沙岛住宅小区，居住者主要是外国领事、港澳台商人等，管理方式不同于其他物业小区，在同一大类物业进行更细的分类管理是其特色。

深圳市中海物业管理有限公司介入写字楼、商场、商住区、别墅区等不同类型的高档物业达 100 余处，成为“中国第一大管家”。同时随着中海物业管理有限公司规模的迅速扩大，顺应专业化管理的发展战略的需要，中海物业管理有限公司成立中海电梯工程有限公司、中海楼宇科技有限公司（从事住宅小区及高档商住楼盘的机电设备保养和建筑自动化控制工程、系统集成和维护保养的专业性公司）和中海专业清洗工程有限公司，在物业分类管理方面迈出了较大的步子。

集高档甲级写字楼、高档涉外公寓、五星级酒店、大型展厅、商场及餐饮、会议、宴会、娱乐等配套设施于一体，被誉为“中国人民与世界人民相会之地”的北京中国国际贸易中心（简称国贸中心），在1998年成立了全资子公司——国贸物业酒店管理有限公司，成立的宗旨就是要通过该公司对外输出其成功的物业管理和酒店管理模式，促进物业管理和酒店管理的社会化、专业化。

2000年10月15日，中国物业管理协会成立，不但使物业行业走上了规范发展的轨道，而且也为物业服务企业的专业化提供强有力的行业性专业技术指导与支持。2003年6月13日，上海浦东出台了物业管理的分类服务标准，引导物业公司实行分类管理。2003年9月1日，正式实施的国务院《物业管理条例》，明确了房地产开发与物业管理相分离的原则，为物业分类细化管理提供广阔的空间和法律保障。该条例第三十九条规定："物业服务企业可以将物业管理区域内的专项服务业务委托给专业性服务企业，但不得将该区域内的全部物业管理一并委托给他人。"从鼓励和限制两个方面，保障了专业物业管理服务公司的发展。

2007年，《中华人民共和国物权法》[①] 颁布实施，《物业管理条例》进行了修改，物业管理行业迎来了规范发展的良好环境，物业分类管理不仅在范围上，而且在质量上都有全面发展。根据2007年全国物业管理行业生存状况调查反映，目前物业管理服务领域不仅在住宅小区扎根，而且在写字楼（含机关办公楼）、商业物业、特种物业全面推行，可以说物业管理已渗透到工业厂房、仓库、学校、医院、机场、酒店、超市、商场、农贸市场、广场、步行街、高速公路、会展中心、体育场馆、博物馆、图书馆、科技馆、汽车赛场、寺庙等基础上，又拓展到剧院、地铁、福利院、孤儿院、烈士陵园、农村等广泛的物业管理服务领域。

2008—2012年，国务院有三次在《政府工作报告》中提到要"大力发展物业服务业"。2012年12月，国务院印发了《服务业发展"十二五"规划》，提出了"十二五"期间物业服务业的发展目标、工作重点和保障措施。

自2020年春新型冠状病毒肺炎疫情发生以来，广大物业服务企业在疫情防控中，严格执行政府依法实施的防控措施，承担了大量具体工作，例如，不仅要在社区、写字楼、园区、商场等出入口设卡值守测温、查验健康码，严控人员进出，还要进行全方位无死角的清洁消毒，针对口罩等医疗垃圾进行分类收集、处理，为隔离观察业主提供基础生活物资、外卖接送等保护措施和服务，为疫情防控积极贡献力量，发挥了当之无愧的堡垒作用。

数字技术的快速发展和城市服务需求的加强，促进了物业分类管理的全面发展。2020年12月，住房和城乡建设部、工业和信息化部、公安部、商务部、卫生健康委、市场监管总局等6部门联合印发了《关于推动物业服务企业加快发展线上线下生活服务的意见》，要求加快建设智慧物业管理服务平台，补齐居住社区服务短板，推动物业

① 注：《物权法》于2021年1月1日废止。

服务线上线下融合发展，促进物业服务管理向细分化、全域化、生态化、智慧化方向发展。物业管理已经在社区生活服务、城市服务管理、社区治理和社区基层建设中发挥着不可替代的作用，不但推动物业服务企业提升服务质量，打通服务群众“最后一公里”，创造了行业新价值和新形象，而且推动物业管理服务从传统物业服务区域的“小物业管理”向城市服务“大物业管理”转型发展。具体表现在两个方面：一是物业分类管理往纵向和横向双向拓展。纵向拓展是指从住宅物业服务向商业物业服务、工业物业服务、特种物业服务等类型拓展；横向拓展是指物业服务区域的服务又向城市社区服务、街区公共服务管理以及城市管理方向拓展。二是经营管理由点向面拓展。即由物业服务区域资产管理向物业生命周期全域服务管理、由企业产品事业部经营管理向城市多业态全域服务方向拓展，不断提升物业分类管理的专业化水平。

二、实行物业分类管理的必然性

物业管理作为伴随房地产业快速发展起来的一个新兴产业，在国内外均为世人所瞩目。物业的种类繁多、构成复杂、关系众多、利益多元化等特点，已使物业的管理非纳入精细化的科学管理轨道不可。在物业管理行业的分工发展过程中，也需要推进物业分类精细化管理。物业分类管理适应了物业自身特点对管理工作的需要，同时又是物业管理行业发展、物业管理科学进步的必然。这样才能使物业管理行业发展壮大。

（一）物业管理业务覆盖面越来越宽

从理论上讲，凡有物业的地方就应有物业管理。无论是居住或非居住建筑物，还是与这些建筑物相配套的设备设施；无论是工业物业、商业物业，还是政府物业、学校物业，都应有物业管理。物业管理本身就是一个业务范围很宽的行业。从国外的物业管理实践情况看，物业管理的起步是从居住物业开始的，然后向非居住物业发展。我国物业管理的实践也是沿着这条轨迹发展进步的。随着智慧城市的出现和现代数字技术在物业管理中的广泛运用，我国物业管理行业进入全面转型升级发展时期，物业管理服务区域向城市全域发展，物业服务产品向城市多业态服务生态方向发展，覆盖了物业服务区域、城市公共服务管理区域及与物业管理服务相关的城市服务管理业务领域。

（二）物业管理行业的发展需要

物业管理在作为传统的房地产行业的子行业而存在的情况下，物业管理服务产品具有很强的附属性，主要管理目标是作为房地产营销的手段，促进房地产产品的销售，因而决定其管理目标的短期性、内容的单一性，分类管理缺少发展的环境条件。随着物业服务企业的数量增加、规模扩大以及社会化、专业化的发展，物业管理与房地产开发同业经营成为物业服务企业及物业管理行业进一步发展的制度性障碍。物业分类细化管理的呼声越来越高，行业定位的要求越来越高。2003 年 9 月 1 日开始实施的《物业管理条例》，明确了房地产开发与物业管理相分离的原则，为物业管理的分类管理打下了政策基础。2020 年 12 月，住房和城乡建设部等 6 部门联合印发的《关于推动物业服务企业加快发展线上线下生活服务的意见》推动物业分类管理走向城市服务全域空间，物业分类管理因此而获得了前所未有的全域发展政策空间。同时物业管理行业作为公共事业管理的一大领域，政府也需要根据行业特点和物业服务企业的类别，采用不同的调控方式和政策来推进物业管理参与城市治理活动，推进物业分类管理进程。

（三）物业的特点不同，管理的侧重点不同

物业具有种类繁多、构成复杂、关系众多、利益多元化等特点。从种类上看，有居住物业、商务物业、工业物业、医院学校等特种物业，它们的特点各不相同；从构成上看，有建筑物、设施设备、场地等，它们的特性各不相同；从耦合关系上看，有委托关系、管理关系、服务关系、协作关系、委托代理关系等；从利益分割上看，有因公共服务产生的公益、因经营性服务产生的私利。因而，物业服务企业很难用一种模式、一种方法、一种措施、一种手段来管理不同类型和特点、不同关系和性质的物业，而是需要进行科学的物业分类，由不同专长物业服务企业和物业管理专家来管理。

三、现代物业的分类管理趋向

现代社会物业的多样性、复杂性和动态性特性，以及物业服务企业化、社会化、专业化的要求，决定了物业管理工作的分类管理、细化管理的必然趋向，但从理论上讲，物业管理的分类管理要求是由物业管理内部激烈的市场竞争、行业的社会分工发展和物业管理日益社会化趋势决定的。

物业分类管理的趋势与意义

（一）物业服务市场细分化

物业服务企业要在行业竞争中立于不败之地必须在更专业的物业细分市场上找到新业务。从企业经营的角度考虑，物业服务企业要取得良好的经济效益，一方面要努力采取措施降低管理成本；另一方面要积极开拓经营渠道，扩大服务范围，在物业细分市场上找到新业务，从而增加收入。物业管理本身包含的业务范围非常广。物业服务企业在提供物业管理和服务的同时，还可以开展其他与物业有关的业务，如房屋中介、房地产法律咨询、房屋买卖代理、建筑装饰等项目；也可以在小区内部根据实际情况搞一些餐饮、商业服务项目；还可以以专业技术力量参与社区服务、街区公共服务管理和城市公共服务管理，提高城市管理专业化、智慧化水平。这样物业服务公司不但可以通过主业获得收入，还可以通过多种经营来提高经济效益。但是，我国目前的物业服务企业，并没有能够在此方面下功夫，即使对主业的个性化服务，开展得也

不够全面，多种经营业务就更谈不上了。物业管理虽然是个投资较小的行业，但物业服务企业却有许多业务有待拓展。物业服务企业必须看到物业分类管理、市场更加细化的趋势，加强经营意识，努力开拓经营，把业务跨行业、跨地区地开展起来。

（二）物业管理专业化与专门化

物业管理作为服务行业的新兴产业，竞争激烈，导致专业化的社会分工迅猛发展，物业分类管理成为必然要求。社会生产力的发展，社会分工越来越细，趋向于专业化，而这种专业服务的对象不是针对某一企业或行业，而是面向整个社会。社会生产服务的内容只有向专业化方向发展，服务水平才会有很大的提高，服务效率才能不断上升。物业管理也必须走向专业化发展的道路。物业管理行业虽然其社会分工发展起步晚，但发展快。

要实现物业管理专业化除了要有专门的组织机构，如专门化的物业服务公司；要有专业人员配备或可以合作的专业技术力量；要有现实或潜在的物业管理需求细分市场；要有开展对细分市场的科学分类、分析调研、市场定位、选择进入市场策略等物业分类管理技术活动。

现实或潜在的物业管理需求细分市场，在沿海开放城市物业细分市场已初现端倪。而内地的大城市也有很大的潜力。以居住物业为例，我国目前的物业服务企业对主业个性化服务开展得很不够，多种经营业务更未开展起来，这表明我国的物业管理在向专业化方向发展方面程度还比较低。其原因在于人民生活水平的制约和观念的影响。一方面，从住房角度来看，大多数城市家庭衡量生活水平的标准，主要还是看是否有住房和住房面积的大小上，还未从“有房住，住得下”，过渡到“住得好”的阶段。“住得好”是指要有良好的物业管理服务来保证房屋及设备正常运行，保证住宅区内治安好、绿化好、环境整洁、服务设施齐全。在许多大城市，一些高层住宅虽然结构、设备的建设标准比较高，但是管理却非常落后。一流的房屋必须配以一流的管理服务才能创造出一流的居住环境，这样才能满足生活水平不断提高条件下人们的居住要求。今后必须加强在这方面的引导，为物业管理的专业化创造条件。另一方面，从个人固定资产管理角度看，业务拓展空间更大，物业服务企业的专业化的物业中介服务更有优势。通过物业管理实现房屋的保值、增值是个人固定资产管理的必由之路，它将促进物业管理的专业化和分工发展。在此方面，物业服务企业大有潜力可挖。另外，房屋的固定性决定了周围环境对房屋价值的影响很大。良好的物业管理可以为居民创造出方便、安全、舒适、安静的居住环境，增加物业的价值。随着人们对房屋的保值、增值作用认识的增强，物业管理将会获得一个较好的发展空间和机会。

特别需要指出的是，大型投资机构与企业集团在对资产的重组与兼并、破产企业的资产的收购、资本运作与混合所有制改革等方面，更迫切需要专业的物业服务企业来参与管理。

物业服务企业开展对细分市场的物业分类管理技术活动必须要有必备条件做前提，主要是专业人才和技术手段。由于物业管理所涉及的领域颇为广泛，包括经营、管理、服务、维修、市场营销、财务等方面，物业管理人才应是多样化的，目前单项人才过剩，而懂物业管理与服务的复合型人才则奇缺。为了保证和提高管理水平和服务质量，物业服务公司应根据实际情况配备相关专门人才或与专业服务公司合作。除此以外，物业服务企业还要有先进的专业设备、工具的配备，这是实施物业分类细化管理的物质保证。

（三）物业服务需求多样化、个性化

随着人们收入的提高，业主或物业使用人的个体需要在层次上、数量上都会上升，业主与物业使用人的物业服务需求呈现越来越多样化、个性化的特征。物业服务企业所面向的是特定的物业区分所有权业主或特定的物业使用人，除了因物业引起的共同事务的管理服务外，还有大量的物业管理服务是针对特定的个体特殊需要的业务活动，它是物业管理服务的一个方面。物业服务企业的单一服务项目将会越来越多。近年来，高档别墅消费者越来越多，用什么样的物业管理理念、模式管好这些物业，满足客户的个性化需求是当前物业管理行业的热点问题。在上海的万科兰乔圣菲高档别墅区，万科物业公司依托多年的经验积淀，借鉴并融入现代酒店的管理理念和模式，对其相关的服务环节、内容、程序做进一步细化、延伸和提升。他们专门成立“管家部”，了解业主的需求，提供个性化服务。业主农艺园、宠物寄养所等新增服务品种，就是针对小区业主的不同需求而提供的个性化服务。海南富丽花园以现代商务模式进行物业管理，聘请专业物业公司提供专业细致的个性化人文服务，如代订机票、家政、清洁、保姆、钟点工服务等。

（四）物业管理服务的社会化

物业管理的日益社会化要求有针对性的个性化服务与精细化管理。首先，必须有具体化的分类管理。物业管理行业的社会分工还会出现物业管理工作的社会化的发展趋势，产生了房地产开发与物业管理分业经营的社会分工成果，以保证各自的经营效率。即使是开发商直属的物业服务公司，如果具备了物业管理的资质条件，也要鼓励其走向社会，通过竞争承接其他管理业务。同时要提倡物业服务公司跨省区接管各种类型的物业。其次，物业管理的社会化还表现在它是一项需要全社会的参与、监督，才能得以健康发展的事业。物业管理与每一位业主或物业使用者密切相关，所以必须有业主委员会代表业主来参与管理，进行监督，反映他们的意见和要求，以维护他们自身的合法权益；物业管理又涉及治安、消防、卫生保健、清洁环卫、水电供应等许多方面的问题，还涉及基层政府和居民委员会，因此，应由业主委员会、居民委员会

和有关部门、关联专业公司的积极参与，才能提高管理和服务质量，提高经济效益。另外，《民法典》对物业服务提供者也做出了多样化的规定，即除物业服务企业外其他管理人也可以作为物业服务人，这就为诸如物业管理师独立执业提供物业服务提供了法律依据。

但是，与海外的物业服务公司相比，我国物业管理的社会化程度还很低，每一项业务、每一种服务基本上都由物业服务公司来完成。这既增加了企业的开支，影响了企业的经济效益，也制约了社会分工的发展。另外，随着各种物业建设水平的提高，物业中配套的各种设备越来越先进，越来越复杂，如果物业服务公司独揽所有物业管理服务业务，就很难做到专业化、精细化，成本也会很高，不符合物业分类管理发展趋势，也很难提高服务质量。

在此方面，我国的香港地区提供了很好的经验。在香港，从事私人楼宇、商业大厦和公共屋村管理的物业服务企业人员组成非常少，物业服务企业将清洁、维修、保安、绿化等工作都以合同形式发包给专业公司、承包商去做。物业服务企业主要是按照合同开展一些管理、协调工作。除日常小修理需要少数维修人员外，不配备各种专业技术人员，物业服务企业其实是物业管理工作的组织者，这种管理的开支降低了，效率提高了。物业服务企业对承包的专业公司的选择采用竞争夺标、优胜劣汰的办法。这种社会化的经营管理方式很值得内地物业服务企业学习借鉴。目前沿海发达地区正在积极推进分类管理，一方面物业服务公司在业务重点和特色上有分类趋势，另一方面积极推行专项业务外包化，从而促进了专业分工、管理精细化，也提高了服务质量，赢得了业主的良好口碑，推动物业管理行业向分类管理、精细化管理和贴心服务方向发展。

四、物业分类管理的意义

现代物业的特点是人类社会发展对物业构建的要求与作用的结果。物业服务企业在实施对物业的管理过程中必须考虑物业的特点，多样性、复杂性、动态性的物业在管理上必须采取分类管理的方法进行具体化的管理。从物业服务企业经营的角度讲，有一个物业管理市场细分的问题；从物业服务的角度讲，有一个服务专门化和社会监督的问题；从政府管理的角度讲，有一个分类指导的问题。

（一）有利于政府对物业行业的分类指导与管理，促进物业管理行业的健康发展

物业服务企业作为为业主提供公共服务的组织，体现了政府的行政功能。因此政府应当制定各种适用于不同物业的物业管理法规，来规范物业企业的行为，从而体现“业主主权”的思想。国外非常重视政府对物业企业的指导与规范，在澳大利亚，从

事物业管理的企业必须有管理牌照，从业人员必须具备相应的专业知识和技能。由于物业分类较多，不同种类的物业有不同的特点，这就需要有不同的法律知识和专业技能，所以就产生了不同的物业管理牌照。例如，持居民住宅牌照的不能管理商业办公楼，而持工业用房牌照的不能管理购物中心大楼等。另外，这些物业服务公司或物业代理也受到政府监督和检查，若发现有违纪违法行为，将受到不同形式的处罚和制裁，如罚款、吊销或暂停执照，严重的甚至会判刑。中国物业管理协会和地方政府出台了各类物业管理服务的技术标准、团体标准和评价标准，为物业分类管理提供了质量标准、评估和质量监督管理依据。另外还通过对物业服务企业的市场保优汰劣的进出机制的建立来推进分类指导和管理。相信随着我国物业管理事业和物业管理行业的发展，物业管理法规、法律将会日益健全与完善，物业分类管理将更加专业化。

（二）有利于根据不同物业项目的特点来细分物业管理市场，开拓物业管理业务的空间

目前，国内物业服务企业的业务范围受房地产开发商的习惯性制度安排和政府传统的房屋管理思想的影响，主要从事物业的综合服务、公共事务管理等，而很少涉足固定资产管理、物业中介代理等领域。物业服务企业要在分类管理上有所作为，必须走出目前的物业管理与房地产开发的“混业经营”、物业管理后勤服务与工商业“主业”“混合运营”的桎梏，因为只有物业服务市场的充分竞争，才会有物业服务公司以满足业主需求为导向的经营战略重点的调整，才会考虑业主的多样化个性需求，分类管理才会成为物业服务公司的必然选择。房地产业和物业管理业“分业经营”，物业管理与其他工商业经营管理“分开运营”，不但凸显物业服务公司、物业服务经理人和从业人员的价值，增强职业荣誉感，而且也将推动物业服务企业走向市场化、健康发展的道路，将进一步促进物业分类管理。

（三）有利于促进物业服务企业在经营管理上的科学分工，促进物业服务企业服务的专门化和社会对物业服务质量监督的机制的建立

物业管理隶属于服务性行业，它的基本职能就是为业主、住户提供完美的服务。《中华人民共和国民法典》（以下简称《民法典》）将物业服务供给主体修改为“物业服务人”，进一步强化了服务主体的地位和服务意识，从市场经济的角度讲，物业服务企业所提供的产品就是物业服务产品，物业服务企业在接受业主委托后的物业服务过程中，主要是提供平等的物业服务，但也难免要对一些服务对象进行必要的管理，以保证物业设施设备正常运行和物业区域的正常秩序。物业服务企业必须有专业的技术力量、专门的服务，才能满足业主的多样化需要。由于物业管理服务囊括了社会群体，服务项目和内容之广没有边际。因此，在物业管理过程中，首先必须按服务项目与范围约定提供服务，保证物业服务的质量。在此方面，要发挥政府部门、物业所在地的

基层政权组织，如街道办事处、居民委员会、业主或业主委员会的作用，建立健全物业服务质量监督体系，确保业主利益，规范物业服务企业的管理与服务行为。这是基本的公共服务需求的满足，但不一定能使业主满意。这就需要发挥物业公司在考虑市场细分化的前提下，发挥专业人员、专门技术、专业公司、专门服务团队来为业主提供个性化的约定服务。这样才能满足业主的公共需求和个性化需求，从而使业主满意。

第二节 现代物业类型的划分及特点

物业类型的划分及特点

一、物业分类标准及方法

（一）物业分类标准与依据

物业分类的目的是为物业分类细化管理服务。没有科学细化的分类，不可能有物业分类细化管理。因此，物业分类是物业分类管理的前提，是物业分类管理的主要内容之一，它对推动物业管理向分类管理方向发展和政府规范物业管理行业的发展具有重要意义。

科学的分类必须有科学的标准。首先，物业作为不动产，其与房地产业经济活动密切相关，从房地产投资立项到开发建设，再到房地产流通、使用，都要涉及政府多个部门的参与、监控和管理，环节很多，政府行使行政管理活动的跨度也很大。物业分类方法必须考虑到房地产业的生产、经营活动。其次，物业作为物业服务企业的管理对象，必须考虑到管理功能的发挥，即物业分类应有利于物业服务企业在管理活动中创造效益。再次，政府对由物业形成的公共事务的宏观介入的需要，决定了物业分类对政府管理工作的重要性。针对不同的环节和内容存在不同的物业分类的问题，大多出在生产阶段和流通阶段。最后，与物业小区相关的自然与社会环境系统功能的优化和功能发挥，对物业分类同样提出要求，即分类应有利于生命安全与环境的管理，有利于人与自然的和谐。

（二）物业分类方法

1. 物业分类管理的发展需要科学的分类方法

现行物业分类主要是按房屋建筑自然性、使用性质为分类依据，在各类统计中使用的多是房屋分类方法。其弊端随着房地产业的发展越来越明显：一是分类不完整。完整清晰的概念与内涵是物业分类的基础，如居住物业类中只有集体宿舍和普通住宅两种；办公物业中只有国家机关和企事业单位的办公物业，而很少有商业写字楼。二是分类不科学。文化、娱乐和旅游业的利润率和服务性质都是有差异的，应该适当加以区分，但是在一些分类方法中两者混同。例如，游乐场、俱乐部、康乐中心等在有些分类中属于文娱物业，与博物馆、图书馆等分为一类，这显然是不利于政府对房屋的分类管理。三是分类不统一。在房地产管理实践中，各政府部门对住宅和公寓的界定分歧也很大。

在市场经济体制下，房地产作为商品，其分类的依据，在生产、流通、消费各经济运行环节中，应充分体现在商品属性、社会属性的特点与要求上。但是，各领域按照各自的分类要求，有各自的管理和统计口径。目前，国内还没有一个统一、规范的房屋和物业分类标准，给房地产管理带来了极大的不便和混乱。例如，政府部门在进行物业统计时，由于分类标准不同，各个部门的统计结果自然不同，政府无法准确知道各种物业的总量，也就没有办法进行科学决策。物业分类的不统一，也使得某些开发商有机可乘，利用分类的混乱谋取不法利益。如在开发时将项目申报为住宅，向国家缴纳较低的土地出让金和投资方向调节税；以高标准建成后，又可以高价出售，从业主处赚取高额利润。目前，我国的房地产开发商大多成立物业服务公司管理其开发的物业，这样又可以从业主处收取较高的物业管理费。这样做的后果是国家和住户的利益都受到了损失，而最大的受益者是开发商。另外，分类的混乱和不统一，也容易误导消费者，使消费者在房地产市场上无所适从，消费者也迫切希望政府规范物业的分类，以保护他们的合法权益。

2. 国内外主要分类方法

如前所述，物业分类是一个困难的事，国内外有不同的分类方法。美国学者罗伯特·C. 凯尔等根据不同物业管理所需要具备的知识不同将物业分为居住物业、商用物业、工业物业、特殊用途物业。这种划分方法也是目前国外普遍采用的划分方法。

国内的划分方法很多，黄安永在《物业管理辞典》（1999 年 5 月）中，提出为了使物业管理更加专业化、科学化，根据物业使用功能的不同将物业分为生活、办公、经营、生产等类型。杨振标等在《物业管理实务》中根据物业用途及物业管理开展的角度将物业分为居住类物业，工业类物业，办公、写字楼类物业，商场物业，酒店宾馆类物业，高级综合大厦、停车场及其他物业。

尽管在物业分类上有不同的看法，但通常的分类方法不外乎从功能与用途、收益性、权属、建筑物的高度及结构等角度进行分类。

3. 目前主要物业分类方法

（1）依据功能与用途的分类。

物业的主要功能就是满足人们的生产和生活的需要及其他需要，如公共需要等。满足人们生活需要的物业即居住物业，其他为非居住物业，包括满足人们生产需要的工业物业、农业物业和第三产业物业，如商业服务业。以及作为政府部门提供公共产品和准公共产品物质条件，满足公共需要的政府物业，如机关办公物业、广场园林物业等，也可称作公共性物业。还有满足特殊社会需要的特种物业，如寺院、教堂等物业。

以此为基本依据，物业按照用途可分为居住物业、工业物业、商务物业、特种物业、村镇物业五大类。有些物业还可根据工作需要进行细分，成为用途分类的二级目录，如商务物业可以分为写字楼物业、商业场所物业、会所物业、停车场物业，以及会议展览馆、车站、码头、文体、卫生等各类物业，以此类推，如果工作需要时，还可进行三级分类。对每种物业类别进行规范编码，以便进行科学管理。

（2）依据收益性的分类。

依据物业的收益性对物业进行分类，物业可分为收益性物业、有限收益物业、有限公益物业和非收益性物业四种类型。这种物业分类的目的是根据物业所处的作用位置，更好地发挥物业功能的潜力和物业资源社会经济价值。物业在社会经济活动中所处的位置，是物业资源社会配置的结果，只是人们生活、企业生产经营管理、政府公共管理等的社会需要而做出的安排，但都不能改变物业满足人们的物质与精神需要的效用性。

收益性物业是作为生产要素投入到生产经营活动中给业主带来直接经济收益的物业，如工业物业、商务物业、娱乐酒店等特种物业以追求经济收益为目的的物业。

有限收益物业是公益物业因资源的稀缺性原因，需要收取一定的费用，从而为业主带来一定的收益。如私立高校物业、一些紧缺的公共设施物业等。这类物业虽然本质是公益性物业，但兼有收益性特征。

有限公益物业是指收益性物业在特定的情况下被当作公益性物业来使用，或被依法征用于公益事业时，它应具有公益的属性。如物业服务企业的办公物业，本质是收益性物业，当它被用于小区公共事务管理或为业主提供公共服务时，它应具有公益的属性。私人物业如住宅、收益物业如企业厂房等在灾害出现时被政府征用于救灾，此时这些物业也具有有限的公益性。

非收益性物业则是不以营利为目的的物业。它又包括公益性物业和个人非经营性物业。公益性物业指由政府投资或部分公众出资，产权归国家所有或投资人共同所有，用于特定范围公共事务管理、公共事业发展需要的物业，如政府机关办公物业、广场园林物业、普通学校物业、公共卫生物业、公共体育物业等。个人非经营性物业指个人投资自建的产权归个人所有的，用于生活需要的物业，如私人住宅物业、私人花园物业等。

（3）依据权属的分类。

只有产权权属关系明确，产权人的权利义务才分得清楚，物业管理中的依法操作才能顺利、有效进行。依据物业权属关系分类，可将物业分为私有产权物业，如独立式私人住宅物业；社团产权物业，如学会、政党、教会等社团的房产及经营性物业；集体产权物业，如我国城乡集体组织的物业；区分所有权建筑物业，如商贸大厦物业、高层住宅物业等。

依据权属的经济性质分类，可将物业分为国有产权物业、集体产权物业、股份制产权物业、个人私有产权物业。国有产权物业如政府机关办公物业、国有企业物业、国有公共设施物业、公房等产权归国家所有的物业。集体产权物业如集体所有制企业物业、集体所有制房屋等。股份制产权物业是产权多元化条件下的股份制企业、事业单位的物业。个人私有产权物业则是产权归个人所有的物业，如私人住宅物业、个人所有商铺物业等。

（4）依据建筑物的高度及结构分类。

依据建筑物的高度及结构分类，可分为多层建筑物业，高层建筑物业，独立式住宅（别墅）物业，住宅小区物业，办公楼宇、工业区及其他物业。

多层建筑物业与高层建筑物业主要看其建筑高度或层次。在1972年的国际建筑会议上，把高层建筑分为四类：9~16层（最高到50米）、17~25层（最高到75米）、26~40层（最高到100米）、41层以上（高度在100米以上）。纯住宅型高层建筑层数为7层以上，并带有电梯的全部用于居住的高层物业。高层标准以下，两层以上的建筑则是多层建筑。

独立式住宅（别墅），其实别墅（Villa）的英文解释不过是城郊小屋或乡村住宅，国内目前出售的别墅和国外的独立屋（Single House）大体相同，而两幢或多幢连在一起的独立屋则被称为Townhouse（直译为市镇住宅），又称为联排别墅，它们的一个共同特点是每户有独立的街门对外，纵向房屋属于一户使用。

办公楼宇、工业区及其他物业，从建筑的角度分类，主要是由于某种物业用途的特定性，因而对建筑的结构要求也有特殊性，此类物业高度和楼层一般比较低，但商业繁华地带的办公楼则往往是鹤立鸡群，甚至是城市最高建筑。

（5）按照管理的性质分类。

按照管理的性质可分为委托管理物业、租赁经营物业、委托代理物业。

委托管理物业，即是接受开发建设单位或业主委员会委托管理的物业。物业服务企业对这类物业具有管理权，按照物业服务企业与业主委员会签订物业管理委托合同实施管理。

租赁经营物业，是指用于租赁经营的商业大厦、写字楼、工业大厦、批发市场等物业。物业服务企业对该类物业具有维护管理和租赁经营双重功能。盈利性是此类物业的主要特点。

委托代理物业，是指根据物业的不同特点，采取不同的委托代理方式管理的物业。对此类物业的管理方式是物业服务企业与专业公司建立合同关系，并且要对专业公司的服务进行及时的监督、检查和考核。而其本身的主要管理职能是物业的产权产籍管理、物业产权经营、中介服务（房地产估价、经纪及咨询等）、物业档案资料管理、物业维护计划的制订、整体管理计划的制订与组织实施、建立健全各种规章制度、做好群众工作和其他管理（如签订服务协议、办理入伙手续）等。

需要指出的是，现实中物业分类是不统一的，虽然物业服务企业、政府部门、理论界根据管理的需要做出不同的分类都有一定的合理性，即通过不同的分类，可以从不同的角度开展物业管理工作。但是，也会造成管理上的混乱，国家应制定物业分类标准，以便于物业管理行业的有序管理，以利于物业管理工作市场的统一，确保业主的利益。

二、现代物业的主要类型

目前，在分析现代物业的主要类型时，主要是从物业的用途的角度将物业划分为居住物业、商务物业、工业物业、特种物业、村镇物业五大类型（见图1－1）。

居住物业是建立于土地之上供人们生活居住的建筑物。现代居住物业多为房地产商品。它主要包括普通住宅、花园洋房、公寓、别墅等。

商务物业或商用物业是商务场所。它必须具有经营性、公众性和服务性特征。主要包括写字楼物业、商业场所物业、会所物业、停车场物业以及展览馆、车站、码头、娱乐场所等各类用作商务的物业。美国学者罗伯特·C. 凯尔等认为商用物业是一种私有但为公众提供商品、服务、设施和场地的场所，包括多种不同的收益性房地产，如办公楼宇、购物中心、百货商店、加油站和停车场等。

工业物业是指所有用于或适合于开展工业活动的场所，包括土地、建筑物及其辅助设施。具体来说包括土地及其上面的用于轻重工业生产的所有设施，如重工业房地产、轻工业房地产、厢房式建筑、仓储设施、小型仓储群、工业园区等物业。

特种物业是指除住宅小区物业、公共商业楼宇物业、高层办公楼宇物业和工业物业以外，有必要运用物业管理的方法实施管理的物业。主要有政府物业、酒店物业、服务性公寓、会展物业、文卫体物业以及其他特种物业等。具体来说，如政府机构所在地的房屋设施、酒店旅馆、俱乐部、游乐场、老年公寓、学生公寓、剧院、学校、寺院等都属于特殊用途物业。其共同特点是这类建筑被设计用来从事与其性质一致的特殊事业。

村镇物业主要是指农村及集镇社区的物业，该类物业主要用于满足农村及集镇的社区生产、经营、集市贸易及社会生活需要，从性质上看几乎涉及前述所有物业类型，但从物业功能作用上看，又相对较弱，是一种多功能物业杂合体。村镇物业主要包括农村住宅物业、集镇物业、乡镇企业物业、乡镇机关事业单位物业、城中村物业等类型。相对城市物业区域而言，其特点是建设规划标准较低、建筑质量较差、物业功能简陋、配套设施不齐、安全性较差、物业价值较低、物业服务需求差异大、整体管理服务需求及标准较低。

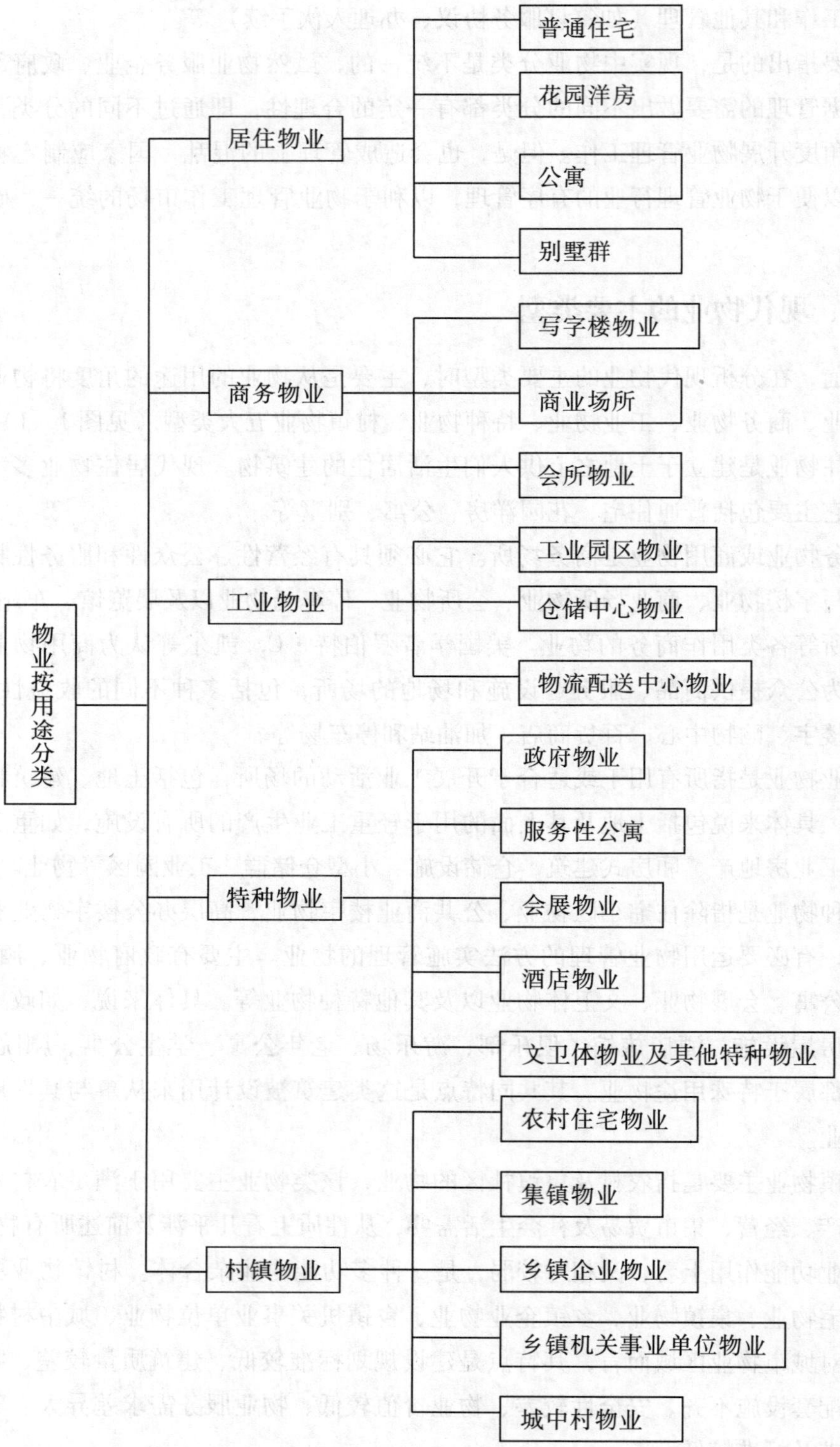
物业按用途分类
居住物业
普通住宅
花园洋房
公寓
别墅群
商务物业
写字楼物业
商业场所
会所物业
工业物业
工业园区物业
仓储中心物业
物流配送中心物业
特种物业
政府物业
服务性公寓
会展物业
酒店物业
文卫体物业及其他特种物业
村镇物业
农村住宅物业
集镇物业
乡镇企业物业
乡镇机关事业单位物业
城中村物业

图 1－1　物业的分类

三、现代物业的主要特点

随着数字化信息化时代的到来，人们的生产、生活发生了许多重大变化，为人类的生产、生活服务的物业也随之而发生变化。如原来的工厂只是生产产品的地方，机器、厂房、设施加上原材料、半成品等生产资料，而现在的工业园区，环境优美，厂房设施整洁有序。这主要是由社会的发展与时代的要求所决定和影响下形成的结果。知识更新日益加快，经济发展、人口膨胀、环境污染、地球变暖、资源短缺等一些时代特征和变化趋势，以及人们对改善自身生存环境的追求必然反映到对物业的要求上，改变着现代物业的建构的目的与理念，形成现代物业的发展趋势和特点。同时，物业管理的理念、管理模式、物业服务的业务内容、物业管理组织结构等将发生重大变革。新技术、新材料、新方法等将会持续不断地应用到物业管理行业，并将从根本上改变目前的物业面貌和人们的工作、生活方式。物业呈现多样性、复杂性、动态性的特性。在物业的构建上呈现出园区化、新异化、智能化、网络化、环保化、人性化等特点。

（一）园区化

由于人们向往生活环境的优美、安全、便捷、舒适等，以及工作环境的安全、快捷、经济、适用、优美等，而这些追求只有在物业的规模构建和企业化管理的条件下才能实现，因此物业的园区构建成为必然趋势。例如，居住物业从原来的散居到传统的居民村，由独体楼到花园小区，工业物业由分散的厂房到大工厂、工业园区或开发区，高校物业构建由分散的单个“围墙大学”到高教园区的“大学城”等。园区化的特征体现在建筑设施规模化、环境美化、独特的社区文化等。

（二）新异化

在不断满足人们的个性化需要下，现代物业构建也渐渐变得多样、新异，出现各式各样的花园别墅、花园式厂房等，物业的新异性非常明显。未来的物业将更富有创新性和个性特色，如建筑物追求曲线美、动态化；建筑物的外形和内部布局将动态可变，借助于铰链和滑道，墙壁和房顶可以重新设置排列组合，房间可大可小，建筑物可整体移动、旋转以适应光、风、景的变化；建筑外观的月台也将可调可变。总之，从内到外，建筑形式将求变、求新、求奇、求美。

（三）高技术条件下的智能化、网络化

未来的建筑强度高、重量轻、易成型。而且，耐用阻燃的高科技建筑材料将被广泛应用；超导磁悬浮电梯快而平稳；各种设备用网络联成一体，可由主电脑统一控制；室内声、光、电、温、空气质量可预先设定，自动调节；建筑物中遍布各种智能传感器以判定建筑物的细微变化，保证使用安全；先进的网络和各种智能系统使人们在家中健身、娱乐、学习、就医、办公、采购等都成为平常事。总之，许多可测不可测的

变化无不源于科技的进步与应用。如今已出现将各种家用自动化设备、计算机与网络系统、建筑技术与艺术有机结合，并实施网络式系列化物业管理，从而使人产生一种居住安全、环境健康、信息灵通、经济合理、生活便利、服务周到、温馨可人且能激发人的求知欲和创造性的“数字化住宅”或“智能化住宅”。

（四）环保化、人性化

随着社会经济、科技水平、建筑技术与艺术以及消费观念的发展变化，现代物业的构建越来越追求建筑物与自然和人的和谐统一。建筑设计、建筑空间布局、功能分区、设备配置、建筑色调、采光、通风等都将充分考虑人们生活使用的方便舒适，给人以轻松美感享受，有利于身心健康。同时，建筑选址、建筑材料生产、能源供应都将尽可能地把对环境与自然资源的破坏和影响减少到最低限度，建筑本体也将像适应自然的动植物一样出于自然之中。如今出现了各种环保化、人性化物业，如居住物业就有建筑材料、配套设备设施、周围环境达到无污染标准，景观优美宜人，居住舒适方便的“绿色住宅”；有住房设施条件先进，邻里之间乐于互助、关系融洽，物业管理功能完善且实行开放式管理，使众多住户具有归属感的“人性化住宅”；有贴近山、河、湖、海等自然风光，建筑风格别致且与自然环境协调，空气清新宜人，居住舒适方便的“景观住宅”；有亦租亦住的市域外或国外度假住宅；有满足不同类型人员，如文艺工作者、体育工作者、作家、教师、科研工作者、经理、大学生等不同消费习惯的住房需求；有适合于老年人居住需要的“功能性住宅”；等等。一些工业物业在人性化、环保化方面也迈出了重要步伐，如“花园式”工厂、“绿色”工厂在各地的出现都表明物业的环保化、人性化特点。

第三节　物业管理类型的划分

物业管理的类型及内容

现代物业管理的类型可以从不同角度进行划分。从传统的物业用途、功能作用实现的角度进行划分，物业管理类型包括居住物业管理、工业物业管理、商业物业管理、特种物业管理和村镇街区物业管理；从现代城市服务业务空间层次来进行划分，物业管理类型包括物业服务区域的管理服务、社区管理服务、街道（乡、镇）基层公共管理服务和城市（县、区）公共管理服务；从物业服务性质来进行划分，物业管理类型包括物业服务区域的公共服务、物业服务区域的物业经营服务、政府购买公共服务等。

一、从传统的物业用途、功能作用实现的角度进行划分

从传统的物业用途、功能作用实现的角度进行划分，物业管理可分为以下类型。

（一）居住物业管理

居住物业管理是对居住物业小区内的房屋建筑、市政公用设施的维护、修缮，公

共卫生、交通、治安、市场以及环境容貌的维护与整治，是通过实施管理法规和制度，对社区居住活动和行为关系、居住习俗进行制约、调节、疏导、监督和服务，协调各种社会关系，从而使居民的居住行为规范化、有序化。居住物业管理的特点是：小区社会的综合性、管理主体的唯一性、管理机构的专业性、物业服务的有偿性、物业服务产品的公共性。

（二）商务物业管理

商业物业管理是针对商用物业的管理活动，具有经营性、公众性和服务性等特征。商业物业管理主要包括写字楼、商业场所、会所等各类商务活动场所的营销管理、租赁管理、工程设备管理、保安管理、清洁管理等。商业物业管理的要求是，①保持良好的商业特色和一贯的管理形象；②营造良好的商业服务环境；③提供高标准的保安服务；④高度重视消防管理。

（三）工业物业管理

工业物业管理是对工业活动场所开展的物业管理活动，主要包括工厂、工业基础园区、仓储物流中心等生产性工业场所的管理。主要内容包括：常规物业公共服务、延伸配套运营服务、延伸专业工程服务。工业物业管理应坚持安全第一的原则，确保道路畅通、美化环境、文明生产，保证重点设备的正常运行。

（四）特种物业管理

特种物业管理是指针对除居住物业、工业物业、商业物业和村镇物业管理以外的物业类型的管理活动。主要包括：政府物业管理、酒店物业管理、服务性公寓经营管理、会展物业经营管理、文卫体物业管理以及其他特种物业管理等。

（五）村镇街区物业管理

村镇街区物业管理是针对村镇街区的物业管理活动，其服务内容涵盖其他物业管理类型与其他物业类型相比，其又具有服务区域的城乡结合性和管理服务的简易性。随着农村工业化、城市化、现代化进程的加快，一些发达地区的村镇街区也需要专业的物业管理服务，进而促使村镇街区物业服务快速发展。一些村改居社区和乡镇街办社区出现了农村股份合作企业建立的物业服务单位或公司，主要开展面向原有村级行政区域形成的物业服务区域的治安、清洁、绿化、交通、环境、维修养护、外来人口、出租屋、租赁等方面的经营管理与服务工作。

二、从现代城市服务业务空间层次来进行划分

（一）物业服务区域的物业服务

物业服务区域的物业服务主要是指在物业服务区域内开展的物业服务，即居住物

业服务区域、商业物业服务区域、工业物业服务区域、特种物业服务区域、村镇街区物业服务区域等，针对服务对象的特点和要求，以提供物业服务区域综合性、基础性公共服务为主，以经营服务为补充的专业物业服务。物业服务区域的物业服务实际上就是物业服务人以专业技术条件和专业经理人员的劳务去提供的专业服务，是通过物业本体（物）的管理来实现对业主（人）的服务。它既是物业服务的基本内容，也是城市服务的起点和专业价值的体现。

（二）社区管理服务

社区管理服务是指物业服务企业以智慧生活服务平台为基础，为社区各类服务供应商提供市场监管服务，及必要的客服、秩序等基础服务。此种情况下物业服务公司主要是以管理者 + 必要服务的方式出现，而各类社区内的各项专业服务则由专业公司提供，物业服务公司主要做对服务供应商的服务和监管，代表业主和社区主体进行社区服务管理。从事此类物业服务的物业服务企业主要从事数字化、智慧化平台运营的管理和社区服务市场及物业管理区域内的秩序管理，为社区居民业主的线上线下生活提供全面保障。

（三）街道（乡、镇）基层公共管理服务

街道（乡、镇）基层公共管理服务是指物业服务企业以专业的能力将物业服务区域拓展到更大范围——村镇街区，旨在通过市场化方式替代街区（乡、镇）部分行政性管理服务职能，即通过由物业服务企业承接政府购买政府公共服务的方式来承担相关管理服务工作。由于社会经济发展，人民对公共服务的需求种类越来越多，内容越来越细，过去那种只有民政部门对弱势群体提供的最低保障服务是不够的，需要面向全体居民提供均等化的公共服务，这种情况下，仅靠基层行政机构及社区居民的自治组织是无法满足这一需求的，因此通过政府购买公共服务的方式，由专业物业服务人提供此类服务，是一种必然选择。

（四）城市（县、区）公共管理服务

城市（县、区）公共管理服务是物业服务业务范围拓展到城市（县、区）全域的产物，前提是物业服务的专业价值，即可提供更高效率、更低成本的城市服务，或同样的投入可提供更加丰富、更加优质的城市公共服务。它是以政府购买城市服务为依托，以多种城市服务企业的股权运作、组织创新、业务组合、项目合作等方式形成的城市服务生态为基础，以头部物业服务或城市服务企业的智慧化服务平台网络体系为纽带，以各类城市服务业态服务为支撑，整体提供高效率、高效益的优质城市服务产品。城市服务为物业管理行业企业突破传统业务领域，实现城市全域管理服务和行业企业升维发展提供了广阔的空间。

三、从物业服务性质来进行划分

（一）物业服务区域的公共服务

物业管理服务的根本属性是公共管理服务，物业服务公司提供的主要是准公共服务产品。这是基于专业的物业管理服务发端于住宅物业服务区域，物业管理服务权来源于业主共同管理权的一部分，通过业主集体委托方式由物业服务人来提供以基础性、综合性公共服务为主的物业服务。因此，物业服务人应当以物业服务区域的公共服务为基础，以人性化的理念、优质的服务赢得业主信任，建立稳定的物业管理服务关系，营建良好的物业服务环境，维护并实现业主和物业服务公司双方的权益，体现物业服务人的专业价值。

（二）物业服务区域的物业经营服务

物业服务区域的物业经营服务是指物业服务企业在做好物业服务区域基础性公共服务的基础上，开展的多种经营服务，包括：社区公共资源经营服务，如停车位、电梯广告、公共场地等的租赁经营服务；市场规模社区的商业服务，如会所的经营服务、餐饮服务、旅游服务、老年人看护服务、社区教育服务等；社区电商服务，如社区电商终端服务、快递服务等；个性化委托服务，如理财服务、订票服务、中介服务等。

（三）政府购买公共服务

物业管理服务的价值是以物业服务业对物业及居民的全覆盖性为依托，以物业服务企业具备优质物质条件、掌握专业知识、具备良好的专业服务素质能力为保证，是一种高技术、精管理、优服务、全域化的高端产业。其为城市服务和城市管理现代化、专业化、高效化、亲民性提供了可能。因此，物业服务人承接政府购买公共服务是提高政府管理效率的必然选择，其还为改进社区治理、打通党和政府联系和服务群众“最后一百米”提供了保证。

【本章小结】

1. 物业分类管理是物业管理社会化、专业化、精细化发展的必然结果。物业管理业务覆盖面越来越宽、行业的发展急切需要、不同特点物业管理的针对性不同等决定了物业分类管理的必然性。物业分类管理呈现市场细分化、服务专业化与专门化、精细化、多样化与个性化、社会化的趋向。

2. 关于物业分类管理的意义，从政府管理的角度看，它有利于政府对物业行业的分类指导与管理，促进物业管理行业的健康发展；从物业服务的角度看，它有利于根据不同物业项目的特点来细分物业管理市场，开拓物业管理业务的空间；从物业服务企业经营的角度看，它有利于促进物业服务企业在经营管理上的科学分工，促进物业服务企业服务的专门化和社会对物业服务质量监督的机制的建立。

3. 物业的科学分类必须有科学的标准。物业通常的分类方法不外乎从功能与用途、收益性、权属、建筑物的高度及结构等角度进行分类。目前，在分析现代物业的主要类型时，主要是从物业的用途划分为居住物业、工业物业、商务物业、特种物业、村镇物业五大类型。

4. 现代物业呈现多样性、复杂性、动态性的特性。在物业的构建上则体现为园区化、新异化、智能化、网络化、环保化、人性化等特点。

5. 出现了新的物业管理类型，如从现代城市服务业务空间层次来进行划分，可分为物业服务区域的物业服务、社区管理服务、街道（乡、镇）基层公共管理服务和城市（县、区）公共管理服务；从物业服务性质来进行划分，可分为物业服务区域的公共服务、物业服务区域的物业经营服务和政府购买公共服务。

【案例分析】

案例 1－1　数字驱动——加快数字化转型，从小场景出发

随着数字经济时代的全面到来，数字化转型是企业高质量发展的重要引擎，是构筑国际竞争新优势的有效路径，是构建创新驱动发展格局的有力抓手。

2021 年 3 月 15 日，保利物业召开住宅业态数字化规划设计项目启动会，打响了保利物业数字化战役的第一战。

一、加快数字化转型，打造高质量发展“新引擎”

2020 年国务院国资委印发的《关于加快推进国有企业数字化转型工作的通知》（以下简称《通知》）指出，国有企业需充分发挥国有经济主导作用，主动把握和引领新一代信息技术变革趋势，引领和带动我国经济在这轮转型变革中占据国际竞争制高点。

《通知》指出，国有企业推进数字化转型的主要原则包括坚持价值导向、深化改革、数据驱动、创新引领、统筹推进和开发合作等，并打造制造类、能源类、建筑类和服务类企业示范样板，聚焦主业创新设计具有产业领先竞争力的价值链，提升数字化转型内生动力。

物业作为社区基层治理的最后一公里，长久以来链接着众多生活基础场景。近年来，保利物业在广州、杭州、武汉等多个城市、项目试点、落地物联网建设，通过对设备进行智慧化升级，有效提升业户出行便捷、提高社区安全及设备运行保障。而保利物业也因为数字化转型，提升了企业管理效能——在线物业缴费率提升40%，设备

故障处理速度提升近60%。

国有企业如何推动企业数字化转型？保利物业信息管理中心副总经理苏先生认为，未来，保利物业的数字化建设以数据连通为核心，通过在线化、数据化、智能化三大融合，实现业务场景覆盖，推动智慧经营管理，辅助创造新业务模式。以场景数字化思维，实现内部管理全场景覆盖，达到数据可见、可分析、可预测；以数据中心为核心，完成集团地产、商业等产业链资源的数据整合，以及合作伙伴生态资源的数据整合。

二、为行业数字化转型提供保利样本

2020 年 12 月，保利物业发布企业战略，提出成为大物业生态平台首席运营商的愿景，并提出“大物业、小场景、新商业、数字驱动”的战略实施路径。

2021 年 3 月 15 日，保利物业召开住宅业态数字化规划设计项目启动会。会上，以深耕 25 年的住宅业态为基，保利物业针对上千项目进行研究复盘，探索出具有保利经验的数字化运营管控和全生命周期模式，也为行业数字化转型提供保利样本。

为什么选择住宅？多年来，保利物业一直关注客户对品质提升的感受。住宅是最能在第一时间接触到客户，并与客户生活连接最紧密的业态。从住宅业态开展试点，能够迅速接收客户的第一反馈，进行全生命周期的持续优化。

为什么以项目为单元？项目是物业服务的最小管控单元，只有将最细小的管理场景理清，才能将模式应用到更广袤的业态和场景中。

其实在此之前，保利物业便已经完成了数字蓝图的规划，并达成了试点的诸多成果。

三、成果

（一）数据应用方面

1. 物业设备远程监控管理系统（简称 EBA）物联网平台

保利物业通过搭建 EBA 物联网平台，做到实时设施运行数据采集、异常报警，视屏云监控，实现精准决策，有效提高设备运行的安全监管。其中，试点项目广州西海岸实现了 EBA 设备在线率 97%。

2. ERP 品质巡检系统（小程序）

通过 ERP 品质巡检系统，保利物业导入服务标准，在园区科学设立品质巡查点，对标准落地执行过程进行动态监管。实现了信息后台同步，做到第一时间分发，第一时间处理。同时，业主也能通过小程序，了解并掌握社区问题点的处理情况。

疫情期间，保利物业采用信息化上报方式，通过企业微信后台，实现快速将项目人员、社区情况，反馈至总部管理平台，缩短信息传递路径，增强管控力度。

（二）智能化方面

在便利业主生活方面，保利物业一直不遗余力。无感停车场、社区无感通行、无感乘梯建设，为舒适便捷的业主生活体验赋能；公共服务无人机的投入使用，在保障园区安全的同时，实现服务的降本增效，为美好生活赋能。

坚持创变引领发展，在“数字海洋”中向美好生活扬帆远航，助推业主、城市乃至社会想象更大的未来，是保利物业身为大物业时代的国家力量彰显。

大有所想，再行至微处。所有的数字化驱动都是为了在大物业的蓝图下，以每个小场景去响应人们对生活的需求，对服务品质的需求。相信在不远的未来，“数字化”建设的成果最终将惠及每一位业主的美好生活，开创民生物业的新时代。

保利物业的数字化建设，将在“数字赋能小场景”的探索中继续深化。

（来源：经济参考报、保利物业微信公众号，2021 年 3 月 17 日）

［讨论题］

1. 你对保利物业在数字化服务方面的做法有何看法？

2. 专业化的物业管理服务意味着什么？

3. 物业服务企业如何适应数字化时代物业分类管理发展的需要？

［参考点评］

专业化是物业分类管理的根本，物业管理服务的专业化物业管理服务的社会分工具体化、细分化，根本推动物业管理服务向分类细化的方向发展。专业化的物业管理对政府来说意味着必须做好政策引导工作，在宏观上调控好物业分类管理市场发展的节奏和进程；住房和城乡建设部等 6 部门联合印发《关于推动物业服务企业加快发展的意见》明确要以物业服务公司为主导打造智慧物业管理服务平台，推进线上线下生活服务，即将数字化与分类细化的生活服务统一于智慧服务平台，形成新的服务生态体系。

本案例介绍的保利物业充分利用数字化技术，推动物业分类管理发展的情况，并介绍了保利物业以数字化实现业务场景覆盖，推动智慧经营管理，辅助创造新业务模式，开拓全域化服务管理，推动数字化、智慧化条件下的物业分类管理中的做法经验。本案例旨在告诉大家物业分类管理是要以科技进步为基础，要与社会经济进步融合发展。增强物业分类管理的必然性的认识，增强开展物业分类管理的信心。

保利物业的实践告诉我们，物业管理服务必然走上智慧化、专业化、分类细化管理发展的道路。为适应这一发展态势，建议做好以下工作：一是明确大物业生态平台运营商的美好愿景，确立以“大物业、小场景、新商业、数字驱动”为战略实施路径。二是要以住宅业态为基础，对已接管的住宅项目进行研究复盘，探索出具有自身特色的数字化运营管控和全生命周期模式，为数字化转型发展积累经验。三是制定数字化发展蓝图，并通过试点形成模式与思路。四是充分利用现代数字技术，如 EBA 物联网平台，实时设施运行数据采集、异常报警、视屏云监控，实现精准决策，有效提高设备运行的安全监管；利用ERP品质巡检系统（小程序），对服务落地执行过程进行动态监管，实现信息后台同步，及时处理问题，让业主通过小程序，了解并掌握社区存在的问题的处理情况。利用公共服务无人机服务，实现服务的降本增效，为美好生活赋能。

案例1－2　从“居民大院”到新型社区——成都物业管理方式的变迁

20世纪90年代以前，成都的“居民大院”“机关大院”是市民的主要栖身之所，呈现出这座历史名城古朴而又独特的都市风貌。走进“居民大院”，看到的往往是一位老头把守在院子大门口，担当着大院的治安工作，单元楼的人行通道变成了储藏间和厨房，人们在通道中行走时都难以转身。孩子们在院子里嬉戏，大人们则在人行通道里一边聊天，一边炒菜做饭，院里的清洁卫生，当然是自家得管自家的门了。过惯了福利生活的人们，若要他们自掏腰包交纳本当属于他们日常使用的水、电、气等费用，没准儿会把院子里吵得个天翻地覆。

20世纪90年代初，随着社会的发展，特别是城市化进程的加快，一座座拔地而起的高楼大厦取代了原有的“居民大院”和“机关大院”。随着第一个新型社区——棕北小区在城南的建成，棕北小区以其完善的社区配套、高品质的社区生活（环境），改变了小区居民的生活方式，也开启了成都物业管理的新纪元。

随着成都房地产业的蓬勃发展，精神生活与物质生活日益丰富的人们除了需要有一个高品质的社区外，还迫切需要有与之相匹配的社区管理和社区服务。因此，成都新型物业管理的发展势在必行。继棕北小区在城南诞生后，锦绣花园、芳草地等一批高档楼盘在城南先后闪亮登场，尤其是推崇“坐奔驰轿车，住锦绣花园”的锦绣花园，引领了成都房市的开发潮流，是如今成都房市“南富西贵”的主要缔造者。1993年，随着成都锦绣花园物业服务公司的成立，一批新型物业管理公司，如倍特物业、三泰物业、银都物业、上河城物业、锦城苑物业等先后在蓉城争奇斗艳，不但如此，一批“洋物管”，如戴德梁行、世邦魏理仕等全球知名物业管理企业也先后登陆成都，与本土物业管理企业同台竞技。他们以耳目一新的管理模式、前卫的管理理念以及完善的社区服务为成都物业管理行业注入了新的活力。

从一个老头加一把笤帚的“居民大院式管理”到第一个新型社区（棕北小区）在蓉城的建成，再至锦绣花园等高档楼盘在成都的安家落户，物业管理在成都的发展已初具规模。其翻天覆地的变化，与当初房地产业在成都的发展相比有过之而无不及，整个物业管理业呈现出先声夺人之势。

［讨论题］

1．成都物业管理的发展说明了什么？

2．物业服务企业应如何适应这种发展？

［参考点评］

本案例说的是成都物业管理方式的变迁，也就是从“居民大院”到新型社区的变迁，却反映了物业管理的分工发展与分类管理的客观社会需求和必然性。本案例看起来与物业分类管理关联不大，但实际并非如此。这个案例讲的是“居民大院”到新型社区的变迁问题，其变迁的根源在于物业市场的需求，“居民大院”到新型社区是物业管理方式从自主管理到专业化物业公司管理的跨越，是社会分工发展的必然结果。本案例说明了物业管理领域的社会分工发展的必然结果是物业分类管理，说明在西部地区物业分类管理的未来发展的前景是美好的。

【思考题】

1．如何理解物业类型的划分标准与依据？

2．现代物业有哪些主要类型？

3．请归纳出现代物业的主要特点。

4．试述物业分类管理的重要意义。

5．如何理解现代物业的分类管理趋向？

6．物业管理分类有哪些？

第二章　居住物业管理

【学习目标】

了解：居住物业的分类；居住物业管理理念。

掌握：居住物业的特点及功能；居住物业管理的含义及性质。

重点掌握：居住物业管理的内容。

【学习概要】

本章的重点内容：居住物业及其分类、居住物业的特点及功能、居住物业管理的含义及特性、居住物业管理理念、居住物业管理的目标、居住物业管理的主要内容、居住物业的综合经营服务、居住物业的管理的考评标准及要求。

通过本章的学习，将认识居住物业及其分类、居住物业的特点及功能。了解居住物业管理的含义及特性、居住物业管理理念、居住物业管理的目标、居住物业管理的主要内容、居住物业的综合经营服务、居住物业的管理的考评标准及要求。认识居住物业管理与其他物业管理的相同之处和自身的特点，特别是居住物业管理是物业管理早期进入的领域，它对其他类型物业管理有一定的借鉴作用。另外，居住物业管理中的理念及应用，居住物业的管理的考评都是在实际工作中非常重要的问题。

第一节　居住物业的分类及特点

居住物业的分类与特点

一、居住物业的概念及其分类

（一）居住物业概述

居住是人类生存发展的基本前提条件，要居住就要有住宅。居住物业是通常意义上的住宅房屋，是指建立于土地之上供人们生活居住的建筑物。由此得出，所谓居住物业是指居民赖以生存的空间和必要的条件，即住宅以及附属的设备、设施和环境。

随着人们对生活质量的不断追求，环境配套设施必然是居住物业不可缺少的组成部分。具体地说，居住物业是指具备了人们起居的功能和各种配套设施，可供人们正常居住的房屋。但从房地产业的角度来看，居住物业是与土地密切相关的，是满足人们以居住为主要使用功能的房地产商品，主要包括普通住宅、花园洋房、公寓、别墅等，并以一定的聚落作为其分布特征，如城市中的住宅物业服务区域等。居住物业是房地产业中的重要组成部分。这里必须明确，居住物业又绝非通常所讲的住宅房屋，即使将来人类的居住水平不断提高，居住条件和环境越来越好，但社会差别总会存在，生活水平的高低、居住条件的优劣有明显区别，所以居住物业应是包括不同结构类型、消费档次、服务需求的各种以满足栖身、休养、休闲以及其他相关功能的房地产物业的统称。

居住物业是物业的基本类型之一，也是目前物业管理业务覆盖面最广的业务类型。运用物业管理的政策、理论、方法和技术手段，根据住宅物业服务区域的特点组建物业管理机构，开展针对性的物业管理活动，不仅是住宅物业服务区域自身的居住功能的要求，同时还是营造优良的居住环境、实现城市总体规划的重要组成部分。居住物业管理服务也日益成为社区管理服务的重要组成部分。

（二）居住物业的分类

1. 依据建设时间分类

按建设时间可分为新建居住物业、原有居住物业及旧城区的居住物业。其中，新建居住物业即按照城市规划建设和管理原则，进行新开发和旧区改造，达到一定规模，基础配套设施比较齐全的住宅小区。这是住宅小区的主体。新建居住物业一般实行封闭或半封闭式的物业管理。原有居住物业，即改革开放前建成的老住宅区。这些住宅区由于设计上的先天不足、长期缺乏养护维修、管理服务上明显欠缺、设备老化、房屋危险，已严重影响区内居民生活质量。原有居住物业也在进行半封闭式的改造及逐步引入物业管理。而旧城区中的住宅小区由于受到当时的设计观念和管理体制的影响，在形态上是比较松散、开放的，在物业管理上是狭窄的、粗放的，急需进行改进。

2. 依据建筑规模分类

按建筑规模可分为单元性居住物业、普通居住物业、大型居住物业和巨型居住物业。单元性居住物业一般建筑面积在 3 万到 5 万平方米，配套设施相对独立的住宅区；普通居住物业指建筑面积在 5 万到 30 万平方米的住宅区，这是当前居住物业的主要规模形态；大型居住物业主要是大中城市中建筑面积在 30 万到 100 万平方米的住宅区；巨型居住物业指建筑面积在 100 万平方米以上的住宅区，主要存在于特大型城市中，其建筑的聚集程度、土地的利用水平、总体规划和功能配套等方面都属于领先水平。

3. 依据建筑主体楼宇的构成分类

按建筑主体楼宇的构成可分为多层住宅、中层住宅、高层住宅和超高层住宅。多层住宅，即不设电梯而用楼梯组织垂直交通的 3～6 层住宅。采用若干呈水平组合形成标准层，层与层之间用公共楼梯做垂直组合的多层住宅物业是我国城市特别是中小城镇的主要建筑形态，其建筑对居民较为方便。中层住宅，一般是指至少设置一部电梯的 7～9 层的住宅。高层住宅，即 10 层及以上的住宅。其中，10～16 层住宅为二类高层住宅，17 层以上的住宅为一类高层住宅。超高层住宅，即高度 100 米以上（层数达到 40 层以上）的住宅。

4. 依据实际的居住条件分类

按实际的居住条件，大体可分为三个层次，即普通住宅、高层住宅和高档别墅。

普通住宅包括城镇的普通住宅和成套的住宅。城镇的普通住宅是最基础的层次，其对应的物业管理收费较低，硬件档次稍差一些；成套的住宅有成片住宅、公共建筑配套的市政公共设施、生活服务设施、商业网点和室外绿化等生活的物质环境，还有人际关系和社会公德的社会环境。

高层住宅是指楼层、住户集中且有一定高度的建筑。在我国，高层建筑指 8 层或 8 层以上的住宅及高度超过 24 米的其他民用建筑，这些建筑都带有电梯，硬件配套齐全。

高档别墅是我国目前最高档次的居住场所，一般是两层或三层小楼、独门独院。其特点是：建筑档次高，设施设备配套，功能齐全；环境空间较好，生态环境优良，空气流畅，绿化良好；一般独立于其他建筑物；具有独立建造的特点，即有自己完整的厅室体系和设备设施、场地的体系，不同其他建筑发生直接的关联；对环境品位的要求高；一般说宁静、安全是起码的标准，花园中或周围环境应具有各种建筑小品，体现出艺术性；别墅对物业保值要求高；要求服务项目以及特约服务项目多样化。

二、居住物业的特点

居住物业的特点与物业的特点在某种程度上是重合的。这里所谓的居住物业特指住宅小区物业，因而有它的个性；又由于特指小区，因而更注重物业的整体性。

（一）规划布局的统一性

住宅小区由于占地面积广、建设规模大、人口居住条件集中、配套项目和设备复杂，因此，建设开发要求要统一规划布局，要按照“统一规划，合理布局；因地制宜，综合开发，配套建设”的原则，在具体位置、分布范围、占地面积、建设类型、市政工程设施、交通道路、公共服务设施的规模和构成方面，体现城市的性质、特点、规模和规划布局要求。

（二）住宅结构的整体性

住宅小区的房屋是以住宅为主体并与相应的各种服务用房、锅炉房、区内的建设、道路、绿化等配套建设组成统一的整体；住宅小区地上建筑和地下设施组成一个整体；同时，住宅大多是多层连接，即使分幢、分门，其楼宇的公用设施也是系统配套，供排水道、煤气、热力、电缆以及各类检查并构成一个配套的网络系统。

（三）使用功能的多样性

住宅小区按照城市规划管理和居民生活水平提高对居住环境改善的要求，以住宅楼宇为主体，配有商业、文教、卫生、服务、金融、邮电、信息网络、治安、行政等各类机构，小区内日常生活和工作所需要的基础设施成系统配套，气、电、暖、水一应俱全，庭院绿化、娱乐场所、卫生清洁、道路交通、小区美化面面俱到，使住宅小区成为一个功能多样、整体协调、全面动作的有机系统。

（四）产权归属的多元性

住宅小区建设面积大，吸纳人口多，面向整个城市居民，只要符合购买、租赁转让、调整、继承等条件的城乡居民，均可通过合适的方式和合法的手段住进小区。这样就使住宅小区内房屋的产权结构出现一个极为突出的特点，即一个小区或一幢楼房有可能是几十家单位或众多的个人产权。

（五）物业小区的现代社会性

住宅小区的居民由于来自城乡四面八方各行各业各阶层，人口来源、成分较为复杂，小区居民构成在职业特征、文化素养、传统习惯、生活方式等方面存在较大差异，使小区有明显的现代社会性，各种方言和信仰复杂化，社会活动、经济活动多样化，户型规模相对缩小，血缘关系不甚密切，人际关系较松散。

（六）物业的经济性

居住物业是一种商品，生产者和使用者，或使用者与再使用者可以通过交换实现其价值与使用价值的转换，所以其经济性首先表现为商品交换中供求关系决定下的价值体现。物业所需的投资，既是满足其基本的功能需要，更期待其经济价值的实现，居住物业的买卖、租赁、抵押体现其商品属性。

三、居住物业的功能

（一）居住功能

住宅是人类生存和发展的最基本的生活资料之一，也是人类自身再生产的不可缺少的条件。住宅小区最重要也是最基本的功能是为人们提供避风遮雨、繁衍后代的居住栖身之处，一般它要根据住户的不同需要，提供各种类型的住宅保证，为人们提供舒适、方便、优美的生活环境。

（二） 服务功能

住宅区的公用配套设施应能为住户提供多种类、多层次的服务，这是城市经济发展和房地产综合开发的要求。从教育卫生项目来看，既包括托儿所、幼儿园、医疗诊所、卫生防疫站等，还可能包括小学、中学；从商业、服务业角度看，既包括超市、食品店、粮店、百货店、菜场，还包括饭店、饮食店、咖啡厅、银行、邮局、家电维修部、煤气站等；从文化、体育、娱乐服务系统来看，既包括书店、图书馆、阅报栏，也包括游泳池、康乐中心、电影院、录像室、网吧等。

（三） 经济功能

从社会消费看，住宅既是人们最基本的生活资料，又是使用时间长、价值量大的商品。在房屋买卖租赁中业主可获经营和非经营收益。加上住宅小区内所有的物业管理服务都是有偿的，因此，住宅小区具有明显的经济功能。

（四） 社会功能

由住宅小区所产生的社会公共事务及公共管理所体现出来的小区社会功能是显而易见的。小区居民以及为之服务的各种行政、商业、文体等团体及基层公共管理机构必然发生相互联系，共同组成了住宅区的社会关系网络，相互影响和相互制约。住宅小区的社会功能是否完备，直接影响着小区内人际关系、社区治理体系和谐和社区的文明建设。

第二节　居住物业管理的含义及特性

一、居住物业管理的含义

居住物业管理的含义与特性

居住物业管理是对居住物业小区内的房屋建筑、市政公用设施的维护与修缮，公共卫生、交通、治安、市场以及环境容貌的维护与整治，是通过实施管理法规和制度，对社区居住活动和行为关系、居住习俗进行制约、调节、疏导、监督和服务，协调各种社会关系，从而使居民的居住行为规范、有序化。对居住物业实行企业化的物业管理，对确保居民的合法权益，加快城市建设，提高人们居住生活水平具有重要作用，对基层社会的稳定，促进城市社区文明、进步和发展具有更重要的现实意义。

二、居住物业管理的特性

随着住房制度改革，住房商品化进程的加快及小区建设、管理发展的日益完善，居住物业管理越来越体现以下特性。

（一）小区社会的综合性

现在的居住物业市政、公共建设配套设施齐全，功能多样，住宅物业服务区域就是一个小社会。小区管理不再限于简单的维修、清洁工作，而是进行一揽子的综合管理，即使是专项管理分包出去，但也要有统一的综合管理。

（二）管理主体的唯一性

产权的多元化、多头管理易生的弊端，强烈要求有“一个物业小区，一个物业公司”对居住物业的各种管理项目进行统一严格的管理。

（三）管理机构的专业性

由于新小区建筑档次高、配套设施多而复杂，同时新的科学管理方法、计算机管理系统的应用都需要管理人员具备相当的专业知识、能力。所以，管理机构必须有专门的技术和物业质量手段，管理人员必须有较高的专业技术水平，才能胜任日常的管理维修养护工作。

（四）物业服务的有偿性

实行有偿服务是居住物业管理经营性的最集中体现。居住物业管理中的房屋出售、出租、代售、代租等中介服务，以及小区居民的个性需求服务项目，都体现居住物业管理的经营性质，如代聘专业公司、代租房屋、代理求职、代请家教、代找钟点工等，都体现了小区管理中介性的一面。

（五）物业服务产品的公共性

物业服务主要是接受业主集体委托，管理物业区域的公共事务，因此物业服务产品的性质是公共产品，这就要求物业公司要以业主公共需求为重。当然物业公司也要充分利用小区公共资源搞好经营服务，满足业主个性化需求。不过，从总体上说，经营性服务要服务于、服从于公共服务，否则，业主集体利益受损时，物业公司将很难持续经营。

三、居住物业管理的理念

（一）“寓经营于管理之中，寓管理于服务之中，寓服务于经营之中”的理念

居住物业管理是一项牵涉面很广的服务性工作，它通过物业管理来引导人们的居住行为，使之规范化、合法化。物业服务企业除了向住（用）户宣传教育外，还应与小区的住（用）户签订房屋及房屋设备使用公约，以限制和制止不规范的使用行为。在住宅物业服务区域的房屋及房屋设备的使用管理中，物业服务企业应严格遵守国家有关房屋管理的政策法规，加强管理，对不规范、不合理、不正确的使用要加以制止，

对造成损失者要责成其修复或赔偿，情节严重的应给予必要的处罚。物业服务企业必须端正经营作风，自始至终贯彻为居民服务的原则。它需要正确处理管理、经营与服务间的关系，并将管理、经营与服务三者结合起来，“寓经营于管理之中，寓管理于服务之中，寓服务于经营之中”，只有这样，才能协调好各种社会关系，妥善处理好各方利益。

（二）“业主第一，服务满意”的理念

业主需求是物业服务产品提供的前提，物业服务企业的服务工作必须树立“业主第一，服务满意”的理念，“业主第一”体现了“以人为本”的管理理念，就是考虑业主的意愿，尊重业主的人格。做到这一点，首先必须正确确立物业服务企业与业主及物业使用人的服务关系与利益关系。业主是物业的主人，物业服务企业是雇佣者、服务者，物业使用人是物业服务公司服务的顾客，这就是物业管理关系的基本性质。物业服务企业的职能就是为他们服务。物业服务企业应在服务好业主及物业使用人的基础上考虑自己的利益。

（三）“专业管理与自行管理相结合”的理念

随着科学技术的发展和人民生活水平的提高，城市居住建筑水平在不断提高，其中涉及的专业设备、设施和技术也越来越多，这本身要求对它们进行专业化的管理。就是要使一个住宅物业服务区域内的房屋及设备管理能够按统一方针政策、统一管理标准、统一规章制度、统一组织维修更新，提高房屋及设备管理质量，使之达到科学化、正规化、制度化的高层次水平。物业服务企业在进行专业管理的同时，必须依靠住宅物业服务区域内居民的参与，做好业主自行管理，使大家共同遵守公德与法规，遵守物业管理规约和议事规则，以及物业管理规范，自觉参与管理、整治、建设小区的活动，让大家共同为改善小区环境承担责任。

（四）“利益共赢，使物业保值、增值”的理念

居住物业管理，一方面，从在“保本微利，公平合理”的原则下，按照“谁享用、谁受益、谁负担”的原则，由享用人、受益人分担住宅物业服务区域的管理经费，保证物业公司的利益。另一方面，从保值、增值这一业主最关心的问题入手，通过延长物业使用寿命、良好经营管理和物业服务企业的管理品牌效应实现保值、增值，从而实现双方利益共赢的目标。

（五）“人物并举，由人及物”的理念

如果说“业主第一，服务满意”的理念是为了解决物业服务企业与业主之间的关系的话，那么“人物并举，由人及物”的服务理念则是解决为人服务与对物管理的关系。物业管理最初强调的是对建筑物及设施、设备的管理。我国的香港和台湾地区至今仍然保留着建筑设施维护管理公司这一名称，在国际上也有国际设施管理协会（IF-

MA)。这些都是只体现了对物的管理，但物业的所有者是人，物业管理的根本目的是为业主及物业使用人服务。“由人及物”不但涵盖了物业管理的内容，而且符合现代管理重视人的趋势。

（六）“人人平等，增进和谐”的理念

住宅物业服务绩效更多体现在员工的服务细节上，也取决于业主及居民的主观评价，“人人平等”有利于激发员工的积极性，改善物业服务企业及员工在业主心目中的形象。这不但会提高员工的服务质量，也会增加业主的满意度，增加双方的理解，促进关系的和谐。物业服务企业应在企业内部和物业管理工作中体现人人平等的理念，必须按照平等的要求对待其委托人、顾客和下属，制定岗位责任制和行为规范要体现平等理念，并要求员工共同遵守。

（七）“智慧生活，全域服务”的理念

随着数字化技术的广泛运用，物业管理在居民生活服务及城市公共管理、公共服务和社区服务中的作用逐步显现出来，其重要性也不言而喻，尤其是突发事件的应对。国家明确确立由物业服务企业来打造社区居民线上线下生活服务智慧平台，打通党和政府的联系、服务人民群众“最后一百米”。

第三节 居住物业管理的内容

一、居住物业管理的目标

（一）经济效益的目标

居住物业管理一方面通过对整个物业的有偿管理服务，为物业服务企业取得经济收入，达到实现经济效益的目标；另一方面通过对住宅物业服务区域各种物业的维护、管理与修缮，使物业的使用寿命延长，价值增大，从而可实现物业的保值、增值，为业主和开发商的房屋买卖和租赁创造条件，也实现了其投资经济效益的目标。

（二）社会效益的目标

通过居住物业的房屋设备、治安、交通、绿化、卫生和文化教育娱乐等的管理与服务，创造一个安全、舒适、文明、和睦、优美的生活空间，这为社会劳动再生产创造了条件，也为人类的再生产提供了物质基础。居住物业管理不仅是构成社区治理体系的基础环节，还在和谐社区和文明城市建设中发挥基础性作用。实施专业物业管理可将一些原来由基层政府履行的社区公共管理职能，通过政府购买社会服务的方式由物业服务企业来代为行使，而政府可以在物业管理政策制定、规划、调控、监管等方面做更多的事，

物业服务企业坚持依法治理的原则，建立党建引领下物业服务企业为基础的物业服务区域社区治理模式，同时推行人性化管理，协调好物业服务企业与住户的关系。

（三） 环境效益的目标

住宅物业服务区域的水、电、煤、阳光、树木、花草、空气流通以及建筑和人口密度等方面是构成居住生态环境的重要方面，与人们的身心健康有很大关系。因此，必须搞好住宅物业服务区域环境管理，建立低碳生活模式，绿化、净化和美化人们的生活环境，促进人们的身心健康。

（四） 心理效应的目标

通过住宅物业服务区域的管理可使住宅和环境达到人们期望的安全、方便、舒适、优美的理想境界，人们就会有一种幸福的心理满足感。当然，这种心理效应是一种心境与感受，因而是无形的和相对的，会随着自身条件和环境的变化而变化。

二、居住物业管理的主要内容

居住物业管理的主要内容

居住物业管理的内容在不同的物业服务企业有不同的侧重点，如顺德碧桂园的家政服务、莱茵花园的酒店式服务等。新加坡某物业服务公司总裁柯木林认为，物业管理的核心在于“一项服务，四种管理”，即社区服务、维修管理、财务管理、行政管理和法纪管理。但居住物业管理的基本内容都是相似的，一般来说，居住物业的日常管理内容主要是以下方面。

（一） 房屋管理

房屋管理是居住物业管理的基础和本源。房屋管理的主要内容包括：房屋结构与外观完整与完好的维护；房屋老化、损坏的检查、鉴定、赔偿与修复；房屋内外装修的审批与约束；房屋使用管理（包括进住、退房登记，使用单位、人员、室内用品的登记，房间钥匙的登记发放、收回及门锁的更换等）；建筑内外的标志广告管理；房屋档案的建立与维护更新。

（二） 违章建筑的管理

违章建筑的出现与存在是对居住物业环境的极大破坏，不仅影响建筑的外观，而且直接影响到物业的安全与卫生，侵犯了居民的公共利益，必须严格禁止，这是物业环境能否搞好的关键。抵制违章建筑，必须做到：增强住户的环境意识，教育他们爱护整体环境，讲明违章建筑的破坏作用，并辅以环境公约，强制住户行为规范化；居住区内所有空地都要充分利用，或绿化，或建雕塑小品，不给私搭乱建留有余地；通过群众监督，专业人员巡视检查，及时发现和制止私搭乱建的违章行为；建成多年的居住区要采取坚决措施，彻底整治居住区私搭乱建的违章建筑。

（三）环境卫生的维护管理

住宅物业服务区域是否达到文明标准，环境卫生是一个重要的标志，必须注意保持庭院、街道、楼梯、走廊、阳台等部分的环境卫生。

环境卫生的维护要靠两个方面的努力：一是环卫部门及清洁人员专业卫生队伍定期打扫和清运，小区内各单位的保洁与清扫；二是所有住宅物业服务区域内的居民都要树立“讲卫生光荣，不讲卫生可耻”的社会风尚，人人都养成讲文明、讲卫生的习惯，自觉维护小区的环境卫生。环境管理的主要任务是维护保持小区的宁静、舒适、整洁、优美。主要工作内容包括：制止区内乱丢、乱放、乱倒、乱堆废物垃圾，制止乱张贴、乱涂写，制止饲养家畜家禽，控制噪声及空气水质污染，消除区内污染源；对区内的马路、便道、绿化带、公共场所及时清扫保洁，设立卫生收集器具，及时收集、清运垃圾，及时对垃圾桶等卫生器具清洗消毒归位，加强防疫灭鼠、灭蟑螂、灭蚊蝇，加强对区内经营商户的卫生管理检查，保持区内清洁卫生；等等。

（四）绿化管理

住宅小区内的绿化是构成优化环境的重要因素，它对调节小区美化和局部生态平衡具有重要的作用。因此，要充分利用可以利用的土地，包括屋顶、阳台，搞好环境的绿化和美化。

住宅小区内种植的树木花草是公共财产，必须精心爱护和妥善管理。小区内庭院绿化管理主要由小区经营管理单位负责统一管理，公共绿地及园林则应由城市园林部门负责管理，也可在城市园林部门指导下由小区经营管理单位管理。

住宅小区管理机构应经常组织居民参加庭院绿化的种植、浇水、除草等公益活动，增强居民美化环境、爱护绿化的意识，对损坏树木、破坏绿化的行为应按有关规定予以处理，对任意砍伐、偷盗花木者应处以罚款。应加强小区的绿化养护，对绿化带、区内小公园、道路两侧树木、花草及小区建筑设专人养护，保持小区的美化绿化。

（五）公共秩序维护与公共安全防范管理

住宅小区的公共秩序与安全是所有住户甚为关心的事情，一个安全的小区环境是居民安居乐业的首要条件。住宅小区管理机构要配合公安部门建立严格的公共安全防范管理制度，发挥小区治保会、联防队的作用，加强小区的安全防范工作，使广大居民能够有安全感。公共安全防范管理可聘用专职的保安公司，实现管理的社会化。

公共安全防范管理的目标是保证小区的安全、安宁。其工作分为两部分，一是安全保卫，二是正常工作、生活秩序的维护。具体应做好以下工作：配置保安设备，成立保安队伍，制订保安制度；对保安员进行专业技能、职业道德培训、考核；进行区内定点监控、重点防范、治安巡逻；做好进出登记，治安事件记录，参与联防联保；协助违章纠正，参与文明礼貌和社会道德教育。

（六）市政公共设施的维护管理

公共设施的维护管理主要指区内道路、公共排水、排污管道和化粪池等设施的管理。这些公共设施遍布各个角落，其维护很大程度上需要广大住户的配合，同时要设立专人负责巡查，及时发现损坏部位并修复，还要设立报修渠道，如电话报修、收接报修单等，使损坏信息很快送达修缮部门。有条件时，应发展自动化管理系统。

道路管理重点是确定车辆通行规则，主要工作是防止占道经营、车辆乱停乱放，做好道路的维护保养，保持道路平整通畅；排水排污管道和化粪池管理工作的重点是防止人为因素引起的管道堵塞，防漏清疏，做好周期性的检查维护。

住宅小区内各种市政公共设施的修缮管理主要以专业部门为主，按照专业修缮要求与标准执行。由于市政设施一般埋设于地下，平时的修缮工作量不是很大。潜在的主要问题是如何解决公共设施老化和更新改造资金来源问题。

公共设施的维护管理还包括区内供水、供电、公共照明、电梯、空调等设施设备的管理，其主要工作是：建立各主要设施、设备的管理使用制度；确定专业技术人员分工负责；对设施设备进行定期检查维护；建立报修、回访制度，特殊情况的公告，应急处理。

（七）车辆交通管理

车辆管理的主要工作是车辆停放和车辆保管，为了保证住宅小区的宁静和行人安全，以及保护小区内的道路、庭院、花草树木和其他公共设施不遭破坏，对进入小区的各种机动车辆要严格加以限制。除救护车、消防车、清洁车、小区商业网点的送货车等特许车辆外，其他车辆进入小区时，都应经过允许方能驶入。也可以在车辆出入路口设置管制性栏杆。凡违章行驶损坏路面、围墙绿地和各种公共设施的，责令其修复或照价赔偿。

具体来说，车辆交通管理通常有以下工作：根据实际情况（道路状况、安静度需要、停放场地大小、人流特别是儿童流量大小等）划定允许进入本区域的车辆品种及型号；设定合适的停车场、棚、库房；订立适当的车辆进出门卫检查、放行制度；订立车辆停放保管制度；禁止车辆乱停乱放，订立执行相应的处罚措施；配置相应的监控、防盗设施。

（八）消防管理

消防工作是十分重要的，其主要工作内容有：贯彻国家和当地政府消防工作法令，制定严密的区内消防制度；坚持固定的巡查检修制度和节假日重大活动的全面检查，一有问题，限期整改解决；健全专职和兼职的消防组织及义务消防制度和责任人制度；进行防火防灾宣传教育；抓好平时的管理训练、演习。

（九）物业租赁管理

小区物业管理单位，依据自身的优势可直接或代理物业租赁业务。物业租赁是物业经营的主要工作，通常要抓好以下基本环节：核查物业是否符合租赁条件；核准租赁物业的面积，合理分摊共用面积；开展市场调查，合理确定租赁价格；明确房屋租赁价格以外的收费内容与标准，如电话费、水电费、管理费等；做好公用场地、活动场所的租赁管理，如申请审批、收费、卫生管理费；制订规范化的租赁合同，到有关管理部门登记备案；处理好业主、租住户与管理单位三者的关系，维护各方正当合法权益。

（十）收费管理

根据国家有关规定确定各种收费标准、收费管理办法，搞好各项经费的使用管理、各项收入的分配使用管理和账目公开工作，配合做好住宅专项维修资金使用工作等。

（十一）线上线下生活服务

广泛运用现代信息技术和人工智能等技术，建设智慧物业管理服务平台，全面转换物业服务理念和思维，提升数字化时代物业管理服务水平。具体包括以下几方面：一是物业服务企业依托智慧物业管理服务平台，在做好物业基础服务的同时，为家政服务、电子商务、居家养老、快递代收等生活服务提供便利。二是构建线上线下生活服务圈。连接居住社区周边餐饮、购物、娱乐等商业网点，对接各类电子商务平台，实现家政服务、维修保养、美容美发等生活服务一键预约、服务上门；布设智能快递柜、快件箱、无人售卖机等终端，发展智能零售。三是智慧物业管理服务平台与城市政务服务平台一体化。对接房屋网签备案、住房公积金、住房保障、城市管理、医保、行政审批、公安等政务服务平台；对接供水、供电、供气、供暖、医疗、教育等公用事业服务平台。四是发展居家养老服务。通过线上预约，为老年人提供助餐、助浴、保洁、送药等生活服务；提供医疗资源查询、在线预约挂号、划价缴费、诊疗报告查询、医保信息查询、医疗费用报销等医疗医保服务；为居家养老提供安全值守、定期寻访、疾病预防、精神慰藉等服务。

（十二）居住关系的管理

物业服务企业根据物业管理委托合同，配合业主委员会协调好物业小区的居住关系，如支持业主委员会制订业主公约、小区行为规范，处理业主投诉，调解住户之间的纠纷等。

三、居住物业的多种经营服务

居住区内开展的综合经营服务，是以居民的需求为导向，以区内公用配套服务设施为基础，在硬件设施齐备的前提下，一般的配套服务有以下类型。

（一）日常生活类

（1）衣：洗衣、熨衣、制衣、补衣等服务。

（2）食：餐饮业、送餐服务；食品糖果、烟酒业、粮、油、酱、醋等买卖；酒吧、茶坊；燃料供应，包括送货上门；果蔬业，包括菜场设置；等等。

（3）住：房屋装修、房屋清扫、搬家、美化居室等。

（4）行：自行车、摩托车、轿车的寄放、清洗、保养、维修，接受小孩上学、入托，接送病人看病，代订购车、船、机票。

（5）日常百货：小百货店开设、日常生活用品买卖，兼带小五金、小家电和生活用品的维修，如修钟表、配钥匙、修电饭煲、修电热器等。

（二）文化、教育、卫生、体育类

（1）文化：设立图书室、小电影室、录像室、音乐茶座，开办展览、文化知识讲座。

（2）教育：开办托儿所、幼儿园等。居住区按规划要求，配套相应的小学、中学，但运行管理方面是由属地的教育部门负责。

（3）卫生：建立社区卫生站，可提供打针、出诊、卫生消毒、小孩疫苗接种和一般小病处理，也可兼带卖药。近几年来，随着人们生活水平的提高，人们对医疗保健方面的需求越来越大，一些大型小区与名医院联合或聘请名医，提供优质的服务。

（4）体育：建立游泳池、乒乓球室、健身房、桌球房等。

（三）金融类

保险服务；风险评估和理赔服务；银行和其他金融服务（如理财、贷款）等。

（四）经营中介服务

物业服务企业与市场上的纯房地产中介相比，在经营这项业务上有其自身的优势。常提供的经营中介服务项目有：房产出租、买卖中介，房产评估、公证，开设保姆介绍所，以及其他中介服务，如请家教，代办子女入学等。

四、居住物业管理的考评标准及要求

（一）住宅小区物业管理公共服务等级指导标准

为规范住宅小区物业管理服务行为，提高物业管理服务水平，促进物业管理健康有序发展，2004 年 1 月 6 日，中国物业管理协会依据国务院《物业管理条例》及其他有关规定，印发了《普通住宅小区物业管理服务等级标准（试行）》，该标准含一级、二级、三级住宅小区物业管理公共服务等级指导标准。该标准所讲的物业管理公共服务是指物业服务企业按照合同约定对房屋共用部位及其共用配套设备、设施和相关场地进行专业化维修、养护、管理，并对相关区域内的公共秩序、环境卫生等公共事项提供协助管理或者服务的活动。制定该标准的目的是规范住宅小区物业管理服务行为，提高物业管理服务水平，促进物业管理健康有序发展。它适用于多、高层住宅小区开发建设单位或业主委员会对物业管理公共服务等级的确定，以及与物业服务企业签订物业管理服务合同时甲乙双方对物业管理公共服务要求的约定，同时作为测算服务价格的依据。该标准由高至低划分为一级、二级、三级三个等级，级别越高，表示物业管理服务标准越高。各等级标准均由基本要求、房屋管理、共用设施设备维修养护、协助维护公共秩序、保洁服务、绿化养护管理六大项内容组成。

物业服务企业在引用本标准时，应结合住宅小区的建设标准、配套设施档次及居住对象的经济承受能力等情况，选定相应等级的服务标准。

（二）居住物业管理的要求

《住宅小区物业管理公共服务等级指导标准（征求意见稿）》将居住物业管理服务的标准与要求列为基本要求、房屋管理、设施设备维护养护、公共秩序维护、保洁服务、绿化养护管理六个方面。

按照居住物业的管理目标，可以根据各物业的实际情况和条件制订居住物业具体的管理要求，总的来说可归纳为以下方面。

1. 物质环境管理要求

（1）增强住宅功能。即要把握建设和居室装修的发展趋势，在设计上注重空间的节省、好用，结构布局的合理，设备安装的方便归位，引导居民在装修时通盘考虑房间布局、采光、通风及厨房设备、卫生设备、生活设备安装的合理性、安全性、舒适性。

（2）搞好小区设施配套。主要是指治安、消防、卫生、交通、文体、娱乐等公共设施配套，一般按“统筹兼顾、添建补缺”的原则，就近、方便配置。

（3）美化环境。主要是在绿化、美化上下功夫。首先，尽可能将空地绿化，并注意花、草、树木的选择、搭配，再以雕塑、假山、水池、喷泉、亭台、榭舫等装扮小区，使小区景色优美，清幽宜人。

2. 社会环境管理要求

（1）健全机构，形成机制，实行专业管理与群众管理相结合的模式，充分发挥小区管理机构的作用，调动各方面的积极性。

（2）完善制度，协调理顺内外部各方关系，进行综合治理、维护居住区的社会秩序。

（3）开展社区文化活动，加强精神文明建设，建设良好的人文环境。

3. 以改革、创新精神探索小区管理新路

小区管理的改革，就是要不断完善创新管理体制、模式、内容等。首先要在观念

上进行变革，树立服务的观念、竞争的观念、创新的观念、讲求效益的观念，随之是在实践上加快企业化、专业化、社会化、契约化、规模经营的进程，使小区管理常抓常新，富有生机。

【本章小结】

1. 居住物业是指居民赖以生存的空间和必要的条件，即住宅以及附属的设备、设施和环境。居住物业可以分为多种类型。居住物业的特点更突出物业的整体性。居住物业的主要功能有居住功能、服务功能、经济功能、社会功能。

2. 居住物业管理的特性体现为小区社会的综合性、管理主体的唯一性、管理机构的专业性、物业服务的有偿性、物业服务产品的公共性。居住物业管理理念有：寓经营于管理之中，寓管理于服务之中，寓服务于经营之中；业主第一，服务满意；专业管理与自行管理相结合；利益共赢，使物业保值、增值；人物并举，由人及物；人人平等，增进和谐；智慧生活，全域服务。

3. 居住物业管理的目标包括经济效益的目标、社会效益的目标、环境效益的目标、心理效应的目标；居住物业管理的要求包括：物质环境管理要求，社会环境管理要求，以改革、创新精神探索小区管理新路。

【案例分析】

案例2－1　管理井然有序，服务周到细致——国外的物业管理与社区管理

国外的物业管理之所以工作到位，不仅是因为房地产业发展久远，更在于有一套完善的规章制度，所以其服务甚佳。

1. 新加坡的物业管理

新加坡的公寓楼房，当地称为“共管式公寓”。每天早晨，在居民上班之前，清洁工人就开始打扫卫生。居民如深夜回家，值班的门卫会道晚安，在地下停车场还会碰上巡夜的保安。在一天24小时中，总会有服务人员在为社区忙碌着。新加坡政府的有关部门针对居民住宅及物业管理制定了详细的规章制度，并形成法律，不管是物业服务公司还是居民都必须依法遵章行事，所以不管是高级公寓楼还是政府组屋区，管理都是井井有条，同时避免了各种矛盾或纠纷的发生。从政府职能方面看，新加坡建屋发展局是负责实施政府建屋计划和统筹物业管理的职能部门。早在1967年，该局就制定了《土地所有权法案》，之后又经过多次修订。该法案共有158章，其中就规定了土地开发商在建造住宅时必须遵守的条例。比如，由开发商建设的公共组屋，每栋

楼底层不得安排住户，而是用做商店或娱乐室，供居民休息、娱乐和购物之用。再如，规定了在共管式公寓的共有所有权土地上，除建造住宅楼房外，必须留有不少于40%的土地用于花园、风景区以及其他娱乐健身设施，确保物业管理的规范化。物业管理执照需要每年审批核发，如果有物业公司违反条例，或是不按照规章办事，将吊销该物业公司的营业执照。物业管理从业人员必须接受两年的房地产管理培训，并通过专业考试才能上岗。除了发挥监督管理职能外，建屋发展局的另一项主要工作就是服务，如该局制定出一项长期的旧组屋翻新计划，进一步提高居民对社区的认同；另外，根据新加坡法律规定，所有建筑每隔5年都需要进行外部清洗刷新。在业主方面，新加坡法律充分保障了房屋拥有者的权利，同时也明确规定了各项义务。例如，各个业主不得侵犯公共空间，私搭乱建要被处以重罚。对房屋内的装修也有很详细的规定，如常见的由装修引起楼下住户漏水等现象，当事人须负责赔偿他人损失，解决不了就得上法庭。新加坡的《土地所有权法案》规定，每个新建住宅区必须在两年内成立管理委员会，由全体业主投票选出委员会成员。该委员会将代表全体业主管理社区，每年召开一次全体大会，讨论制定社区行为规则以及聘请物业服务公司等重要事务。社区或公寓的公共事务，如是否要增添公共设施，公共设施的使用是否要收费、收多少，是否要增加或减少物业管理费等，最终都以投票方式决定。在这种机制下，物业公司只是被雇佣的对象，一切依照合同办事。如果表现不好，社区管理委员会有权立即将其解聘。

2. 德国的物业管理

德国物业服务公司不仅要按条约规定负责雇主房产的定期维护和外部粉刷、住宅区和楼道的卫生、门前屋后的绿化和规划，还要负责出面替雇主履行德国相关房产法中所规定的责任和义务。德国物业服务公司直接受雇于房东，是雇主利益的维护者和代理人，这一点在房屋租赁关系中表现得尤为突出。一旦房屋租赁合同生效，物业服务公司就成了租赁双方的纽带，租房中出现任何与房产质量和设备有关的问题，物业服务公司都有义务替雇主出面解决，如果房客违约或做出不利于房东的事，公司便会出面干涉、阻止；租赁双方出现纠纷可通过物业服务公司做中间人进行调解；当双方租赁合同终止时，物业服务公司还有代为验收的任务，因此房地产商一般不需要与房客直接打交道。为了加强对多层住宅的有效管理，德国物业服务公司在接到委托后，一般采取责任到人的办法，划出专人分管区域，减少因分工不明造成的扯皮现象，住户遇到问题时，也清楚该找谁帮助解决。

3. 瑞士的物业管理

瑞士日内瓦物业管理的特点是为物业投资者增值、为房主和住户提供方便的生活条件和优质的服务。但物业小区的管理不搞大而全，而是按社区的安排将服务设施出租，完善社区对居民的基本服务。日内瓦不动产管理公司总裁巴内渥说，以物业管理促进社区建设，以物业建设推动社区管理，使物业管理与社区管理相协调，应该是城镇现代物业管理的目标和特色。然而，日内瓦大多数的物业服务公司都是私营的。日内瓦州最早的物业公司出现于1825年，是以私人银行的财务管理公司模式建立起来的，后来从美国的物业管理中引进了一些新经验，至1964年基本形成了现代物业管理模式，即为住户提供优质服务，为投资者实现物业增值，管理不断创新。在日内瓦，大多数城镇居民选择单元住房。物业公司经营的房产选择性很强，从一室一厅到七室一厅不等，住户可买可租。大多数人选择住房的条件是周围环境好、生活方便、价格适当，同时特别看重物业公司的服务质量。因此，物业公司把提供优质和多品种服务视为竞争的重要因素。在日内瓦，每栋居民楼都有一名与物业公司签有合同的管理员，负责楼内的清洁卫生，楼房周围绿地的修整，管理员一家必须住在楼里的一个单元内，逢年过节时负责布置楼道，凡住户需要服务，都可找管理员，管理员则将住户诸如修门窗、换灯具、粉刷房屋、修理更新电器等需要及时通知物业公司，住户也可以直接打电话给物业公司，物业公司则及时联系与其有业务关系的各类专业公司，有关专业公司很快便会给住户来电话约时间，登门服务。日内瓦的居民社区以地理位置划分。一个社区中往往有多家物业公司管理的房产。居民享受的大多数公共服务项目由社区提供，如游泳池等体育设施，图书馆、博物馆、学校、老人院、门诊部、药房、银行营业处等都分布在合理的范围内。社区内的公园一律免费开放，体育健身场所对本社区居民有优惠。居民的水电费、房租、电话费，退休人员的工资以至违章罚款等都可以到就近的邮局办理。社区还不定期地举行区内居民联谊活动，在公园举办主题联欢。社区内一般都有一周两次的早市，居民可以买到新鲜的蔬菜。社区还办有自己的期刊，免费送进各家的信箱，服务十分周到。

［讨论题］

1．你认为国外居住物业服务有哪些好的做法值得我们借鉴？

2．请结合中国物业管理的实际谈谈自己的看法。

［参考点评］

本案例反映了国外物业管理领域的一些好的做法，是从肯定与借鉴的角度来正面介绍国外经验，值得关注，有参考意义。

国外物业管理值得借鉴的做法主要有：一是有一套明确而完善的规范物业公司和业主权利义务的规章制度，并形成法律，不管是物业服务公司还是居民都必须依法遵章行事，从而使管理井井有条，同时避免了各种矛盾或纠纷的发生。二是规定除建造住宅楼房外，必须留有一定的土地（如不少于40%）的土地用作花园、风景区以及其他娱乐健身设施，确保物业管理的规范化。三是物业服务公司直接受雇于房东，是雇主利益的维护者和代理人。四是物业服务公司在接到委托后，一般采取责任到人的办法，划出专人分管区域，减少因分工不明造成的扯皮现象，每栋居民楼都有一名与物业公司签有合同的管理员，凡住户需要服务，都可找管理员。五是居民享受的大多数公共服务项目由社区提供，如游泳池等体育设施，图书馆、博物馆、学校、老人院、门诊部、药房、银行营业处等都分布在合理的范围内。

结合我国物业管理的实际，学习国外经验应该做好如下工作：一是加强对全社会物业管理意识的培养，形成全社会的物业管理习惯。二是物业管理服务必须是具体的，不是抽象的，也就是物业公司对业主的服务必须是专人负责，服务项目必须是具体的，服务标准必须是确定的，服务的效果是可以检验的。三是提供公共的社区服务和预留文化休闲场地等。

案例2-2　浦东率先用物业管理“标准秤”

在上海浦东，物业管理在老百姓眼中是“夹生饭”，似乎总有点“烧不熟”，在过去两年的全市行风测评中，连续两年排列在26个行业之末。而物业公司似乎也有“委屈”：一些问题“边界不清”，个别业委会“变味”，往往导致矛盾“升级”，可是光是拒付物业管理费也不可能解决问题！

“公说公有理，婆说婆有理”，但在浦东，“公婆俩”之间多了一杆“标准秤”——《浦东新区居住物业管理基本服务标准（试行）》以及一系列创新举措。规范化、标准化这把“火”有望让老百姓吃上“熟饭”。

现状一：不同小区服务等级分类不清、服务标准不清，碰到纠纷往往“口说无凭”。

解决：《浦东新区居住物业管理基本服务标准（试行）》将旧住房小区（指公房和售后公房小区、动迁房小区、1996年之前建造的普通商品房小区）、普通商品房小区（1996年以后建造的普通商品房小区）、中高档商品房小区（原外销商品房小区、别墅小区、1996年以后建造的中高档商品房小区）分成一、二、三类，在窗口形象和公示到位、保修、保安、保洁、保绿、装修管理、规范收费、设备设施管理八项服务的要求上“层层加码”，居民可拿来一一对照、评分。如果连服务标准所规定的“底线服务”都做不到，物业公司就将面临整改。

现状二：行风测评成了政府部门的事，老百姓有事也爱找政府，居住物业满意度不高。

解决：结合服务标准，由房产管理部门会同小区业委会、居委会和其他社区管理部门一起对新区物业服务企业服务状况进行每季度一次的综合测评，给物业公司戴上“紧箍”。综合测评的结果与通报制度、物业招投标、物业资质年鉴“三挂钩”，奖优惩劣，最终达到物业市场的优胜劣汰，居民小区好中选优。

现状三：物业管理招投标数量上去了，但公开度还不够，新建小区也未列其中。

解决：在原有基础上，新出台的《扩大和规范浦东新区居住物业管理招投标工作的通知》规定，规划新建的住宅小区应全面实行物业管理招投标；在解决多家管理小区中可采用物业管理招投标；旧住房小区中业主委员会在征得大多数业主同意，并经业委会集体讨论决定，需重新更换物业公司的，可采用招投标形式选聘；凡规划建筑面积在10万平方米以上的新建中、高档商品房住宅小区的物业管理招投标，招标人应实行公开招标。

“标准秤”启用的同时，物业多头管理等有待彻底解决的“历史遗留问题”，业主委员会的规范等热点、难点问题仍是百姓心中的“急难愁”，期待着在政府部门、物业公司和社区居民之间真正实现“三赢”。

［讨论题］

1. 本案例反映的是什么问题？请分析原因。
2. 采用物业管理“标准秤”对居住物业管理水平的提高有什么意义？
3. 物业服务企业应该如何做才能满足居民对物业管理服务的需要？

［参考点评］

本案例阐述的是上海浦东针对老百姓对政府在物业管理行业的管理上存在的问题所采取的对策。针对物业管理行业管理上存在的诸如“不同小区服务等级分类不清，服务标准不清”，“行风测评政府部门说了算，老百姓不参与，居住物业满意度不高”，“物业管理招投标公开度不够，普遍推行不够”等问题，上海浦东推出了一杆“标准秤”——《浦东新区居住物业管理基本服务标准（试行）》并采取了一系列创新举措，使物业服务公司和业主都有了一杆“标准秤”，促进物业管理活动规范化、标准化，使政府部门、物业公司和社区居民之间有可能真正实现“三赢”。

本案例反映的是浦东新区由于行业管理上不规范、不标准，而导致的政府、物业服务企业、业主委员会在物业管理活动中存在的不规范等现实问题。产生的原因主要是物业管理行业管理、物业企业服务和业主的物业管理意识等方面，跟不上城市化、住房制度改革、住房商品化进程的加快及小区建设和管理发展的步伐。采用物业管理“标准秤”对居住物业管理水平的提高具有重要意义：一是有利于政府对物业管理行业管理水平的提高，促进小区管理的改革与发展；二是有利于物业服务企业的服务管理观念的变革，树立服务的观念、竞争的观念、创新的观念、讲求效益的观念，使小区管理常抓常新，富有生机；三是规范住宅小区物业管理服务行为，提高物业管理服务水平，促进物业管理健康有序发展；四是有利于业主委员会、居委会对物业管理公共服务标准的确定，以及与物业服务企业签订物业管理服务合同时甲乙双方对物业管理公共服务要求的约定，同时作为测算服务价格的依据；五是有利于加强物业管理服务的社会监督，促进小区文明建设与发展。因此，物业服务企业要建立六大理念，即“寓经营于管理之中，寓管理于服务之中，寓服务于经营之中”的理念、“业主第一，服务满意”的理念、“专业管理与自行管理相结合”的理念、“利益共赢，使物业保值、增值”的理念、“人物并举，由人及物”的服务理念、“人人平等，增进和谐”的理念，才能满足居民对物业管理服务的需要。

【思考题】

1. 如何进行居住物业的分类？
2. 如何理解居住物业管理理念？
3. 居住物业有哪些特点及功能？
4. 如何理解居住物业管理的含义及性质？
5. 居住物业的管理有哪些内容？

第三章 商务物业管理

【学习目标】

了解：商务物业的分类；商业场所物业的分类及特点；会所经营的主要项目。

掌握：商务物业及其特点；写字楼物业经营与服务管理；商业场所物业的营销管理；商业场所物业的租赁管理；会所的功能；会所服务规程及要求。

重点掌握：商务物业管理的特点；写字楼物业管理的目标内容与服务要求。

【学习概要】

本章的重点内容：商务物业管理概述、写字楼物业管理、商业场所物业管理、会所物业管理。

通过本章的学习，了解商务物业的分类和主要商务物业的分类及特点。对写字楼物业、商业场所物业和会所物业等主要物业类型的管理服务的规程及要求有一个全面的认识，为商务物业管理工作提供基本思路与模式。

第一节 商务物业管理概述

商务物业管理概述

一、商务物业的概念及其特点

（一）商务物业概述

商务物业是指以经营性房屋为主体的物业，如写字楼、商业场所、会所等，是对其进行出租或出售能够获得收入的物业。这些商务性物业普遍存在于城市中，现代人对写字楼、购物中心等商业性物业的多样化、大型化的要求得到了实现和满足。在我国许多大城市，一栋栋拥有数万至数十万平方米的可供出租的商务物业拔地而起，构成现代都市商务繁华的摇篮，如广州的中信广场、北京的长城饭店、上海的环球金融中心、深圳的地王大厦等，这些物业都是以商务为主，集办公、商场、贸易、娱乐等服务于一体的现代化商务物业，它满足了物业使用人的多方面的需要。

众多的商务物业集中在城市繁华区域，形成了中央商务区（或商务中心区），国际上流行的称呼为 CBD（Central Business District）。CBD 最初源于美国城市地理学家伯吉斯的“同心圆区位经济论”，就是“城市中心的每一个环”。现代意义上的商务中心区是指集中大量金融、商业、贸易、信息及中介服务机构，拥有大量商务办公、酒店、公寓等配套设施，具备完善的市政交通与通信条件，便于现代商务活动的场所。首先在美国、日本、英国等国家的发达城市陆续出现。美国的曼哈顿、东京的银座都是 CBD 经典代表。国内的北京、上海、广州、深圳、青岛等大都市，都在建设或已经形成自己的中央商务区，这不仅是一个国家或地区对外开放程度和经济实力的象征，而且是现代化国际大都市的一个重要标志。

（二）商务物业的特点

1. 商务物业具有商业特性

商务物业是以商品的形式存在的，具有商业特性。随着人们生活水平的提高，对这类物业的需求也越来越多样化和高档化，为满足这些需求，其功能的开发也越来越多样化和高档化，于是其商业特性就更加突出了。商务物业的使用功能是以商业贸易和出租为主、其他营业性经营为辅。由于商务物业是特殊商品，其在市场交换中也要遵循价值规律，这就决定了商务物业经营的主要方式是出租或出售，从而具有商业性。

2. 商务物业的价值不能储存

以出租或出售为主的商务物业中的房屋建筑及其设备设施的价值及管理费用是不能储存的，如果当天售不出或不能出租，就失去了当天的价值和费用的回收、补偿的机会。例如，会所的数量是固定的，即使第二天的出租率是100%，也无法挽回前一天的空置而造成的损失。同时，无论出租或出售情况如何，其管理服务开支是相对固定的，一般不会随着商务物业的经营变化而变化。

3. 商务物业应不断保持设施的先进性

以房屋出租或出售和其他附属性商业服务为主的商务物业，必须保持其设施的先进性。因为只有良好的、舒适的、高层次的、现代化的设施，才能保证其出租率、出售率和营业收入，才会带来商业的繁荣。如上海的南京路、广州的北京路等商城拥有的先进的设施是其吸引租户和顾客的一个重要原因。另外，只有不断地改进设施，使其保持先进和舒适，才会保持生意兴隆。所以，与一般物业不同，商务物业要不断地更新设备和设施，保持其先进性，才能持久地吸引租户、投资者和顾客。

4. 商务物业具有综合性

随着社会主义市场经济的发展，人们的物质文化需求日益增长，商务物业也随之发展成为功能多样化的综合性物业。一栋现代化的综合性大楼，既能办公、居住、交通，又能购物、娱乐。因此与一般的物业不同，商务物业的功能具有综合性的特点。

二、商务物业的分类

（一）写字楼物业

写字楼物业主要包括各行各业的行政办公、业务大楼及商务写字楼。其中，纯出租的写字楼一部分有统一的规格，另一部分不固定，可以根据市场的需要进行分割、组合。现代商业化的写字楼大多位于城市中心繁华地段，交通便利、建筑档次高、外观风格鲜明、内部装修高档、设施设备先进、管理服务周到。

（二）商业场所物业

现代商业场所物业主要包括各种类型的商场、购物中心、购物广场及各种专业性市场等。其中，大型商场多集中在城市中心或人流密度大的地方。现代商场物业，建筑造型新颖别致，外观装饰注重独特的广告效应，内部装修强调空间的充分利用，货品齐全，购物方便，经营项目综合配套，并着重营造豪华、高雅的购物氛围。

（三）会所物业

会所是指为人们提供健康、娱乐和沟通交流的场所。它是现代物质文明和精神文明的产物。按其功能和特点，会所经营的主要项目包括康体项目、休闲项目和娱乐项目。

（四）停车场物业

停车场有专用停车场和附设停车场两种，其中多数是大型或高层建筑的附设物业。随着经济的发展，人们生活水平的提高，停车场成了高层建筑、大型成片建筑必不可少的附设物业，在建筑规划设计上相对有明确的要求。高级的停车场有自动识记、计时、收费系统。停车场的特点是空间单一，信号、指示标志多，光度、通畅性要求高。

（五）其他商务物业

其他商务物业主要有商务性质的饭（酒）店、茶馆等用于商业用途的物业。这些物业根据其使用功能的不同，在建筑和管理上有各自的特点和要求。

三、商务物业管理的特点

商务物业管理的特点是由商务物业的特点所决定的，一般来说，商务物业管理的特点体现在以下方面。

其一，商务物业管理是一种创造性的追加劳动。商务物业是以商品的形式存在的，反映其价值的市场价格常常会出现较大的波动。其中，物业管理作为追加人类劳动的数量与质量，决定了物业的价值发生了变化。只有创造性的物业管理劳动才能提高物业的价值。

其二，商务物业管理具有紧迫的时间性。由于商务物业的价值是不能储存的，如果当天不能实现经营，就失去了这一天的商业价值。

其三，商务物业管理是综合性的管理。商务物业管理内容相当的广泛，既有房屋出租、商业服务，又有办公、娱乐等活动，还有卫生、保安、绿化等日常管理服务，同时还代表产权人和租户与政府有关部门、公共事业部门、社会团体等组织就相关问题进行协商等。

其四，商务物业管理必须实施现代化、专业化的管理。这是由商务物业须不断更新其设备设施、保持其先进性的特点决定的。

其五，商务物业管理具有极大的社会效益。商务物业的投资主体呈日益多元化，维护投资者的利益就成为社会问题。商务物业管理逐渐成为物业管理的主流，它对社会的安定、人们生活水平的提高、城市的美化等起着不可估量的作用。

第二节 写字楼物业管理

写字楼物业管理

一、写字楼物业的含义与特点

（一）写字楼的含义

写字楼原意是用于办公的建筑物，或者说是由办公室组成的大楼。一般而论，它有可能是所有者自己使用一部分，其余部分用于出租，因为一些企业为树立企业形象，建造大型写字楼，但往往自己只使用其中的一部分就足够了，多余部分用来租赁经营。作为商务性的物业，写字楼常常被用来全部出租，以收回投资和获取利润。当然，也有这种情况，即发展商建成写字楼后，分单元出售给企业作办公用。但在这里，写字楼是指被用于出租作为办公场所的商务物业。

（二）写字楼的特点

现代意义上的写字楼同过去传统的办公楼已是完全不同的概念。过去办公楼的条件十分简陋，设备简单缺乏。而现在却不同了，科技的发展尤其是通信和信息技术的现代化带动了办公的现代化，人们已经不再用传统的工作方式来满足今天的工作要求。现代的写字楼符合现代化的各种要求，已经具有新的特点：一是现代写字楼有相当规模的面积，办公单位集中，人口密度大。二是现代写字楼有良好的建筑和现代化的设备。业主为了吸引租客，向租客提供满意的办公条件。往往把现代写字楼设计成不仅外部风貌具有独特的格式和装修，而且其内部一般都具有先进的设备，如中央空调、高速电梯、一流的通信服务等。这样有利于开展商业活动，给租户留下较好的印象。三是现代写字楼功能齐全、设施配套，形成了独立的生活和工作系统，较好地满足了客户办公的需要。

二、写字楼物业管理的目标、内容与服务要求

（一）写字楼物业管理的目标

写字楼物业管理的目标可以用“安全、舒适、快捷”六个字来概括。

安全是指让用户在写字楼里工作有安全感。它包括以下内容：一是人身安全。要使所有在楼宇内办公的人员有安全感，这方面是对物业服务公司治安保卫工作的要求。二是财产安全。既包括所在单位财产的安全，也包括办公单位员工个人财产的安全。三是消防安全。消防工作既涉及人身安全，又涉及财产安全，应重点加强，特别强调。四是信息安全及商业秘密、情报安全。

舒适是指创造优美的环境让用户在大楼内生活和工作起来感到舒服、方便。大厦裙楼和地下室部分应开辟各类商场、酒店、娱乐室、银行和书店等生活服务设施，吃、穿、用齐全。确保大厦内电梯、空调、供水等服务处于正常运行状态。

快捷是指让用户在大楼内可以随时与世界各地联系、交换信息、抓住机遇。

（二）写字楼物业管理的内容

现代写字楼管理较重要的是六个方面：设备管理是写字楼的“心脏”；保安管理是写字楼的“卫士”；清洁管理是写字楼的“容貌”；商务服务是写字楼的“百宝箱”；前台服务是写字楼的“形象大使”；用户投诉的接待和处理写字楼的“连心桥”。

1. 设备管理

设备管理在整个大楼管理中处于最重要的位置。设备管理的好坏直接影响到大楼使用的功能和质量，从而也体现出物业服务公司的管理档次和水平。写字楼的设备管理要特别重视以下方面：设备的基础资料管理，包括设备的登记卡、账册、技术方案、维修方案等；设备运作管理，包括设备运行、设备值班、设备巡查以及每天准时按规定开启和关闭设备等；设备维修管理，设备保养、修理、应急抢修等；能源管理，采用各种先进技术和管理措施节约能源，节约开支，减少浪费等；安全管理，包括制订各种工作制度、操作规程，安全职责实施等。

2. 保安管理

现代写字楼的保安管理有两种方式：一种是封闭式管理，这种管理方式是物业大门有保安人员看守，常住人员有进出特别证件，外来人员不得随便进入，联系工作应

征得楼内主人同意并登记后方可入内。这一种方式的保安管理相对要容易。另一种方式是开放式管理。这种管理方式，穿着整齐的来人一般都允许进入，给保安管理增加了困难，要求在管理上外松内紧，保安人员必须有丰富的经验和保持高度的警惕，大楼装备必须有完善的现代化的设施。

3. 清洁管理

物业服务公司在完成对物业的竣工验收后，要对楼宇内外进行全面的、彻底的清洁，内容包括对楼宇内外建筑垃圾的清扫，对玻璃、地面等处所沾的灰尘、污垢的清除，对公用区域、办公室及设施的清扫。除此之外，物业服务公司还要做好以下两项常规性清洁管理工作：一是清洁保障工作，它是指物业服务公司对物业辖区进行定点、定时、定人的日常管理，废弃物的收集和清运，并对业主和租户进行宣传，通过清扫、洗、擦等常规性的服务，维持公共区域的清洁卫生；二是保洁服务管理，通过大楼清扫保洁的作业计划、清洁设备领用操作制度、清洁安全操作规程等管理制度和员工自查、领班巡查、部门经理抽查的“三查”制度来保证清洁管理目标的实现。

4. 商务服务

商务服务内容主要有：复印、打字、电传、传真、电报、电话、报纸邮件分发、快件代理、书报杂志代售等。商务服务对服务人员的素质要求较高，各项服务都要规范化。

5. 前台服务

前台服务又称总台服务。写字楼设立前台服务是引入宾馆管理的方式。因为出现了大量的事情，如客人咨询及代理服务等，单靠保安应付不过来，于是便把宾馆的前台服务引入写字楼的管理中来。其内容主要有：咨询服务和留言服务；信件报刊收发和递送服务；出租车服务；个人行李搬运服务；旅行活动安排服务及票务等。

6. 用户投诉的接待和处理

物业服务公司应在写字楼办公室或业务部内设立专人接待和处理写字楼内的单位投诉。对用户提出的投诉要认真做好记录，能当即解决的予以当即解决，不能当即解决的要向用户说明情况和承诺在什么时间内解决，并迅速将情况反馈给有关部门，促成问题的及时圆满解决。

（三）写字楼物业管理的服务要求

1. 消防安全和治安保卫是物业管理的首要工作

在消防方面，现代化的写字楼设备复杂、管线密布、设施先进。各种管线中电线、煤气管道等的任何外露泄漏或设备维修中产生的火花以及设备老化、过载等隐患，都有可能造成重大的事故。特别是高层的写字楼，其消防系统由温感系统、自动喷淋系统等组成，远比一般性的建筑及住宅楼要复杂得多。所以对写字楼的消防安全提出的要求也高于其他类型的楼宇。且一旦写字楼发生火灾，由于楼内人员数量多，安全撤离难度大。因此，必须确保写字楼的消防安全万无一失，确保楼内各种消防设备的高度灵敏，这是对写字楼物业管理的首要要求。

在治安保卫方面，由于写字楼内集中的办公单位多，人员进出往来频繁，给写字楼的治安工作增加了难度。因此，要增加楼宇内的保安巡逻，划定责任区。有条件的可在大楼进出口、楼道、电梯间、楼层等设置摄像头，直接由大楼的中央控制室对治安状况进行动态监控，以提高楼内办公单位的安全感，防止盗窃案件的发生。随着市场竞争的加剧，防范商业秘密刺探也成为治安保卫的一个难点。因此，对安全保卫工作也提出了更高的要求。

2. 电梯安全运行、水电暖气供应等要充分保证

电梯是写字楼中最重要的交通工具。对电梯要制定严格的运营和养护制度，通过合理的运行和周密的养护，可以提高电梯的安全性，延长其使用寿命，达到节省开支、提高效益的目的。

写字楼内大公司聚集，人员众多，电脑、传真机、复印机等办公设备全天使用，如果水电不能正常供应，将直接影响工作效率。因此，要重视对楼宇水电设施的全面管理和维修，如高低压变电房、备用发电机组、电线、电缆、水箱、供排水管道等各项设施。

3. 日常的清扫、保洁及专业的清洁工作，为租户提供良好的办公环境

写字楼由于人员出入量大，容易出现脏、乱现象，必须保持大楼内、外的清洁卫生。专业清洁主要是由专业的清洁公司，借助专用的清洁设备、工具对写字楼的外墙、玻璃等进行重新清洁，使大楼保持常新、整洁的外观。上述工作事关写字楼的形象及良好的办公环境的形成，对物业服务公司同样是一项不能怠慢的工作。租房单位对写字楼的选择及对大楼物业管理水平的考察，除了地理位置、价位等因素外，还会对物业管理所有细节进行考察。

4. 做好应付突发事件的准备

由于写字楼结构、设备和人员的复杂性，一个好的物业服务公司应时刻保持警惕，应付各种可能发生的突发事件。例如，电线短路，电梯故障及重大刑事案件等。物业服务公司要有足够的快速反应能力，能有效地把突发事件控制和消灭在萌芽状态，并且要有物质方面的准备，如备用发电机、备用消防通道等，防止事态的扩大和蔓延，必要时组织人员及时疏散，把损失降低到最低程度。所有这些工作，防范是第一位的，安全防范要常抓不懈。

三、写字楼物业经营与管理服务

（一） 写字楼物业市场分析

对现有的写字楼物业的租售要根据市场变化调整营销策略。这也是写字楼物业租售管理中的重要内容。

1. 地区分析

邻近地区及地区性分析对于商业资产尤为重要，地区分析主要是对这一地区写字楼物业的供给与需求的分析。对写字楼物业的地区供给与需求分析主要考虑以下因素。

（1）写字楼的生命周期。写字楼建造的自然生命周期决定了办公空间的空置率，以及是过剩还是缺乏的。如果不考虑其他因素，一般处于生命周期早期的、新建的现代化写字楼的空置率较低，而陈旧的、老式的写字楼空置率则相对较高。

（2）地区新商业机构与业务的发展。要估算这一地区新商业机构的数量、典型的新业务对写字楼的需求以及想搬到新办公住所租户的数量、类型等，当然也需考虑现有租户增加的可能性。

（3）地区经济增长。对写字楼物业附近的整个地区的分析主要放在地区的经济增长上，因为经济增长快的地区，市场不断扩大，写字楼的需求也随之扩大，赢利机会较多，因而能吸引国内外的大公司租用或设立办事处。

（4）地区环境。这对物业的需求影响也很大。租户比较关心物业所在地区的交通、停车、相近的业务与服务，以及地区的声誉、环境的改善和革新与新建设的项目（主要指污染的治理、绿化的新建项目等）。

2. 吸收能力分析

在分析写字楼物业的空间时，物业管理者就要确定对写字楼物业的吸收能力。物业管理者可以根据历史经验确定每年的租赁面积或租赁的吸收能力。如果一座城市有50万平方米的写字楼空间，每年的吸收能力近10万平方米，那么可以推出这座城市拥有5年的可供租用的写字楼物业空间。

3. 区位分析

写字楼所在的地理位置对其销售也会产生影响，大多数的企业在选择写字楼物业时不仅要考虑物业的设施设备，还注重物业所在的区位，如所处的市场环境、劳动力资源状况、交通等。大型的公司尤其看重公共交通及高速公路和劳动力对其的影响，而小公司考虑较多的是成本，环境对他们的影响是次要的。他们更关心设施的便利和租金的合理性。所以当一些大租户搬到地段繁华的写字楼物业后，旧的物业便被相对较小的公司占用，这也是繁华地段写字楼物业的空置率较低的原因。由此可见，租金的高低是大多数公司选择写字楼时考虑的重要因素。

（二）写字楼物业预算分析

1. 写字楼物业可租面积的确定

（1）写字楼建筑面积的测量。写字楼的建筑面积是通过测量已建成楼宇的永久性外墙来计算的，它包括封闭的楼层、地下室、机械设备层和楼顶面积。

（2）写字楼可租面积的测量。写字楼可租面积是通过对建筑内部永久性外墙的主要部分进行测量计算得到的。租用面积包括休息室、警卫房及其他如水电房等大楼必需的操作间的面积。

（3）写字楼主要部分的测量。写字楼的主要部分是指永久性建筑外墙的表面部分，主要部分应具有一半或更多的垂直高度。如果不存在主要部分或主要部分并不是垂直的，面积的测量则是指与地板不相交的永久性建筑外墙的内部表面。任何主要的楼层垂直插入之处，如公用的通风道、楼梯间和电梯都不包括在内。

（4）写字楼实用面积的测量。写字楼的实用面积是指事实上被占用的面积。实用面积是通过对办公室、走廊和其他永久性墙体表面的测量来计算的；也可以是室内面积加上隔墙地面水平投影的一半，通常应排除与建筑物核心部分相连的部分，如走廊、门厅、休息室、容纳建筑物设备的房屋部分等。

（5）计算可租用面积。在确定一座综合写字楼的租用面积时，首先必须计算楼层的租用率，即租赁/使用的比率。多层写字楼的租赁与使用比率的计算公式为：

租用率＝租赁面积÷使用面积

租赁面积＝使用面积×租用率

使用面积＝租赁面积÷租用率

①租赁面积。在整个楼层租给租户使用时，租户的租赁面积是整个楼层的使用面积（那一层楼的休息室有走廊也作为租户场地的一部分），不需要换算。

②租用率。用来计算使用面积的出租率，有时也称为损失因素，是整个楼层租用空间利用效果的反映。在多个租户租用的楼层上，这个租用率就是指分摊因素。

2. 编制租金预算计划表

（1）确定最少的租金预算。

①考虑空间利用率的损失因素。编制租金计划的第一步是确定租金预算。如上所述，大多数公司在选择写字楼物业时，首要考虑的是成本即租金的高低，因此物业服务公司不仅要针对市场上的实际支付能力建立一整套现实的租赁计划表，而且为了使所有的租户认为物超所值，还要考虑空间利用率的高损失因素要以较高基本租金来补偿。例如，一幢办公楼有36 000平方米的租用面积，以每平方米8元出租的话，这时只有30 000平方米是可用面积，损失因素为1.2（36 000÷30 000＝1.2）。租户实际的租金费用为每平方米9.6元（8×1.2＝9.6），或是每平方米与租用行情存在1.6元的

差额。这 1.6 元就是用来补偿空间利用损失因素的。

②确定物业运行所需的费用。计算租金的第一步就是要确定物业运行所需的费用，以及业主要求的投资回收额，其计算公式为：

最少租金 =（日常运行费用 + 抵押贷款还款额 + 预期投资回收额）÷ 楼宇可租用面积

例如，一家商场的办公楼价值 240 万元，可租面积为 8 万平方米，业主设定资产折旧率为 20%，每年偿还抵押贷款 60 万元，物业运行费用每年 20 万元，业主至少需要在其收回投资的财产上每年加收 10% 作为回报。根据上面的公式就可以计算出最少租金：

$$最少租金 = (200\,000 + 600\,000 + 2\,400\,000 \times 20\% \times 10\%) \div 80\,000$$
$$= 10.6元/(米^2 \cdot 年)$$

最少租金可以保证物业的基本经济运行，但它并没有考虑空置损耗，也没有考虑以前的情况，而这些对于确定出租预算表恰恰是最重要的。因此，根据市场与物业资产而得的基本租金是远远高于最少租金的。

（2）单元基本租金的确定。

基本租金应反映物业以及地区现有的相似楼宇价值、大楼的总体特征，如外观、门厅式样、电梯服务、走廊情况、管理服务和现有租户人员情况等。基本租金应明显高于最少租金，一旦楼宇的基本租金定了下来，就可根据物业的实际情况制订租赁分类计划表。

另一种计算单元基本租金的方法是将所有楼层的建筑面积都计算在内，如租户也应缴纳一层门厅面积按比例分摊的租金，因为它为整个楼宇共用，因此该方法测得的单位租金相对比较小。

（3）制订租赁分类计划表。

租金分类计划表就是将每一写字楼场所分为高于基本租金、与基本租金持平和低于基本租金的三种级别，以便反映出楼层高度、与电梯相关位置、内部摆设装饰、自然采光与视野等各类因素的不同。

（三）写字楼物业的营销管理

对写字楼物业来说，最重要的管理活动就是物业的营销管理。写字楼物业的营销管理也就是经营租赁。物业服务企业接受业主的委托，就要做好写字楼的租赁工作。写字楼的办公室租赁有长期的，也有短期的。日常性的租赁业务是写字楼经营必不可少的部分，也是保证业主经济效益的一个基本组成部分。营销人员可在写字楼前台工作，也可以设立单独的办公室。

营销人员实际上是写字楼的销售代表，他们的责任主要是：处理写字楼的具体租赁工作，如与承租户联络、洽谈和签约；接待来访的潜在的租户，陪同客户参观办公室，解答问题，介绍写字楼的情况；接受和处理租户的投诉和要求，并及时通知有关部门，做好协调工作；负责定期对长期租赁的客户的访问，组织客户参加各种联谊活动。

第三节 商业场所的物业管理

商业场所的物业管理

一、商业场所物业的分类及特点

（一）商业场所物业的定义

商业场所物业是指从事具体商业行为的物业，它是因商业发展而建立起来的一种新型商业化的房地产，主要是一个消费者购物的场所。

（二）商业场所物业的分类

（1）从经营方式可分为货柜隔离购物和开放式购物两类。货柜隔离购物即每个层面购物被柜台或铺位分割成销售不同种类商品的小单元，顾客购物时不进入柜台直接挑选，而由售货员拿给顾客，这种零售商店一般被称为百货商场或专营商店。开放式购物是把零售商品陈列在开放式货架上，顾客可直接挑选，这种零售店被称为超级市场或货仓式购物中心，如好又多、家乐福等连锁店。

（2）从楼宇功能可分为单一经营性商店和综合性多功能经营商店。单一经营性商店，如以商品零售为主的单一性能的购物中心、百货商场及专营商店等。综合性多功能经营商店，如以集购物、办公、娱乐、饮食或金融服务等不同性质的机构于一体的综合性功能的购物商场或商城，如广州的天河城广场；以及以旅游为主导，购物、娱乐、饮食等一体化的购物城，如上海的豫园商城等。

（3）从商业物业档次可分为普通型和豪华型两种。普通型的商业物业的设施、设备和管理方式都是传统性的，所经营的商品都为大众化商品。豪华型是指高档商业楼宇，其设施、设备齐全、先进，如电视监控、消防系统都由计算机系统控制，以及先进的管理设施，豪华、高雅的购物环境，可以说是现代化的商业场所，如深圳的赛格广场、广州的国际贸易中心大厦等。

（三）商业场所物业的特点

（1）建筑结构新颖、别致。现代人喜欢购物、休闲在一起，为此，商场在建筑的设计上，其内部一般用大间隔、大空间设置，使整个层面一览无遗；外观设计讲究宏伟、富丽，有广场、喷泉或小瀑布；在装饰上追求典雅、奇特，在气氛上力图营造温煦的环境。管理上要求创造和维持环境的优美，使顾客在轻松的环境中流连忘返，增强购物的信息和欲望。

（2）设施齐全。现代商业设备、设施先进，因而对管理人员的素质要求较高。

（3）人员流动数量大、结构复杂。商业场所是面向社会的经营性的场所，每个人都有权在正常情况下自由出入，这其中既有购物的，也有闲逛的等。

二、商业场所物业的营销管理

（一）商业场所物业的营销方式

商业场所物业按经营者与物业产权单位的利益关系可以分为单纯租赁式、合作式、自营式或委托经营式三种。

1. 单纯租赁式

单纯租赁式，即进驻的商家与物业的产权单位没有更多的经济利益及合作关系，只是单纯的租赁物业，独立进行经营并承担和享受经营的成果。在租赁物业时向产权单位交付物业的租赁费，向物业服务公司定期交付物业管理费。物业服务公司受产权单位的委托，代表产权单位对物业进行日常管理。

2. 合作式

合作式，即进驻的商家与物业的产权单位除了付租金以外还有其他合作的经济利益关系。也就是物业的产权单位向进驻的商家收取数量较低的物业租金作为“底金”，另一部分暂时不收，作为产权单位的一种“权益”或投入，双方商定一定的比例，根据经营的情况每半年或一年进行一次分配。在这过程的始终，物业服务公司仍只是代表产权单位，对进驻的商家定期收取物业管理费。

3. 自营式或委托经营式

自营式是指发展商自己对商业场所的设施进行经营，经营风险由发展商承担。委托经营式是发展商委托物业服务公司在全面管理商业场所各种设施的同时，代发展商经营商业场所内的商业网点。前期的投入都是由发展商来做，而后期的运营有两种形式：一是物业服务公司承包，经营的商业网点不管盈亏如何，必须每年向发展商如数交纳“承包费”，多余的归物业服务公司自己或按某种比例与发展商分享，物业服务公司拿大部分，发展商分小部分。这种情况经营的风险集中在物业服务公司。二是物业服务公司只是负责代为经营商业网点，收取“管理费”，经营的结果及经营的风险仍由发展商承担。

（二）商业场所物业营销的实施

（1）商业形象的宣传推广。商业场所物业管理的一项重要工作，就是要做好商业形象的宣传推广，扩大其知名度，树立良好的商业形象，以吸引更多的顾客。

（2）制定管理章程，并负责监督执行，以规范每个经营者的经营行为。

（3）开展商业场所的整体性的促销活动。如筹拍、委托制作选择商场的广告，举办节假日削价展销会，组织顾客联谊活动等。

(4) 协调商场各经营者之间的关系。通过章程规范他们的行为，化解矛盾。

(5) 开展一些经营者之间的互帮互助工作，如互通信息、互相提供融资方便等。

(6) 协调管理者与经营者之间的关系。

(7) 与工商管理部门配合，严格执行《消费者权益保护法》，严厉打击假冒伪劣产品。

三、商业场所物业的租赁管理

(一) 商业场所物业的租赁实施过程与方法

在物业的租赁管理中，物业管理人员最重要也是最基本的职责是对租户的审查，然后视具体情况认真处理，商业场所物业也不例外。

1. 承租商的资格审查

潜在承租人必须有营业执照等，在经济上应有偿付能力，营业时能与其他租户和睦相处。一个物业管理者在某一商业场所的成功管理在于对租户租赁资格的准确把握，一旦资格审查完毕，即可领其查看物业，进入实质性的谈判阶段。

2. 租户的搭配

租户的类型与位置的搭配是很重要的，物业管理者在确定租户搭配时应把握市场，准确判断。因为商场所处的位置对不同租户的生意有不同的影响，从而会影响其出租率。在确定租户搭配时，物业管理者必须慎重考虑。在一般的购物中心，理想的租户搭配是67%的空间为食品店，约23%为服装店，6%为鞋店，4%为礼品店和特产店。物业服务公司可以参照这些数字选择承租人，确定最佳组合。此外，物业管理者安排商业场所的租户时，要注意不能给竞争者带来负面影响。

3. 百分比租赁的确定

对租户来说，百分比租赁法的优势主要在于长期租赁的租率低，附加租金只有在成交额增加时才另行提取。对物业服务公司和业主来说，百分比租赁意味着提成与租户所租赁物业的位置有关，业主只根据成交额的增长和租赁位置享受分成。但百分比租赁管理的难点是无法完全精确地把握租户的销售报告。

租户能否愿意接受百分比租赁，关键是看商业场所物业所处位置是否有吸引力。由于预测将来的租金水平很困难，所以一般超过3~5年期的租赁多采用百分比租赁法。

百分比租赁的租金计算方法有以下几种：

(1) 直接百分比法。在直接百分比法中，租金只根据毛收入的百分比计算，不提取基本租金；这种形式只有在一些特殊情况下才使用，如受损财产、临时性或季节性承租。

（2）固定基本租金。这是指只有当租户按年收入的一定比例计算的租金额超过每月固定的租金额时，才要补交超过部分的租金，否则只要交每月固定租金部分。例如，服装店铺每月固定租金为500元，百分比提成为年收入的5%，则年销售收入为100 000元收入的租户，该年要交的基本租金为6 000元。

（3）超租率租赁。这也称最小化百分比超租率租赁，是指提成部分可以按月调整，但在实践中一般都按年调整，计算期按合同年或自然年计算均可，其中营业额不超过一定数额的不予提成。如果上述店铺本年完成营业额220 000元，按租约规定营业额不超过100 000元的不予提成，则该租户该年应支付的租金是：

$$(220\ 000-100\ 000)\times5\%+500\times12=12\ 000\text{（元）}$$

（4）可变租赁法。这是指租金率根据商品成交额而改变，有递减可变法和递增可变法两种。递减可变法中销售额的成本不随着销售量的增加而增加，而递增可变法允许出租人根据超过部分提取额外利润。

（5）最大百分比租赁。这是指租赁规定了租金支付的上限。年度租金上限一般由主租户与业主商定，这是因为主租户通常认为他们的广告和对顾客的吸引力也能使商场增值。

4. 租赁谈判

租赁谈判通常是围绕租金计算与支付方式进行的。谈判的主要内容涉及商场可租面积的计算、最少租金条款、租金的百分比、销售额的计算、租金的支付方式、营业的时间规定、商场的装修费用、商场的租赁期限以及回收。

（二）商业场所物业的租赁管理的内容

1. 商业场所物业租赁的宣传

同其他资产一样，商业场所物业标志是最为有效的宣传。商业场所物业可以通过报纸、广告、广播、宣传册以及来往的信件来宣传，其中最有效的策略就是宣传册、邮寄广告以及与潜在租户的私人交往。一般来说，广告费用不能超过商业场所总预算的20%。

（1）品牌广告。商业场所物业的标志广告不仅对物业最初的租赁和空场地的租赁起着重要作用，而且对于商场的商品买卖也相当重要。商人们往往最关心品牌的价值，而租户们也一样希望通过招牌来确认自己的身份，因为这代表着数年来他们在投入上获得的名声，如广州的北京路，由于品牌的树立，业主每年的租金收入就过亿元。

①租赁前期的品牌广告。商业场所的品牌广告有几类，在租赁前期即物业的建设阶段，通常用张贴广告的形式在建筑上做广告，主要用于宣传商场的情况和场地的价值以及业主等情况；在个别场地也可在窗户上表明此处出租，这类广告通常给出场地的面积、电话号码和联系人姓名等。

②建成运行后的品牌广告。商业场所建成运行后都有一个专门的、永久性的标志。如果租户的物业没有区别于他人的标记，那么就可以通过标杆式标记实现，当然相对主承租商来说，一般小租户对此不甚关心。

（2）陈列式广告。物业管理人员可通过陈列式广告在大都市报纸经济栏目中出现，或选择一些周刊或贸易杂志来促销物业，例如，一家新开张的大型地区性商业场所发布广告时可选择在周末进行，以便更多的人来参加，也有利于设置一个好的情景来吸引潜在租户。

（3）信函广告。这是大型商业场所广泛采用的，小型物业一般受经费支出限制不宜使用。信函广告应邮寄给那些最有可能成为承租人的公司，这些名单可以从电话黄页簿中获得。

（4）宣传册。将一本简洁、可读性强、印刷有品位的宣传册送给经过精心挑选的潜在客户，可以使某个物业或某个整体性的物业的优势更加突出。宣传册中不应涉及租赁条款，因为这可能使潜在租户还未了解物业的优点之前就产生了畏难情绪。

（5）促销活动。对于地区性的商业场所，有组织的、全方位的促销活动是不可或缺的。物业服务公司应该安排专人负责地区性广告，这些人可以通过经常组织花卉植物展、艺术展、汽车展、古物展和季节性活动等来吸引顾客。

（6）共同的宣传报道。商业场所物业的一个显著特点是个人承租者为吸引顾客购买其商品一般都要努力地做广告，扩大其商品的影响。这样做的结果也是把顾客的注意力转移到了商场。广告宣传扩大了知名度，使得现有的租户增加，同时也提高了物业对潜在承租人的吸引力。因此，商品广告与商业场所的广告效应是相辅相成的，物业管理者在签订租约时，可以含有这一规定，即承租人须拿出一部分收入（可按租赁面积支付一定的费用）与其他承租人一起联合为商场做广告。

一些地区性商业场所可以出版自己的报纸专栏，其中的广告费用由各个业主支付。这些专栏经常作为报纸的副刊，通过邮寄或投递员投送的方法分发。由于承租人必须按租约定期在此专栏上做广告，所以商业场所一方面可以通过这种广告收取利润，扩大其影响，同时也使租户更加适应此类广告。

（7）个人联系。这是寻找商业场所租户的最有效的方法，尤其对于小型物业。因此，物业管理者应建立潜在租户档案，并定期热情地进行电话拜访。此外，物业管理者还要对租约的下一个期满日做好记录，以便在终止前一两年内做好公关。进取的、成功的商人是商业场所赖以生存的基础。他们往往是下一个租赁期的潜在客户；租约终止前提前与职业性或群众性组织联系也不失为一条获得潜在租户的好办法。

（8）出租代理商的合作。宣传册与邮寄信函除了作为潜在租户信息来源外，还可以用来寻求与外界经纪人和出租代理商的合作。物业管理者通过设立出租代理机构或其他经济刺激手段，鼓励本地区的主要商业经纪人为物业介绍客户。通过经纪人的活动，物业在市场的影响力得以提高，这是商业场所物业的管理公司在最初发展阶段开展租赁营销的好办法。对经纪人来说，通过从地产公司领取薪金，可把大部分时间花在与本地生意兴旺的业主的交流以及对理想中的租户的游说上，可以为物业的出租做出贡献。

2. 潜在租户的信息的收集

一个商场物业管理者要成功，首先就要准确地把握租户的租赁资格。对承租人安排完毕，物业管理者就要收集潜在租户的信息。应先注意潜在租户的需求，查看可供出租的商场的总面积以及消费市场是否符合租户的需求类型，要确信所选择的潜在租户是很合适这一商场的，租给他们将产生最高的经济效益。另外，要了解潜在租户的财务背景资料，要确信他们有能力支付设备、租金、保险、维修和其他运营的费用。租户的资格审查完毕后，就可以带领其参观物业，从而进入实质性的谈判工作。

3. 商场的维护

商业场所的维护是很复杂的，不同的类型有不同的维护要求。总的来说，物业管理者的商场维护职责是：清楚维护章程，了解设施设备系统的性能，以便监督管理的正常进行；熟悉空调、水电、安全、消防等设备的分布情况；对建筑物的外部以及交通设施进行维护；对商场的公用设施和共同面积进行维护；注意预防性的维护和日常性的检查工作。

4. 商场的安全管理

物业管理人员要加强安全意识，雇用尽职尽责的保安对商场进行安全保卫工作，并不定期地进行监督检查。特别是在销售的旺季，要注意检查往来进出人员，以防不测。

（三）商业场所物业的租赁管理中应注意的问题

1. 加强前期的商业场所物业出租方案及出租策略的策划

要根据本物业的实际情况制订租金方案和出租策略，通过出租方案及出租策略的科学设计与策划，首先保证能找到比较理想的承租商家，减少物业空置的时间。在设计上要考虑到投资成本、管理费用、租户的心理预期和市场需求。

2. 强化租赁管理，实现利润目标、信誉目标和服务目标的统一

在市场经济条件下利润是企业生存的最重要基础和运行的基本目的。物业服务公司正是要通过理顺各方面的关系和强化管理，保证各项收入及时足额地进入公司的账户，将费用及一些不可预测的损失降低到最低限度。在物业租赁管理中要锻炼服务队伍和管理队伍，这样才能进入服务、信誉和利润的良性循环状态。

3. 处理好与进驻商家复杂的利益关系，实现共同发展

物业服务公司与进驻商家客观地存在着极为复杂的利益关系。这种关系既有一致

性，又有排斥性，要认真地处理好。既要保证物业服务公司的管理费和有偿服务费用的收取，又不能忽视服务管理。对于进驻商家不守信用或破坏物业的行为要根据合同行事，同时要有高超的处理技巧。只有在商家业务不断发展、业绩不断扩大中，物业服务公司才能获得更大的实际利益和持续发展的条件。

第四节　会所的物业管理

会所的物业管理

一、会所概述

（一）会所的含义

会所是指能给人们提供健康、娱乐交流的场所。随着现代都市生活节奏的加快，人们在紧张之余需要一个消除疲惫、放松情绪的地方，以恢复旺盛的精力。会所是现代物质文明和精神文明进一步发展的结果，它适应了人们精神文化生活水平提高的要求。

（二）会所的类型

会所主要有两种类型：一是附属型。这种类型的会所不是以赢利为目的的，而是为了适应整个物业规划的需要而设立的，其目的是完善各种服务项目，保证整个物业的运营。这类会所包括住宅小区所属会所和综合大厦会所。二是独立型。这类会所的设立是为了赢利，属于经济型的，包括对内开放型的会所和既对内又对外开放型的会所。

（三）会所的功能

会所的功能体现在：会所对综合大厦和大型住宅小区有必不可少的重要辅助作用，是其重大的部分；会所是发展品牌的重要手段；会所能促进物业项目的租售；会所能有力地推动社区文化的发展。

二、会所经营的主要项目

从功能与特点来看，会所经营的项目可分为三类：康体项目、休闲项目、娱乐项目。

（一）康体项目

康体项目是人们借助一定的康体设施设备和环境，为人们锻炼身体、增强体质而设立的健身项目。这种项目与一般的专业体育项目有区别，专业体育项目带有一定的技巧性，而人们参与康体项目，目的是锻炼，并从中享受到乐趣。

康体项目的特点有：拥有一定的设施和设备；带有特定的目的，如健美、放松等；运动中讲究科学方法。即运动有一定规律性，时间和运动量适中等；非竞技性的，参与者比较自由，随意。

康体项目的种类很多，其每一种项目都有各自的特点，按项目的激烈程度主要分为三种：一是力量型的运动项目，如健美、举重、划船、跑步、踏车等；二是球类运动项目，如乒乓球、羽毛球、篮球、网球、台球、排球等；三是戏水运动项目，如游泳、冲浪等。

（二）休闲项目

休闲项目是人们以趣味性的、轻松愉快的方式，在一定的设施环境中进行各种类型的既有利于身体健康，又能放松心情、陶冶情操的活动项目。这种项目一般可以训练人的智力和思维、加强毅力、培养兴趣，还能放松身心、恢复体力、振作精神。

休闲项目的特点有：需要特定的设施和服务，如乒乓球室、人工按摩等；运动的趣味性和技巧性强，如网球、台球等；寓享受于休闲中，突出一种精神上的满足。

休闲项目的种类主要有：保龄球、高尔夫球；桑拿项目、按摩项目；武术项目，如跆拳、太极拳、剑术等。

（三）娱乐项目

娱乐项目是指利用一定的环境设施和服务，调动和激发人们的积极性、主动性，让参与者能够全身心地投入并从中得到精神上的满足和快乐的活动项目。这种项目往往需要大众的参与，形成一定的气氛，让个人在这种气氛中体验到情趣。

娱乐项目的特点有：要求一定的环境氛围；充满浓郁的文化气息；具有多样性，限制条件少，没有严格的操作程序和规则。

娱乐项目的种类主要有：游戏类项目，如电子游戏；棋牌游戏，如象棋、围棋、扑克牌、麻将、桥牌等；文艺类项目，如舞蹈、音乐、晚会、聚会、阅读等。

会所在项目的设置上没有严格的界定和标准。不同物业的会所应根据自身的目标和定位来确定设施设备的规格、数量和档次。

三、会所的经营模式

（一）会所的经营方式

会所的经营有许多种模式，就其经营方式来说，目前流行的主要是会员制。

会员制是指由会所组织的一个团体，对新加入者有选择权，成员必须交纳会费，该团体必须向其成员提供娱乐、健身、社交等永久性的设施。通常又把这种经营形式叫作会员制俱乐部。

会员制会所产生和发展的原因是：有可以享受的理想的环境和设施；为有同样经

历、同样社会地位以及同样兴趣的人聚在一起，交流经验，分享信息提供机会；现代商务活动大量消费开支存在；会员可结识志趣相投的人，结识社会和本行业的知名人士或社会名流；成为某些高级会所的成员能提高自己的声望，获得一种荣誉感；会所的气氛从容、不喧闹，服务热情周到，可以使会员轻松地用餐、娱乐、健身、休养和度假。

（二）会员制的设计方案

会员制设计方案主要内容包括：一是会员的数量确定。会员的数量应根据市场的整体计划和本身设施的容量来确定。同时，也不排除为增加会员的价值感而限制会员的数量。二是会费。会费的制定要根据俱乐部的定位来确定，还要考虑到目标顾客的经济、文化层次、消费心理等各方面因素。会费是否可退还，这一点将会影响会员资格的可销售性和会费数额大小。当前关于这一问题有两种方案，即可退还会费和不退还会费。三是可转让性。这是指会员的资格可以转让。

（三）会员入会程序设计

（1）让准会员对会所充分的了解。会所应派专职人员进行详细的解释说明，同时印发会所手册给准会员。

（2）入会手续的办理。最明了的方法就是设定入会申请书或会员登记表。在入会申请书或会员登记表中应明确会员的性质、缴费方式、姓名、住址、联系方式、附交文件及备注。

（3）终止会员手续。可以以文字表述，也可以设计表格，但两者都必须表明会员的姓名、编号、终止原因、入会日期、终止日期以及有关费用的详细处理方式。

（4）转让授权书。实行会员可以转让身份的会所还应设置转让授权书，授权书中应明确转让人、受让人各自的姓名、住址、联系方式、会费、会员编号、转让条件及附交文件。

（四）实行会员制会所会则的设计

会则设计的主导思想是要明确规定会员的权利和义务。在制订会则时，既要注意维护公司的权益，又要赋予会员以充分的权利，同时承担相应的义务。会则的主要内容应该包括：释义规定，应该详细注明一些专有名词的含义范围，当几种语言并用时，注明以哪种语言为准；会员进会所的区域限制；设施设备使用、管理的权限；时间限制；特殊或突发情况、事件的处理规定；对会所职员的要求；对投诉事项的规定；会员进入会所应遵守的事项。会所可以根据自身的经营要求而制订一些相关议项。

（五）会员制会所经营中应注意的问题

（1）不要把健身、娱乐、美容设施上的投入作为提高整个物业的销售量或成本中心来看待，通过科学合理有效的经营，这种投入就会转化为利润中心。

（2）会所可以通过提供一些会员专用的设施，来创造一种会员独有的气氛。

（3）建立轮流使用设施的制度。

（4）对于一些相关性设施的管理要进行严密的时间计算，以免会员和公众散客发生时间上的冲突。

会所的经营模式除了会员制外，还可以实行多方位经营。在一定的管理、技术和服务条件下，同时提供两种以上具有协同效应的服务，以求达到最佳的社会效益和经营效益。这种多方位的经营模式在经营过程中可以体现三种类型：充分利用自己的资源对市场进行渗透，提高市场占有率；利用拥有项目开发市场；开发新项目。

四、会所服务规程及要求

（一）会所服务规程

（1）所有会员及嘉宾在会所范围内必须遵循本会所订立之一切规章及守则。

（2）当会员及其嘉宾享用任何设施时，亦须尊重其他同时享用该设施的会员及嘉宾的利益。

（3）每项设施均有其特别用途。假若使用方法与之有别，必须获得经理同意。

（4）任何人士均不准许在会所范围内留宿、卧睡。

（5）在会所范围内不可赌博或进行任何带博彩性的活动。

（6）未获得经理的允许，任何摄影机、摄录机、音响器材、无线电组合或播送声音的器材等，均不得在会所范围内使用。

（7）在任何情况下，任何人士均不准许对会所雇员给予金钱、奖金或小费。

（8）任何会员或嘉宾均不可取走会所范围内之任何物品。

（9）任何会员及嘉宾均不能在会所范围内做出违法及不道德的行为。

（10）会所范围内不准携带任何动物。

（11）未得经理的允许，任何形式之捐助、兜售、联卖奖券或有关活动不可在会所内进行。

（12）除获得经理的批准外，在会所范围内不得举行集会、展览或团体活动。

（13）任何会员毁坏会所内的设备、资产，必须负责同等价值的赔偿。赔偿将依据管理公司的评估做决定。

（14）会员或访客使用会所范围内的任何财物，如有遗失或损毁，本会所及职员无须负任何责任。

（15）在会所开设的训练课程，收取学员学费，必须取得经理的同意。任何未经同意而私下收受训练课程的费用，有关教练及学员可能被拒绝使用该项设施。

（16）会员必须保持所内的环境卫生及设施整洁，禁止吸烟。

（17）会员必须保持安静，不得妨碍他人享用设施。

（二）会所服务要求

会所的服务既要注意服务的规范性，又要注意在服务过程中操作的灵活性。

1．服务态度积极主动、文明礼貌

管理人员、服务人员要主动热情、文明礼貌，包括衣冠整洁、语言规范、谈吐文雅、行为得体。如能准确运用迎接、问候、告别语言，同时语调关切得体；对回头客和常客能称呼其姓名；服务动作要轻，手势要得体适度，而且不宜过多等。

2．服务设施设备完好

良好完善的硬件设施是实现优秀服务的先决条件，每日营业前要对各种设施设备如空调、健身器材、消闲器材、娱乐器材、卫生器材等进行检修，使会所的设施设备始终处于完好状态，以保证会所的服务正常运营。

3．服务技能全面、专业

服务人员要积极主动、有礼貌、高效地为客人服务，达到职业化、专业化；工程人员具备过硬的设备维修技术，能迅速对设施设备进行调整，遇到故障能马上解决；保安人员具备过硬的治安消防本领，能应付突发事件；财务人员具备丰富的财务管理知识，业务熟练，具有良好的职业操守和职责感。

4．服务方式方便、灵活

本着设身处地为客人着想，急客人所急，想客人所想，及时准确，方便优质的原则，努力为客人提供各种灵活的服务方式。尽可能为客人提供方便，满足需求。如游泳客人休息时，服务人员主动上前询问需要什么服务，并尽力迅速帮助客人解决。

5．服务程序规范化

服务程序也是衡量会所服务水平的重要标准之一，如设备操作程序、各项目服务程序、卫生程序等都要严格执行，不可随意改变。

6．服务收费合理

各种款项的数额要根据市场、同行业的标准来制订。既要符合政府规定的收费标准，又能使业主接受。开展特约或便民服务以满足用户需要为目的，做到“保底微利，以收定支”，不可乱收费或多收费。

7．服务制度健全

制订并健全一整套规范、系统和科学的服务制度，以确保提供稳定、安全、优质的服务。如用人制度、清洁卫生制度、设施设备使用制度等，这些制度应清晰有序、易于操作。

8．服务高效便捷

为了节省消费者的时间，维护其间接的利益，会所应提高效率，尽量减少工作环节，简化工作程序。

9．服务配套齐全

为了使顾客的整个消费过程在健康、愉快、顺利中进行，会所的配套服务应更加完善。会所应根据各项目的需要配备相应的服务，如网球室设专门陪练员或教练员；保龄球室设配套酒吧，供消费者休息。

10．安全设备完善，措施齐全

会所除了保证设施设备齐全，还应根据自身的特点提供相应的安全设施，如游泳时配备救生圈，健身房配备急救药品等。

11．增强服务理念，提高服务品位

企业的服务理念决定其服务的形象。在竞争日益激烈的情况下，会所应更新服务理念，改进技术，提高质量和服务的品位，这样才能在市场中立足。

会所应把顾客视为上帝，充分赋予他们各项权益，真正把诚信寓于服务中，让服务创造出最大的价值。同时，在经营过程中，要注重个性服务，从服务的深度上给客人带来惊喜；要突出会所的特征，在服务的广度上创造出会所的特色。

【本章小结】

1．商务物业是指以经营性房屋为主体的物业，它具有商业特性、价值不能储存性、不断保持设施先进性和综合性的特点。商务物业主要有写字楼物业、商业场所物业、会所物业、停车场物业和其他商务物业等类型。商务物业管理的特点是由商务物业的特点所决定的。

2．写字楼是指被用于出租办公室的商务物业。现代写字楼管理较重要的是设备管理、清洁管理和保安管理三个方面。写字楼物业经营与服务管理的内容有写字楼物业市场分析、写字楼物业预算分析、写字楼物业的营销管理。

3．商业场所物业是指从事具体商业行为的物业。商业场所物业营销方式有单纯租赁式、合作式、自营式或委托经营式三种。

4．会所是指能给人们提供健康、娱乐交流的场所。会所经营的项目可分为三类；会所的经营有许多种模式，就其经营方式来说，目前流行的主要是会员制，除此之外，还可以实行多方位经营。

【案例分析】

案例3－1　星级酒店服务为大厦管理增色添彩

工银大厦是中国工商银行广东省营业部新办公大楼，该大楼在投入运营时，即委托专业物业服务公司进行规范化管理，为此成立了工银大厦管理处。在工作过程中，尝试将星级酒店的服务模式与物业管理内容相嫁接，使每一位在工银大厦上班的员工和所有往来的客人都能享受到热情周到、亲切有礼、宾至如归的服务。

想客户之所想

2002年9月中旬，当工商银行广东省营业部正式迁入大楼办公时，管理处即向各处（室）发出了“欢迎进场信”。其后的每一个月，定期进行客户问卷调查，针对有关意见及时上门了解情况并及时处理，同时将处理结果反馈给客户。此举令客户非常满意。

主动、积极地不断考虑为客户提供各类的服务，如利用工银大厦内的礼堂与银行机关工会联合不定期放映电影，以丰富工商银行员工的文化生活；利用银行机关工会阅览室举办交换DVD、VCD光碟活动，让工商银行员工把家中看后闲置的DVD、VCD光碟进行交换，充分利用资源，得到工商银行员工一致好评。

另外，还根据星级酒店有关标准程序制订了一系列紧急情况应急处理措施，如《电梯困人时的应急方案》《大楼内出现自杀、凶杀、打架斗殴的应急方案》《大楼内出现可疑爆炸物的应急方案》《大楼内用户报称被窃的应急方案》《车辆冲闸紧急应变方案》等。

做客户之所需

参照星级酒店的做法，把星级酒店的服务融入工银大厦的物业管理日常服务中，如大堂接待服务，除要求有关员工应热情服务、笑脸迎客外，还专门安排服务意识好的女员工伫立大堂口，为来访车辆代开车门、接客下车，引领其到接待柜台进行登记，同时在首层安排精心挑选出来的女员工特别提供电梯的呼梯服务，如此等等，令不少到访的工商银行支行人员赞叹不已，表示其银行的营业柜台人员也要向工银大厦物业管理处学习服务意识。为配合工商银行树立形象，专门安排相貌姣好、懂英语的女员工负责行长所在楼层的接待任务。要求该岗位员工在获得前台电话通知后，便伫候于电梯门前为行长迎候来访的客人。一俟客人抵达便主动上前问好并引领到所要见的行长的办公室，斟茶递水后才离开。当行长、客人要离开办公室时，即为其“呼梯”等候。此举令工商银行领导很满意。

在保安方面，引入酒店的严谨化、规范化的理念。由于工银大厦的特殊性，保安的工作主要在车场。因此在车场设置了24小时的岗位，要求所有值班人员熟悉全部常放车辆、驾驶人员的情况，遇到陌生人接近常放车辆时上前盘查。另外，亦对车位进行编号并逐步建立车辆、驾驶员档案，且对常放车辆车况进行拍照存档。同时，对员工进行培训，要求他们用交警指挥车辆的标准手势导引车辆。

创客户之所盼

根据银行的需要，专门购置了洗衣机、干衣机，并指派一位员工专门负责银行管理人员值班室及行长休息室的被褥清洗工作，做到每天更换床单、被套，令银行有关人员能享受到如酒店一样的服务。

针对银行会议较多的情况，组建了“会务接待组”，专门负责会务服务。一旦接到银行办公室的会务通知便马上根据其要求布置有关会议室，及时准备会议用品。并参照酒店会议中心的规范，对茶具、椅子的摆放等进行严格的规定；在会议开始前派人等候于会议所在楼层的电梯间为与会者进行导引；为与会者斟茶添水；会议结束时为与会者呼电梯等。由于服务到位，现在银行凡举办签字仪式、大型活动时，都不必另请公关公司及礼仪小姐，而是将全部相关事宜交给管理处办理。

常言说得好，服务无止境。服务工作没有最好，只有更好。借鉴星级酒店服务的经验与要求，可推动物业管理水平更上一台阶。为客户提供更高质、更完善的服务，应成为物业管理工作的一个努力方向。

[讨论题]

1. 你赞同在大厦物业管理中推行星级酒店的服务吗？
2. 这种星级服务做法的要点有几项？
3. 你认为这种星级服务做法有不完善的地方吗？怎样完善？

[参考点评]

本案例是关于用星级酒店服务的标准和要求来进行大厦（即写字楼）物业管理的典型实例。这个案例在于强调写字楼商业物业管理服务的标准化、精细化，同时尽可能提高服务档次，这种做法是值得借鉴和推广的。这种星级服务做法的要点是想客户之所想（即探寻顾客的需求愿望）、做客户之所需（即满足顾客的现实需求）、创客户之所盼（即满足顾客的潜在需求）。这种做法虽然有不完善的地方，如只是借鉴服务方法，还没有形成写字楼物业管理星级服务的系统，如形成自己独特的服务标准、服务过程、服务措施体系，但这种借鉴星级酒店服务的经验与方法的思路和行动，可以推动物业管理水平更上一台阶。为客户提供更高质、更完善的服务，应成为物业管理工作的一个努力方向。

案例3-2 天河城广场经营模式

广州的天河城广场是一座规模宏大、功能齐全的现代型综合购物中心，经过10多年的经营，被誉为“中国第一商城”。

天河城广场是天河城一个组成部分。天河城由天河城广场、50层的写字楼和40层的酒店三幢建筑物呈“品”字形组合而成，总占地面积44万平方米，总建筑面积34万平方米。天河城广场是天河城首期工程，地面7层，地下3层，建筑面积16万平方米。其中8层为商业经营场地，约10万平方米。地下两层停车场，可停放上千辆汽车。

天河城广场作为大型的现代化购物中心，是发达国家和地区20世纪80年代后期才兴起的百货零售的新型业态。这种业态的最大特点是规模大、功能全，能满足不同层次的消费需求。天河城广场集购物、游览、美食、娱乐、休闲、商务、广告、信息、展览、康体等多功能于一体，名副其实地“把北京路搬进了天河城广场”，在广州开创了一种全新的消费概念，把广州的商业发展提高到一个新水平。

天河城广场集市民日常消费之大成，功能涵盖方方面面，因而在规划设计上充分考虑了大型购物中心的特点和市民消费的视觉感受和消费心理。室内，空间大、通道宽，四面开门、门门相通，“城”中有街、街内设店，环形设计、没有背角；室外，前有广场（3 000多平方米），后有花园（5 000多平方米），周边通车，地铁站直达商场。

天河城广场的商业定位设计是中高档，与之相适应，装修和设备都要求上档次，要有“一流设计、一流装修、一流设备”。因此天河城广场不仅设计精良、布局考究，而且装饰豪华、设备先进。气派的中庭、富丽的大堂、大理石地面、铝扣板天花、汉白玉包柱，以及森林绿大理石和蜂窝铝板的外墙，代表着当时较高的装修水平。同时，广场拥有一流的“硬件”：目前拥有5台国内最大的美国开利空调机组，62部日本三菱手扶电梯和28部垂直电梯，2 000门容量的日本NEC程控电话系统和英国全自动的消防保安系统。

天河城广场全部实行租赁经营，要求“一流经营、一流管理、一流效益”。入场经营的租户超过300家，有天南和吉之岛天贸两家大百货公司，有专卖店、精品屋等众多时尚品牌，有宜家居、文化廊、电器行等专业市场，有美食坊（22个风味，900个座位）和中、西餐厅等美食天地，有游戏机中心、室内公园等游乐世界，还有银行、商务中心等设施。2000年，还开设了有25家铺位的国际国内名牌名店区——“时尚阁”。2003年，开设了两间共800多个座位的电影院。上述所有功能，均按设计要求和实际经营需要进行合理布局和不断的调整。

天河城广场的物业管理由天贸物业服务公司天河城管理中心负责。天河城广场试业前期，聘请了香港物业服务公司为顾问，1997 年下半年起转为独立管理。目前管理中心有400 多人。几年来，管理人员的素质不断提高，1998 年引入 ISO9002 质量管理体系，并于同年12 月获 DNV（DET NORSKE VERITAS，挪威船级社）公司证书。良好的物业管理使天河城广场在国家和省、市同类物业开展的各项评比中均名列前茅，先后被授予“全国优秀物业管理大厦示范单位”“全省十佳文明市场”等称号。天河城广场的物业管理已成为同行中的品牌，全国各地不少大型商厦邀请他们直接（或顾问）进行物业管理。

经过多年来的苦心经营管理，天河城广场已经取得了成功。目前的日平均客流量已达到20 万人次，节假日客流量更多，最高一天达60 多万人次。2002 年，全城营业额约36 亿元，已成为广州最繁华的商业中心之一。天河城广场既带动了周边地带的繁荣，也造就了一大批成功的企业老板。天河城广场的成功所带来的“天河城效应”，影响已波及全省乃至全国，使之成为广州现代商业的标志，成为市民和旅游宾客购物观光休闲的首选场所，成为有关部门和新闻媒体研究的对象，成为同行赶超的目标。

［讨论题］

1. 天河城广场成功的经验是什么?

2. 如何进行商业物业的租赁经营管理?

［参考点评］

本案例介绍了天河城广场物业经营管理的成功经验。天河城广场成功的经验主要有：一是地理位置优越，这是天河城广场物业管理成功的前提。二是市场定位正确，这是天河城广场物业管理成功的关键。天河城广场定位中高档，与之相适应，装修和设备都要求上档次，要有“一流设计、一流装修、一流设备”这一市场定位，不但迎合了现代消费理念和需求，而且形成了自身独特的市场竞争力优势。三是经营策略对路，这是天河城广场物业管理成功的保证。天河城广场全部实行租赁经营，要求“一流经营、一流管理、一流效益”，商铺只租不卖；功能组合配置合理；根据市场变化，灵活调整租赁策略，对不同经营状况的租户采取不同的租赁策略。四是优质完善的物业管理，这是天河城广场物业管理成功的手段。天河城广场有一支专业水平过硬的物业管理队伍，引入 ISO9002 质量管理体系，优质的物业管理是广场繁荣旺盛、实现良好效益的必要手段和保证。天河城广场物业经营模式成功的重要策略是租赁经营。

【思考题】

1. 如何开展商业场所物业的营销管理？
2. 如何开展商业场所物业的租赁管理？
3. 如何开展写字楼物业经营与服务管理？
4. 写字楼物业管理的目标内容与服务要求有哪些？
5. 如何理解会所的功能？
6. 如何理解会所服务规程及要求？

第四章　工业物业管理

【学习目标】

了解：工业物业的分类；仓储中心管理；物流配送中心物业的特点。

掌握：工业物业的概念、特征；工业园区物业的维护与安全及环境管理；仓储中心管理的主要内容；物流配送中心的地位与作用；物流配送中心物业管理的主要内容。

重点掌握：工业园区物业营销管理；物流配送中心物业管理的模式及完善、发展；仓储中心管理应注意的问题。

【学习概要】

本章的重点内容：工业物业的概述、工业园区物业管理、仓储中心管理、物流配送中心管理。

通过本章的学习，认识工业物业管理的重要性；熟悉主要工业物业类型的管理知识与技能，以适应我国工业企业组织的变革和工业物业经营管理的需要。

第一节　工业物业概述

工业物业概述

一、工业物业的概念

工业场所是指开展工业活动的地方，其建筑物或改建物及辅助设施能为工业生产提供有效的环境。工业物业就是指所有用于或适合于开展工业活动的场所，包括土地、建筑物及其辅助设施。

二、工业物业的特点

（一）投资大

要建起能够满足需要的工业性厂房，一般都要大量的投资，要占用生产性公司的大量经营资金，所以工业物业投资大的特点，决定了许多生产性公司要租赁物业而不是自己建造物业作为生产场地。

（二）非流动性

由于不同的行业对工业建筑厂房的要求各不相同，加上一些工业物业具有大规模的特点，使得工业性厂房在房地产市场中成为一种交易缓慢的商品，具有非流动性。这种非流动性也增加了投资者——业主的投资风险，因此业主对租赁者的要求会更多。

（三）属投资性物业

由于各生产性公司对厂房等的地点功能有各自的特殊要求，租赁来的物业总有这方面或那方面的不适合，因此他们很希望能够自己选择一个场所来建造一个能够满足他们需要的物业，但同时为了将有限的资本投入到更需要的业务运营上去，他们就会寻找一个投资者来投资该物业，然后实施一个长远的租赁计划，即售后回租。这样公司就能够抽回投资于该物业的资本，把这部分资本重新投入到业务运作上，这对双方都是有利的。所以，工业性房地产通常是厂商租赁者支付租金给投资者的一种投资性物业。

（四）功能易过时

新技术革命使工业物业对技术设备的落伍特别敏感，这种落伍的威胁增加了业主（投资者）的投资风险。因此他们在做远景规划的时候，必须以谨慎的态度，通过增加物业的租赁用途与降低物业的折旧费来规避和防范这类风险。但货仓或仓库是特例，它们的综合功能决定了其所受限制比较少，因此它们功能过时的危险也较小。另外，仓库租赁者往往由于业务的需要而频繁地更换场地，仓库的这种流动性也降低了投资者的风险。

（五）租赁期长

由于工业生产的期限一般都比较长，而重型机械的搬运和设备的保养又需要巨大的花费，因此频繁地更换厂址是不现实的，也是不合算的。工业物业的租赁者一般具有两个特征：一是具有较长的期限，一般为10～25年，甚至更长的时间；二是对于挑选合适的厂址非常重视，有时甚至是十分挑剔的。但很多工业企业主没有房地产方面的专长，加上没有时间和精力，所以他们一般都委托物业管理者为自己选择合适的租赁对象并委托其管理。

三、工业物业的分类

（一）以工业物业的特性或租户类型分类

根据工业物业的特性或租户类型，可以分为重工业厂房、阁楼式厂房、现代单层标准厂房、孵化器式厂房。

重工业厂房的结构通常是根据用户的具体要求设计的，这类物业基本上是用户所有的。石油、钢铁、橡胶、汽车工业等厂房是典型的重工业用房。

阁楼式厂房是一种早期的多层建筑，通常是水泥结构、砖石外墙。阁楼式厂房多是为加工工业设计使用的。

现代单层标准厂房是为一家住户设计的，通常为用户所有，但也有一部分是业主出租给厂商的，一般租户负责对物业的维修养护和一切的经营开支。

孵化器式厂房通常归业主所有并出租给新企业，他们收取租金并支付大部分经营开支，一般是小型的多租户厂房。创业阶段的企业会租用这类厂房，通常在他们实力壮大后，再迁往更大的地方。

（二）以工业场所的适用性分类

根据工业场所的适用性可以将工业物业分为普通型、特殊型和单一型三类。

普通型工业物业具有广泛的适用性，它既可用于仓储，也可用于技术密集型工业生产或劳动密集型工业生产。

特殊型工业物业是指受某种条件限制，仅适用于某些应用范围，如要求带有很强绝缘（热）性质的仓储设施。

单一型工业物业是指只适合于某一类型生产运行的物业，甚至是只适合于某一类公司的物业，并且一般无法改作其他用途，如钢铁厂。

第二节 工业园区的物业管理

工业园区的物业管理

一、工业园区物业的市场分析

对工业物业的需求在很大程度上是由市场对工业产品的需求决定的，工业产品的需求增加了，必然导致工业物业的需求增加；反过来，凡是引起工业产品需求下降的因素也将引起工业物业需求的降低，这就是引致需求。然而，由于工业厂商是根据产品需求的长期计划来调整他们对工业物业的需求，所以，工业物业的需求变化不会像工业品的需求变化来得那样的激烈。工业物业在类型和区位上的变化反映了工业结构的变化。近年来的服务业和高新技术产业的迅速发展增加了对轻工业用房的需求；重工业产品需求的下降，也降低了对重工业厂房的需求。

（一）厂商对工业物业地理位置的要求

不同类型的工业企业对物业的地理位置的要求是不同的。对加工工业来说，其厂址的选择可以有多种考虑，既可以选择接近原材料场地，也可以选择接近产品的最终市场，还可以选择接近主要的劳动力市场。总的来说，不同性质的工业企业的厂址选择大体上可以分成以下三种。

1. 资源主导型工业企业的选择——接近原材料产地

资源主导型工业企业是指其生产需要大量使用煤炭或矿石等原材料资源，这类企业主要依靠对资源的控制和有效利用而立足。这类工业企业租赁物业的要求一般是尽量接近原材料供应基地，目的是节约大量的运输费用。

2. 劳动密集型工业企业的选择——接近劳动力市场

劳动密集型工业企业是指需要大量能够简单操作的工人的企业，这类企业主要依靠拥有廉价的劳动力资源而立足，他们关心的是丰富的劳动力资源和较低的人工成本。因此这类企业租赁物业的要求一般是能够提供大量操作工人且劳动力价格低廉的地方。如果企业要求的是高素质的熟练技术工人，那么厂址就有可能选择在类似技术的厂商的附近，或是对人才特别有吸引力的地区。

3. 市场主导型工业企业的选择——接近消费品市场

市场主导型工业企业主要依靠占领市场份额而立足，其消费者既有私人又有工业企业，这类企业对消费者的依赖程度很大，对市场的发展趋势和市场环境变化非常敏感。因此这类企业租赁物业的要求一般是分布在消费者的周围，能够既快又经济地到达消费品市场的地区。

（二）工业园区物业的市场分析

1. 市场对工业物业的需求

由于对工业物业的需求是与消费者对工业品的需求相联系的，因此，物业管理者只有了解工业流程的特殊性和物业所在地的工业生产和发展特点，以及潜在租户的具体反应，才能掌握市场对不同工业物业的需求信息。为此，物业管理者要事先进行实地调查，将取得的信息填制在一份工业物业信息表上（见表4－1）。

表 4－1　工业物业信息表

工业物业名称：
规模：
生产制造范围的限定：
物业位置：
所在区位__________ 市内__________ 市外__________
是否通铁路__________
距离高速公路的距离__________
附近劳动力市场状况__________
物业的占地面积：
地块范围：正面宽度__________ 进深__________
物业的设备设施状况：
建筑样式__________ 层数__________
楼层荷载能力__________
电梯__________ 容量（吨）__________
电力（千瓦）__________ 煤气（或天然气）__________
供水（吨）__________
屋顶建筑结构__________ 车库__________
暖气__________
空调__________ 喷淋系统__________
排水系统__________
办公场地情况：
办公场地（描述）__________
休息室__________ 接待室__________
停车场情况：
有效可租赁时间：
月租金：
其他：

2. 工业物业的选址标准

工业企业在选择厂址时，决策者既要考虑所处位置能否降低产品的生产成本（包括租金、工资、原材料和运费等），又要考虑这一地点的市场潜力问题，这通常是通过比较当地市场的需求和收入等因素来估计的。

3. 影响工业物业租售市场的因素

（1）选址因素的分析。

物业管理者应深入研究分析企业主选择厂址的标准，通过市场调查，考察了解物业所在地的劳动力资源情况、劳动力价格、公共设施、电力供应、原材料来源以及金融的稳定性、服务状况和当地政府的支持力度等。这些都是影响工业物业租赁者做出决策的非常重要的因素。物业管理者可以主动通过当地有关的劳资部门、就业管理机构、银行和地方组织以及研究机构等获取相关的信息，如部分台商将投资重心迁移大陆的一个重要原因是电力供应问题。

（2）交通分析。

交通运输的便捷性是企业主在选择厂址时参考的重大因素之一。如果某地区的高速公路、地铁以及超高速交通系统将要相继投入使用（如上海、广州等），则目前和今后的工业公司就无须紧靠在铁路沿线了，因此工业企业的决策者们不会再把交通看成是一个重要的选址因素。通常，相对于市区来说，郊区的土地价格低廉、租金较低，这些有利因素成为郊区工业物业租赁业发展的催化剂，如上海的松江工业开发区。

（3）工业物业的规模结构需求分析。

许多工业公司越来越倾向于选择单层建筑来租赁，这缘于单层建筑有更多的利用空间，平房式的厂房适宜于货物的立体放置以及货物的进出比较方便。这在集装箱储存和铲车等搬运设备中更常见，因为单层建筑中的货物搬运比多层建筑用电梯搬运还快。另外，单层建筑的造价低，从而租金也较低。

（4）对物流的新要求。

现代化的工业生产经营，要求拥有基于网络的、快捷的物流配送系统。从原材料的发送到成品装配的物流处理的技术革命，都对工业物业的装运与接收设施提出了更高的要求。根据生产流程的需要和设备的特点来建造工业物业，如标准型号的集装箱提高了对原材料处理操作的能力和灵活性，这就要求工厂在运用这些新技术时，需要相应的特殊装卸设施。许多厂商提出“零库存”的物流管理目标，如海尔在5%左右的低库存量的情况下，提出了“零库存”的物流管理目标，这些都需要现代物流技术手段作为前提条件。从另一角度讲，物流条件优越，又可吸引大量投资，如珠江三角洲之所以成为电子工业、加工工业外商投资云集的地区，就是因为其良好的物流配送设施条件。这些都是工业物业管理者需要注意的问题。

（5）多户租赁的需求。

对物业管理者来说，最有利可图的是多用户型的物业。虽然大多数的公司更愿意独家拥有整栋大楼的使用权，但对较小的和年轻的公司来说，多用户型的物业还是有一定的市场，物业管理者在建造这类物业时，必须考虑到租期和租赁的兼容性。

（6）工业园区的需求。

工业园区之所以富有吸引力，是因为它容许租赁者在平房式建筑中，集办公室、车间和仓库于一体。在很多情况下，园区中企业主自己建造工厂或由开发商建造后转移给他们。目前，对工业园区的占有形式已经发生了很大的变化，如有的形成了办公区、仓储区。

此外，也有工业园区紧靠高速公路和其他交通大动脉两端的，其中一些为大企业配套的或依附于它们的小企业就集中在交通主干道的沿线。

（7）地区性合作的需求。

建立全国性的统一大市场，地区间相互合作是当前经济的发展趋势。许多省市之间打破地区间隔离和保护，建立经济联合体。原来相互竞争的城市，现在也在与其他省市边界的合适位置建立工业区，这对整个地区的发展都是有利的，如将珠江三角洲的区位中心——广州南沙建成开发区，在未来的华南地区的投资与经济增长中的地位可想而知。

二、工业园区物业的营销

（一）物业广告

工业物业的广告营销方式主要有：一是外部代理。这是指工业物业的管理者或其代理人依靠具备良好的物业及工业知识外部代理即工业经纪人来寻找潜在的租户的营销方式。二是标志牌与宣传册。这是指向潜在的租户提供物业信息的常用广告途径。三是直接发送有关材料。物业管理者可以向带有类似设施、空间和地理位置要求的相关公司发送有关的宣传资料进行营销。

（二）选择独立的工业代理商

工业物业的专业性特点使大多数工业物业管理者和业主都要依靠外部的租赁中介业务机构，即工业代理商进行营销或选址。这是最有效的工业物业推销方式。

（三）选择承租者

（1）承租者的需求分析。当一项工业物业被物业租赁者选中，物业管理者就应该具体地对他们在建筑空间、运输条件和劳动力方面的需求信息进行分析，从而进一步确定承租者。进行分析时可以借助工业物业需求信息表（见表4－2）。

表 4－2　工业物业需求信息表

工业客户的要求：________________

日期：________________

工业客户的背景资料：

公司名称：

地址：

商业/制造业类型：

使用的危险材料名称、类型：

所在区域：

雇员人数：

对物业的要求：

面积：

朝向：北/南________________　东/西________________

租赁时间：

分隔要求：

对货仓的要求：

面积：________________平方米

范围：________________　延伸至________________

高度：__________　混凝土__________　混凝土块__________　钢材__________　其他__________

清拆要求：是________________　否________________

柱：________________平方米

天窗：是________________　否________________

起重机：是________________　否________________吨________________

地漏：是________________　否________________

喷淋系统：是否受欢迎________________

是否有铁路：

停车场：车位数

地面承载能力：

电力容量：

暖气要求：数量________________

照明要求：正常__________　重__________　应急电源__________　是否荧光__________

卡车类型：

办公室要求：

总面积：________________平方米

会议室：________________平方米

续上表

接待室：________________平方米
其他：________________平方米
休息室：________________平方米
暖气：
庭院要求：
面积：
路面：
围栏：
地势：
其他资料：
租期的选择：
母公司地址：
电话：
联系人：
距高速公路要求：
保税区或对外贸易区的要求：
环境问题：如客户需要使用危险材料或对废弃物处理有特殊要求，请附上简要说明。
其他事项：

（2）土地总面积需求分析。一个工厂占用土地的总面积包括其建筑物、停车场、绿化区、泊位和预留空地等在内的全部面积。

（3）建筑密度分析。建筑物底层总面积与总的土地面积的比率称为建筑密度。一般工业建筑面积的平均建筑密度在25%～33%。

（4）租赁者资信状况分析。为确保物业租赁者是一个富有生命力的高效益的租赁者，物业管理者必须考察工业承租者以往的效益记录、信贷资质和企业背景。

（5）交通设施分析。物业管理者必须了解重型工业企业与制造业通常需要强大的交通运输体系，如公路运输、航空货运、铁路与深水泊位等，直通劳动力资源聚集区的交通干线也是必不可少的。批发商与销售企业则需要便捷的交通运输体系。

（6）工业园区对环境的影响分析。工业物业的潜在的环境污染问题比其他类型的物业要大得多。因此，物业管理者必须对预期的承租者可能在租赁的物业上进行的生产活动中涉及有毒、有害的问题做细致的调查，租约中必须写有关于废料处理的条款。

（四）实地考察物业时的营销

如果所属物业不适合预期租赁者所要从事的工业生产活动，或物业的公共设施无法满足他们的需要，物业管理者就不需要带领客户去参观物业。但物业管理者仍然要简要说明具体情况，努力与对方建立和谐的关系，以便将来给其他物业的租赁打下基础。

（五）跟踪服务

物业管理者要积极地、定期地与潜在客户联系，获得更多的信息，并不时地向所有相关的团体展示物业。在经过有关程序后，物业管理者就可以进入租赁谈判阶段了。

（六）租赁谈判

工业租约的内容与其他类型物业的租约内容大同小异，主要包括对标的物业的具体描述，以及租赁期限、租金、押金、房屋使用规则、法律责任、违约补偿等条款，然而在涉及税费、保险、保养和其他法律事务的内容方面，每一份工业物业租赁合约都有其特殊性，必须由业主与租户单独协商决定。在所有的租约内容确定后，就可以起草租赁合约了。

三、工业园区物业保值与增值

工业园区物业保值是指物业商品所内含的社会实际购买力不随时间的变化而变化。工业园区物业增值是指物业商品所内含的社会实际购买力在长时期的时间序列上，呈递增趋势的一种市场经济现象。在社会物价指数不变的条件下，物业保值意味着物业的市场价格不变，物业增值意味着物业的市场价格上涨。

（一）工业物业增值的因素分析

工业物业增值是客观存在的普遍规律。它显示了一定量的工业物业商品所代表的社会实际购买力长期递增的必然趋势，是工业物业商品自身所具备的“自然属性”。造成工业物业增值的主要因素有以下方面。

1. 工业物业资源的供需矛盾

工业物业是人类经济发展的重要资源，由于土地资源的稀缺性、不可延伸性，建设资金的缺乏等原因，人类一定时期的工业资源供给总是有限的。由于人口的不断增长，生产的不断发展，经济对工业物业资源的需求增长远远超出供给增长，再加上工业物业的生产能力有限及资金缺乏的影响，在某些国家或地区，更加剧了这种供需矛盾。旺盛的需求遇到有限的供给，第一个结果便是带来物业增值。

2. 环境投资的连带效益

环境投资的连带效益是指由于相邻地段环境的改善对工业物业价值的影响。随着人类社会的进步和城市经济的发展，环境改良使投资逐年增加。而任何一宗工业物业都是固定坐落在一定的区域和位置，工业物业空间位置上的不可移动性形成了环境条件直接影响工业物业价格的重要性。而环境条件的不断改善，自然带来了工业物业价格的不断上扬，物业增值是不可避免的。

3. 工业物业供求因素

当工业物业供需矛盾尖锐及存在良好的投资预期的情况下，有可能造成进一步增值。如昆山工业园区，因地理位置、投资环境等原因，导致台商云集，从而使其物业租赁价格一路攀升等。

4. 工业物业管理的因素

良好的物业管理可以为物业带来增值的空间。在工业物业销售初期，物业的价格并不高，随着业主的进驻和使用，工业物业管理开始全面覆盖，物业的面貌发生变化，或者是已经使用物业的业主感到物业管理带来的便利，会使更多的企业前来选择，导致工业物业的市场售价的提高。这是物业管理的提升功能。

（二）工业物业获利能力分析方法

1. 收支平衡点分析

检验物业可获利能力的主要方法是采用收支平衡点分析，即使得毛收入等于支出（包括抵押贷款和所有其他开支）时所需的租出比率，当毛收入超过收支平衡点时，物业就会有正的获利。

收支平衡点计算公式如下：

$$BE = FC/(1 - VCR)$$

其中，BE 为收支平衡值，FC 为固定开支，VCR 为随物业租用率变化的支出比例。

业主可以将所有物业经营月报上的条目加以汇总，来计算物业的固定和可变开支额。可变开支率通常为开支与租金总收入的比例值。例如，年租金收入 140 000 元的物业，其可变开支额为 28 000 元，则该物业经营的可变开支率为 20%。

2. 投资回报率

投资回报率，即物业年经营税后利润与投资的比率。这一比率转化为百分比值即收益百分比，是业主检验物业收益大小的标志。其计算公式为：

$$ROI = ATCF \div E \times 100\%$$

其中，ROI 为投资回报率，ATCF 为税后纯利润，E 为投资总成本。例如，业主在某物业的总投资为 100 000 元，其年税后利润为 15 000 元，则投资回报率为 15%。

投资回报率还可以在税前收入的基础上计算。这种分析物业获利能力的方法称为资金回笼分析。在上例中，该物业投资为 100 000 元，资金回笼率为 15%（$15\,000 \div 100\,000 \times 100\% = 15\%$）。该术语现金回笼可以在税前或税后的情况下使用。投资回报率要不低于银行利率才不算作是差的投资。

3. 资本收益率分析

如业主投资物业不是为了购买物业，而是为了获得其经营收入。此时为了便于比较和衡量，通常将经营收入换算为资本收益率。资本收益率一般将未来收益转化为眼前利益，它设定了收益与价值之间的比例关系，并将现有的资本用作未来的支付。计算资本收益率的一般公式如下：

$$R = I \div V \times 100\%$$

其中，R 为资本收益率，I 为支付抵押贷款前的经营纯收入，V 为物业的价值。这个比率不仅是一个百分比，还反映了风险水平。风险越低，资本收益率越低；风险越高，收益率越高。

四、工业园区日常物业管理的主要内容

工业园区物业经营管理的功能作用是使工业企业内部精简机构、节约成本，剥离企业的社会服务功能，让企业集中精力抓生产、促发展，促进企业后勤服务社会化、专业化。

要搞好工业物业管理必须努力扩大服务范围，让企业安心生产。

（一）常规物业公共服务

治安保卫、环境保护、清洁卫生、绿化、公共设施（水电、空调、电梯、消防监控设施等）的巡视和维护、会务、报刊信件收发、出入口管理、车辆管理、厂房装饰装修管理、仓库管理、配餐和运输等。

（二）延伸配套运营服务

受业主委托，承担商业、体育、娱乐等配套物业设施的营运，如工业区及配套办公生活区内的商场、超市、招待所、酒店、体育馆、电影院等。这些已超出了普通住宅物业管理的范畴，由于人力、精力、成本等原因，工业物业业主往往直接将配套的“第三产业”部分乃至全部委托给提供基础物业服务的物业服务企业运营管理。

（三）延伸专业工程服务

延伸专业工程项目主要有厂房和生产设备设施的安装、修理、改造，专业清洗和特种保洁等。一些业主将延伸专业工程项目也“交”由物业服务企业来做，这种延伸专业工程项目直接接触业主的核心生产操作部分，物业服务企业成了业主的一部分。

第三节 仓储中心管理

仓储中心管理

一、仓储中心的类型

由于流通活动的广泛，出现了专职于物资储存并处理物资流通相关业务的物流产业部门。这类产业部门以仓库为劳动手段做有偿服务，这就是仓库业或称仓储业。仓库业的出现也是现代物流发展的结果，仓库业的物业管理主要是仓储中心管理。

（一）按使用对象及权限分类

按使用对象及权限可将仓储中心分为自备仓库、营业仓库、公共仓库。

自备仓库附属于企业、机关、团体，专门为这些单位储存自用物资的仓库。

营业仓库是社会化的一种仓库，面向社会，以经营为手段、赢利为目的的仓库。

公共仓库是为公用事业配套服务的仓库，如火车站库、港口库等本身不单纯进行经营而是其他事业的一环或附属。

（二）按所属的职能分类

按所属的职能可将仓储中心分为生产仓库、流通仓库、储备仓库。

生产仓库是为企业生产或经营储存原材料、燃料及产成品的仓库。

流通仓库是专门从事中转、代存等流通业的仓库。这种仓库主要以物流中转为主要职能，在运输网点中，也以转运、换载为主要职能。

储备仓库是专门长期存放物资，以完成各种储备保证任务的仓库。

（三）按结构和构造分类

按仓储中心的结构和构造可分为平房仓库、楼房仓库、高层货架仓库、罐式仓库。

平房仓库为单层的，有效高度一般不超过5～6米的仓库。

楼房仓库为二层以上楼房的仓库。楼房各层间依靠垂直运输机械联系，也有的楼层间与坡道相连，称坡道仓库。

高层货架仓库的建筑结构是单层的，但内部设置层数很多、总高度较高的货架，使这种单层的建筑结构总高度甚至高于一般楼库，是仓库中一种自动化程度较高，存货能力较强的仓库。

罐式仓库是以各种罐体为储存库的大型容器型仓库。如球罐库、柱罐库等。

（四）按技术处理方式及保管方式分类

按技术处理方式及保管方式可将仓储中心分为普通仓库、冷藏仓库、恒温仓库、露天仓库、水上仓库、危险品仓库、散装仓库、地下仓库。

普通仓库是指常温保管、自然通风、无特殊功能的仓库。

冷藏仓库是指有制冷设备并有良好的保温隔热性能以保持较低温度的仓库，专门用来储存冷冻物资。

恒温仓库是指能调节温度并能保持某一温度的仓库。

露天仓库是指在自然条件下保管，无建筑物起阻隔风、雨、光而采取对货堆直接防护的仓库。

水上仓库是指利用水面或水下在高湿度条件下储存物品的仓库。

危险品仓库是指保管危险品并能对危险品起一定防护作用的仓库。

散装仓库是专门保管散粒状、粉状物资的容器式仓库。

地下仓库是指利用地下洞穴或地下建筑物储存物资的仓库，这种仓库主要储存石油等物质，储存安全性较高。

（五）特种仓库

（1）移动仓库，是指不固定在一定位置，而利用本身可移动的性能，能移动至所需地点完成储存任务的仓库。

（2）保税仓库，是指根据有关法律和进出口贸易的规定，专门保管外国进口货物，暂未纳进口税的仓库。

二、仓储中心物业管理的主要内容

（一）严格制定管理制度

为加强仓储中心管理，使之有序地工作，应制定以下主要规章制度：各类仓库的管理规定，如根据仓库的不同性质对储存物品的类别、数量、包装要求、堆放规格、仓位的确定等应做出明确规定以提高仓库的使用功能；各种岗位的职责及操作规程；机器设备的安装管理使用规定；产品、货物出入库、材料出入库规定；成品发货出库制度；机动车辆及铲车使用管理规定；等等。

（二）强化安全保卫工作

仓储中心的安全保卫是仓储中心物业管理的重要一环，要严格防范偷盗仓库货物的案件发生，并制定相关的制度：建立严格的值班守卫制度，在仓库范围内实行24小时巡逻安全检查制度，对人员、货物进出都要认真检查登记；在仓库范围内安装预警设备，实行24小时监控；无关人员不得出入仓库；严格执行两人以上进入仓库的制度；同所属地区公安机关挂钩建立地区联防。

（三）建立严格的消防制度

严格消防管理，消除事故隐患是搞好仓储中心消防工作的重要保证。

（1）建立严格的消防制度，明确消防责任人，要及时消除火灾事故等隐患。

（2）仓库、站场范围内要有明显的禁烟、禁火标志和警示牌，对违反规定动用明火、吸烟者要加以处罚。

（3）消防器械齐备，消防水源和龙头要专用。

（4）备有先进的报警设备和工具。

（5）严禁漏油运输车辆进入仓库。

(6) 定期组织消防教育和消防演习。

(四) 搞好清洁卫生管理工作

(1) 建立仓库清洁打扫制度，仓位和通道要保持干净。有的仓库还要做好灭鼠、灭虫害工作。

(2) 仓库高处的大玻璃要定期清洗，使仓库保持明亮清洁。

(3) 仓库周围要定期打扫，保持整洁。

(4) 加强绿化管理，做好四季常绿，美化库区。

(五) 仓储中心的公共设施管理

仓库公共设施的管理一般是对大型的仓储中心而言的，这些仓储公用设施的管理项目主要有：供电设施，包括配电房、配电箱、供电总表、分表、路表等；供水设施，包括水泵房、水泵、水阀、水表、自动供水的电控部分等；消防设施；汽车停车场、自行车棚；垃圾箱、垃圾桶等。

三、仓储中心管理应注意的问题

第一，仓储中心的类型不同，其管理要求和特点也不同。例如，易燃易爆危险品仓库，首先要保证储存物品的绝对安全，隔离防护要求高，消防措施要周全；选址不能靠近市区人口稠密点或大工厂、居民点。又如，储运仓库要求装卸便捷，道路畅通，便于车辆出入等。

第二，仓储中心的租户应遵守以下规定：仓储中心不准用作生活居住；企业根据生产需要，对仓储中心进行分割改造和内部安装设备时，不可损坏楼面结构和超过楼面允许的荷载，施工前应与管理者联系，并提供图纸，经有关部门审核同意后方可施工；各企业应按照楼层的承受负荷要求放置设备和货物，如有超载放置而引起楼层损坏，管理者有权要求有关企业修复到正常状态，由此造成的损失由责任企业负责；因使用水电不当而造成其他企业损失由责任者承担；管理者要求各企业的工业废弃物自行处理，不可向外倒放。

第三，防止仓储中心工作人员的疏忽大意。这是仓储中心管理中始终存在的一个问题，尤其是铲车作业，要防止超载，还要注意由于搬运疏忽造成产品变质和变坏。

第四，预防事故的发生。这是仓储中心管理者关心的主要问题。一般来说，明智的仓储中心安全规划应包括不间断地检查工作程序和安全设备，以期在事故发生以前确定和纠正不安全状况。

第四节　物流配送中心管理

物流配送中心管理

一、物流配送中心的地位与作用

（一）物流配送中心的地位

配送中心是联结生产与消费的流通部门，是利用时间及场所创造效益的设施。配送中心因流通方式和配送货物的类别不同，其职能表现亦不同：为了调整大量生产和大量消费的时间差异所体现的保管职能；为了实现经济的运输批量进行发货和进货而进行的储备职能；为了调整生产和消费波动而引起的不同步所体现的储存职能；把分散保管的库存物资汇集在一起，以提高保管、装卸等物流效率的职能；为了维持和提高对用户的服务水平，平时保持经济合理库存量的职能；为了降低物流成本，通过组织批量运输或者设置货物集结点向终端用户配送，而体现经济效益的职能；为了提高综合经济效益充分发挥物流和商流的各自规律性，使商流与物流分离的社会职能。

（二）物流配送中心的作用

1. 储存作用

配送是依靠集中库存来实现对多个用户服务的，所以储存职能必不可少，因而是有重要的支撑作用的职能。

2. 分拣、理货作用

为了将多种物资向多个用户进行按不同要求种类、规格、数量的配送，配送中心必须有效地分拣并能在分拣基础上，按配送计划进行理货，这是配送中心的核心职能。

3. 配货、分放作用

各用户所需的多种货物，都在配送中心有效地组合在一起，形成向用户方便发送的货载。这也是配送中心的重要职能。

4. 倒装、分装作用

不同规模的货载在配送中心应能高效地分解及组合，按用户要求形成新的组合或新的装运形式。这是配送中心重要的职能。

5. 装卸搬运作用

配送中心中进货、理货、装货、加工都需要辅之以装卸搬运。有效的装卸会提高配送中心的水平，所以装卸搬运是配送中心的基础工作，是一项基础职能。

6. 加工作用

多数配送中心都要进行不同程度的加工，加工活动在有的配送中心是关键活动，加工职能能有效提高配送水平，起增强的作用。

7. 送货作用

送货的起点是配送中心，虽然送货全过程已超出配送中心的范畴，但配送中心的工作可以说对送货起决定作用。送货的指挥与管理也是在配送中心，所以，送货是配送中心作用最后实现的职能。

8. 情报作用

配送中心在干线物流与末端物流间起衔接作用，这种衔接不但靠实物的配送，也靠情报信息的衔接。配送中心的情报活动也是全物流系统中重要的一环。

二、物流配送中心物业的特点

物流配送中心物业与一般的仓库不同，它更具备自身的特点：一是建筑风格上独特。充分考虑到配送货物的特点，以鲜明的标志促进物流的畅通。二是设施先进。物流配送中心的设施的先进程度直接影响到货物的配送效率。配送中心为了快捷地把货物分发到各企业，实行电子化系统理货，以网络来控制配送管理。

三、物流配送中心物业管理的主要内容

（一）配送中心设施设备的管理

物流配送中心多是存放材料、半成品和产品等货物，极易造成配送中心杂乱和设施的毁坏。物业管理人员要注意各项设施的正常运转，保证货物的顺利配送。

（二）商品在库保管中心的管理

储存在配送中心的商品除了加强养护外，还要确保储存商品的质量安全，最大限度地保持商品在储存期间的使用价值和减少商品保管损失，加强储位合理化工作和储存数量管理工作。

（三）理货作业管理

当配送中心接到配送指示后，管理人员要向有关的作业人员分配适当的工作量，作业人员再根据理货单上的内容说明，按照出货的顺序、储位区域号、配送车次、门店号等把货物整理出来，经复核人员确认后，再送出去。

（四）配送中心的安全保卫管理

由于储存的货物品种原因，有些易燃、易爆货物和材料容易造成火灾危险。为了配送中心和工作人员的安全，配送中心的消防管理要比其他物业更严格、细致。其主要内容包括：建立严格的值班制度，对人员、产品、货物、材料的进出进行严格认真的检查登记；做好门卫的登记管理工作，对人员进出严格管理，无关人员不得进入配送中心；下班后配送中心要严格执行值班巡逻制度以及其他安全措施。

（五）配送中心运输通道的管理

配送中心货物通道是否畅通，关系到货物能否及时地分发出去，保持货物通道的运输畅通的关键是要正确设立与管理配送中心的货物装卸区和货物堆放区。物业管理人员要经常检查配送中心的货物装卸点和堆放点是否符合规定，中心道路的地面是否损坏，发现问题及时整改以保证配送中心道路完好，发挥其应有的作用。

（六）配送中心的绿化卫生管理

为了让工作人员工作时精神饱满，减少工伤事故的发生，配送中心要搞好中心的绿化工作，如种植一些适合排除中心异味和废气的植物。卫生保洁工作也要加强，保证配送中心的作业顺利进行。

（七）防火、防水、防风、防虫、防冻、防暑的管理

对于配送中心，防火、防水、防风、防虫、防冻、防暑等工作，都构成物业管理的业务内容，要有具体严格的措施，提供全面周到的服务。

四、物流配送中心物业管理的模式及完善、发展

（一）物流配送中心物业管理的模式

按配送中心的承担主体可分为自管式的物业管理模式和托管式的物业管理模式。自管式的物业管理模式是指配送中心的发展商在配送中心建成后，成立自己的物业服务公司，对配送中心进行经营和管理，并与相关的业务公司建立联系。托管式的物业管理模式是指配送中心的发展商在中心建成后，聘用专门的物业服务公司，将中心的全部经营和管理委托给它承担，并用物业管理合同来明确双方的权利和义务。

按完成管理任务的措施可将物流配送中心物业管理分为封闭式管理和一般式管理。封闭式管理是指以配送中心的整体为管理对象，用隔离绿化带或防护栏等将中心与外界隔开，只留出进出口，对进出的车辆、人员进行统一管理。一般式管理是指以保证配送中心的基本作业环境和条件为管理宗旨，只对异常情况进行管理。一般式管理模式的费用低廉，但出现的问题较多。

（二）物流配送中心物业管理的发展策略

1. 积极创建适应配送中心物业管理发展的政策环境

传统物业管理体制机构臃肿，设置重复，效率低下，运行条块分割，各自为政，阻碍配送中心依市场而发展、运作，导致布局结构不合理。加强物流配送中心物业管理应进一步改革物业管理体制，尽快建立高效、精简、统一的管理机构，积极创建能够推动物流配送中心发展的政策环境。配送中心管理虽然是企业行为，但政府应积极引导和扶持，为物流配送中心物业管理的发展提供良好环境。现在各地政府都在积极

行动建设现代物流中心，如广东省与港澳特区共建华南物流中心等。

2. 充分利用现有资源，通过技术改造发展现代物流配送中心

我国现有仓库多为平房，可以在此基础上进行现代技术改造，实现少投资金、多出效益，加快物流配送中心的建设和发展。同时，将改组商业企业和传统储运企业结合起来，重点建设现代化商品配送网络，完善商品配送中心的功能，将集货、分货、仓储、运输、包装、咨询等服务功能结合起来。尤其应当重视发展先进的信息处理功能。

3. 积极转变物流配送中心物业管理的经营机制

物流配送中心物业管理的发展必须转变经营机制。首先，要做到决策信息化、管理科学化，在系统管理技术、决策管理技术、质量管理技术、信息管理技术等方面要不断提高水平。其次，强化动力激励机制，重视人本管理，充分发挥劳动者的积极性、主动性、创造性。再次，树立市场观念，强化竞争意识，建立能够适应市场变化的发展机制。

4. 重视配送先进技术的应用

配送中心建设应树立机械化、自动化的观念，注重先进设备、技术、人才的引进与开发。建立自动分拣、存取的配送现代化系统，开展机械化作业，积极发展配送自动化。

5. 重视物流配送专门人才的培养

大力发展物流配送中心必须高度重视专门人才的教育与培养。只有在配送从业人员的素质提高的基础上，才有可能不断增强物流配送发展能力。有计划、有组织地加强物流配送中心职工教育培训，努力学习与应用国外物流配送先进技术，发展适合我国国情具有中国特色的物流配送中心。

（三）物流配送中心物业管理的完善与发展趋势

物流配送中心物业管理是一项创新活动，但总的发展趋势是实现以下目标。

1. 信息管理网络化

物流信息管理是根据企业物流活动的需要而产生的，传统的人工管理物流信息的办法已不适应配送中心现代化管理的要求。这是因为：信息的绝对数量增加；信息流量在不同时段的差别很大；信息发生地点、处理地点、传达对象分散在广大地区；物流与信息的流动要同时进行；物流与商流的关系越来越密切。在这种情况下，只有全面采用电脑来管理物流信息，才能保证高效率的商品配送。

(1) 物流信息的种类。

根据在物流活动中所起的作用，物流信息可分为五类：一是接受订货的信息。这是一切物流活动的基本信息。二是库存信息。根据与订货信息的比较，做出采购决策。

三是采购指示信息。商品库存量不足时则根据采购指示信息安排采购。四是发货信息。为了做好发货准备工作，须根据发货信息将商品转移到搬运地点以便发货。五是物流管理信息。物流管理部门为了能有效地管理物流活动，必须收集各种表单，以及关于物流成本、仓库和车辆等物流设施、设备运转率等资料，以此作为物流管理信息。

（2）配送中心信息管理系统。

为了满足物流信息的需求，配送中心应建立五个信息管理子系统：销售管理系统、采购管理系统、仓库管理系统、财务管理系统、辅助决策系统。

配送中心信息管理的电脑化不仅需要配送中心自身完善信息设施，而且还需要以门店的POS系统、EOS系统以及社会性的VAN系统和EDI系统的建设为基础。只有全公司、全社会的相互配套，才能充分发挥配送中心信息管理的效率，最终实现整个配送作业的无纸化运作。

POS（Point of Sale）系统又称销售时点情报系统，专门用来提供零售业和服务情报管理贩卖、商品情报和顾客情报系统的资讯，其中可分为信用卡型、衣料品型或百货公司整体型。通过自动读取，收集销售情报交予电脑处理，以此提供促销的价格、陈列方式、库存管理等决策的依据与参考。物流业者将此资讯提供给厂商以便决定其商品及竞争策略的选择。

EOS（Electronic Order System）系统（见图4－1），即电子自动订货系统，它是指企业间利用通信网络（VAN或互联网）和终端设备以在线联结（Online）方式进行订货作业和订货信息交换的系统。EOS按应用范围可分为企业内的EOS（如连锁店经营中各个连锁分店与总部之间建立的EOS系统），零售商与批发商之间的EOS系统以及零售商、批发商和生产之间的EOS系统，它可以减少订货所需要的时间和缺货的发生。

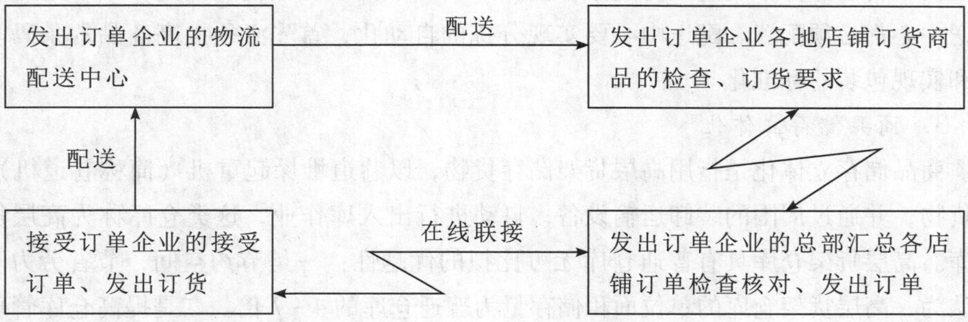

图4－1　EOS的基本框架图

VAN（Value-Added Network）系统，即附加价值通信网或电脑资讯网络。此系统可以对企业内部的所有资讯系统加以流通，成为企业间互通信息的网络，零售者借此可向物流业者订货，物流业者可利用此系统向供应商订货，或利用此系统提供库存查询及出货的通知，以节省时间。

EDI（Electronic Data Interchange）系统，即电子数据交换系统，是两个组织之间结构化商业数据（如订单、发票和货运通知单等）的电子交换，通常在供应商和客户之间发生。例如，EDI 可以基于记录，使用户能用自己的计算机向供应商的计算机发出货物订单。EDI 系统负责协调传送和生成发票。EDI 处理的基本商务活动包括分派、财会、健康保健、制造、购货、零售、税表归档、电信、运输。就形成的简单性而言，EDI 像公司间的电子函件。在一些组织内，电子函件就是做 EDI 所做的工作。然而，完善的 EDI 系统一旦建立就可以减少开销和劳动力。早期的 EDI 使用很简单的标准表格，使得公司不得不基于这些通用表格设计自己的文本，新的 EDI 系统允许公司使用简单编程和创作工具生成客户系统。

2. 商品分拣自动化

大型的配送中心，商品种类多达上万种，客户数量多、分布面广，而且要求拆零配送、限时送达。在这种情况下，商品分拣作业就成了配送中心内部工作量最大的一项工作。为了提高商品分拣的效率，国外的配送中心参照邮局分拣信件自动化的经验，配置了自动化分拣系统。

（1）输入系统。商品由皮带或轨道传送机，输入分拣系统。

（2）分拣信号设定装置。一般采用激光扫描办法，对物流条码进行扫描，以区分配送商品的目的地、配送商品的对象等物流信息。

（3）分拣传输装置。包括传送装置，即把混杂的商品自动分送到设定的分拣道口位置上；分拣装置，即把分拣的商品送入分拣道口。在上部接口处设置动力轨道，把分拣商品“投入”斜道，以暂时储存，等待装车取走。

由于自动分拣系统的设备复杂，投资及营运成本也相当高，因此，不一定所有的配送中心都必须配置。配送中心要实现分拣的自动化，首先必须提高商品的条码使用率和实现包装的标准化。

3. 商品储存立体化

商品储存立体化是指用高层货架储存货物，以巷道堆垛起重机（简称巷道机）存取货物，并通过周围的装卸运输设备，自动进行出入库作业，这类仓库称为高层货架仓库。高层货架仓库具有普通仓库无可比拟的优越性：一是节约空间，节省劳力。一般认为，高层货架仓库的单位面积储存量为普通仓库的 4 ~7 倍。二是提高仓库管理水平。如减少货损、优化库存结构、降低库存量、缩短库存期、节约资金等。据日本物流界对未来高层货架仓库的展望，认为美国的背景是提高生产管理水平，而日本则是节约土地，这正是高层货架仓库最显著的两个优点。三是实行无人化操作。特别适用于低温、有毒、黑暗等特殊储存环境，保证人员和商品的安全。四是管理的控制系统。这是高层货架仓库实现自动化作业的核心，具有管理、监控和控制三个职能。管理职能由配送中心的主计算机管理系统承担；监控职能由高层仓库和搬运系统的监控系统承担，一般没有屏幕显示全系统运行的监控中心；控制职能则由巷道机及搬运系统的控制系统承担。高层货架仓库实际上是一个机电一体化的自动化仓库，随着无线通信技术和自动化控制技术的发展，高层货架仓库的自动化程度及机动灵活性将进一步提高。

4．商品配送共同化

商品配送共同化是指生产、批发或零售、连锁企业共同参与，由一家配送中心承担他们的配送作业。共同配送的实质是相同或不同类型的企业联合，其目的在于相互调剂使用各自的仓储运输设施，最大限度地提高配送设施的使用效率。

从国际情况来看，商品配送共同化是配送中心的发展方向。其原因：一是各行各业各自设立自己的配送中心，其规模难以确定；二是自设的配送中心都会面临配送设施严重浪费的问题；三是大量的配送车辆集中在城市商业区，导致严重的交通问题；四是自设配送中心对众多的中小企业来说，其经营成本难以消化。因此，人们逐渐意识到了共同配送的重要性，大力发展社会化共同配送的基本模式。

（1）物流企业的配送中心。物流企业的配送中心是指独立核算的物流公司或配送中心。这类配送中心可能是由专业的物流公司建立的，也有可能是大型的连锁公司独资兴建或控股的物流子公司兴建的。这类公司不仅承担物流作业，而且往往也兼有采购和批发的职能，实际上是一种配送中心。当然也有可能只从事物流作业活动。

（2）厂商联合的配送中心。厂商联合的配送中心是指在厂家与批发商或供应商与连锁总店之间进行共同配送。一是将不同厂家和不同批发商按区域进行共同配送，每个批发商只负责特定区域的商品配送，在特定区域，除了配送自己经营的批发商品外，还负责在这一区域配送其他批发商的商品，在其他区域，别的批发商同时也为它提供同样服务。二是众多厂商通过配送中心的共同配送向众多的连锁总店配送商品，每个厂商都将要配送给各连锁店的商品先集中到配送中心，再由配送中心为各连锁店进行共同配送。

（3）商业企业的配送中心。商业企业的配送中心是指由批发商、零售商、连锁公司共同组建的配送中心向同一地区众多的零售店铺进行共同配送。对于已经建立了配送中心的连锁公司来说，目前可供选择的配送策略有四种：一是完善自有配送中心，承担本企业全部的配送业务。采用这种策略还可以选择组建综合性的大型的配送中心，或者建立配送分中心，由各个分中心分别承担不同商品的配送业务。二是完善自有配送中心，既承担本企业全部的配送业务，而且也为其他企业承担配送服务。三是不扩大自有配送中心的规模，当连锁业务扩大时就委托专业化的物流公司来承担商品的配送业务。四是当连锁公司的连锁业务从一个地区发展到另一个地区时，先在当地建立物流配送公司，然后发展该地区的连锁业务。

【本章小结】

1. 工业场所是指开展工业活动的地方，这些地方上的建筑物或改建物及辅助设施能为工业生产提供有效的环境。根据不同的标准工业物业可分为多种类型。主要有投资大、非流动性、属投资性物业、功能易过时、租赁期长等特征。

2. 工业园区物业管理主要内容有：工业园区物业的市场分析，包括客户对工业物业地理位置的要求分析、工业园区物业的市场分析；工业园区物业的营销；工业园区日常物业管理等。

3. 仓储业的物业管理主要是仓储中心管理；仓储中心管理应注意的问题有：分类管理、严格仓储中心的管理规定、防止仓储中心工作人员的疏忽、预防事故的发生。

4. 物流配送中心作为流通部门在生产与消费的联结中处于枢纽地位，具有重要作用；物流配送中心物业具有建筑风格上独特、设施先进的特点；物流配送中心物业管理的模式有：自管式的物业管理模式和托管式的物业管理模式，封闭式管理和一般式管理。

【案例分析】

案例4-1　武汉医药产业园物业管理体系

1997年，天津市在全国率先提出了“工业物业管理”的理念，集工业管理和物业管理于一体的工业物业服务公司，既可以为企业代办审批和领照，又可以帮助企业贷款、招聘员工、运输、仓储，并可提供法律咨询、技术研发、代理进出口、职工食堂、健身娱乐、举行会议等多种服务，这种物业管理模式一经推出，即在全国迅速推广，已成为现代服务业中一个新兴的、重要的行业。

目前，在武汉市各工业及产业园区，常规的物业管理方式已无法适应园区物业管理服务的要求，现在各工业及产业园区的物业管理部门所适用的管理制度是参考、借鉴房地产物业管理的相关管理制度，在对物业管理的对象由住宅或写字楼的业主向企业的业主的转化中，物业管理没有一个系统的转变和适应，或者说是没有一个成功的模式。

武汉新兴医药科技有限公司作为一个新型的企业充分地认识到了这一点。新兴公司经营范围很重要的一块是对武汉医药园的有偿物业管理服务经营，企业的发展很大一部分取决于本园区成功、完善的工业物业管理服务当中，所以创建医药园区自己的工业物业管理体系已势在必行。

在这个迫切的要求下，新兴公司物业部经过大量的准备和研究工作，结合园区的实际情况，首先拟定了几个建立园区工业物业服务管理体系的基础性文件，其中《管理公约》和《服务协议》是经充分征求入园企业的意见而形成的规范性管理契约文件，这两份文件除涉及武汉医药产业园的一般性管理服务，如绿化、消防、环境卫生、保安、交通等常规服务外，还提供完善的工业用气、工业用水、高低压工业用电、工业专用排水设施、高级办公写字楼租用、各类会议咨询、物流管理咨询、仓储运输、企业突击清洁清运、宣传策划、行政审批代办，以及工业用水、电、燃气等费用的代收代缴服务，这两个基础性的文件力争全面、系统地提供、罗列企业生产、经营所需要的服务。在这两个契约性文件的框架内，新兴公司下一步将制订各项服务的工作程序，同时根据园区企业的需要不断完善和改进各类服务项目，建立一个成功的工业物业管理服务体系。

园区提升蒸汽供应能力

武汉医药产业园的入园企业相继投产与试生产运行，园区内工业蒸汽量供应不足的问题会影响到企业的正常生产和经营，因此新增设了一台10吨燃煤锅炉，以满足园区企业的工业用气需要。

医药园南区市政管网建设完工

南区市政管网建设的完工保障了武汉医药产业园南区入园企业的基建工程施工和企业的试生产运行和投产。现在南区入园企业有百可灵纸业、海格尔药业、千里马药业等公司，其中百可灵纸业公司在投产后相应地对企业的供水供电及其他基础设施配套的要求也提高了，新兴公司抢在百可灵试生产运行前水、电缆沟等基础设施全面铺设到位，方便了企业的各项工作的计划和部署，受到了企业的称赞。

园区食堂升级改造投入使用

随着医药园园区内企业的相继投产及其他入园企业基建工作的全面展开，园区食堂的升级改造和提高就餐质量等工作也相应完成。改造后的食堂整洁卫生、环境优美，现在可同时容纳上千人就餐，能满足现在和将来三年内全园区进驻人员的就餐需要。与此同时，食堂聘请了专业餐饮人士进行管理，为让园内企业员工、人员吃得饱吃得好，食堂对饭菜的质量非常重视，在营养方面进行合理搭配，随时听取顾客的意见和建议，不断改进，力争让入园企业和员工满意。

园区保安工作再上新台阶

根据园区的发展实际需要，新兴医药科技公司对保安队伍进行了大调整，并增设了保安工作人员，调整新增后的保安队员大多是退伍军人。对新增和原有的保安人员，结合园区的实际情况，公司物业管理部负责保安工作的资深管理人员对全体保安人员分班进行了培训，培训内容涉及保安队员仪容仪表要求及用语规范，保安员执勤中遇到不执行规定、不听劝阻的处理，保安员处理问题的原则与方法，突发事件或异常情况处理规程，等等。

901公交介入园区交通服务

随着武汉医药产业园的入园企业相继投产与基本建设的全面展开，园区内企业、单位员工、职工的乘车难问题日益凸现出来，主要是园区离市中心城区较远，乘车车费较贵，园区乘车人员普遍反映负担过重。除企业已有班车及各企业进行各自的交通补贴措施外，新兴公司本着为园区各企业、单位服务的原则主动与各公交线路联系，洽谈公交线路停靠园区及对医药园乘车人员乘车采取通票形式并降低票价事宜。

经商洽并经江夏区交通大队同意，起点站为纸坊，终点站为武昌南站的901公交线路愿意为医药园提供乘车费的优惠政策，园区员工、职工乘坐该线路为一票制，票价1元，比城区公交线路最低票价还低0.2元钱，并且该线路每月派人进驻园区进行售票服务，方便了员工、职工购票，有效地解决了乘车难的问题，受到了医药园入园企业和员工的欢迎与称赞。

［讨论题］

1. 你认为武汉医药产业园在物业上的做法如何？

2. 武汉医药产业园在物业上的做法有无改进的地方？谈谈你的思路。

［参考点评］

本案例讲的是工业园区物业管理问题。武汉医药产业园的物业管理是将工业管理和物业管理融于一体，既可以为企业代办审批和领照，又可以帮助企业贷款、招聘员工、运输、仓储，并可提供法律咨询、技术研发、代理进出口、职工食堂、健身娱乐、举行会议等多种服务，是一个成功的工业园区物业管理模式。

武汉医药产业园在物业上做了两个方面的工作，首先，拟定了建立园区工业物业服务管理体系的基础性文件，其中最重要的两个文件是《管理公约》和《服务协议》。其次，做了实事：提升园区蒸汽供应能力、医药园南区市政管网建设、园区食堂升级改造、提高园区保安工作水平、协调公交介入园区交通服务工作等。武汉医药产业园借鉴房地产物业管理的相关管理制度，在工业园区开展物业管理的做法是一种有益的尝试。不过，作为新兴物业管理领域还是有许多地方需要不断完善和提高的，总体来说就是要建立一个适合于特定物业区域的工业物业管理服务体系。在服务理念、服务制度、服务程序、服务方法与礼仪、服务等级标准等诸多方面形成自己的特色。

案例4-2 “厂房管家”三大生存要素

必要因素——资金实力

从“厂房管家”业务模式来看，没有足够的资金实力将面临很大风险。其不同于普通的租赁代理，房屋租赁合同签订后，公司就要投入资金包装改造并开始履行定期支付房租的责任，而房子何时、何价位出租，风险全部落到公司身上。据测算，动态出租率临界线为85%，按正常经济形势和临界线以上的出租率预测，投资回收期将不少于5年。

“厂房管家”主要收益点靠软硬件的包装来提高租金市价，在实际操作过程中，可能出现的问题并不是都可以规避的，这样，在没有较高出租率的保证下，风险度之高显而易见。

关键因素——客户资源

“厂房管家”经营业务成本结构中90%是固定成本，如付给业主房租、装修成本的分摊、物业管理费等。所以，招租时间越快、招租率越高，公司获得的利益就越大。反之，则可能会亏损。因而，客户资源是“厂房管家”成败的关键。如今凭借上海都市工业招商服务中心的巨大的信息平台，已经成功完成近5万平方米厂房的招租任务，日平均拥有有效客户需求信息100多条。

保障因素——管理系统

有了资金、有了信息、有了硬件，如果没有强有力的管理支撑，这项业务还是不能健康运行。公司作为专业化经营都市工业的领头羊，通过三年的实践，已经架构好科学的管理体系，拥有完备的厂房物业管理的经验，而且为客户提供一系列的增值服务，如物业延伸服务、注册登记一门式服务、享受都市工业园区特殊的税收奖励政策、房租补贴政策等，来吸引更多的企业入驻、长驻。

［讨论题］

1. 你是否同意这种看法？为什么？

2. 你认为“厂房管家”应该具备什么条件？

［参考点评］

本案例讲的是标准厂房租赁管理的问题。这也是一个自问自答的案例。“厂房管家”的生存要素主要有三个：必要因素是资金实力、关键因素是客户资源、保障因素是管理系统。可以说，当好“厂房管家”，这三个要素缺一不可。

【思考题】

1. 如何理解工业物业的概念、特征？
2. 怎样开展工业园区物业营销管理？
3. 工业园区日常物业管理有哪些主要内容？
4. 仓储中心管理的主要内容有哪些？
5. 仓储中心管理有哪些应注意的问题？
6. 如何理解物流配送中心的地位与作用？
7. 物流配送中心物业管理有哪些主要内容？
8. 物流配送中心物业管理的模式有哪些？如何完善与发展？

第五章　特种物业管理

【学习目标】

了解：特种物业的含义与类别；政府、服务性公寓的含义及酒店业的特点；会议展览物业的类型。

掌握：政府物业含义与特点；酒店的类型和特点；政府物业管理的内容；服务性公寓的含义及特点；服务性公寓管理的内容；会议展览物业管理的内容。

重点掌握：特种物业管理的特点和内容；政府物业管理方式的改革；酒店物业经营管理的模式；服务性公寓服务要求。

【学习概要】

本章的重点内容：特种物业管理概述、政府物业管理、酒店物业管理、服务性公寓物业管理、会议展览物业管理、文卫体物业管理。

通过本章的学习，将全面了解特种物业管理服务的主要业务范围及内容，认识主要特种物业类型管理的内容。特种物业作为当前物业管理业务拓展的新空间，学习它有利于开拓物业管理业务的思路。

第一节　特种物业管理概述

特种物业管理概述

一、特种物业的含义

特种物业是指除住宅小区物业、公共商业楼宇物业、高层办公楼宇物业和工业物业以外，有必要运用物业管理的方法实施管理的物业。如政府物业、医院物业、学校物业等，对特种物业实施的管理就是特种物业管理。

在市场经济条件下，政府及企事业单位的职能划分逐渐清晰，人员日益精简。原先靠行政管理手段推动的对所拥有房地产的管理，适应不了社会发展的需要，更没有能力去对所拥有的物业实施精细化管理。物业管理社会化日益明显，例如，一些国有企业，由于市场的竞争而处于停产状态，使厂房、设备、土地出现大量闲置，为了减少损失，或者为了激活存量资产，急需用适合的方法对这一部分物业进行管理；又如，有些单位在计划经济体制下，承担了相当一部分不属于本单位职责范围的管理事务或非主营业务，像国有企业的幼儿园、食堂、开水房、休息室、文体活动室等物业的管理，进入新体制后，如不将这一部分物业的管理事务剥离，势必会影响到企业的经营效益或干扰企业的主要精力。还有一些单位则因为物业管理不能到位、配套服务的缺失而影响了工作的进一步开展。像我国的高等院校，长期以来，学生的住宿、吃饭、生活配套设施不能满足需要而导致招生能力不能扩大，或者影响到教学质量的进一步提高。

因此，由于经济发展的需要，物业管理行业内需要一个物业管理类型，来对这些特种物业进行管理服务，这就拓展了物业管理业务进一步发展的空间，物业管理覆盖的部门和领域也会越来越多。

二、特种物业的类别

从特种物业的经营管理性质看，有些是公益性的，如政府物业，文教、卫生、体育等公共物业；有些是收益性的，如娱乐、酒店物业等。

从特种物业管理体制看，有单位系统管理物业（如计划体制下的政府部门机关物业、学校物业、医院物业等）和物业服务公司管理的物业（如市场体制下的由物业服务公司管理的各种政府机关物业、体育场物业等）。在传统管理体制下，一般为系统管理，在投资、维修、保养等方面由主管部门承担主要责任。在经济体制改革中，按照政企分开的原则以及物业服务企业化、社会化、专业化的要求，这些物业可以由主管部门委托物业服务企业进行管理，也可由主管部门按照现代物业管理模式进行自治管理。

从特种物业的特殊用途来看，有政治性物业（如政府首脑机关，军事情报机关，电台、电视台、报社新闻机关等物业）、特种社会功能物业（如医院、学校、车站、高速公路、码头、机场、寺院、残疾人专用设施等物业）、娱乐性物业（如歌厅、剧院、游乐场、运动场等物业）、专业性物业（如酒店、会展中心、交易会或交易所物业等）。

三、特种物业管理的特点

对特种物业的管理，具有一般的共性，即都是以“物”为媒、以“人”为本的管理服务。其管理专项如物业的维护、环境保护、保安、车辆管理等是类同的，然而在具体实施时，还必须着重分析它们的不同特点和区别，以便于进行有效的管理服务。这些区别主要体现在以下方面。

（一）服务对象

服务对象首先具有年龄、文化、性格、兴趣、信仰等的差别，其次具有滞留时间的差别。例如，游乐场所，各种年龄层次的对象都可能参与，一般在2小时左右，流动性很大，清洁和疏散就成为管理的主要方面。又如，图书馆接待的对象主要是中青年，有一定的流动性，但也有常客，通常滞留半天至一天，因此要求安静并适当配置餐饮服务。

（二）服务需求

在特种物业中，政府办公楼要求安静、整洁、有序；求知场所要求灯光柔和，环境宁静；医疗卫生场所应特别强调通风并配置足够的座椅供患者和家属等候、休息，并且分区标志应特别醒目；等等。

（三）管理要求

物业用途不同，其管理侧重点也有差别。例如，政府办公楼强调安全保密性；图书馆中的资料文物对环境保护提出了更高的要求，在防火、防盗、防潮、防尘、防虫、防鼠、防有害气体等方面必须采取专门的有效措施；酒店要求“星级服务”；医院化疗、放射性工作室应做防护测定，并配以警示装置；等等。

（四）经费来源

凡属营业性的如舞厅、娱乐场所、健身房等可采取自负盈亏的方式实施管理；半营业半公益性的如疗养院、卫生所等基本上由主管部门补贴；公益性的如学校原则上依靠财政拨款，现在也招收一部分自费生。图书馆基本上依靠财政拨款，同时开展复印、翻译、展览等服务。

（五）管理方式

特种物业的种类繁多，它们各有其特点。在管理方式上，有的是自主经营式，有的是委托经营式。从发展趋势看，委托经营式将成为主要方式。

第二节　政府的物业管理

政府的物业管理

一、政府物业的含义、特点与分类

（一）政府物业的含义

政府物业是指由政府全额投资或参股兴办的，产权归全部或部分归政府的物业。因此，政府物业及政府物业管理活动的范围是非常宽泛的，它既包括围绕物业价值的经济活动，又包括物业功能的保持、保养活动，还包括与物业相关的社会活动等。

（二）政府物业的特点

政府物业的特点表现在：一是产权的公共性，政府投资的物业其产权归政府所有，政府是业主；二是物业的社会服务性，政府物业是为社会服务的载体，强调服务的社会效益；三是物业的保值和增值性，政府物业作为服务公众的物质基础，应该是功能不断增加、服务供给越来越多，其前提是公共物业的保值、增值；四是政府物业功能的特殊性，以满足公共管理和公共需求的多样性要求。

（三）政府物业的分类

政府物业可以根据不同的标准分为不同的类型。

根据物业的产权性质可将政府物业分为：政府直接投资兴办，产权完全属于政府的物业，如政府办公楼、公有住房、公办学校、广场园林、国有企业等；政府参股的物业，如国家参股的企业、大型水利工程项目、高速公路等；政府给政策，通过社会捐助等形成的物业，如私立学校、寺庙、教堂、宗祠等，这类物业的产权属公共产权性质，经营管理者私人不得占为已有。

根据物业的经营管理性质可将政府物业分为：公益性物业，如政府办公楼、公办学校、广场园林等；收益性物业，如大型水利工程项目、高速公路等；公益与营利兼有的物业，如公园等公共设施、私立学校、寺庙等。

根据物业的经营管理方式将政府物业分为自管物业和托管经营物业。

由于政府物业的广泛性，它渗透到所有物业领域，这里所讲的政府物业仅指政府机关办公物业，政府物业管理仅指政府机关办公物业的管理。

二、政府物业管理的内容

从政府机关办公物业管理活动范围看，政府物业管理的内容主要有：机关房屋、设施、设备的日常维修养护管理；机关的安全保卫管理；机关大院的清洁卫生管理；房屋、设施的消防安全管理；机关车队的车辆管理；环境管理；后勤服务管理；机关公共关系管理及其他管理。

从物业服务企业的角度讲，政府作为业主委托物业服务公司管理的物业，其管理内容是由业主委托，并经双方约定的，并不一定涵盖机关办公物业管理的全部内容，而内容差别较大。

在政府办公物业实行物业管理方面，率先开创管理新模式的是由万科物业服务公司对建设部机关辖区物业实施承包管理。承包约定管理的内容主要有：办公区域的清扫保洁；行政机关的安全保卫；办公区域的车辆管理；对办公物业的环境管理，包括绿化、美化、鲜花和绿色植物的摆放等；商务代理，包括复印、打字、邮件收发、传真、印刷等；水电设施的维修与养护、暖通设备和其他设备的维修与养护；专项服务，包括工作餐、开水饮料、车辆服务、重要活动安排、人员接待及其他服务。

三、政府物业管理方式的改革

以专业化、市场化和智慧化的物业管理模式，推动传统物业服务区域的“小物业管理”向城市服务的“大物业管理”方向发展，发展城市服务的市场化、一体化、生态化已成为必然趋势。政府物业管理的市场化主要是通过政府购买社会服务、优惠政策、政府补贴、产业政策和调控手段，以及混合所有制改革、项目合作组织变革、资本运作、政府和社会资本合作（Public-Private Partnership，PPP）等方式，推进城市政府公共管理、公共服务及社区服务供给模式的变革，通过市场经济手段激励物业服务公司、城市服务公司及相关专业公司参与到政府及社区公共管理服务产品供给中来，从而提高管理服务效率和效益，整合提高政府资源效用。

政府物业管理方式的改革主要从以下几个方面展开。

第一，继续深化政府及事业单位后勤改革，完善专业物业管理。政府机关及事业单位物业管理方式的改革，就是用企业管理的方法取代原先后勤管理部门所做的工作，通过物业服务企业的服务，达到转换机关管理机制的目的。重点做好改革的深化工作，做到政企分开、独立运作；推动市场化招投标制度；原有的机关家属院住宅区应当积极参与城市老旧小区的更新改造，探索“以新带旧、组团管理”、“一区一策、菜单化选择”、“政府补贴、原单位补助、个人主担”的方式完善物业管理长效机制。

第二，探索推进城市街区公共服务和社区服务模式，完善基层社区治理体系与服务管理的能力建设。以街道办事处、乡（镇）政府或居民委员会为主体，将社区服务管理业务中适合市场化方式提供的部分，以财政资金为支持，通过政府购买社会服务的方式，交由物业服务企业来供给。物业服务企业以其专业技术实力承担这些过去由基层政府、居民委员会提供的部分社会服务管理工作，以及更多的由于社会经济发展激发出来的居民新服务需求。实现党和政府服务基层人民群众、促进社会服务均等化的民生目标。

第三，探索推进城市多业态服务市场化发挥，提高政府资源效用，推进政府管理体制变革。传统的基于物业服务区域的“小物业管理”向基于城市多业态及城市整体经理的城市服务“大物业管理”发展，已经成为必然趋势。适应这一变革主要体现在，以城市街区公共服务和社区服务模式的“试水”，以城市环卫管理服务市场为切入点，推动城市所有适合市场化供给服务产品的公共服务管理领域的市场化发展，以“九维管家”培养模式为人才支撑，以环卫“城市大管家服务”和“条条乡镇街区全域服务”为切入点，逐步建立城市服务产品供给生态体系，最终实现全域化城市服务。

第三节 酒店的物业管理

酒店的物业管理

一、酒店的含义与酒店业的特点

（一）酒店的含义

酒店一词是从英文“hotel”译过来的，该词来自法文，以前是指富人和社会名流聚集的地方，或者是一座公共建筑。现在，对于酒店的定义是：提供有形的饮食产品及客房、各项设施、无形的服务等综合型产品与服务给离家食宿者消费，并因此获取利润的经济单位。

（二）酒店业的特点

1. 酒店经营管理的综合性

酒店经营管理的综合性主要体现在两个方面：一是酒店向客人提供的产品是一种组合型的产品。客人在酒店不只消费食品、使用客房，而且消费包括食、住、游、购、行等方面的产品与服务，从而获得利益和满足。二是客人在酒店内不仅消费具有物质形态的产品，而且还体验到特定的环境气氛、热情的接待、周到的服务，从而得到享受和满足。

2. 酒店产品的复杂性

酒店所提供的产品或服务，就其生产及销售的过程来说，与其他行业的企业有着极大的差别。这种差别就是酒店产品、服务的生产和销售过程不可分割，造成了酒店产品与服务的复杂性。

3. 酒店产品与服务质量控制的困难性

酒店产品与服务质量控制的困难性表现在：质量标准构成的多重性；服务效果的好坏更多的是反映在服务者与被服务者的人际关系上；人们的消费需求日新月异，酒店产品及服务形式相对滞后。

4. 酒店与经营环境联系的广泛性

企业必然与社会的各个方面发生联系，同时也受到经济社会发展的影响和制约。

二、酒店物业经营管理的模式

（一）业主自主经营管理模式

采取业主自主经营管理模式是由业主公司自己投资兴建酒店物业，然后自行组织酒店企业进行经营管理，不依赖经营管理公司。

目前，有相当一部分酒店（特别是中、低档酒店）采用业主自主经营管理模式，其主要优点是：经营得好，可以创造最大的经济效益，业主不必向经营公司支付酬金。但是如果业主缺乏酒店管理方面的经验，不了解市场，又缺乏各种专业人才，加上经营管理不善，有时经济效益不但不能增加，反而会减少，而风险则由业主全部承担。

（二）租赁经营管理模式

采取租赁经营管理模式是业主将酒店物业通过签订租赁合同，明确租金、租赁期限和双方的权责与权限，租给经营公司进行管理。

采用租赁经营管理模式，实现了所有权与经营权的分离，权责清晰，比自建自管进了一步。在这种模式下，业主放弃了经营权，排除了经营风险，换取了由租赁合同明确规定的有限的租金收入；而承租公司有独家经营权，经营得好，除了按租赁合同规定向业主交纳租金后，可以获取更多的收益，但同样要承担更大的经营风险。如果经营不善，不但租金要按合同规定支付，亏损额也全部由承租经营者自己负责，所以经营公司除非有十分把握，一般不希望采用这种经营管理方式，尤其是高档酒店更少采用这一模式。

（三）委托经营管理模式

实行委托经营管理模式是由酒店业主采用委托经营管理的方式，将酒店经营管理权有限度地委托给受托方，由受托方进行酒店的日常经营管理工作。

在委托经营管理模式下，业主须按委托合同约定的数额支付经营管理方面酬金，而酒店的经营权益全部归业主所有，经营风险也全部由业主自己承担。管理酬金在国内一般为营业收入的3%～5%，在国外一般为4%～7%，由双方商定，并在委托合同中注明。有的在确定基本管理酬金的前提下，为鼓励经营管理方多创收，规定超计划指标实现的收入部分或者营业利润超计划实现的部分，可另行提一定比例的奖励酬金，具体计提比例由双方协商确定。

采取委托经营管理模式，其优点是业主不用担心酒店的收益被经营管理者拿走，营业收入和营业毛利润都归业主，因此，业主会千方百计支持经营方的工作，鼓励其多收、超收。同样道理，经营管理方因酬金是按营业收入一定比例计提的，也会努力创收，而且不用承担经营风险，经营管理起来就比较灵活，不需要或只需要少量资金投资，不用计提折旧，不必支付物业的维修保养费，就能增加自己管理的酒店数量，增加酬金的收入。

正由于委托经营管理模式中的合作方式双方都认为利多弊少，不用为租赁价格讨价还价，不必为经营风险过分担心，故容易为双方所接受。所以，我国的高档酒店大多采取这种管理模式。

（四）联号经营模式

所谓联号经营，就是联号公司授予成员酒店在某特定的地点、特定的期限内按照规定的方式经营业务的权利。与管理合同不同，联号既不是租赁经营管理，也不是委托经营管理，联号公司只是提供成员就地权益品牌、各种标准和要求、营销网络、采购网络及质量控制服务。

现代联号经营始于20世纪50年代，酒店业主越来越意识到品牌形象、声誉、顾客网络、经营方式和预订系统的价值，联号集团也认识到联号是扩张酒店的一种易获利且低成本的方法。蒙斯·威尔逊的假日集团开创了酒店联号的新局面，最初起于汽车旅馆的联号。汽车旅馆是一种地价比较便宜、结构比较简单的低层建筑，多位于交叉路口、高速公路出口、地方居民中心等区位，尽管收益较低，假日集团还是想方设法让其他旅馆参与投资，以实现酒店的迅速扩张，因而开创了联号经营方式，规定只要遵循联号公司设计的营业程序和会计制度，就能成为假日集团的成员。联号公司让成员酒店参与共同采购计划，从而享受采购的折让优惠；成员酒店得到联号公司在规划设计、经营规范、口碑、国内广告、预订服务、促销服务方面的支持。成员酒店参加联号集团要支付一笔初始费和一定比例的销售收入，一般是客房收入的3%～4%。假日集团成功后，其他类型的酒店也纷纷效仿发展联号经营。

对酒店联号集团而言，联号既可以快速扩张，承担的风险又相对较小，归纳起来，国际联号的优点表现在：联号可使集团公司投资很小就可达到扩张的目的，尤其在当地资金较少或资金与利润无法遣返的国家或地区；联号使联号集团的收入多元化；以最小的成本保护了未来的市场，有效地抵御外来竞争者；商标专利权受到保护；有利于缓冲国内业务的季节性波动；克服对外国所有权的各种贸易壁垒；最大限度地利用积累的经验和知识。

对酒店联号集团而言，联号的劣势是：失去了对酒店日常工作的监控；与酒店业主不好打交道；潜在的负债危险；服务质量、卫生等失去控制；无法控制成员酒店的定价；服务质量不一致引起顾客的困惑；有时想与声誉很差的成员脱钩都很困难。对成员酒店来说，联号的优势是能得到广告促销、集体购买、计算机预订客房、定期检查与经营管理建议方面的支持。而且，对成员酒店最直接的好处是能够得到顾客立即的认同，企业品牌形象迅速提高。成员酒店还能得到员工培训的机会，也可以取得融资的渠道。

酒店联号有多种形式，但绝大多数容许成员酒店使用联号集团的设计格局、经营体制、服务流程、团体广告、全球预订客房系统、促销与采购项目。联号集团常常提供选址建议、可行性研究、指定建筑商等服务，帮助成员酒店修改其建筑设计，对家具、设备、计算机系统等的质量有十分严格和详细的要求。成员酒店要执行联号集团公司设计的建筑风格、经营与维修标准，就需要额外的支出，而且联号费也是来源于客房收入，所以，酒店联号经营的盈亏平衡点相对较高。

第四节　服务性公寓的物业管理

服务性公寓的物业管理

一、服务性公寓的含义与特点

服务性公寓是一种高档居住性物业，但与居住物业的不同之处在于它的经营性和社会性。经营性表明它是营利性物业，社会性表明它是为社会大众需要服务的，不是满足个人和家庭需要的物业。因此，服务性公寓是一类以营利为目的，建成单元式结构的，按照“家”的要求来配置设施和设备，按酒店方式管理的满足社会需要的特殊居住物业。

服务性公寓是伴随着欧洲流行休闲度假的需要建设起来的一类物业形式，在我国首先是基于对老人的关怀，政府普遍建设收养老人的老年公寓，后来发展到服务于高收入者休闲度假用的服务性公寓——假日饭店式。采用星级饭店的管理与服务方式，为休闲度假者提供房间服务、清洁服务和全天候的医疗、安全服务。例如，北京的丽都假日饭店及丽都苑（公寓）建于1984 年，是我国第一个假日饭店。近年来又大量出现大学生公寓、商务公寓等满足不同业主需要的、具有不同功能的服务性公寓。

服务性公寓根据不同市场需求设计多种房型，每套单元都配有全套家具、电器、厨房设施及起居用品，不仅为住户提供酒店式服务，也营造家庭温馨气氛。服务性公寓既提供清洁房间、料理家务等服务，住户也可以自己动手做饭等，充分享受酒店式服务和自由的私人空间。

服务性公寓物业的特点除了与住宅小区物业的许多特点重合外，其不同之处在于：一是建筑标准的高水平。服务性公寓一般建筑规模大，建筑标准高，多建于城市和乡村的接合部，不但公寓群、别墅区周围环境优美，而且建筑所占区域面积也较大，建筑密度小。在建筑结构设计上也比较新颖和复杂，建筑标准及施工质量要求高。二是生活设施的高要求。服务性公寓对生活设施及环境设施有相当高的要求，在公寓区域内均配备有技术性能较高的水电系统、消防系统、通信系统、安全监控系统、煤气及后备发电站等设备。三是住户需求的高档次。服务性公寓的业主，一般都是经济收入较高的中国公民、海外华侨、港澳台同胞、来华经商的外籍人士及其家属，以及使领馆的人员等。业主或住户对物业管理方面的要求和服务的需求较高，对物业管理费的支付能力强。

二、服务性公寓管理的内容

（一）服务性公寓的服务项目

服务性公寓作为一种新兴的物业，它产生以后显示出比较广阔的市场前景，许多业内人士认为，服务性公寓将在大、中城市获得较大的发展。现在，一些城市纷纷加大了对服务性公寓的开发力度，形势明显趋好。服务性公寓能够提供的服务项目包括：

1. 设立住户服务台

物业服务公司首先要设立住户服务台，服务台应保证24小时有人值班，住户遇到问题可以随时打电话与服务台联系，服务台将以最快的速度为住户解决好相关问题。

2. 提供看管孩子的服务项目

如果住户外出不方便携子女共同前往，或住户有其他事情需要处理时，物业服务公司可派出专职人员前往住户家中看管孩子，或将孩子接到公司提供的处所进行看管。

3. 设立公寓托儿所

为照顾及教育学龄前儿童，物业服务公司在公寓社区内设立托儿所，并聘请专职教师任教。设立公寓托儿所可以作为物业服务公司的便民项目进行安排。

4. 开办家政服务项目

家庭劳动社会化是社会发展的必然趋势，同时提供了众多的就业机会，因此应积极开办家庭服务项目，满足广大住户的需要，如物业服务公司可以为住户提供洗衣、送衣服务、居家养老服务。物业服务公司应与劳务公司密切合作，以便可以随时根据住户的需要安排合适的服务人员，协助住户处理日常家务。

5. 提供交通服务项目

现代城市居民对出行方便程度的要求越来越高，同时也要求对中小学生的出行安全提供保障。物业服务公司应安排车辆定时将公寓住户送至市内主要办公、商业等地点，以方便用户出行，同时可以考虑安排专职人员每天接送中小学生前往学校或其他有关地点。

6. 提供医疗及救护服务

物业服务公司与当地主要医院联络，随时应住户要求联系医生前来探病或送住户至医院治疗。如果公寓楼比较大，也可以考虑在楼内设置一个医务室，提供简单的护理和救助。

7. 提供装修设计服务项目

物业服务公司可协助住户聘请装修公司对其住宅内外部装修或改装进行设计及施工。

8. 提供公寓园艺绿化服务

物业服务公司要组织力量定期对公寓花园进行园艺绿化。绿化过程中既要考虑整个公寓楼的整体要求，又要考虑住户的要求，争取让客户满意。

9. 提供小型邮递服务

公寓楼的入住者多为年轻人，需要处理的邮递业务比较多。物业服务公司可以考虑安排力量随时为住户处理邮件、快件等邮递服务，每天为住户分发邮件、报刊。

10．提供洗车服务

随着人们收入水平的提高和汽车价格的相对降低，家庭拥有轿车的数量越来越多。我国加入世界贸易组织，这将进一步加快汽车进入家庭的速度。在这种情况下，物业服务公司应随时为住户提供洗车服务。

11．提供汽车租赁服务

现在，个人拥有驾驶证的越来越多，对出行方便程度的要求也越来越高。物业服务公司应配有汽车租赁服务，携带司机或住户自行驾驶均可，以方便住户外出。

12．提供保险服务

保险已经深入到人们生活的各个方面。物业服务公司应协助住户联系并购买其需要的各类保险，提高人们抵抗灾害的能力。

13．提供社区仓库

物业服务公司可以考虑将地下室和闲置不用的房屋作为仓库，为住户提供一个存放多余行李、物品的地方。

14．提供商务服务

物业服务公司应设立小型商务中心，向住户提供商务信息和秘书服务，以方便住户在节假日或下班后处理紧急商务事宜，包括复印文件、发传真、打印文稿等，并可为住户提供传真收取、送达服务。

15．小型超级市场

如果公寓规模较大，物业服务公司应考虑为住户准备好各类生活用品、食品等，使家庭主妇们不出社区即可买到日常所需物品，节省时间；也可打电话通知服务人员将其所需物品送至家中。

（二）公寓和社区保洁服务

1．公寓内部保洁服务

为公寓住户提供类似酒店的保洁服务，这是服务性公寓管理的重要特点。一般来说，这些保洁项目包括：清洁室内所有家具、卫生间清洁、地毯吸尘、厨房清洁、窗户及玻璃清洁、负责更换床单与毛巾（住户自己提供）、定期室内大清扫及住户入住前大清扫、住户园艺美化、根据住户要求清洁其他物品。

2．公共区域保洁服务

一般来说，公共区域保洁服务包括：公共区域整洁及周围花园绿化、楼道清洁、楼梯清洁、电梯内外清洁、公用洗衣房清洁、仓库清洁、停车场清洁、所有消防设施设备（灭火器、消防栓、火警铃、喷淋头等）清洁、所有公共区域的清扫工作、公共垃圾区域的清洁工作等。

（三）保安消防服务

1. 保安服务

保安服务的主要内容有：24 小时门卫保安，保证住户正常出入；社区 24 小时安全巡视，发现可疑情况要采取措施，确保社区安全；社区俱乐部安全保卫；当住户度假或出差离开住处时，保安人员将对该住户住宅进行特别安全保护；做好当班监视情况的记录，严格执行交接班制度；做好交接班的口头和书面汇报；严密注意进出楼内的人员，严格执行来客登记制度，对身份不明人员，保安人员有权制止其进入；对带有危险物品进入楼内的人员，保安人员要严格检查并登记，或代为保管；检查和制止在楼内饲养家禽家畜，对于宠物要进行登记，如果其叫声干扰了住户生活，应加以干涉、制止；制止在楼内大声喧哗，影响他人的工作休息，尤其是夜间遇此情形，保安人员要上前制止；接到报警，要立即赶到现场，了解情况，正确处理，并向办公室汇报。

2. 消防服务

消防服务的主要内容有：制定各种防火安全制度与措施；负责楼内动用明火的批准与监护；管理好楼内的各种消防器材和设备，定期检查并调试社区的各类消防器材与设备；组织消防宣传教育，抓好义务消防员的培训和学习工作；定期对楼宇要害部位进行检查，发现问题及时处理；建立社区各种紧急安全疏散措施，保证住户绝对安全；发生火灾时，协同公安机关和消防部门进行现场指挥。

（四）公寓技术服务与工程维护服务

公寓技术服务与工程维护服务的主要内容有：协助住户安装电脑、传真等办公设备；提供水管、空调维修服务；协助住户安装各类家用电器设备；提供电力及电器维修服务；提供其他各类物品维修服务；协助住户安排家庭装修、家具制作；协助业主在租户搬出时完成详尽的房屋工程检查，并出具检查报告；协助业主在租户搬出后重新进行必要的房屋整修。

（五）公寓社区俱乐部服务

物业服务公司可根据住户的实际需要，成立公寓住户俱乐部，提供各种文化、体育、娱乐和健身服务项目。此外，俱乐部内还可设立各类餐厅，每天提供早餐、中餐及晚餐；并提供送餐服务，方便住户在家里用餐或招待家中来宾；俱乐部内的多功能厅可让住户安排家庭活动、生日聚会、结婚纪念会或其他各类活动；俱乐部内的酒吧将为住户会友及商务提供场所；等等。

三、服务性公寓服务要求

公寓是一种高档居住物业，根据不同市场需求设计多种房型，每套单元都配有家具、电器、厨房及起居用品，不仅为住户提供酒店式服务，也营造了家庭温馨气氛。公寓的管理服务要求比一般住宅楼高，比酒店稍低。

服务性公寓要发挥其服务功能优势，应满足下列要求：一是区位方面的要求。服务性公寓要选址于城市的中心区，要求周边商业气氛浓厚、人流量大、交通便利。二是对设备配置及运作方面的要求。服务性公寓跟综合大厦一样要配备各种先进完善的设备，要保障电、水、气的 24 小时不间断供应，要求空调系统制冷效果好、能连续工作，消防系统随时可以自动投入使用，安全监控防盗系统 24 小时可靠运作，要有大厦内部信息交流网络和充足的信息出口，以满足使用者与外界高速交换数据信息的需求。三是对功能比例与配套设施方面的要求。服务性公寓要在充分调查客户群需求的基础上，确立好自己的市场定位，随之要合理确定大厦各个功能部分比例和组合，要充分考虑相互之间的协调配合与大厦整体功能的发挥，要有齐全的配套设施，如要有足够的泊车位，以满足使用者及外来访客的泊车需求等。

第五节　会议展览的物业管理

会议展览的物业管理

一、会议展览物业的类型

进入 20 世纪 90 年代以后，我国在经济生活中出现了一种新的经济现象，即在全国各地，尤其是在一些大中城市，各类型的国际、国内技术交流会、信息发布会、经济研讨会等会议逐年增加，多种集商品展示、交易和经济技术合作等功能于一体，并具有信息咨询、投资融资、商务服务等配套功能在内的综合性展览展销和经济博览等形式也纷纷出现，其数量和规模不断扩大，已经构成了颇具规模的会展行业。

在国际上，会展业已有近 150 年的悠久历史，会议展览场所的有无或多少，都反映了一个城市的地位，反映了一个城市适应信息社会和现代文化交流的程度。我国的会展业随着经济的发展出现新的态势，逐渐由展览的单一功能发展为集会议、展览、商贸、旅游等多种功能于一体的综合性行业。随着一座座大型国际会展中心的出现，物业管理也进入了这个领域。目前，南京国际展览中心将物业管理面向全国招标，深圳市华侨城物业服务公司以其区域综合型物业管理模式一举中标，开始了物业管理为会展提供管理服务的实践。

按照会展物业的功能，可以分为单一展览功能的会展物业、以酒店为主体的会展物业、综合性的会展中心。

单一展览功能的会展物业基本上只具备单一的展览功能，无会议、餐饮、住宿、娱乐设施，最多也只是开设了一些小型的会议室、小卖部之类的服务设施。这类会展物业很多都是二十世纪五六十年代兴建的，如北京展览馆、上海展览馆、武汉展览馆、广州中国出口商品交易会展馆、北京农业展览馆等。这类会展物业，不仅功能单一，而且面积小、设施落后，已经无法适应接办国际名展的需要。

以酒店为主体的会展物业与酒店业是不相同的行业，但随着现代经济的飞速发展，会展业本身也向着综合性的方向发展。会展业的这种新态势，从20世纪60年代开始，就引起酒店业的注意，进入70年代，不少商业性酒店和度假酒店都涉足会展市场，并在实际上已发展到难以区别的程度，有些酒店的收入中由会议所创造的占了70%。因此，在酒店建设中派生出一种新型的酒店——会议酒店。这种酒店以住宿、餐饮、会议等设施为主，多附有小规模的展厅，另外还有一定的公共场所和设备。有的会议中心每五间房间就有一个会议室。新的会议酒店倾向于会议的房间两倍于普通的客房数，并且设立比典型的酒店要大的为入住登记和运送行李而设的公共场所。人流一般都分离，如散客与会议客人，可以通过大堂分流到不同的独立楼层，以减少噪声和拥挤，汽车也可以引向分离的停车场。会议层一般都有分离，同时容纳各种不同的团体和活动的安排。会议酒店的灵活设计是为了最大限度地利用各种设施，是酒店业充分利用了商业性酒店的营销与管理的优势，所占据的是会议市场的份额，但并不具备承接大型展览的场所和能力。

综合性的会展中心是近年来发展的以展览场馆和大型会议场所为主体，同时具有餐饮、住宿、娱乐、购物等综合功能的新型会展物业，占地规模和建筑面积均达10万平方米以上，甚至有些多达50万平方米，如广州国际会议展览中心。这类物业一般以超大跨度的钢结构，透光材料建成的屋顶，宽大的建筑面积，再配上优美的外部环境及大面积的疏散广场，构成了一个特色鲜明、高低错落的建筑景观。这类会展物业以承接展览和大型会议为主，其他物业均为配套服务设施，代表了会展物业的主流及趋势，同时也是会展物业管理的主要对象。

二、会议展览物业管理的内容

展览馆是展示科技与文明、未来与发展、人与自然等众多方面的载体，它的最大特点是人流、物资流、经济流同时发生，张弛明显，因此，需要有一个与之相适应的能够保持动态跟踪的服务体系。现代的会展物业，由于其功能的多元化，如果采用单一的住宅小区或写字楼的物业管理模式，显然不能适应会展物业的需要。会展中心的物业管理，只有在公共建筑管理、公共事业管理、公众管理的基础上，配合个性化的服务、动态管理、快速反应等与之相应才能形成独具一格的会展管理服务模式。因此，会展物业管理工作是一项兼有政治性、社会性、动态性、复杂性的特种物业管理系统工程。

物业服务企业涉足会展物业管理的时间并不长，从少数从事会展物业管理的企业的实践中可以看出，会展物业管理就是物业服务企业接受业主的委托，对会展建筑物及附属设备、设施进行维护、保养，为参展商和客户提供管理服务。从这个含义上，会展物业管理与物业管理的性质是完全相符的。

（一）会展管理服务的任务

会展物业管理除了与其他类型的物业管理一样，对建筑物及其附属设备、设施提供养护服务外，比较特殊的是要为会议和展览过程提供的全方位服务，主要包括：负责与产权单位（业主）、组委会、参展商、商务客、参观客联系并协调关于展会的事宜；接到展会计划书后，制订并协调物业服务公司内部为展会提供的安全、技术、设备及设施、环境卫生等方面的整套服务计划；直接参与整个展览过程中巡视服务及与展览有关的其他管理服务。由于会展服务人员工作在会展现场，直接面向参展商和客商，其言行举止、服务规范、服务质量都直接展示了企业的形象和水平，因此，对会展服务人员要求有较高的素质，有较强的应变能力，能迅速处理各类突发事件。

同时，展览本身是个动态过程，展会管理服务也必然是动态的跟踪管理和提供动态的服务，它必须满足展览这个特殊环境的需要，提供有针对性的个性化的展览公共事务服务。

（二）会议展览物业的管理服务内容

1．展前准备

每次展览前，应尽量掌握展会的第一手资料，从组委会、业主、展会承接部门了解展会性质、规模、参展商资料、展务及货运计划、展位用电、展位分布、贵宾接待任务等一系列详细资料，以便于通知和协调物业公司各部门，做好相应的计划和安排，同时，仔细核对组委会、参展商及业主对物业管理的要求，提前做好人力、物资、项目活动等各项准备工作。

2．计划分配

接到业主下达的展会工作计划后，根据其要求和标准，一般按设备运行、清洁卫生、展会服务、安全保卫以及环境布置五个方面进行分解、制定物业公司的展会工作配合表，明确具体项目、时间、标准、操作人，责任到岗，任务到人。在计划分配中重要的一点就是在时间上必须预置提前量。

3．标志、导视的制作与布置

该服务系统主要有三大类：一是建筑及公用设备、设施的编号；二是服务标志；三是功能标志。第一类、第二类标志系统多为提示性标志，是相对稳定的一个体系，分别按系统类别、性质与功能、规模、层次等确定系统代码、编号代码及功能识别码、视觉标志等；第三类则因不同性质与类别及规模等展览内容提供临时、机动或相对稳定的提示性和禁止性的功能标志、导视系统，包括展馆功能指引及安全、导视警示等标志，并要考虑最能体现效果的最佳摆放位置和具体形式。此外，该系统还包括新闻发布会、各类经济合同、经济活动仪式、展中展、会中会等编制临时标志系统及隔离标志。

4. 布展装修管理

布展期的首要重点服务内容之一就是布展现场管理，即装修布置和展台搭建的管理。由于参展商都把现代展览当成展示自己的舞台，展台的设计搭建都尽艺术完美之能事，展览馆犹如装修艺术宫一般，使展览馆的时间管理难度越来越大，管理的重点是特装展位、装修的垃圾、各类粘贴物、私拉乱接电源、违反装修规定等方面的现场处理。

5. 货运车辆管理

布展期的另一重要管理服务内容是货运车辆的管理。由于布展车辆进场时间集中，车辆大部分都是经长途跋涉从全国各地汇集而来，驾驶人员均很疲惫，容易发生抢道、占道飞车、提前冲馆等情况。为避免秩序失控，保证货运通道畅通，必须在货运停车区按预定计划事先设置好第一、第二或第三控制区，协助交管部门和保安部门按先来后到的顺序编号排放，每个展厅入口处视具体情况控制一定数量的卸货车辆，并通过有关岗位按序号放行，记录所有货运车辆型号、载重等详细资料，以便掌握不同类型、不同性质、不同规模的各类展览的货运量、车辆数目、车型，为今后的参展车辆管理提供依据。

另外，还要配合有关部门保持货运通道、展厅人行通道、安全通道、货运出入口处的通畅，及时清除各类乱堆、乱丢的包装物品，纠正违章停留的车辆。

6. 展务现场巡视与跟踪服务

（1）现场巡视。为保证展览安全有序地进行，展务人员必须做好展馆的巡视工作。巡视内容主要是公共设施设备、功能服务设施、展览全程环境及现场控制等。巡视可分为日常巡视、定点巡视、突击加强巡视。

日常巡视是指按照巡视路线，每天以一定频率进行闭合式常规巡视工作。巡视内容根据展览阶段不同而有不同的侧重点，如展览期着重货运平台的秩序维护，车流、货流的引导及保持货物通道、货运出入口处的通畅，对违章搭建、抢占展位及特装展位的管理。

定点巡视是根据每次展会的性质、规模确定重点巡视部位、重点巡视内容，加强巡视频度与力度。

突击加强巡视是在不同的时段对某些安全隐患进行突击检查，以杜绝任何不安全因素。每次巡视都应做好详细记录，并及时协调解决各类问题。

（2）公用设施检查。为保持展览环境，展示会期间各种公用设施的运行状态及使用状况的检查也是个非常重要的内容，包括洗手间、展会主通道、空调舒适度、电梯运行情况、安全消防通道、消防设施等，遇有问题，立即填写公用设施维修表，及时报送相关部门解决，并跟踪处理结果。

（3）展程跟踪。在布展和撤展期，由于各参展单位工程进度不一，天天都有参展单位夜间加班，甚至24小时通宵抢进度，为了保证现场有人跟踪服务，展务人员必须利用有限的人力资源，合理安排、灵活调剂，实行全程跟踪服务，在保证服务质量的同时，确保每一过程有展务人员值班，直到展馆清场或闭馆为止。

（4）特装展位。由于特装展位的展台搭建复杂、工程量大、施工材料多，极易污染展馆环境，遗留的垃圾较多，增加管理维护成本，同时存在的安全隐患也较多。为此，就必须对特装展位制定专项管理规定，即在特装展位布展商进馆前，先征收装修押金，发放关于“使用展会指定布胶带，严禁携带、使用违禁物品以及自行拆除、清运特装展台装修垃圾”等展馆规定，并与参展商签订“管理协议”。撤展时，由物业服务公司展会服务部会同业主对特装展位进行撤展联合检查。

7. 提供咨询及其他服务

现代国际展览馆多为大型馆，结构复杂，功能设施齐全，对于不熟悉环境的参展商、参观者来说，需要大量的现场咨询引导，包括参展手续、展位、用电申请、位置功能指引、加班申请、施工布展、参展出入证办理等。在展览过程中，许多顾客、访客、参观客、参展商、组委会等相互发生经济流、物质流、人流活动，全程需有相应的展会咨询和引导服务。因此，物业服务公司必须在展厅内设立咨询服务部或服务台，负责有关的咨询和指引。

由于展览馆是人流、物流、信息流交汇的场所，信息的快速传递、展览秩序的维护、安全消防方面的告示通知、各类求助启事、宣传广告、优雅气氛的营造都离不开展馆播音这一手段，现在，会展国际化趋势也越来越明显，因此，作为一流的展览服务需提供相应的双语播音。另外，展览现场还要有相应的翻译咨询，为参展商、顾客、参观客提供即时翻译服务。

遇到重大展览，常有高级官员、外国政要、重要客商、著名学者、演艺明星等贵宾参加，展务人员应首先了解贵宾的参观行程、路线和接待计划，做好相应的安排布置，包括开辟贵宾通道、沿途布置的导视标志、全程安全保卫等。

展览现场接受投诉及其反馈也是展会服务体系的重要内容。展会管理人员须本着“让参展商满意，让参观者满意，让组委会满意”的宗旨，积极热情、灵活有效地处理各种投诉，积极解决存在问题。同时，尽量收集各方反馈意见，每次展览都在组委会、业主、参展商、参观者等不同的目标群中选择对象，收集对展会服务工作的意见，以便不断提高会展的管理服务水平。

8. 展品管理

物业服务公司在非展期负责整个展馆的安全秩序。但在展览期间，由于组委会、参展商和展品的进驻，则存在责任界限和责任移交问题。在展览开馆时，物业服务公司负责展馆公共部分设施的安全和秩序的维护，展位内展品则由组委会、参展商自行负责，当天闭馆时，参展商清点好物品后，由物业服务公司会同组委会，对展览馆进行清场。清场完毕后由组委会将所有展品管理责任移交给物业服务公司，直到第二天开馆时，再由物业服务公司按清单移交给组委会。因此，清场的效率非常重要，时间拖得越长，展品的安全就越得不到保障。为此，展会服务部必须会同物业服务公司保安部、组委会的相关部门制订科学的清场程序，辅以播音通知、灯光配合，尽量以最短的时间完成清场。

第六节 文卫体的物业管理

文卫体的物业管理

一、学校物业的管理

学校的基本任务是对学生进行教育和培训。在我国的高等院校中，除教学、科研任务外，还需要对学生的住宿、吃饭、生活服务加以安排，对学生的课余活动加以管理和约束，同时，对许多教学设施要进行维护和修理，于是，物业管理业务需求量在增大，学校物业管理服务悄然诞生并得到快速的发展。以高校为例，学校物业管理与服务业务内容主要有以下方面。

（1）学生公寓管理。主要是公寓的卫生保洁、安全保卫管理。

（2）学生生活服务。为学生的生活便利而开展的饮食、洗衣、开水供应、公用电话、拆洗被褥、小商品销售等服务。

（3）校园内的供暖、供气、排水等服务。

（4）教学设施管理。包括对学校内的操场，足球、篮球、排球场地，体操房，游泳池，礼堂，电脑机房，教室等场所的清扫保洁；对实习场地、实验室、实验设备的保养、清洗、保管。

（5）校园环境管理。包括对校园内的卫生，校园的绿化美化，路灯、垃圾箱、喷泉、校内绿地和绿化景点、雕塑、园林小品等的管理。

（6）经营性服务。餐饮服务，食堂管理，美发、运动馆等营利性场所的管理和服务。

（7）校园内的治安、消防管理。包括门卫、保安、校园巡逻、校园治安、闲杂人员的管理。

（8）专项服务。交通服务，包括通勤车、学校其他用车、参观用车、新生入学接待、毕业生离校的服务工作、校园活动的筹办等。

二、医院物业的管理

医院的主要职责是为患者提供治疗和护理方面的服务，但是对于患者来说，在整个治疗期间，除了需要治疗外，更多的是需要全面的照顾和关心。另外，医院在整个治疗过程中，也需要由外部提供多种配套服务，用物业管理的方式，可以满足这方面的要求。其中，需要区分的是，属于专业性的、技术性的工作，应由医院来完成，属于服务性的工作，可以由物业服务公司来承担。

随着人们生活水平的提高，对治病、护理、疗养、康复、保健等方面的要求也越来越多样化，医院很难满足患者多方面的要求，由此出现对医院物业管理和服务的需求。主要体现在以下方面：

（1）陪床服务，包括患者手术后的陪伴、护理，重症患者的长期护理。

（2）患者的生活服务，包括洗衣、送饭、喂饭、洗澡、取药、煎药等。

（3）医院的卫生保洁，包括清扫、消毒、防疫、垃圾处理等。

（4）供热、供水等服务。

（5）医院的供暖、通风、热水等设备的维修养护。

（6）其他杂务，包括为医院各部门、治疗的各环节、医院的治疗功能的发挥所能提供的各种服务和管理。

三、体育等其他特种物业的管理

由物业管理行业的性质可见，体育等其他特种物业是一种将服务、管理、经营功能融为一体的行业，可以为需要者提供多方面的服务和管理，只要认可物业管理的这种功能，就可以为物业管理业务的拓展找到广阔的发展空间。

目前，可以在下述类型的物业中试行用物业管理模式实施管理：体育文娱场所，如体育场馆、城市广场、非营利性健身场所等物业；旅游景点，为旅游景点提供保安、保洁、配套服务；码头、机场、大型桥梁物业。

从对特种物业管理的介绍中可见，物业管理行业在社会上有着广泛的发展空间，尤其在我国的经济体制改革阶段，解决不同的管理体制、不同的管理范围、不同类型物业的管理问题，要靠行业内外人士的共同探索和努力，把更多的物业纳入本行业的管理范围之内。

【本章小结】

1．特种物业是指除住宅小区物业、公共商业楼宇物业、高层办公楼宇物业和工业物业以外，有必要运用物业管理的方法实施管理的物业。

2. 以专业化、市场化和智慧化的物业管理模式，推动传统物业服务区域的“小物业管理”向城市服务的“大物业管理”方向发展，发展城市服务的市场化、一体化、生态化已成为必然趋势。在继续深化政府及事业单位后勤改革的基础上，探索完善以专业物业管理推进城市街区公共服务和社区服务、城市多业态服务市场化发挥，提高政府资源效用，是政府物业管理体制变革发展方向。

3. 酒店物业经营管理的模式有业主自主经营管理模式、租赁经营管理模式、委托经营管理模式、联号经营模式。

4. 服务性公寓是一种高档居住性物业，服务性公寓的特点除了与住宅小区的许多特点相同外，也有不同之处。服务性公寓提供一些特殊需要的服务项目。

5. 会展物业按照会展物业的功能，可以分为单一展览功能的会展物业、以酒店为主体的会展物业和综合性的会展中心。

6. 学校、体育场所等特种物业管理越来越受重视。随着人们生活水平的提高，对治病、护理、疗养、康复、保健等方面的要求也越来越多样化，医院很难满足患者多方面的要求，由此出现对医院物业管理和服务的需求。

【案例分析】

案例5－1　广州国际会展中心的物业管理

“超一流”的广州国际会展中心闪亮登场，一系列的问题引起了人们的浓厚兴趣：除了计划承担每年两届的广交会展出外，投资如此庞大的新会展中心今后将如何运营？在广东特别是华南地区，它又如何发挥“旗舰展馆”的作用？带着这些问题，本报记者走访了会展业权威人士。

按照计划，广州国际会展中心的主要功能之一，是为广交会提供一个“新家”。但每年两届的广交会，综合展览及布展的时间不过才一个月左右，剩余的日子难道让它闲着？

目前，面积近17万平方米的人民北路广交会展馆，每年的维持费用都在数千万元。而比它大两倍多的新会展中心，维持费用应该更高。

一般说来，像这样大型的国际会展中心正式运作后，一定要成立展馆销售机构和物业管理机构。物业管理指正常的场馆维修及水电管理等，在目前条件下可以社会化运作。而展馆销售指的则是场地的出租。

据介绍，在这方面，现有广交会场馆的销售已相当不错：每年有三四十个展览，近一半的时间都有展出，展期也非常紧凑。但即便如此，其出租场地费用一年不过两三千万元，正常维持还需要从其他方面补给。

对国际展览中心的营运，有专家提出，即便是将来场地出租非常理想，依目前广交会场馆的经验，要正常维持可能仍嫌拮据，何况新的国际会展中心还有相当数量的贷款本息负担。“如此大的展馆，投资回报期起码在二三十年。”一位展览专业人士说，像这样大的工程，事实上也应该由政府来承担。一方面，它可能是一方政府的标志性工程；另一方面，从展会投入产出规律来看，其1：8或1：10的经济拉动作用，主要是对地方上的餐饮、旅游、酒店甚至其他经济产业而言。所以，政府应从新增产值的纳税中补充新展馆的运营。

大型会展项目，不仅可以充分展示城市品牌，还可拉动整个区域的展览业。广州目前主要有一个每年两届的广交会，其他大型“来华展（指海外引进展）”则为数不多。

业内人士分析，造成此种局面的因素很多，但其中较主要的一条是展馆硬件的限制。广交会场馆是目前国内最大的展馆群，面积近17万平方米，但由于它是建于20世纪70年代中期，预计只使用20年，现在已用了30年。除了服务于日常产品的展览外，现有馆内设施已无法适应现代大型展览的需求，如廊柱过多、顶层不高等，一些高级汽车展、大型机械展等，根本没有物理和视觉上的“腾挪空间”。

而新落成的会展中心在层高和钢梁横跨上都破了世界纪录。这些纪录短期内不会被深圳、东莞等其他城市的展馆所超过。显然，广州国际会展中心今后的一个任务，是要加大推广类似“人无我有”的“巨无霸”特色，提升广东以至整个华南地区展览主题。

有展览专家干脆直接指出，随着中国入世后服务业的开放，国外大型主题展览已对内地展览市场跃跃欲试。目前京沪等地已加入引进战团，如上海成功引进汉诺威汽车展等。广州新会展中心就应该要瞄准引进类似的世界级大型会展项目，或者培养扶植本地的会展品牌，从而推动整个广州展览业的发展。正如每年的秋交会“拉动”了深圳高交会和东莞电博会一样。

专家分析，中国的会展业已形成京、沪、粤三足鼎立的局面，而广东的会展业又以广州、深圳、东莞最发达。这三个城市有点像德国的科隆、杜塞尔多夫和法兰克福，完全有可能发展成为世界级的会展中心。这是因为，会展业的发达与否，取决于市场容量。珠江三角洲工商业的发达，市场经济发展较快，为会展经济提供优越的条件。

但现在的问题是，广州、深圳、东莞三地会展业低水平重复太多。北京贸促会副会长储祥银建议，根据三地的各自优势，如深圳的高科技优势、东莞的信息产品优势、广州的区域性以至全国性品牌辐射优势，各有侧重发展会展。

香港海岸国际展览公司董事长陈金铍则认为，像广州这样的中心城市，完全可以以现在新国际会展中心为基地，由政府来扶植一家龙头展览企业，就像德国汉诺威培植了汉诺威展览公司一样，通过这样的绝对品牌展览的树立，来拉动广州以至珠江三角洲会展业的发展。

在物业管理方面，将采用国际上常用的招标方式，保安、清洁、维修等工作均由其他公司完成，物业服务企业仅是起监督、指导作用。

有关专家指出，管理方面新会馆无疑开启了一番新气象，而在运营方面，未来新会展中心将面临考验。

新落成的会展中心在层高和钢梁横跨上都破了世界纪录，一些高级汽车展、大型机械展等对空间效果有要求的展览应该对新会展中心“青睐有加”，新会展中心应挖掘自身的特色和优势。同时广州新会展中心应该要瞄准引进类似的世界级大型会展项目和主题会展，从而推动整个广州乃至珠江三角洲展览业的发展。

［讨论题］

1. 同意上述有关对广州国际会议展览中心物业经营管理的看法吗？为什么？
2. 你认为广州国际会议展览中心应该如何进行物业管理？

［参考点评］

本案例所反映的是特大型会展物业的出现对物业公司管理水平的挑战问题，物业公司如何管理好特大型会展物业是政府、商家及老百姓普遍关注的问题。案例中借鉴国际上区域性会议展览物业管理的做法，提出了对广州国际会议展览中心物业经营管理的看法是正确的，主要是因为大型会展物业必须走市场化、专业化的物业管理道路，就要有会展资源的合理配置方案与策略，有自己的品牌。物业公司在其中大有作为。广州国际会议展览中心的物业管理方式总体来说应该是市场化、专业化的方式，同时将会展经营与会展物业管理分开运作，对专业物业管理项目实行市场化招标承包管理。

案例5－2 引进物业服务公司管理政府机关物业

2002年7月28日，深圳市住宅物业服务公司正式接管贵州省政府5号办公楼。2003年1月，中天物业公司也接管了贵阳市乌当区行政中心。有分析认为，在高校后勤社会化迈出强劲步伐之后，政府物业管理也谨慎地走出了社会化的第一步。

据了解，贵州省政府5号楼总建筑面积约为35万平方米，有22个省厅局级单位入驻；乌当区行政中心面积为3万余平方米，外加室外绿化面积和一个对市民开放的休闲广场。物业服务公司为政府机关提供服务的主要内容为公共区域保洁、智能化系统运行和操作、进出人员和车队秩序管理、会议服务等。另外，公司还可以满足入室清洁等特别服务。

在贵州省政府5号楼的管理中，贵州省政府办公厅机关服务中心与深圳住宅物业，本着“业主自律自治与专业化服务、属地管理与行业管理相结合”的方式共管，服务中心提供要求和指导，深圳住宅物业服务公司负责实施。

在政府机关认为物业管理社会化可让工作人员集中精力投入政务工作、降低办公大楼运行成本的同时，物业服务公司也认为此种模式可以让双方达到双赢。

作为政府机关后勤部门，聘请物业服务公司是想在机关后勤服务方面引进一种新思路、新方法，此种模式的优点在于面向社会化，可以招聘到专业化的公司，让传统的机关后勤服务走上市场化道路，并与市场接轨。经过一年的合作，深圳住宅物业服务公司的服务规范化、制度化，热情周到，敢于大胆管理，不但节约人力、财力，还提高了机关运转效率。

对于物业服务企业来说，政府物业是一个很大的市场，主要是看中其服务内容易于统一，比大众化的物业管理有相对高一点的利润回报。为政府机关提供服务也是一种新模式。政府后勤退出物业管理，给物业服务公司提供了更多创新发展的空间。

在省外物业服务公司进入贵州之后，贵州省内的物业服务公司也奋起直追，一些公司纷纷把政府部门物业作为潜在业务加以发展，中天物业服务公司即是尝到甜头的第一家省内公司。

物业公司的专业化管理模式也受到入驻单位的普遍欢迎。以前的老5号楼，大家各自为政，多头管理，甚至到了用铁门焊死通道各不往来的地步，公共区域卫生状况较差。5号楼修好并招聘深圳住宅物业管理公司管理物业后，服务水平令入驻单位满意。

随着社会的发展，政府机关将逐渐导入集中、集约化办公方式，这就要求提供统一、高效、优质的物业管理，它为物业服务公司介入提供了条件。

不过，物业服务公司大规模接管政府物业仍有一定难度。首先，有一个观念改变问题，政府部门接纳这种模式需要一段时间；政府机关已建有一套完整的后勤体系，社会化的物业管理公司要进入，需要后勤退出，这也需要时间。

[讨论题]

1. 你同意贵州省政府把办公楼社会化管理的做法吗？为什么？
2. 政府物业由物业服务公司进行管理有何意义？
3. 政府物业管理应如何改革？

[参考点评]

本案例在业内是具有标志性的。深圳住宅物业管理公司正式接管贵州省政府5号办公楼，这是在高校后勤社会化迈出强劲步伐之后，政府物业管理也谨慎地走出了社会化的第一步。政府物业实行公司化管理是政府机关物业管理的必然趋势，当然政府物业可以自己管理，也可以招标给专业的物业管理企业进行管理，在政府机关物业管理改革时，可因地制宜采取不同方式。

政府物业由物业服务公司进行管理有利于转换机关物业管理机制，通过物业服务企业的服务，达到转换机关管理机制的目的；政府机关物业管理方式改革具有现实的紧迫性，通过由物业服务公司进行政府机关物业管理有利于改变机关物业管理体制混乱、经费不足、服务水平落后、服务效益差等一系列问题。

政府机关物业管理的关键是要看清政府物业管理发展的规律和趋势，彻底解放思想，转变物业管理观念，走市场化专业化发展的道路。

【思考题】

1. 如何理解特种物业管理的特点？其内容如何？
2. 政府物业的含义与特点是什么？政府机关办公物业管理的内容有哪些？
3. 如何理解政府物业管理方式的改革？
4. 酒店的类型和特点是什么？酒店物业经营管理的模式如何？
5. 如何理解服务性公寓的特点？服务性公寓管理的内容有哪些？
6. 会议展览物业管理的内容有哪些？

下　编
实习指导

本编共十一章，是物业管理实习部分，主要针对物业管理专业高职高专层次学生或初入职物业管理服务从业人员，从事物业管理基层岗位工作业务技能需要，设计了实习模块，在介绍实习基础知识的基础上指导学生开展相关的实习。选择的内容是物业管理与服务基层岗位重点领域，介绍一些物业管理岗位工作的业务规程、方法，同时设计了恰当的实习和实训方式方法，使学生在应用知识、训练业务能力的实习实践中提升专业技能水平。

本编分为四个模块，即实践教学组织管理指导模块（第六章）、前期管理实习模块（第七章）、综合服务实习模块（第八章至第十三章）、服务管理模块（第十四章至第十六章）。

第六章　物业管理实习概述

【学习目标】

了解：物业管理实务课程性质与地位及其实践教学的重要作用；物业管理实习的地位和作用。

掌握：物业管理实习的目的和任务。

重点掌握：物业管理实习的内容与要求；远程开放教育条件下物业管理实践教学模式。

【学习概要】

本章的重点内容：物业管理实务课实践教学、物业管理实习的地位和作用、物业管理实习的目的和任务、物业管理实习的内容与要求、物业管理实习的实施与考核。

通过本章的学习，将全面了解物业管理实务实践教学的内容和要求。充分利用远程开放教育条件下实践教学资源开展实践教学活动，为分项实践活动的正常开展厘清思路，为职业素质提高找准方向。

第一节　物业管理实践教学环节

物业管理实践教学概述

一、物业管理实务课程的性质与地位

物业管理实务是物业管理专业理论性与实践性兼而有之，以注重实践性为鲜明特征的专业主干课、必修课。它是学好物业管理专业其他课程，特别是专业技术课程的基础，在物业管理专业课程体系中处于基础与核心的地位。在物业管理实务的基础理论部分，系统地介绍了物业管理的基本概念、基本原理、基本方法；在分类管理部分简要地介绍了不同类型物业管理的内容、特点和要求；在实习部分强调理论联系实际，针对基础理论部分的学习，结合工作岗位实际进行应用，只有活学活用才能将理论知

识转化为专业素养与实际能力。针对实务部分，则重点介绍物业管理分类细化管理和物业服务主要业务的实操，强调物业管理服务主要环节、程序、方法、技巧与艺术等方面的应用与实际能力培养。教学内容功能既分工合理，相得益彰，又能满足学生自主学习的需要。

在物业管理实习实践过程中，学生不但要巩固基础理论和分类管理的理论知识，还要学到管理的实际技能。完善学生的专业素质，是物业管理实务课程的整个教学体系中不可或缺的重要环节。

二、重视物业管理实务课程的实践性教学环节

实践性是物业管理实务课程的鲜明特点。物业管理随着实践的需要而产生，随着实践的发展而发展。从这种意义上说，物业管理是一门实践性极强的管理科学，因而从事物业管理工作以及培养物业管理人才，必须对物业管理的实践予以足够的重视。物业管理实习作为物业管理专业教育的重要的、不可或缺的实践环节，已越来越受到物业服务企业和为物业管理行业输送人才的高等院校的重视。

（一）将注重学生的能力培养作为物业管理实习的中心课题

物业管理专业综合性强、涵盖知识面广，并非所有在未来管理中将会使用到的基本技能和方法都能在学校学习阶段得到训练。专业感性认识和技能训练的目的，是让学生通过一定“个案”的特殊实践，掌握一般管理方法与技能的过程。因此，借助实习环节，培养学生的学习能力和处理实际问题能力将越来越重要。

（二）将物业管理实习作为整个培养方案优化的关键环节

安排大量的实习实训学时，这反映了物业管理专业实践性强的特色，即要求学生有较强的实践能力，因而在时间上应给予充分的保证。同时，也提出了如何设计、安排和充分利用好时间，防止走过场的问题。尤其是专业见习、综合实训、毕业实习，对学生的影响与作用最大，是发展教育、开门办学，引导学生学以致用、接触社会的重要途径。能否安排、利用好实习活动，是衡量实践性环节是否搞好的关键。

（三）物业管理实习应将组织方式的变革作为改革的一个重点

物业管理实习教学过程的组织方式的变革，是物业管理实习改革的一个重点。

（1）尝试建立以学生为主的实习小组，让学生自主联系实习场所。

（2）利用学校资源优势实习网络。

（3）组织方式变革的另一个设想，是结合完全学分制，将某些实践环节在时间上化整为零。学生只要按计划完成规定的实习内容和实习时间，经过一定的考核达到要求。总之，实习组织方式的变革应以学生能力和素质的提高为最终目标。

第二节　物业管理实习的地位和作用

一、物业管理实习的地位

“物业管理实务”作为“实务”课程，必须突出实习的地位与作用。物业管理实习在整个物业管理专业的教学过程中处于关键的地位，担负着重要使命。物业管理实习的目的，就是要造就一批既懂理论又懂实操的应用型合格的物业管理人才。

社会经济水平的提高，房屋建筑向着高档化、智能化的方向发展，使物业管理的难度越来越大，需要有丰富的物业管理经验和专业知识的人才能胜任。如香港物业服务公司的绝大部分员工受过专业培训和练习，相当部分员工拥有诸如特许测量师、注册工程师、特许房屋经理、持认可证保安员、注册电气工程师、园艺设计师等专业资格和行业职称。

物业企业要想成为一流的物业服务企业，首先要有一支优秀的管理人才队伍。实行严格的物业管理实习是达到这一目的的重要保证。在我国的香港地区，物业管理工作很大一部分是由专业测量师承担，要想成为香港测量师学会的会员，必备条件之一是在专职测量师指导下进行不少于两年的在职专业实习工作。因此，必须充分认识物业管理实习在物业管理专业知识与能力体系建设的重要地位。

二、物业管理实习的作用

（一）有利于提高学生的综合素质，培养学生的创造能力

学生在课堂教学或网上自主学习过程中，尽管使用了许多现代化的教学方法和手段，使学生尽可能多地了解实际，使分析问题、解决问题的能力得以提高，但是，对于像物业管理这样的应用性、实践性较强的专业，需要学生考虑各门课程之间的交叉与综合，而课堂教学或网上自主学习的单科性，难以实现综合运用所学的知识，处理物业管理工作中的实际问题。而物业管理实习为学生提供了综合运用所学知识的时间与空间，在实习期间学生的综合素质与创新能力得到了充分的检验。实习环节和课堂教学的差别，有利于充分调动学生的想象力与创造力，培养学生的专业素质与专业能力。

（二）有利于全面考查课堂教学的效果

通过物业管理实习，学生往往能发现自己的不足。学生通过实习常常能增强奋发学习的自觉性，并能在今后的学习过程中自觉地拾遗补阙，主动地、有针对性地学习。通过物业管理实习，能检验教学计划、课程设置、教学内容以至教师教学方法上存在

的不足，使物业管理专业的教学计划、课程设置、教学内容以及教学方法不断得到改进，并逐步完善。

（三）有利于引导学生逐步进入物业管理从业人员的岗位角色

管理类专业的学生毕业后必须较快地适应管理岗位工作需要，进入管理岗位角色。因此，学校在选择培养学生时十分重视学生的实践背景和案例教学。例如，麻省理工学院斯隆商学院在挑选 MBA 学生时，既看他们在大学时的成绩，又看他们的工作经验、背景。但仅仅如此是不够的，必须通过实习等实践环节来弥补课堂教学的不足，以提高学生的动手能力、应变能力、集体协作能力、运用具体理论解决实际管理问题的能力等。物业管理专业也要重视案例教学与加强物业管理实习。物业管理专业培养的学生，将要直接面对业主和物业使用者，物业服务公司与业主之间是一种服务与被服务的关系，而不是管理与被管理的关系。物业管理实习为学生提供了实践的机会，他们通过实习，与业主进行接触，并逐步沟通，了解业主的需求和实际困难与问题。物业管理实习为学生逐步进入物业管理员的角色提供了机会。因此，物业管理实习在物业管理专业教育中占有重要的位置。

第三节　物业管理实习的目的和任务

一、物业管理实习的目的

（一）培养具有创新能力和综合素质的复合型管理人才

从物业管理专业的知识模块框架和课程设置来看，它包含了技术、经济、管理、法律四大教学模块，因此它是以管理理论和方法作为专业基本知识体系，以工程技术科学的理论和方法为技术基础，以经济学价值准则为主要取向依据，以现代物业管理实践作为经验材料以及其他相关科学等构建起来的综合素质教育系统。培养的高级管理人才须具有经济管理意识和技术应用能力这两个最基本的素质。在校学习期间，这两个素质主要依赖实践教学来实现，而创新能力的培养是实践教学的重点和难点。

（二）完善学生知识结构，提高学生获取知识、运用知识的能力

在专业教学计划中，已经考虑了知识结构的科学性和合理性。但是再好的课堂教学也不可能给学生提供完善的知识结构，许多物业管理技术知识和管理的诀窍不通过学生参加实习、亲自动手、实地考察，是不可能真正掌握的。因此，要提倡学生在实习中去增强获取活知识和运用知识的能力。

（三）促使学生逐步了解物业管理行业的现状与发展趋势，了解物业服务企业的基本状况

物业管理从观念到实践，走过的时间不长，但是已成为一个迅猛发展的行业。物业管理为什么会得到如此快的发展？它的现状如何？发展趋势如何？物业服务企业是如何运作的？物业管理专业的学生对于这些情况了解得不够，即使对其他转岗人员来说，知道得也并不多。这些问题只有通过实习这一环节，让学生亲身在实践的碰撞摩擦的过程中，才能逐步认识和理解。

（四）使学生面向社会、接触社会，学会与业主和物业使用者进行沟通，培养职业感

为了满足物业管理职业需要，在现代开放教育的模式下，学校、教师与学生之间建立以学生自主学习、自主实践、伙伴式的实习实践环节的教学关系。这种伙伴关系在物业管理职业化课程教学的多个宗旨中均起着重要作用。这些宗旨包括：了解和满足业界需要，利用各种现代教学资源，根据职业变化调整课程内容，以及指导学生设计与实施职业发展计划。在这个伙伴关系中，学校、教师与学生除需要自身的积极参与外，还要努力寻求物业服务企业、专业人士、物业管理协会和政府主管部门的支持。他们的互动一般是在学生的社会实践中完成的。例如，在我国的香港地区，他们包括主要的雇主（房屋署）、职业团体（香港房屋经理协会）以及公司协会。

在内地，随着时间的推移，进入高等院校学习的绝大多数学生是独生子女，学习环境与条件更为优越。但是，这些大学生普遍存在着缺少对社会了解的问题，缺乏与人交往和沟通的能力。而物业管理的重点在于要与业主和物业使用者进行沟通，通过物业管理去推动和协调物业内的业主、物业使用者之间的社会和人际关系，建立起互惠互利、和睦共处的邻里关系。物业管理实习为学生提供了这种时间和场所，使得学生能够面向社会、接触社会，能够实际接触物业管理行业的真实活动情景。在物业管理的实践中，按物业管理行业的规则，初步学会与业主进行沟通，培养职业感。

二、物业管理实习的任务

（一）突出学生能力培养

物业管理专业学生的能力结构具体包括两大方面：在专业方面，应具有自学能力、业务能力、综合及表达能力、科研开发和创新能力；在人文方面，应具有社会交往能力、组织管理能力和领导工作能力等。能力的培养贯穿在整个教学计划过程中，要全方位实施。但是，必须看到实践性教学环节，特别是物业管理实习是其中的一个重要环节。

（二）提高学生认识水平

通过物业管理实习，提高学生的认识。首先，促使学生爱岗敬业，树立良好的职业道德；其次，使学生明白理论与实践相结合的重要性；再次，使学生进入社会后就有理论认识和思想准备。这样，他们才能在未来的物业管理实际工作中得心应手。

（三）让学生在实习中得到锻炼成长

通过在物业公司实习，让大多数学生看到要想在所工作的环境里有所作为，除了要有丰富的专业知识以外，还必须具有其他多方面的才能，具有成熟的思想和处事态度。许多参加过实习的学生感到，在实习期间各方面的才能都得到提高，如在工作中善于沟通，讲究语言艺术。通过实习，学生感到做事情必须要有工作热情、要有责任感，这样才能让客户满意，领导满意。工作中要讲究方法，面对物业公司各项不同性质的工作，面对形形色色、不同文化层次的客户，只有多动脑筋、勤于思索、探究方法，才能解决各种问题。而且，通过实习也使学生真正学到了许多面对各类问题的处理方法；培养了学生的协作精神，增强了他们的集体观念。在实习中，学生进一步认识到每一项工作的顺利完成都需要集体中的成员齐心协力共同完成，个人的成败要与集体共存。

（四）使学生看到自己的不足，产生危机感，从而重视学业

通过实习，让学生看到自身存在的不足之处。物业管理朝着智能化、自动化的方向发展，对物业管理从业人员的专业素质、文化素质要求更高了；也会有越来越多的人从事这一行业，如果各方面的素质停留在现有的水平，则必将被行业所淘汰。中国加入 WTO 后，国外物业服务公司纷纷进入中国内地，他们以规范化的管理和更高质量的服务同中国物业服务公司竞争。当各实习单位的管理者、指导老师通过向学生们介绍目前企业、行业的发展状况，面临的机遇与挑战等情况时，要鼓励他们用所学的知识推动我国的物业管理水平朝着国际化水准进军，使学生真正感到自己所肩负的重任、面临的挑战，激励他们在今后的学习中加倍努力。

第四节 物业管理实习的内容与要求

物业管理实习的内容、要求与实施

一、物业管理实践教学环节的内容

其一，专业见习的内容。这主要是结合物业管理专业涉及的内容，安排学生到物业服务企业见习，了解物业管理的岗位场景、服务对象情况、物业服务的基本流程与方法、物业管理的基本情况及面临的主要问题，增强感性认识，以便做出适合自己的职业选择。

其二，综合实训的内容。这主要是结合所学专业知识，安排学生到物业服务企业有关岗位进行上岗训练，以帮助学生消化和正确使用所学知识，掌握相关岗位专业知识，培养基本的专业技术能力，深入理解物业管理服务工作的特性与规律，增强职业信心和职业能力。

其三，毕业实习的内容。这主要是指学生在毕业前，选择一定的实习题目，到物业服务企业具体从事某一方面的管理服务工作，进一步增强学生综合运用所学的知识，分析和解决实际问题的能力，使学生在物业服务企业得到综合训练，全面提升物业管理服务能力，为进入职场做最后的准备。

二、物业管理实习的要求

（一）专业见习的要求

专业见习的目的是使学生对物业服务企业及其管理的物业对象、物业服务企业的运作，以及服务对象——业主及非业主使用人的情况等从总体上有一个感性认识。为了解决学生对物业管理工作的疑惑，增强职业好感，应指导学生按照见习的内容和要求，结合自己的实际，提出需要着重学习考察的内容和解决的问题。在有充分准备的情况下，带着问题，采用分散或分组的方式进行学习考察；对关心的主要问题、主要的岗位职责、工作流程和环节等要认真考察、询问、调查、访谈，使学生在见习过程中，解决疑难问题，提高职业选择能力和职业信心。

（二）综合实训的要求

综合实训是物业管理专业教学计划中重要的实践性环节。目的是使学生进一步加强理论与实践的联系，巩固、深化已学的理论知识，熟悉物业管理的实际知识，培养学生观察、分析和独立解决物业管理服务中的问题的能力，提高学生的专业素养与专业能力。

综合实训的内容包括：一是通过案例分析，反思总结经验，培养学生理论和应用能力，提高专业素养，可以通过物业管理案例分析课程来实现；二是进行业务技能训练，强化业务工作能力，主要是掌握了解岗位职责、业务的流程和操作技术方法等，正常履行职责，完成岗位工作任务，可以通过物业管理综合职业能力训练课程来实现；三是进行职业管理能力训练，以提高管理工作的效能，可以通过物业管理职业能力训练课程来实现。安排学生接受必要的技能训练当然是可以的，但是一定要把能力培养摆到更重要的位置。发现问题、分析问题、解决问题的能力并不是在某项单纯的技能操作中就能获得的，必须通过几项任务，由学生自己策划、自己分析、自己动手去解决问题，这些任务既可以由指导教师与学生共同来确定，也可由学生提出经指导教师确认。学生还可以参加社会上各种物业管理职业能力训练与职业技能鉴定，主要有人社部门的物业管理员国家职业技能认证、职工教育适应岗位培训，行业协会的物业管理员（师）认证和专业机构的管家认证（如九维管家、4℃管家、金牌管家等）。

（三）毕业实习的要求

毕业实习是学生学习过程中最重要的实践性教学环节，是对前述实践教学活动和课堂教学活动成果的综合运用以及检验、巩固。通过实习使学生进一步增强对专业的感性认识，加深、扩大基础知识和基本技能训练；强化经济管理意识和技术应用能力；收集毕业论文（或管理方案设计、调查报告）所需的数据资料，培养独立思考、独立分析与解决实际物业管理问题的能力。

三、本课程实习的内容与要求

本课程实习部分，主要针对物业管理专业大专层次学生或初任物业管理员岗位工作的实际操作技能要求，设计一些物业管理工作的重要的实操规程、方法和设计恰当的实习和实训方式方法，让学生在模拟的或真实的环境中得到学习和训练。

本课程实习（实训）的内容主要有：一是前期服务实习，即物业承接查验与收楼实务。二是综合服务实习，包括房屋装修与维修管理、设备管理实操、智能化设施维护与管理、物业公共秩序管理实务、绿化管理、清洁卫生管理等。三是服务管理实习，包括日常服务管理、物业管理处管理收费管理实务和档案管理等。

办学单位可根据实际情况做出安排。实习的三部分内容第一部分必做，第二部分至少选做两项，第三部分至少选做一项，总共至少做四次实习，并要求学员写出实习报告等。辅导教师要认真批阅学生的实习报告，并根据完成情况，进行评分。

第五节 物业管理实习的实施与考核

一、物业管理实习的准备

（一）认真制订实习教学大纲

物业管理实习教学大纲的制订，是为了保证专业所培养的学生在素质和能力方面得到较大的提高，以适应21世纪国家对专门人才的需求。物业管理实习教学大纲作为专业的重要教学文件，一般包括实习目的、实习内容与要求、实习方式与场所选择、实习时间安排、实习日记与实习报告的要求、实习考核与成绩评定办法、实习的注意事项等内容。

（二）实习场所的选择与安排

（1）建立稳定的校外实习基地。应根据物业管理行业发展变化的新特点，有选择性地建立尽可能多的、不同层次的实习基地。

（2）采用分散式实习方式，由学生自主选择实习场所。采用分散式实习方式是锻炼和培养学生独立工作能力的一种好方法。经过学校的布置与安排，由学生主动在家乡或学校所在地区联系实习单位。在联系过程中，了解有关物业服务公司的基本情况，提出实习的计划，进入实习场地后，再向教师提出实习中拟重点了解和学习的内容，每天坚持记实习日记，结束后完成书面实习报告，回校后进行交流、讲评，促进学生综合能力的提高。

（3）选择一批供学生参观考察的实习单位。要选择一批有代表性的、反映当前物业管理行业特色的、具有较好品牌的不同类型的物业服务企业，供学生参观考察，有利于学生拓宽视野，对整个行业有较全面的、客观的认识。参观前责任教师必须事先深入物业服务企业，精心选择，做好基础资料的收集，必要时可用摄像机、照相机事先拍摄并建立必要的资料库，供学生预先了解，提高实习的效果。

（三）必要的知识、材料的准备

（1）有关实习单位情况的材料准备。学生即将进入实习单位，关于实习单位的情况，当然可以请单位领导或熟悉情况的教师进行口头介绍，又可以事先收集好该物业管理企业的相关资料，如公司简介、公司管辖的物业的资料及平面图、公司的规章制度及收费标准、公司员工手册、公司 CIS 策划资料、公司广告与对外宣传资料、公司实施 ISO9000 的有关资料、公司管理信息系统的汇编资料、业主委员会的有关章程、会议记录、公司年度工作总结等。

（2）有关实习业务知识的材料准备。学生在实习期间会遇到许多工程技术，如房屋维修、机电设备、通信设施、建筑材料、给水排水、园艺绿化等方面的业务知识。学校及实习单位方面，应为学生事先提供相关的技术、设备资料，学生在实习前也应准备好可能涉及的各种工程手册、技术手册以及相关的图纸、设备说明的材料等。教师要使学生了解、熟悉这些新技术与新知识，以及在物业保养和维修管理中能够正确掌握设备设施的质量状况，做到能正确判断是否出现损毁或故障，能与工人师傅共同商讨保养和维修的方案。

（3）物业管理专业教学与实习的现代教育技术资源的准备。除了上述书面文字、图片材料之外，采用现代教育技术手段，制作录像片、IP 课件、微课等为实习生提供形象生动、内容丰富的电化教学材料，这是充实实习内容的重要方法。

二、物业管理实习的实施

（一）建立相对独立的实践教学体系，探索科学的物业管理实践教学模式

从近年来广州电大与中央电大合作共建共享的教育部人才培养模式改革和开放教育试点物业管理专业项目的实践教学的研究与实践来看，远程开放教育物业管理专业

教学模式应以现代远程开放教育理论为指导，突出远程开放的特色和网络环境条件的充分利用，以重新设计和全面构建物业管理专业实践教学体系为前提，通过电大虚拟资源优势、项目管理方法建设和应用优质的实践教学资源，营造以学生学习满意为中心的支持服务体系和学习的环境，满足学生多层次学习的需要、达到实践教学的目标。我们以内容要素、形式要素和过程要素来重新构建远程开放教育物业管理专业实践教学模式（如图 6－1 所示）。

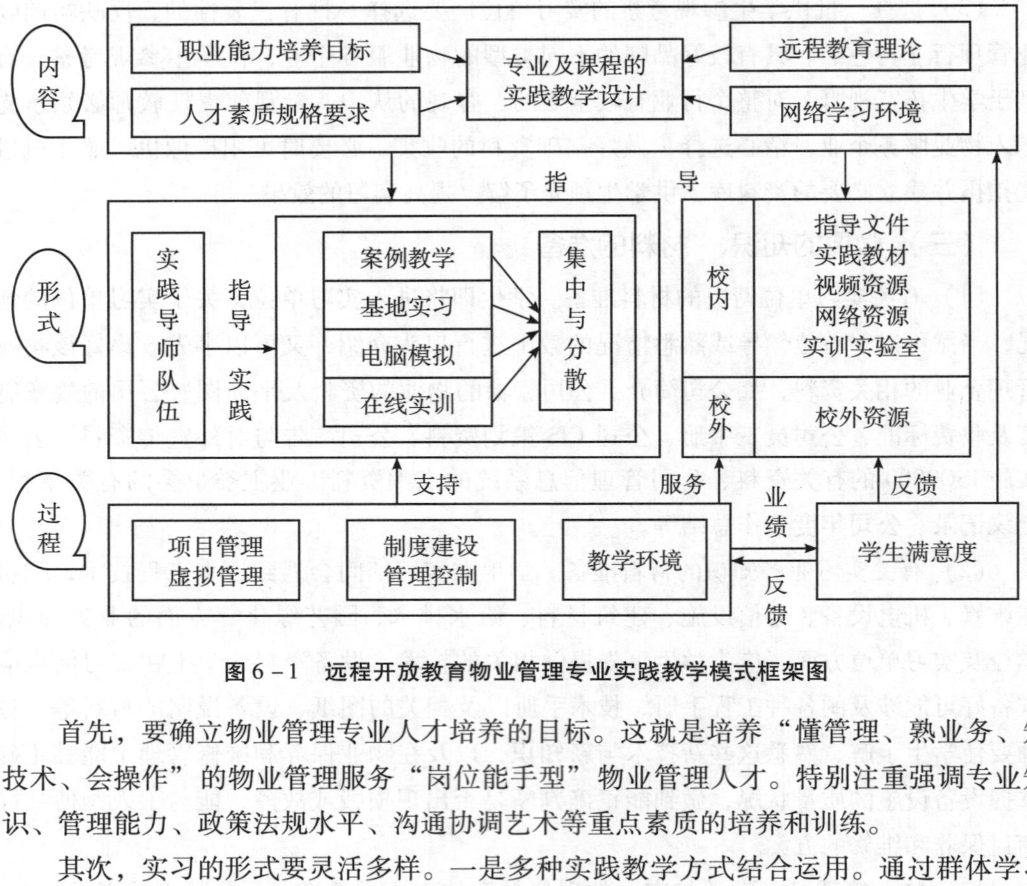

图 6－1　远程开放教育物业管理专业实践教学模式框架图

首先，要确立物业管理专业人才培养的目标。这就是培养“懂管理、熟业务、知技术、会操作”的物业管理服务“岗位能手型”物业管理人才。特别注重强调专业知识、管理能力、政策法规水平、沟通协调艺术等重点素质的培养和训练。

其次，实习的形式要灵活多样。一是多种实践教学方式结合运用。通过群体学习解决关于讲授专业理论知识，集中解决课程中的重点与难点问题；通过小组协作学习辅助群体学习，发挥学员的主观能动性，使问题在学员之间解决；通过网络技术的应用进行个别化学习，使学生的个性问题通过网上资源的获取、理解和师生互动得以解决，在这个学习过程中可以弥补前两种学习方式的疏漏。二是实践教学媒体资源多样化、个性化，既可以通过实训片实训，也可以通过网络课程实训，还可以通过电子模拟实验室、智能物业管理实训室、校外实习基地等校内外实习基础实训实习。三是实践教学方式与方法灵活多样，可以采用在线讨论、在线测试的方式，也可以采用调查实践、方案设计的方式，可以集中实习，也可以分散实习等。

再次，建设好实践教学管理的基本体系，强化过程控制，保证实践教学质量。一是建立实践教学教材体系。二是明确实践指导教师的责任与要求，特别是对集中实践环节内容与要求、指导教师资格与职责、成绩评定组成员资格与职责、集中实践环节考核的评定内容和标准、集中实践环节考核成绩的评定和审定，以及国家开放大学对省级开放大学的实践教学提出的具体要求。三是加强实践环节教学过程的监控和教育质量评估。主要包括：改革完善物业管理专业实践教学制度与文件的编制；成立物业管理专业指导委员会，建立导师制，确保实践教学的质量；通过加入中国物业管理协会等行业协会，并参加各种专业活动即时捕捉新资源信息为我所用；制作多媒体实践教学资源，确保在线实训需要。此外，还要不断完善实践教学环境，重视学生对实践教学效果的评价反馈。

（二） 建立一支素质好、能力强的物业管理实习指导教师队伍

首先，教师对实习要有正确的认识，要切实把提高实习教学质量当作培养跨世纪人才的重大工程来对待。应把教师在实习教学环节中投入的精力、教学的效果、学生收获的大小作为考核教师教学质量的一个重要的组成部分，与教师的教学业绩切实挂钩。

其次，要安排组织能力强、科研能力强的教师去开拓并建立稳定的实习基地。在市场经济条件下，学校与企业必须遵循双赢的原则，实习基地的建立才能稳固、持久，教师通过科研、人才培训等为企业服务，才可能得到企业的信任与支持。

再次，教师在实践能力、创新能力上也必须不断地取得进步，才能真正胜任实习指导教师这一项工作。物业管理行业发展十分迅猛，物业的技术含量越来越高，如果教师仅凭多年积累的书本知识去处理实习中遇到的各种问题，在实践中同样要碰壁。

最后，要搞好物业管理实习，还必须聘任一批称职的、热心教育事业的既懂理论又有实践经验的专兼职教师。通过每次实习的总结，建立好兼职教师的档案资料，对不能胜任的或不称职的予以淘汰，不断扩充兼职教师的队伍。

三、物业管理实习的考核

为了实现提高学生综合素质和创新能力的目标，必须重视对学生实习的考核。考核采用实习单位考核与学校考核相结合的方式。由学校拟订实习考核表，由实习单位着重从实习态度、完成任务、业务能力、独立工作能力、与同事相处及遵守纪律情况六个方面进行考核，并针对学生的实习情况撰写评语。在实习过程中要做到早准备、重落实、勤检查，及时解决问题。

实习考核成绩等级分优秀、良好、中等、及格、不及格五个等级。

（一）优秀

实习认真，遵守纪律，服从安排，按时报到和结束，能主动独立地开展工作，在素质与能力的培养上得到较大的锻炼，独立完成实习日记及实习报告且质量高，全面完成规定的实习任务，有独到见解或合理化建议，答辩交流成绩突出。

（二）良好

实习比较认真，实习期间能较好地遵守各项工作纪律，服从安排，完成实习任务情况较好，在素质和能力的培养上得到一定的锻炼，按时、认真、独立地完成实习日记与实习报告且质量较高，能较好地独立开展工作，答辩交流成绩较好。

（三）中等

实习期间能较好地遵守纪律，服从安排，完成规定的全部实习任务，在素质和能力方面得到一般的锻炼，按时、认真、独立地完成实习日记与实习报告，且日记与报告满足基本要求，答辩交流情况一般。

（四）及格

实习期间基本能遵守纪律，基本完成规定的各项实习任务，在素质和能力方面得到初步的锻炼，能按时、独立完成实习日记和实习报告，且质量一般，答辩交流情况尚可。

（五）不及格

实习期间表现差，有严重的违反纪律现象，没有完成规定的实习任务，实习日记与实习报告不符合要求，答辩交流情况差。

【本章小结】

1. 物业管理实务是物业管理专业理论性与实践性兼而有之，以注重实践性为鲜明特征的专业主干课、必修课。物业管理实习作为物业管理专业教育的重要的、不可或缺的实践性环节，已越来越受到物业服务企业和为物业管理行业输送人才的高等院校的重视。

2. 物业管理实习在整个物业管理专业的教学过程中处于关键的地位。它在提高学生综合素质、培养学生的创造力、全面考查课堂教学的效果和帮助学生逐步进入物业管理员角色等方面起着不可缺少的作用。

3. 物业管理实习的目的主要是培养具有创新能力和综合素质的复合型管理人才，完善学生知识结构，提高学生获取知识、运用知识的能力。其任务是：突出学生能力培养，提高学生认识水平，让学生在实习中得到锻炼成长，使学生看到自己的不足，产生危机感，从而重视学业。

4. 物业管理实习的内容包括：专业见习的内容、综合实训的内容、毕业实习的内容。

5. 物业管理实习的准备包括：认真制订实习教学大纲，实习场所的选择与安排，必要的知识、材料的准备。物业管理实习的实施必须有与远程开放教育相适应的成熟的实践教学模式才能保证实现教学的质量，同时要建立一支素质好、能力强的物业管理实习指导教师队伍。物业管理实习考核采用实习单位考核与学校考核相结合的方式。实习考核成绩等级分优秀、良好、中等、及格、不及格五个等级。

【案例分析】

案例6－1　某校物业管理专业毕业实习准备工作

为了达到预期的目的，我们在实习之前进行了充分的准备工作。

（一）实习单位的落实

为了给学生找到一个理想的实习单位，让学生能够真正得到锻炼，我们广泛发动专业教师，动员各方面的力量，在实习开始前两个月就联系实习单位，在确定物业服务公司作为我们的实习单位时，充分考虑了以下三个方面的主要因素。

（1）实习公司物业管理水平较高，公共管理规范化，在物业管理行业处于领先位置。公司具有较强的实力和发展潜力。

（2）物业服务公司管理的项目涉及面较广，不单纯对住宅小区的管理，还要涉及对高档写字楼、涉外公寓等方面的管理，因为不同类型项目有不同的管理方法，要让学生多接触一些物业类型和管理模式。

（3）实习物业服务公司能够有条件给学生实际操作的岗位和相应的指导教师进行咨询、指导。

（二）准备实习文件

为了明确实习任务、督促学生在实习期间认真对待，对实习中涉及的实习文件认真准备。

（1）针对物业管理实务的教学大纲和课程教学设计方案对实习的要求，制定了专门的实习大纲，并对实习要达到的效果提出了明确的要求。

（2）制定实习日志，并要求学生认真填写，以便督促学生每日都要有所收获。

（3）做出鉴定表提供给实习单位，以便进行信息反馈。

（三）实习动员

为了使学生提高对实习重要性的认识，组织专门学习。专业责任教师、实习指导教师和班主任共同做好动员工作。

(1) 责任教师、实习指导教师和班主任一起逐个到班级开动员会，交代实习目的、实习内容、实习要求，实习中的注意事项，解答学生的疑问，使学生统一思想、提高认识。

(2) 根据学生的不同情况，在考虑他们的就业去向，实习公司、用人单位对他们的不同要求之后进行分组。并选出各组组长，使学生加强自我监督、自我管理。

(3) 给每一个实习单位都安排了一名带队的教师，由带队教师召开会议，明确教师所应起的作用和应承担的责任。

准备工作到位，使学生在整个实习过程中能够按照实习的规范要求去学、去做，确保实习取得实效。实习结束后，要进行总结考核，并通过带队教师、学生本人及实习单位了解学生的实习情况，听听各方面的反映，看看是否达到了实习的预期目的。

［讨论题］

1. 你如何评价该项实习的准备工作？
2. 写一篇专业见习或综合实训的准备工作方案。

［参考点评］

本案例仅作为实习准备工作方案参考，目的是给大家一个实习方案的范式，大家可以根据开放教育特点和本章介绍的有关实习的知识，结合自己的实际来撰写自己的实习方案，完成物业管理专业实践教学环节专业见习、综合实训和毕业实习三个环节的实践教学考核作业任务。

【思考题】

1. 物业管理课程性质与地位如何？
2. 物业管理实习有什么作用？
3. 试述物业管理实习的目的和任务。
4. 物业管理实习包括哪些内容？各有什么要求？
5. 物业管理实习的实施应重点做好哪些工作？

第七章 物业前期介入、承接查验与收楼实务

前期服务实习

【学习目标】

领会：承接查验的主要规章制度；交楼现场布置及组织、控制。

掌握：前期介入不同阶段的工作重点；承接查验各项准备工作；承接查验工作要点；业主收楼工作要领。

应用：组织开展承接查验工作和处理业主收楼中的问题。

第一节 前期介入不同阶段的工作重点

一、物业管理前期介入概述

物业管理前期介入，是指物业服务企业在全面接管物业，正式进驻前所提供的管理服务工作。旨在对物业本体的设计、建设、开发提出合理的意见和建议，以满足业主使用功能，为后续物业管理服务的顺利运作打好基础。

物业服务企业前期介入按其进驻时间的先后，大体可分为物业规划设计阶段的介入、施工建设阶段的介入和营销策划阶段的介入等三个阶段。

前期介入是物业管理服务承前启后的阶段，也是业主与物业服务企业矛盾突出的时期。

其中，对开发建设单位的不满，如房屋质量差、水电设计不合理、配套设施不完善等迁怒到物业服务企业，进而产生的冲突是最突出、最激烈的，也是最难以调和的。物业管理服务初期，上述矛盾的协调与解决会成为重点工作内容之一。而好的前期介入更能体现物业服务企业的核心竞争力和价值，也越来越受到房地产企业的重视。

二、物业管理前期介入流程

物业管理前期介入主要是协助开发商把好图纸关、产品选型关、质量关和后期物

业营运需求，从“以人为本”的理念来考虑今后业主（购房者）的生活舒适度和对物业的满意度。物业管理前期介入流程如图 7 – 1 所示：

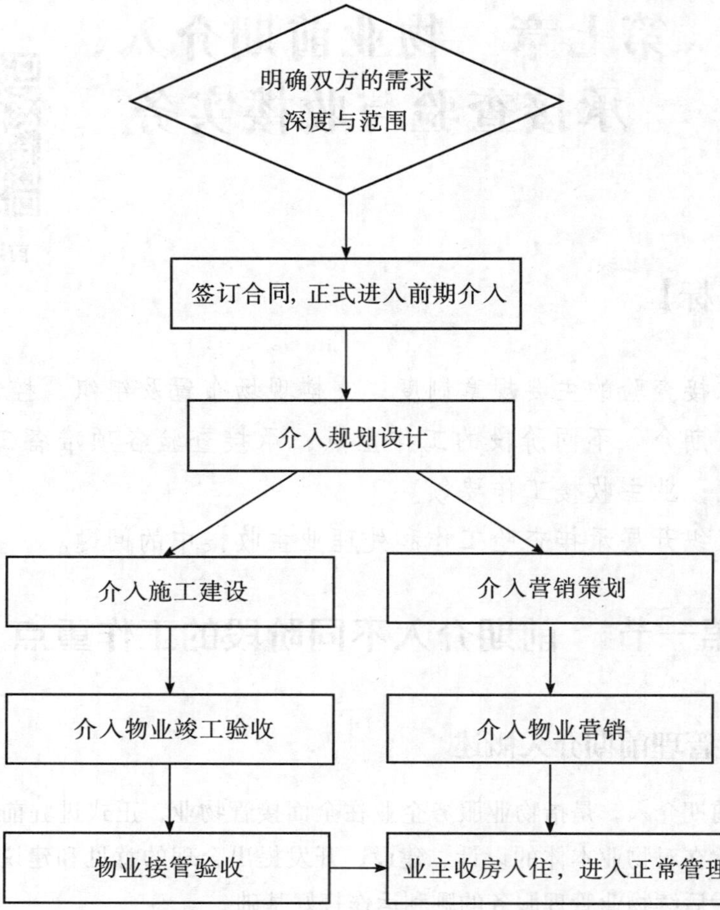

图 7 – 1　物业管理前期介入流程图

三、规划设计阶段的介入工作

规划设计是房地产开发建设的源头，物业管理的前期介入应从规划设计阶段开始。物业服务企业从项目设计阶段开始介入，参与物业建设项目的优化设计，对物业实施超前管理，为物业建设的完善提出建设性意见，避免物业建成后出现使用和管理问题。

（一）介入目标

物业服务企业在规划设计阶段介入，可根据其物业管理服务的经验，结合业主的意见反馈，提出设计方面的经验性建议，具体如下：

（1）规划方案的完善。如建筑物形态、小区大门口的设置、停车场出入口设置、交通规划、道路规划、配套规划、休闲游乐场所与各类场地的规划等。

（2）建筑物设计细节的完善。使建筑物既美观耐用，又便于后期维护保养，如小区内的景观设计在考虑美观的同时，还要兼顾到后期的维修、清洁及养护方面的成本等。

（3）建筑配套和功能设计的完善。如物业用房的配备、架空层的利用、垃圾中转站、垃圾分类点、会所功能定位、住宅空调外机位置等。

（4）设备设施选型的完善。如物业智能化建设方案、电梯选型、空调方案、消防方案和建筑节能环评等方案。

（二）介入方式

规划设计阶段介入的方式主要有以下几种。

（1）参与有关规划设计的讨论会，并从使用、维护、管理、经营以及未来功能的调整和物业保值、增值等角度，对设计方案提出意见或建议。

（2）帮助建设单位优化设计或从使用维护等角度对设计方案进行调整，使项目在总体上更能满足业主的需求，从而有利于促进项目的成功，降低开发风险。设计上的预见性可以减少后续的更改和调整，为建设单位节约投资。

（3）从确定的目标客户的角度考虑问题。在设计上，比较物业建设、使用、维护的成本与目标客户的需求及经济承受力，使业主、建设单位与物业服务企业的目标利益相统一。

（4）要贯彻可行性研究阶段所确定的物业管理服务总体规划的内容和思路，保证总体思路的一致性、连贯性和持续性。

（5）对于分期开发的物业项目，对共用配套设施设备和环境等方面的配置在各期之间的过渡性安排提供协调意见。

（三）介入工作的重点

（1）从物业管理的角度对项目各种设施、设备、材料的设计、选型、选材、安装等方面提供专业建议；依据对楼宇机电设备等的了解，结合项目本身的市场定位，为开发商提供质量价格比最优的品牌与型号建议。

（2）从业主实用的角度提供户型设计、管道设计等方面的建议。

（3）为建筑物外墙的选材和设计提供专业建议。

（4）具体研究项目总体规划设计方案，提供秩序维护岗与安保系统监控布点的设计方案，兼顾充分监控与节约成本。

（5）提供环保设施建议，如感应式开关、自闭式水龙头、垃圾分类箱（房）等。

（6）针对管理用房的大小、分配、位置等提出建议，如物管人员宿舍出入口应尽量避免与物业出入口交叉等。

（7）针对专业施工图纸，如总图规划、建筑/土建施工图、电气施工图、给排水施工图、消防系统图、智能化施工图、园林景观施工图、安全防范类设计图等，从物业角度给予审图意见。

（四）注意事项

在进行施工图设计之前，物业服务企业把意见提供给设计部门，在方案设计阶段说服其接纳，这种情况是最理想的。当然，物业服务企业相关人员在提建议或意见时要注意措辞、语气、态度，要尊重设计人员，要做到熟悉设计规范，有事实支持自己的观点，这样就更容易说服设计部门采纳其意见。

四、施工建设阶段的介入工作

在项目施工建设阶段，物业服务企业介入的目的是从物业管理和使用的角度对项目施工、设备安装的质量进行监管，这一阶段的重点工作是掌握隐蔽工程、配套工程关键部位的材料选择和施工质量，并及时向开发商提出改进建议和防治措施，以提高业主在后期使用过程中的满意度，减少维修成本，在一定程度上可以提高项目建设单位的知名度及信誉感，同时，可以避免给物业服务企业的后期管理及服务带来不必要的麻烦。

（一）介入责任

物业服务企业在施工建设阶段介入的责任主要体现在以下几个方面。

（1）从业主的角度参与对设计的修改、洽商，跟进各项设计在施工中的落实情况，及时根据实际情况提出改进不合理设计和不合理施工的建议，所有这些都应进行记录。

（2）协助监理单位对各项工程的施工质量进行监督，建设优质物业。各专业工程技术人员要深入现场，跟进工程进度，不仅要检查施工质量，还要通过跟进施工掌握隐蔽工程的状况。

（3）掌握水、电、气、暖、通风、空调、各类弱电工程（消防监控系统、安防和电梯监控系统、通信和宽带系统、有线电视系统等）等的管线关键部位的布局和走向并进行记录，这对日后的管理和维护非常重要。

（4）对材料、器材、设备的质量、品牌进行验证，避免施工过程中使用质量不合格的材料、器材、设备。

（5）协助开展工地管理，维持秩序，保障施工通道的畅通，对施工现场的安全、防火等进行监督、管理。

（6）在设备的安装、调试阶段，物业服务企业各专业工程技术人员必须深入现场，跟踪工程进度，以充分了解设备的技术状态和技术性能。

（二）介入角色

物业服务企业在施工建设阶段介入时，要明确自己的角色，其是代表业主，以第三者的身份监督施工质量，及时向开发商反馈发现的问题，并跟进改进情况，但无权直接要求施工单位整改，也不能侵犯监理公司的权力。物业服务企业应把发现的质量问题列成清单，向开发商汇报，由开发商向监理公司反映，再由监理公司向施工单位提出整改要求。

（三）介入时机

物业服务企业在施工建设阶段的介入主要侧重于项目土建工程的尾声，即在设备、门窗安装阶段，时间上大致在竣工验收前5个月。

（四）介入方式

（1）成立介入小组。介入小组一般由2～3人组成，人员搭配要合理，具备水、电、气等方面的专业知识和良好的沟通能力，并接受过专业的培训。同时，地产项目部应设定专人与介入小组对接，及时回馈。

（2）介入小组按照施工安装进度进行现场跟进，发现问题及时与地产公司、施工方等沟通解决。建立日常工作的监督、记录制度，可通过建立一套报表体系来实施，报表包括的内容有：工作计划、检查情况及问题处理建议。

（3）实行前期介入情况周报制度，将在施工现场发现的问题以周报的形式书面呈报给地产公司相关部门，并跟进所呈报问题的解决情况。

（4）定期参加地产公司组织的项目现场工作协调会，及时沟通相关问题的解决情况及进度。

（5）介入过程中发现的重大问题应以书面报告的形式上报给地产公司领导，并跟进问题的整改落实情况。

（五）施工现场的巡查与整改

物业服务企业在施工建设阶段派出工程技术人员进驻现场，对建设中的物业进行巡查、了解和记录，并参与施工工程例会，了解项目施工进度和质量，对常见施工问题进行重点跟踪，对施工过程中发现的不合理的现象设计缺陷等及时汇总整理，上报地产公司，并适时提出整改意见或建议。

现场巡查中要特别关注以下事项：

①各类设施设备的配置与安装；②地下室结构工程；③回填土工程；④楼面、屋面混凝土工程；⑤砌筑工程；⑥装饰工程；⑦门窗工程；⑧给排水工程。

五、营销策划阶段的介入工作

（一）销售准备阶段的介入工作

1. 物业服务管理方案的策划

在物业销售准备阶段，物业服务管理方案的策划主要包括以下内容。

（1）收集、整理基础信息，了解物业服务项目概况。

收集、整理基础信息，了解物业服务项目概况，有利于物业服务企业对即将接管服务的物业服务项目进行科学的分析与研究，从而进行定位规划，根据服务需求、现实条件与基本特点，规划设计基本服务目标，预测目标实现的可行性。同时，也为物业服务企业下一阶段的人员、设备、资金等服务资源的配置预测，提供科学准确的依据。

物业服务企业要收集、整理的数据主要包括：物业服务项目所处的地理位置；总占地面积、总建筑面积、外围绿化面积、楼宇总幢数等基础数据资料；园林景观、配套设施等方面的基本情况；内外部停车位数量、主要通道及出入口等基本情况；竣工验收的时间与交付使用的时间等。

（2）规划设计物业服务管理的总体思路与具体服务管理模式。

通过对业主群体进行突出特点分析，结合物业项目的特性与具体条件，对物业管理服务整体规划进行准确定位，并设计服务管理的总体思路与具体服务管理模式。

（3）规划设计物业服务管理的目标。

物业服务企业根据物业服务项目的软硬条件及自身服务管理水平，结合所处地域的特点及经济发展现状，明确提出合同期内的总体服务目标，并分别做出各项指标的具体服务管理目标承诺。

（4）规划设计物业服务管理的标准。

物业服务管理标准是物业服务企业顺利开展工作的基础。因此，物业服务企业要结合物业服务项目的现实条件与特点，为各职能部门制定专业、具体、可行的服务标准，作为服务管理工作的指导纲要。

（5）规划设计物业服务管理的组织架构。

通过对物业服务项目的服务管理定位，规划设计适合该项目的组织管理机构设置以及人员编制架构。

具体内容包括：①根据工作进度，确定物业服务管理人员进入时间节点；②设计科学合理的人员配置方案；③确定服务管理人员的岗位职责要求；④规划设计明晰具体的组织管理机构与人员编制架构；⑤规划设计物业服务管理作业指导书；⑥制定物业服务项目基础条件、设备设施的服务管理计划；⑦制定服务品质提升方案。

2. 物业服务管理经营状况测算的前介内容

（1）规划设计物业财务管理的基本原则。

①科学、合理地设置财务管理机构、配备专业的财务人员，并明确其工作职责与内容。

②建立科学、透明的财务核算管理体系。

③制定有效控制管理成本的措施。

④制定财务分级审批管理制度。

⑤确立服务管理费及代收代缴费用的收取制度与方式。

（2）进行物业服务管理日常经费收支测算。

①测算依据及说明。

②物业服务费收支测算。

③物业服务费的盈亏分析。

④增收节支的具体措施。

（3）《临时管理规约》《前期物业服务合同》的签订。

根据相关法律法规规定，商品房在公开预售前，开发商需依法选聘前期物业服务企业并签订《前期物业服务合同》。因此，《临时管理规约》《前期物业服务合同》的签订是营销策划阶段物业服务管理介入的重要工作内容之一，物业服务企业通过投标获取《前期物业服务合同》前，需做好项目的各项经营分析、预算和管理服务定位等。

（4）沙盘与规划设计核对的前期介入。

对小区模拟展示沙盘的全部内容与规划设计图纸进行逐项核对，重点关注小区围合的方案、各出入口的具体位置、物业管理用房的选址、水泵房与配电位置、垃圾中转站的位置等内容。

（5）对房产销售场所提供服务的前期介入。

房产营销阶段，房产销售的售楼部与接待中心要提供专业化、高品质的服务，在满足房产销售需求的基础上，体现物业服务企业品质，逐步成为物业管理前期介入的一种重要方式。

（6）物业服务管理模式推广的前期介入。

通过对物业服务项目的基本条件、特点以及业主群体服务需求的深入分析与研究，规划设计具有针对性的具体服务管理模式，并在物业营销阶段伴随着营销环节进行推广，在正式提供物业服务之前，通过前期推广，接受社会检验，提前优化调整。

（二）销售过程中的介入工作重点

（1）现场派驻物业咨询人员，在售楼现场为客户提供咨询服务。

（2）印发有关资料，展示宣传未来物业服务管理状况，加深业主对物业服务企业的认可。

（3）协助开发商与业主签订《前期物业管理服务协议》。

（4）协助提供销售过程中所需要的物业管理服务。

（三）销售后的介入工作重点

（1）制定物业交楼方案。

（2）交付使用前，对已竣工的房屋及公共设施进行验收接管。

（3）做好收楼及收楼后物业服务管理所需的人、财、物等方面的准备工作。

（4）配合销售人员对业主进行物业管理方面的宣传，解答业主提出的物业管理问题。

（5）接收、借阅有关资料。

（6）编印验收、交楼、入伙所需资料；建立相关的工作制度、流程、标准等。

（7）对相关人员进行岗前培训，落实人员到任时间。

（8）相关现场物业管理服务。

第二节　新接楼盘承接查验及工作要点

一、物业承接查验的概念

住房和城乡建设部制定的《物业承接查验办法》第二条明确了物业承接查验的概念。“物业承接查验，是指承接新建物业前，物业服务企业和建设单位按照国家有关规定和前期物业服务合同的约定，共同对物业共同部位、共用设施设备进行检查和验收的活动。”

物业服务企业早期介入准备充实时，物业的承接查验也可以和建设工程竣工验收同步进行，以提高承接查验工作的效率与质量。

《物业承接查验办法》第四条规定：“鼓励物业服务企业通过参与建设工程的设计、施工、分户验收和竣工验收等活动，向建设单位提供有关物业管理的建议，为实施物业承接查验创造有利条件。”第十条规定：“建设单位应当在物业交付使用 15 日前，与选聘的物业服务企业完成物业共用部位、共用设施设备的承接查验工作。”

二、物业承接查验的依据

实施物业承接查验，主要依据物业买卖合同、临时管理规约、前期物业服务合同、物业规划设计方案、建设单位移交的图纸资料、建设工程质量法规、政策、标准和规范等进行。

建设单位制定的临时管理规约适用于经全体业主同意并授权物业服务企业代为查验物业共用部位、共用设施设备的事项的情况。

建设单位与物业服务企业签订的前期物业服务合同，应当包括物业承接查验的内容。前期物业服务合同就物业承接查验的内容没有约定或者约定不明确的，建设单位与物业服务企业可以协议补充。不能达成补充协议的，按照国家标准、行业标准履行；没有国家标准、行业标准的，按照通常标准或者符合合同目的的特定标准履行。

三、物业承接查验的准备工作

物业承接查验的准备工作主要包括 6 个方面，具体如下。

（一）确定实施启动

（1）物业承接查验工作通常是由房地产公司提出需求，其工程部门负责牵头，在政府有关部门的领导下于竣工验收完成后一周内开始进行。

（2）物业服务企业在收到房地产公司发出的《接管验收通知单》后，首先需要确认物业项目是否符合物业承接查验的条件，在符合条件的基础上，与开发商签订《物业承接查验协议》，确定承接查验工作正式启动。

（二）建立组织机构

1. 建立工作领导小组

确定正式启动承接查验工作之后，物业服务企业需要成立专门的物业承接查验专项工作领导小组。领导小组通常由物业服务公司主管承接查验工作的副总经理担任领导小组组长，负责该项目的物业经理担任领导小组副组长，领导小组成员包括工程管理部主管、秩序服务部主管、客户服务部主管、环境维护部主管等。

2. 专业技术人员准备

物业承接查验是一项技术要求高、专业性强、对日后物业服务管理有较大影响的重要基础工作之一。因此，物业服务企业在实施承接查验工作之前，应当根据承接物业的业态与特点，结合物业服务项目的具体情况，与建设单位共同组成联合查验机制，并做好相关专业技术人员的准备工作。

人员安排通常包括：

（1）物业资料查验小组。可由客户服务部主管负责，组员包括若干名资料员、若干名复核员。

（2）物业共用部分、共用设施设备查验小组。由工程管理部主管负责，组员包括若干名土建技工、给水排水技工、电气技工等。

（3）物业专用部位、专用设备设施查验小组。可根据物业项目的规模分为若干个查验小组（毛坯房可按照每天每组查验 40 ~ 50 套、精装房 20 ~ 30 套分配查验任务量，初次查验的期限按照 5～7 天计算)，分别由工程技术骨干负责，每组匹配查验人员若干名。

(4) 园林绿化工程查验小组。由环境维护部主管负责或园林绿化专业管理部门负责人负责，组员包括若干名园林绿化技工。

(三) 工作计划准备

物业服务企业应当事先制定具体、详细的物业承接查验实施工作计划方案，以便承接查验工作顺利实现预期目标。

物业承接查验工作计划由承接查验工作领导小组，结合物业服务企业的工作经验来修订，具体内容包括：①与开发商、建设施工单位协商并确定承接查验的日期、时间及具体的实施进度安排，如确定现场踏勘的日期；预验收、正式验收、复验的时间安排等。②要求建设单位在承接查验前 3 日内提供移交给物业的详细清单、建筑图纸、相关单项或综合验收证明材料。③事先进行现场踏勘，为承接查验做好各方面前期计划准备工作。

(四) 人员技术培训

(1) 同类物业项目培训。采取实际定岗的方式，提前在公司所属的同类型其他物业服务项目实施操作培训 1 次以上。

(2) 本项目现场培训。结合即将承接查验物业项目的实际情况，进行有针对性的培训。

(五) 查验资料准备

在正式开展承接查验工作之前，应结合历史经验，根据实际情况制定查验的工作流程和记录表单。

在物业的承接查验过程中，应依据相关法律法规，做好必要的查验工作记录。

(1) 工作流程类，如物业承接查验工作流程、物业承接查验的内容及方法、承接查验发现问题的处理流程等。

(2) 记录表单类，如工作联络登记表、物业承接查验记录表、物业工程质量问题统计表、物业工程质量问题整改记录表等。

(3) 法律法规类，如《房屋接管验收标准》《建设工程质量管理条例》《物业承接查验办法》等。

(六) 设备工具准备

在物业的承接查验过程中，需要采取一些必要的技术方法来查验承接物业的质量情况，事先应当根据物业项目的具体情况，提前准备好查验过程中所需要的检验设备、器材、仪器和工具。例如，捣锤、卷尺、靠尺、电笔、万用表、接地电阻测试仪、红外线测温仪、长短梯、钥匙板以及其他用品。

四、物业承接查验的流程

物业承接查验流程如图 7－2 所示。

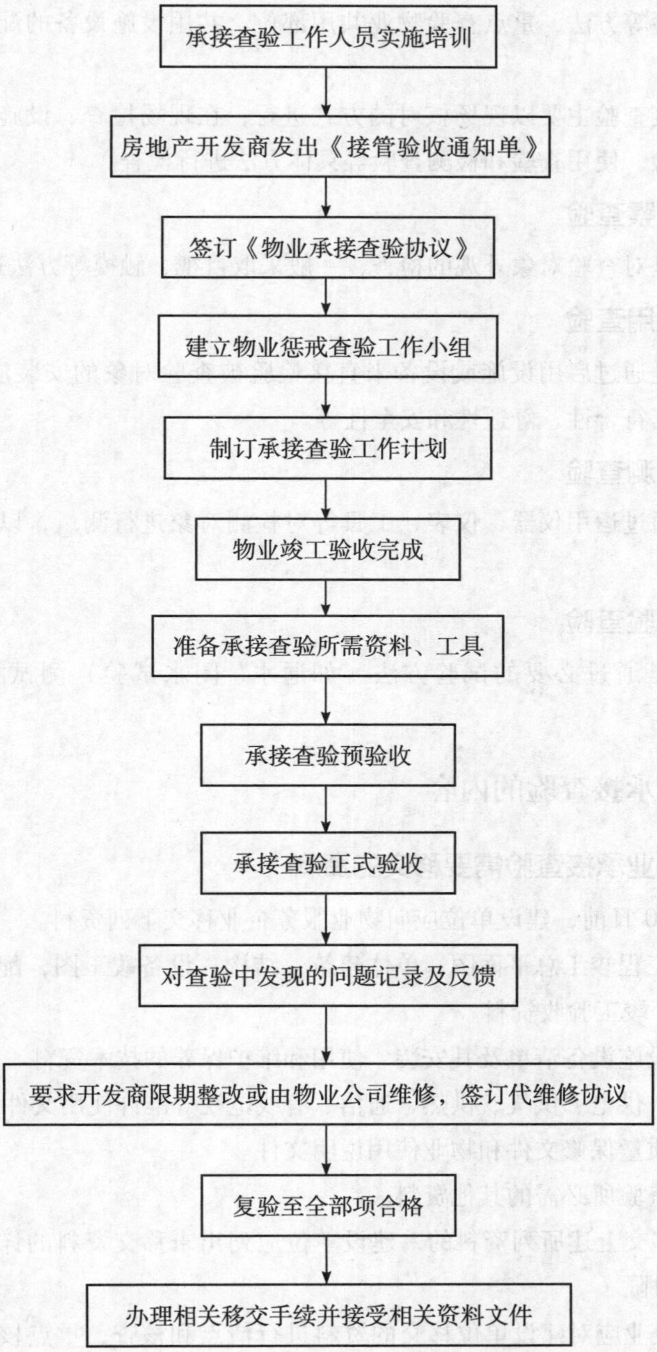

图 7－2　物业承接查验流程示意图

五、物业承接查验的办法

《物业承接查验办法》第十八条规定："现场查验应当综合运用核对、观察、使用、检测和试验等方法，重点查验物业共用部位、共用设施设备的配置标准、外观质量和使用功能。"

物业的承接查验主要以现场核对的方式进行，在现场检查、设施调试等情况下还可采用观察查验、使用查验和检测查验等具体方法进行检查。

（一）观察查验

观察查验是对查验对象外观的检查，一般采取目视、触摸等方法进行。

（二）使用查验

使用查验是通过启用设施或设备来直接检验被查验对象的安装质量和使用功能，以直观地了解其符合性、舒适性和安全性等。

（三）检测查验

检测查验通过运用仪器、仪表、工具等对检测对象进行测量，以检测其是否符合质量要求。

（四）试验查验

试验查验是通过必要的试验方法（如通水、闭水试验）测试相关设施设备的性能。

六、物业承接查验的内容

（一）物业承接查验需要移交的资料

现场查验 20 日前，建设单位应向物业服务企业移交下列资料。

（1）建筑工程竣工总平面图，单体建筑、结构、设备竣工图，配套设施、地下管网工程竣工图等竣工验收资料。

（2）共用设施设备清单及其安装、使用和维护保养的技术资料。

（3）供水、供电、供气、供热、通信、有线电视等准许使用文件。

（4）物业质量保修文件和物业使用说明文件。

（5）承接查验所必需的其他资料。

未能全部移交上述所列资料的，建设单位应列出未移交资料的详细清单并书面承诺补交的具体时限。

物业服务企业应对建设单位移交的资料进行清点和核查，重点核查共用设施设备出厂、安装、试验和运行的合格证明文件。

物业承接查验移交资料时需要注意以下问题：

（1）项目建设资料（如建筑工程竣工消防审核意见书、供暖合同等）、物业产权资料（如规划许可证、用地红线图等）、建筑工程技术资料（如沉降记录等）、合同资料（如设备购买安装合同等）等移交复印件。

（2）各类保证资料（如设备保修卡、合格证等）、物业管理运行所需的技术资料（如设备参数、配件清单、产品说明书、运行许可证等）等移交原件。

（二）物业共用部分、共用设施设备的查验

物业服务企业应当对下列物业共用部位、共用设施设备进行现场检查和验收。

（1）共用部分。一般包括建筑物的基础、承重墙体、柱、梁、楼板、屋顶以及外墙、门厅、楼梯间、走廊、楼道、扶手、护栏、电梯井道、架空层及设备间等。

（2）共用设备。一般包括电梯、水泵、水箱、避雷设施、消防设备、楼道灯、电视天线、发电机、变配电设施、给水排水管线、电线、供暖及空调设备等。

（3）共用设施。一般包括道路、绿地、人造景观、围墙、大门、信报箱、宣传栏、路灯、排水沟、渠、污水井、化粪池、垃圾容器、污水处理设施、机动车（非机动车）停车设施、休闲娱乐设施、消防设施、安防监控设施、人防设施、垃圾转运设施以及物业服务用房等。

（三）物业专用部位、专用设施设备的查验

物业服务企业应当对下列物业专用部位、专用设施设备进行现场检查和验收。

（1）专用部位。一般指户门以内专属业主所有的部位，包括承重墙体、隔墙、柱、梁、墙面、地面、门厅、走廊等。

（2）专用设备。一般包括供水设备、排水设备、取暖设备、照明设备、网络通信电视设备、配电设备等。

（3）专用设施。一般包括进户门、自用阳台、户内门、窗等。

（四）物业园林绿化工程的查验

园林绿化分为园林植物和园林建筑两方面的内容。

物业的园林植物一般有花卉、树木、草坪、绿篱、花坛等，园林建筑主要有小品、花架、园廊等，这些都是园林绿化的查验内容。

（五）其他公共配套设施的查验

物业其他公共配套设施查验的主要内容有：值班执勤等专用岗亭、社区活动中心、各类配套商业会所、游泳池、运动专用场地及设施、物业标识等。

建设单位应当依法移交有关单位的供水、供电、供气、供热、通信和有线电视等共用设施设备，不作为物业服务企业现场检查和验收的内容。

七、承接查验的标准

（一）资料

1. 规划资料

（1）项目规划图。

（2）建设用地规划许可证等用地批准资料。

（3）建设工程规划许可证、项目详细规划批复等项目批准材料。

（4）施工许可证。

（5）用水、用电指标批文。

（6）建筑物命名、更名审批材料。

2. 产权资料

（1）土地使用权出让证明。

（2）地界界桩放点报告。

（3）房屋产权清册。

（4）物业服务房、业委会用房、会所等配套设施产权清册。

3. 竣工验收资料

（1）竣工总平面图。

（2）单体建筑、结构、设备、附属配套设施竣工图。

（3）地下管网竣工图。

（4）绿化竣工图。

（5）工程竣工验收备案证明、工程规划验收合格证明。

（6）单体工程竣工验收证明（每一份施工许可证对应一份竣工验收证明）。

（7）消防、电梯、供电、燃气、人防工程、隐蔽工程、安防系统等竣工验收合规证明。

4. 技术材料

（1）电梯材料。

①电梯厂家提供的材料。包括：装箱单；产品出厂合格证；机房并道布置图；安装说明书；使用维护说明书（含润滑汇总表、电梯功能表和符号及代号说明）；动力电路和安全电路的电气原理图；紧急救援和紧急电动运行（如果有）说明；安全部件：门锁装置、限速器、安全钳及缓冲器型式试验报告结论副本，其中，限速器与渐进式安全钳还需有调试证副本。

②安装单位提供的材料。包括：电梯安装工程施工技术资料；安装过程中事故记录与处理报告（如果有）；变更设计的证明文件（如果有）；自检记录、检验报告及

（电梯合格后）检验合格证；电梯锁梯钥匙、轿内小门钥匙、厅门三角钥匙、电梯机房钥匙、控制柜钥匙每梯至少各 2 把。

（2）变压器材料。

①维护使用说明书。

②出厂技术参数。

（3）环网柜资料。

①维护使用说明书。

②专用操作工具。

（4）低压配电柜资料。

①断路器维修、使用、安装说明书。

②电容控制器使用、维护说明书。

③高、低压配柜系统图。

④进线柜、联络柜、市发电切换原理图。

⑤低压配电柜电气竣工图。

⑥低压配电线路竣工图。

⑦电缆铺设纪录。

⑧线路及电力电缆试验记录。

⑨专用操作工具。

（5）发电机组资料。

①发电机、电动机检查试运转记录。

②维修使用说明书。

③柴油机（中文版本）技术参数说明书。

④发电机技术参数说明书。

⑤发电机试车验收合格证。

⑥专用操作工具。

⑦环保验收合格证。

（6）给排水系统资料。

①生活泵控制原理图、PLC、变频器、显示屏维护使用说明书。

②各类泵出厂合格证。

③各类阀门维修使用说明书。

④生活饮用水检测报告、合格证或二次供水卫生许可证明。

（7）消防系统资料。

①消防主机、联动柜使用说明书（包括主机操作、修正密码）。

②消防报警地址码清单。

③湿式报警阀维护使用说明书。

④消防泵、喷淋泵控制柜电气原理图。

⑤消防报警系统图。

（8）安防系统资料。

①门口机、门禁、道闸、监控中心各设备维护使用说明书。

②居家安防编程说明书。

③弱点防雷测试报告。

④安防系统图。

⑤产品质量检验合格证书。

⑥安防子系统的重要监控设备需具备国家 CCC 认证。

⑦弱点系统施工图。

（9）防雷系统。

①防雷接地电阻检测记录。

②防雷引下线焊接记录。

（10）电气及厨卫设备。

①电气设备试验调整记录、电气设备绝缘检查记录、电气设备送电验收记录。

②厨、卫器具检验合格证。

③通风机风量测量调整记录。

④空调器性能测定调整记录。

（11）其他资料。

①室内空气检测合格报告。

②仪器仪表检测合格证明。

③房屋测绘资料。

④小区水电平面图。

⑤各楼层及户型平面图、水电线路图。

⑥住宅质量保证书和住宅使用说明书。

⑦各期售楼资料（楼书、销售承诺等）。

⑧所有设施设备产品合格证、随机资料（使用说明书、检测报告）、随机专用工具及清单、随机钥匙及设备房钥匙。

⑨所有设施设备安装、测试、验收记录。

⑩所有设施设备质保期内作业计划、质保期限及内容和其他服务承诺。

⑪所有设施设备供应商及安装单位的联系人、电话、地址等资料。

5．音像资料

（1）建筑物前、后、侧、立面照片或效果图。

（2）内外景观照片或效果图。

（3）建筑小品照片或效果图。

（4）工程奠基、开、竣工典礼、重要领导人或知名人士视察、剪彩、题词照片、录音、录像。

（5）建筑主体、隐蔽工程等重点部位事故处理原状及处理后的照片、录像。

6. 合同

（1）所有设施设备采购及安装合同电子版或复印件（不包含其中的专利、价格和保密条款等）。

（2）开发商针对配套签署的各种协议（如水/电/气/电视/电信/网络等协议、垃圾清运协议、公交配套协议、幼儿园/学校/医院等协议等）。

（二）共用部位

1. 屋面

（1）屋面地坪找坡准确，屋面细石混凝土保护层及女儿墙无明显空鼓裂缝。

（2）天沟部位及排水口周边防水卷材铺贴密实，天沟排水通畅，整个屋面 24 小时盛水无渗漏，无明显积水。

（3）瓦屋面瓦片排列应整齐、平直，搭接合理，接缝严密，安装牢固，无残缺瓦片。

（4）屋面排水口有排水筛子。

（5）屋面在排水地漏堵塞情况下应有相应措施，保证积水不会溢流至楼梯通道。

（6）天台栏杆、外檐及其他屋面突出物安装牢固，有避雷防护。

2. 外立面

（1）面砖铺贴平整、粘贴牢固，横平竖直无空鼓，间隙均匀、勾缝密实。

（2）外墙无渗漏、无空缺、无蜕皮、无裂纹；大墙角、阴角挺拔通直，阴阳角清晰不含糊；细砂批嵌均匀无接口，表面无明显射影和波纹；涂料均匀，无漏刷、无色差、无接痕、无霉点、无污渍，收口清爽。

（3）外立面空调百叶窗、空调支架、阳台栏杆、玻璃等外挂件安装牢固，连接方式可靠，无松动、变形、连接件断面受损等安全隐患。

3. 内墙面

墙面平整，斜板表面平整。

4. 首层大堂、各楼层、电梯厅、人行楼梯、走道、栏杆

（1）地砖、墙砖铺贴平整，拼花图案清晰，色泽一致，无缺棱掉角，砖缝均匀顺直。

（2）楼梯踏步尺寸一致，无大小头，斜面一条线，2 米靠尺检查平整度允许偏差

小于4毫米。

（3）楼梯挡水线、挂落线、宽厚度一致，表面平整。

（4）栏杆焊疤处理平整，木扶手拼接牢固，扶手背不弯曲，腻子批嵌密实，栏杆高度、间隙符合设计规范。

（5）铁质栏杆借口焊接严密，油漆表面涂刷后无锈斑、焊渣、毛刺等。表面平整度允许偏差3毫米，接缝直线度允许偏差2毫米，接缝高低差允许偏差0.5毫米。

5. 公共阳台

除符合楼地面地坪要求外，不倒泛水，无积水，不漏水。

6. 门窗

（1）门窗安装牢固，安装位置符合设计要求。

（2）门窗开启灵活，无倒翘、阻滞及反弹现象，五金配件齐全，位置正确。

（3）门窗框扇门窗表面外观洁净，无划痕、碰伤、拉毛现象。

（4）门窗滑槽内无垃圾，排水孔通畅，玻璃无划伤、气泡。

（5）硅胶槽顺直，槽口方向、宽度、深度符合设计要求，硅胶边缘整齐，光滑。

（6）楼道窗高度距地0.9米以上，低于0.9米需要设置防护栏。

7. 各类门

（1）门扇开启灵活，无自开、自关、回弹现象。

（2）门框与墙体间砂浆填嵌饱满均匀。

（3）框的正、侧面垂直，允许偏差小于3毫米，框的对角线允许偏差小于3毫米。

（4）框与扇，扇与扇搭接宽度为1.5~2.5毫米，高低差小于2毫米。

（5）门锁、拉手、插销、小五金、门碰头安装齐全，无遗漏，安装位置准确，牢固，表面整洁无污染，油漆涂膜无缺损、划伤，门锁开关灵活、钥匙插入拔出无卡阻现象。

（6）电表箱、水表井、管道井、水表箱、弱电箱及电梯机房门等同类门使用通锁。

（7）各设备房门安装防鼠板。

8. 发电机房

（1）机油箱房间设置防爆灯，发电机应配备两套电池（一用一备），如果发电机没有配备充电器模块，需另配备浮充充电器，发电机的自动转换柜应有自动及手动转换功能。

（2）机组安装基础做减振措施，在发电机房安装高效吸音板降低机房传出的噪音。

（3）控制柜应设置市电断电测试按钮，送排风系统应设置断点延时装置。

（4）发电机房位置设置在地下车库，地下车库高度应满足2.5米净高，以满足油罐车进出；油箱的进油口设置在方便车辆进出并可装卸位置，方便加油；油箱上设置直径小于2寸[①]可直到地面的透气弯管，设置油位管；油箱设置液位管，各进出油口安装球阀。

（5）发电机房要有足够的通风，一般发电机房的出风口面积是发电机散热器面积的1.5倍，机房的进风口面积是发电机散热器的1.8倍。

（6）发电机排烟管道要做保温处理。

（7）发电机组要有工作接地，油箱和共有管道要有防静电接地措施。

（8）地面做排水沟通往机房外，机房外设置排水坑。

9. 照明

（1）小区室外照明、车库照明、景观照明、阳台灯具安装应按设计要求施工（室外照明/泳池照明必须配置漏电保护装置）。

（2）灯柱、灯具安装牢固，配件齐全，灯罩无损伤，灯泡照明正常，灯柱外表油漆均匀，无损伤和刮花。

10. 管道井/沟

（1）管道井/沟内应无杂物，设置排水地漏，盖板齐全。

（2）沟渠井配置有防震功能的活动井盖。

11. 公共电源开关、插座、灯具

（1）照明开关、插座安装距地高度需按相关规定安装高度，并列安装高差允许偏差0.5毫米。

（2）每户内面板高差允许偏差5毫米，面板的垂直度允许偏差0.5毫米，并列安装的高差允许偏差2毫米。

（3）线材色标合理，接线正确，左零右相，相线为红线，零线为蓝线，接地接触紧密，线径符合设计要求。

（4）阳台、厨房及卫生间插座应为防水型。

（5）室外公共照明采用分区间隔、定时开关控制，楼梯间照明应采用声光控红外感应开关控制。

12. 电表

（1）满足抄表到户需求。

（2）安装符合设计及国家规范要求。

（三）共用设备

1. 配电系统

（1）配电室。

① 1寸=3.33厘米。

①有自动通风系统，干式变压器有超湿报警器（报警信号引至控制中心）、风机散热装置。

②高低压配电室、变压器、发电机房地坪应高于周边排水位，正上方及周边没有浸水、渗水、滴漏可能。无给排水管道穿行。

③有防止靠近危险设备的警戒线（宽度约10厘米的黄色地砖铺设），黄色警戒线内铺绝缘垫。

④维修专用工具配备齐全，配置配电系统模拟盘，配置灭火器和应急灯。

⑤变压器顶端无照明工具。

⑥配电室内商业用电与居民照明用电分路控制。

⑦变压器与配电柜安装在一个房间的有安全隔离防护栏。

⑧设备房门上有相应设备房标识。

⑨通信设备、电缆进线口封堵严密；变电所、配电室入口安装防鼠板。

⑩地下配电所内需设置积水坑及强排措施。

（2）电缆。

①电缆规格应符合规定，排列整齐，相色正确，无机械损坏。

②标志牌应装设齐全、正确、清晰。

③电缆的固定、变曲半径、有关距离和单芯电力电缆的金属护层的接线、相序排列等应符合要求。

④电缆终端、电缆接头应按牢固，接地良好；电缆支架等的金属部件防腐层应完好。

⑤直埋电缆路径标志应与实际路径标志相符。

⑥验收时应提交下列资料和技术文件：设计资料、竣工图纸；制造厂提供的产品说明书、试验记录、合格证件、安装图纸等技术文件；电气试验清单。

（3）配电柜、箱。

①配电箱面垂直，箱体高50厘米以下，允许偏差1.5毫米，箱体高50厘米以上，允许偏差3毫米。

②需在配电箱、柜门内侧张贴过胶后的电气原理图。

③配电箱、柜内的设备、元件齐全、接地正确，线材色标正确、排列清除，各开关有标识，接触严密。

④室外配电箱接地良好，照明、插座须设置漏电保护装置。

⑤强电插座与弱电插座之间需保持至少300毫米的间距。

（4）水泵。

①水泵在安装时，出水口的止回阀与软接中最好用短管接连，短管上方要有放气阀。

②水泵电机的控制柜与水泵机组隔离。控制柜柜底应高出地面20厘米以上。泵房设置有匹配的排水沟、积水坑和排污泵，积水坑应安装高出水位报警并连接控制中心。

③水泵变频控制系统应具备：PLC、变频器运行过程出现故障时，应有故障代码指示及故障记录查阅；该系统在突然断电后又恢复正常供电时，该系统可以自动复位；根据现场实际情况，可以设置供水压力的上限、下限；根据现场实际情况，可以设置每台泵运行切换时间；设备在维修时，相应的每台泵应能退出自动切换运行程序，并可复位；泵房内宜有检修水泵的场地，检修场地尺寸宜按照水泵或电机外形尺寸四周有不小于0.7米的通道确定；生活水管表面应刷绿色；水泵基座四周应设置排水沟。

2. 给排水系统

（1）给水管。每层管道内应设支架，管卡埋设牢固，管卡与管子接触紧密；各类给水管网应有功能及流向标识，各阀门应有控制范围及状态标识；积水阀门的位置准确，开关严密、灵活；水表安装位置正确，水表进水口中心距地面高度偏差不大于20毫米；变频供水的小区，每个单元装设单向阀，防止业户水表反装；每个单元必须安装有单独的总阀，室外供水管网合理设置分区阀门，末端设自动排气阀，低端设排空阀；明管和管道井应将管接口麻丝和管子污物清理干净后，刷银粉漆二遍；所有的给水管（含热水管）经试压且符合规范标准；所有的主给水管要有原始的冲洗记录；地下给水管道在回填土之前，物业公司应核对图纸并注明给水管暗埋的深度及材料类型；室内暗敷管道需用红线表明管道的准确位置范围。

（2）排水管。排水管每户洁具留口位置准确，厨房、卫生间地漏高出地坪0.5～1厘米，阳台地漏低于地表面0.5厘米，地漏地滤铁网安放稳固；检查口位置正确，清扫方便；排水管安装完毕后，应将管道井垃圾和检查门处管子口污物清理干净；所有排水管灌水通球试验做到不渗不漏，排水通畅；各类排水管网应有功能及流向标识，管道标有排水类型；高层楼宇PVC排水立管中应设置弯头，最下部应设置铸铁管，防止硬质物破坏；顶层排水管口安装有防护篦子，避免杂物掉入；雨水，污水分流排放；主给排水管线坡道需不小于0.5%，室外地埋管线不足1.2米时，做管道保温处理（北方地区）。

（3）空调水管。按规范每层安装伸缩节，伸缩节安装高度应统一；管道支撑件的间距应统一，立管$\phi75$以上的支撑件间距不大于2米；立管的垂直度偏差：每5米不大于10毫米，全高不大于30毫米；所有管道不堵不漏，排水通畅。

（4）雨水管。按规范安装伸缩节，伸缩节安装高度应统一；管道支撑件的间距应统一，立管$\phi75$以上的支撑件间距不大于2米；立管的垂直度偏差：每5米不大于10毫米，全高不大于30毫米；雨落管口与排水明沟中心、月亮弯中心三点成一线；天台雨水排口设置有排水篦子；所有管道不堵不漏，排水通畅。

（5）水表。安装符合设计及国家规范要求，设置在便于抄表部位。

3. 燃气系统

(1) 调压箱。

安装应符合当地法规规定。

(2) 燃气表。

燃气表安装在室外时，应统一置于燃气表箱内，并加锁。

(3) 燃气管。

①管道安装每层应设置套管，套管高出地坪 8~10 厘米，顶棚处与顶棚平。

②立管的垂直度，每 5 厘米以下不大于 2 毫米。

③供气管道需具有燃气标识及气向标识。

④燃气管明敷，离墙面 3.5~4 厘米。

⑤燃气管每层加管夹，安装位置准确牢固。

⑥管道安装完毕后应将接口和管壁清理干净，做防腐处理及标识。

⑦试压检验无泄漏。

(4) 报警装置。

高层地下室燃气主管通过部位需加装报警装置，报警信息联动到监控中心。

4. 消防系统

(1) 泵房。

①设备周边有维修空间（特别是顶端有吊装空间），水泵上方安装能承重 2 吨的挂钩。

②水泵与电气控制柜需要分隔设置，配备和房间面积相匹配的有定时功能的排气扇。

③水箱有水位显示装置及水箱高低水位报警装置，报警信号到控制中心。

④要有匹配的排水沟，要有排水坑，并安装超高水位报警装置，报警信号到控制中心。

⑤设置内线电话。

⑥各管道、阀门有状态标识。

(2) 消防栓灭火系统。

①消防栓系统在最高位置设置自动排气设备。

②高层建筑消防给水系统应采取超压措施。

③消防箱玻璃无破碎，标识齐全，箱内配件齐全，箱内报警按钮测试正常。

④消防栓无漏水，管网刷红色油漆。

⑤高层建筑单元设置管道阀门，地下车库建议在易冻位置设置分区控制阀门，靠近室外位置消火栓设置单独阀门控制。

⑥北方地区的半地下室，一层楼北侧消防栓需要采取防冻措施。

（3）喷淋系统。

①消防、喷淋供水主要开停应设计为远程控制，可以在监控中心直接开停。

②设置生活积水与消防水系统的联通阀门，阀门平时处于关闭状态。

③系统必须设计排气阀及泄气阀，消防泵喷淋泵出水口应安装排空阀。

④消防水泵房应设置离水井及自动排污泵，安装高水位报警系统，将报警系统引至控制中心。

⑤水流指示器、信号阀、湿式报警阀报警测试正常，信号引至监控中心。

⑥系统末端安装压力表，末端放水管到引至排水沟。

⑦湿式喷淋系统，需要有防冻设置，地下车库的喷淋建议做好设置预防作用系统（东北地区），3 000 米以上区域的湿式喷淋系统应设置分区控制阀门。

（4）消防报警。

①火灾自动报警系统应设有自动和手动两种触发装置。

②设置在消防控制室外的消防联动控制设备的动作状态信号，均应在消防控制室显示。

③控制中心报警系统应设置火灾应急广播，集中报警系统直设置火灾应急广播。

④每个防火分区至少应设一个火灾报警装置，其位置直设在各楼层走道靠近楼梯出口处。

⑤火灾自动报警系统应设专用接地干线，并应在消防控制室设置专用接地板，专用接地干线应从消防控制室专用接地板引至接地体，专用接地干线应采用铜芯绝缘导线，其线芯截面面积不应小于 25 平方毫米。

（5）防排烟设施。

①防排烟送风阀旋转灵活，开关自如，风机运行无异常声音。

②防火卷帘门升降自如，电机运行无异常声音。

③防排烟阀启闭信号引至监控中心。

（6）疏散指示系统。

出口指示灯、应急灯测试正常。

（7）气体灭火系统。

①建筑面积大于 140 平方毫米的电脑机房必须设置气体灭火系统。

②住宅发电机房必须设置气体灭火系统，须有手动、自动及报警控制装置。

（8）防火门。

①公共部位防火门钥锁通用。

②门开、关、锁动作自如，门表面无划伤，无变形，无锈蚀，闭门器完好无损，力量适中。

（9）防火卷帘。

①防火卷帘门、烟感、温感配置符合消防规范要求。

②消防主机、消防指引牌数量、安装位置符合消防规范要求。

③升降自如，有限位保护，电机运行无异常声音。

（10）其他消防设施。

①灭火器参照《建筑灭火器配置设计规范》要求配置，灭火器配置点醒目，每个配置点的灭火器不少于2只，不宜多于5只，高度不超过1.5米，便于取用。

②商铺应有疏散指示灯、消防平面图，配置足够的灭火器材等消防设施。

③北方区域消防系统的防冻措施齐全。

④北方地区无采暖的地下室湿式消防供水管道应设有防冻措施，采用电伴热方式防冻，用电单独计量。

5. 智能化系统

（1）周界防越及联动报警系统。

①系统的配置必须满足功能要求，安装可靠牢固，报警点沙盘显示正确，可与电视监控系统联动，雨天、雾天、大雪天不会发生有误动作，可在不少于三个月时间内进行验证。

②红外报警设施设置合理，固定牢固，外周界报警探测装置形成的境界范围无盲区，线路隐蔽或穿铜管敷设，具备防剪功能。

③有联动要求时，灯光，摄像机、录像机等联动正常。

④周界红外报警在柱头部位不留死角。

（2）门禁管理系统。

①安装位置应位于门的中部，单元门密码锁应为静音锁或电磁锁，防止噪音扰民。

②公共区域的出入口安装IC卡门禁，小区入口、组团入口、单元门入口设置电动感应门和读卡器。

③组团门的高度不宜低于1.8米，IC卡门禁旁边应设闭路监控镜头，从外部进入时，无法接触门禁内侧的开启按钮。

④居住区或车库（场）出入口岗亭内，安装与监控中心连接的紧急呼叫装置（或安装电话）。

⑤通信线路通信信息能与电脑之间相互传输，中心电脑能够开启各门锁。

⑥门禁管理人事资料录入、备份，卡的发行、挂失使用正常，实现报表、人员进出资料查询。

⑦门禁卡刷卡数据与服务器联网，并具有记录实时查询、挂失功能。

⑧有电梯进入地下车库的需在电梯内外设置双向门禁刷卡系统。

（3）闭路电视监控。

①系统可与周界防越报警系统联动进行视频录像。

②摄像机安装牢固，设备能满足白天、夜间正常使用，并保证图像清晰，录像保存时间不少于 30 天。

③室外监控镜头有红外灯光补偿功能，各监控点设置布局合理，和环境协调。

④电梯轿厢内摄像头能监视电梯轿厢的全景。

⑤云台控制灵活（包括垂直、水平度、转动）。

⑥所有管线凭证、牢固、顺直。线路的标识与实际相符。

⑦设备外壳均可靠接地，设备前段、尾端应安装避雷器，并安装牢固可靠。

（4）楼宇对讲。

①单元门口机安装设置在便于使用位置，室内机安装牢固，通话质量优良，可视屏图像清晰，电控锁开启灵活，报警功能打印正确，可视摄像头必须满足白天、夜间的图像清晰。

②门口机、管理中心机使用正常。

（5）室内安防系统。

①要有相应的信号防雷、电源防雷。

②弱电安防系统有防雷措施，云台、摄像机、周界等有信号防雷器，控制中心电源有防雷措施。

③中心集中供电并测试双电源切换是否正常。

④检查 20% 接线盒。检查接线是否满足工作要求，特别是地下管网及管井布线须无接头。

（6）居家报警系统。

①煤气、门磁、紧急按钮、红外报警正常，主机显示报警种类正常。

②系统操作权限设置合理。

③系统能够设置自动检测功能。

（7）电子巡更系统。

①巡更器牢固可靠，信息钮要布置合理，贴放可靠牢固，要能防水不锈。

②巡更点安设牢固、隐蔽。

（8）电子显示屏。

①小区车辆与行人出入口处建议安装电子信息发布屏，以便及时向车主或行人发布、传达有关消息，消除信息死角。

②设置独立供电回路并可单独控制开关。

（9）设备运行监控系统。

①公共照明管理系统、电梯运行状态管理系统、消防管理系统、配电及排水管理系统、家庭报警管理系统，煤气泄漏报警系统等，统一设计与监控中心联网。

②园区路灯、草坪灯等室外公共照明开启采用回路设计，并合理划分运行控制。

③电梯故障报警时刻在监控中心显示具体位置或层数。

④水箱设计高、低位报警装置，并可在监控中心显示报警信息和具体位置。

⑤地下室、燃气调压站/箱设计报警系统，可在监控中心显示报警具体位置。

（10）背景音乐及紧急广播系统。

①小区背景音乐的音箱可单独控制开关。

②背景音乐或紧急广播应由监控中心统一管理，小区内广播建议结合社区景观。

③扬声器的音质无失真，功放功率与扬声器总功率匹配，中心设备能够正常使用。

6. 防雷系统

（1）避雷带规格符合设计要求。

（2）避雷带及引下线焊接符合规范要求。

（3）全面测试接地电阻符合设计要求阻值，无明确时应小于20欧姆。

（4）防雷接地带需刷漆进行防锈处理。

（5）室外留有避雷测试点且入箱/盒敷设，且高于地面。

（6）弱电安防系统应有防雷措施，云台、摄像机、周界等有信号防雷器，控制中心电源有防雷措施。

（四）共用设施

1. 道路交通设施

（1）小区出入口。

①住宅部分实行全封闭式管理，与社区配套设施（如商业用房、居委会、派出所、幼儿园、学校、医院等）出入口应分开设置，且不能有直接与住宅部分连通的门、通道等。

②小区出入口不宜超过3个（40万平方米以上的小区可以考虑设计4个以上）。

③主要道路和出入口人车分流，在设计和设施配置上考虑到限速要求及回车余地。

④小区入口设置小区总平面图。

⑤主出入口岗亭设置要视线通透，方便观察来往车辆和行人，岗亭门尽量制作成推拉门。

⑥值班岗亭内应安装可与智慧中心直接联系的电话，以便出入口核实访客等外来人员。

⑦围合式院落在人行主要院门设置公共信息栏，商业区域设置产品广告信息栏，信息栏选用不锈钢材料，能够防雨。

⑧高档住宅项目出入口应分别设置业主、访客专属通道。

⑨车辆出入口设置路肩，以利于车辆紧急或异常情况临时停靠。

（2）道闸管理系统。

①小区出入口及实行小封闭式管理的车场（库）出入口须设置道闸和安装车辆进出图像、车牌对比识别系统。

②出入口的刷卡器安装雨棚，设置多个出入口的，各出入口及监控中心应联网操作，以利于信息共享及实时监控。

③刷卡器前侧安装地桩，防止车辆意外冲撞；道闸须加装红外防砸装置。

（3）非机动车停车设施。

①存放点设置合理的照明，应设置固定支持物，且与小区的风格相匹配。

②自行车库的地下室，自行车集中停放点应设置电瓶车充电电源，电源需单独计量，照明采用声光控感应照明。

（4）交通辅助配套设施。

①小区主要出入口与城市干道交接处，有缓冲地等。

②小区道路主要位置设置混凝土减速坡，大厦主要道路设置塑胶减速坡。

（5）无障碍通道。

设置电梯的住宅公共出入口，当有高差时，应设轮椅坡道和扶手行李入口处及公共场所，考虑残障人员出入，宜设置无障碍通道和设施。

2. 地下车库

（1）标识系统。

①出入口、车位、车行线、疏散通道、功能房间标识齐全。

②出入口应配置反光镜、监控镜头，刷卡处设置防雨装置。

（2）保护系统。

地下车库的柱子、栏杆应有防撞措施。出入口应有减速坡、限高杆、防滑坡槽和道闸；并在出入口区域墙上设置反光带。

（3）出入口。

出入口应设有防止路面水进入车库的坡道、排水沟。

（4）车位。

车位划定车位标线和编号，出售车位安装车位锁。

（5）防洪及排水系统。

①地下车库需按设计规范或相关规定设置符合消防要求的消防沙地，出入口应设置防洪闸。

②地下车库设置接水沟、积水井，安装排水泵及备用泵，排水泵实现自助启动及超高水位报警功能。

3. 休闲娱乐

（1）健身、儿童设施。

①设施安装平稳牢固，符合安全设计规范，有安全防护措施、使用说明与注意事项；人生接触面无突起，无锐角；能转动摆动部件无损坏。

②木制儿童娱乐设施与地面接触的木柱做防腐处理。

③设施安装现场需排水通畅，不积水，有照明设施。

④网球场场地平整，照明需独立电路控制。

（2）泳池设施。

①泳池区域必须封闭，且围栏无缺口、无损伤，能有效防止人员非受控进入泳池。

②泳池浅水区（水深1.2米以下）和深水区（水深1.2米以上）分界处应有明显的水深标识并用浮标隔断。

③儿童涉水池与成人泳池水体没有完全隔开的，应该在水深0.6米处安装隔栏。

④水面上有桥或装饰物等严重影响救生员视线的，桥及装饰物下方应有防止泳客进入的隔离措施。

⑤更衣室与泳池间走道应设置强制喷淋设备和强制通过式浸脚消毒池，浸脚消毒池长不小于2米，宽度与走道宽度相见，深0.2米；强制喷淋设备喷出的水不能进入浸脚消毒池中。

⑥泳池区域应有充足照明，无照明死角，配备足够的应急照明或双回路供电；泳池机房应设置有足够容量的集水井及合适的排污泵；游泳池机房、卫生间（厕所）、更衣室、淋浴室内抽风装置运转正常。

⑦过滤水泵无异常声音、震动，水泵轴无泄漏；过滤网无堵塞、破损现象，电机温升正常。

⑧加药泵加药速度适中，管网无堵塞、渗漏现象。

⑨管道水流标识清晰、正确，管道无渗漏现象；阀门应有状态标识，止回阀能够防止水倒流，闸阀关闭正常，各阀门前应装活接；管网各压力表正常，表内无进水。

⑩沙缸多档阀转动灵活，无漏水、裂纹，中文功能标识齐全。

⑪游泳池的水底灯能正常开启，无松动、无进水现象，灯罩无裂纹或破损，水中灯具电压不大于24伏；电源变压器必须采用双全变压器，严禁采用自调变压器；带电部分与金属壳体之间的绝缘电阻不小于7兆欧，变压器绕组对金属外壳间的绝缘电阻不小于2 MΩ。

⑫泳池回水口、泄水口，给水口安装牢固、耐腐蚀的格栅盖板防护；成人游泳池的格栅孔隙宽度不得超过10毫米，儿童游泳池不得超过8毫米；给水口格栅护盖孔隙的水流速度不直大于1.0米/秒，回水口格栅孔隙的水流速度不应大于0.2米/秒。

⑬池壁平整，无破裂，池底防滑，泳池爬梯扶手牢固，无松动、无锐角及其他伤

人隐患。

(3) 园区座椅。

公园椅安装牢固，无脱漆、无锈蚀、无破损、无痕迹，颜色均匀一致。

(4) 信息栏。

①小区应在主入口设置信息公布栏，大厦应在大堂出入口合理位置设置信息公布栏。

②室外公布栏应有照明设施。

4. 雨/污水处理

(1) 化粪池。

应满足设计要求，位置设置要便于清掏。

(2) 隔油池。

①隔油池要便于清掏和处理。

②接水管道管径符合设计要求。

(3) 沟/渠/管/井。

①室外沟、渠及窖井按设计施工，标高及坡度符合设计要求，无倒坡现象。

②窖井布置合理，出水口四周封闭紧密，粉刷符合要求。

③各窖井盖完整无缺，无翘裂、变形，易于开启，并做好防腐处理。

④室外接水管做闭水试验和冲水试验，管道无渗漏，排水通畅。

(4) 中水系统。

①中水管道严禁与饮用水管道连接，其管道应有防渗防漏措施，小区中水处理站按规划要求独立设置，处理构筑物宜为地下式或封闭式；对中水处理中产生的臭气应采取有效除臭措施。

②中水池（箱）内的自来水管应采取自来水防污措施，补水管出水口应高于中水储存池（箱）内溢流水位，其间距不得小于2.5倍管径，严禁采用淹没式浮球阀补水。

③中水储存池（箱）设置的溢流管、泄水管，均应采用间接排水方式解除，溢流管应设隔网。中水管道外壁应按有关标准的规定涂色和标志，水池（箱）阀门、水表及给水栓、取水口均应有明显的中水标志，公共场所及绿化的中水取水口应设带锁装置。

④中水系统的自来水补水宜在中水池或供水箱处，采取最低报警水位控制的自动补给。

⑤中水处理站应对耗用的水、电能耗进行单独计量。

⑤保证设备间透风，设备运行状况需远程反馈至监控中心（由于人员设置，不需保证24小时值班）。

5. 围栏。

（1）园区围墙。

①临近围墙不设置固定的构筑物、建筑物、高大乔木以防止攀爬。

②小区外围围墙的高度满足设计要求，围墙如采用通透式围栏，栏杆间距小于10厘米。

（2）苑区围栏。

封闭式的组团围墙（包括围栏、组团门禁）高度不低于1.8米，围栏、门禁上端应设计为尖刺。

6. 绿化设施

（1）浇灌设施。

①绿化用水应独立供水，独立计量。

②绿化用水取水点供应半径应不超过30米，需要设置排水措施。

③绿化取水井周边应有硬化的操作区域，如有装踏步石。

④草坪面积在150平方米以上的建议设置自助喷灌系统。

（2）排水设施。

①花墙、花坛应有排水装置，有防渗漏、防积水措施。

②绿地与路面交接处需考虑在低洼处设置排水槽、沟等设置。

（3）绿化边角。

绿地平面应低于道路平面，绿地平行或高于道路平面或者是坡地时应考虑交接处沟槽排水界面。

（4）地面铺装。

小区内道路平整，各类砖铺设整齐，无松翘，分界处层次清晰，集水井分布合理，无积水现象，与绿地连接的转弯处考虑设置喇叭口。

7. 清洁设施

（1）垃圾中转设施。

应设置垃圾中转站，且中转站应配置清洗水源及排水功能和排气设施，大小与小区实际情况相匹配，异味不影响住户。

（2）垃圾桶。

①在小区道路周边及花园内适当位置，合理设置垃圾箱（桶）并符合生活垃圾分类要求，大小适当，外观应与小区风格区配。

②电梯厅应配置与环境和功能相配套的果皮箱。

③地下车库应合理设置果皮箱及清洁水源，水源处应设置排水、防水设施。

8. 景观小品

（1）水景观配置。

①临靠水系的通道必须有防跌落的措施。

②设计在商铺周边的水景应有防跌落的措施。

③小区内的自然河、湖及水深超过 90 厘米的人工水景，应在岸边配置救生圈或救生杆等救生器材。

④岸边不应有陡坡，不应有果树；观景平台及有可能跌落的位置必须有护栏。

⑤水景水池如采用自来水作为补充水时，应采取防止回流污染的措施。

⑥喷泉及水景用水应循环使用，循环系统的补充水景应根据蒸发等损失确定。

（2）观赏性小品。

①观赏性小品在低于 1.8 米的部位无尖、刺、利刃形状，若设计需要，应考虑避开道路或采取防护措施。

②观赏性小品安装牢固。

（3）装饰性灯具。

①泛光照明不影响住户，不造成光污染。

②照明灯具使用安全电压。

（4）码头及桥梁。

局部选择木制材料时应考虑做防水、防日照表面处理。

9. 人防设施

符合项目人防工程规划设计标准。

10. 物业管理用房

①根据《广东省物业管理条例》需要配备物业管理用房面积是总建筑面积的千分之二，最低不少于 50 平方米，最高不超 300 平方米。

②办公用房、生活用房具备通水、通电、上网功能。

11. 业委会用房

符合当地法规规定。

八、承接查验中应注意的事项

物业服务企业在承接查验时应注意以下几个方面的问题。

（1）物业服务企业既应从今后物业维护保养管理的角度进行验收，也应站在业主的立场上，对物业进行严格的验收，以维护业主的合法权益。

（2）对于前期介入工作中提出的完善物业使用功能与有利于物业服务管理的建议，进行认真复核，对尚未完成项应当要求房地产开发商采取补救措施，并存档备案。

（3）要求开发商提交土建工程、装饰工程、市政工程、设备安装工程、绿化工程等主体以及配套工程的施工、承包单位名称与地址，工程项目名称、工程负责人的联系方式、工程保修期限等清单资料，并存档备查。

（4）落实物业的保修事宜。根据建筑工程保修的有关规定，由开发商负责保修，向物业服务企业交付保修保证金，或由物业服务企业负责保修，开发商一次性拨付保修费用。

（5）将施工剩余的建材保存备用。

（6）对采用的非常用建材、设施设备，要求开发商提交施工、承包单位名称与地址，工程施工项目名称、工程负责人联系方式、工程保修期限清单资料，并存档备案。

（7）对有可能影响业主使用或影响物业服务管理工作正常运行的配套设施，如物业大门、值班岗亭、围墙、道路、广场、社区活动中心、停车场（库棚）、游泳池、运动场地、垃圾中转站、休闲娱乐设施等进行认真查验，规避物业服务管理风险。

（8）对公共设施如商业会所、幼儿园、停车位等产权进行确认，避免日后发生争议。

（9）向开发商建议、取得物业服务企业对小区房屋建筑物、设备设施以及场地正常使用的认可，作为向施工单位支付工程款项的依据。

（10）与开发商确认，物业承接查验完成不是小区房屋建筑物、设备设施以及场地符合国家以及设计建设标准的依据，规避相关物业服务管理纠纷。

九、承接查验所发现问题的处理

物业工程出现质量问题的原因主要有以下几个方面：设计方案不合理或违反规范造成的设计缺陷；施工单位不按规范施工或施工工艺不合理甚至偷工减料；验收检查不细、把关不严；建材质量不合格；建设单位管理不善；气候、环境、自然灾害等其他原因。

（一）物业承接查验的问题

第一类是由施工单位引起的质量问题。若质量问题在保修期内发现或发生，按《房屋建筑工程质量保修办法》的规定，应由建设单位督促施工单位负责。第二类是由于规划、设计考虑不周而造成的功能不足、使用不便、运行管理不经济等问题，这类问题应由建设单位负责做出修改设计，改造或增补相应设施。

（二）物业承接查验的记录

《物业承接查验办法》第十九条规定：“现场查验应当形成书面记录。查验记录应当包括查验时间、项目名称、查验范围、查验方法、存在问题、修复情况以及查验结论等内容，查验记录应当由建设单位和物业服务企业参加查验的人员签字确认。”

（三）物业承接查验的问题处理

《物业承接查验办法》第二十条规定："现场查验中，物业服务企业应当将物业共用部位、共用设施设备的数量和质量不符合约定或者规定的情形，书面通知建设单位，建设单位应当及时解决并组织物业服务企业复验。"

1. *一般缺陷的返修*

对承接查验过程中发现的非结构性质量缺陷（一般缺陷），物业服务企业应当于两日内将检查记录提交开发商，并出具书面整改函件，要求开发商责成建设施工单位限期整改，并进行复验，直至整改合格为止。根据具体情况，也可以与开发商协商，由物业服务企业代之返修，维修费用由开发商支付。

2. *房屋结构的加固补强*

对承接查验过程中发现的房屋结构性质量缺陷，设备设施使用中存在的安全质量问题，物业服务企业应当于两日内将检查记录提交开发商，并出具书面整改函件，要求开发商责成建设施工单位限期加固补强，并进行复验，直至整改合格为止。同时，物业服务企业应当要求开发商提交加固补强的具体措施与相关记录，并存档备案。

3. *不具备使用功能情况的处理*

对承接查验过程中发现的由于房屋配套设施脱节和附属工程未完工，以及由于水、电、气等外部管线未接通，致使房屋、设备、场地不具备正常使用功能，而导致业主无法使用或物业服务管理工作无法正常运行时，应当立即向开发商提交函件，暂停承接查验，直至符合承接查验基本条件后进行。同时，对相关情况进行记录，并存档备案。

（四）跟踪验证

为使物业工程质量问题得到及时圆满地解决，物业服务企业要做好跟踪查验工作。

物业服务企业应安排专业技术人员分别负责不同专业的工程质量问题，在整改实施的过程中进行现场跟踪，对整改完工的项目进行验收，办理查验手续。对整改不合要求的工程项目则应继续督促建设单位处理。

第三节　入住服务阶段工作要点

一、物业交付使用应具备的条件

物业交付使用应具备的条件由两方面去衡量。一方面是符合法律法规规定的标准；另一方面是符合商品房买卖合同约定的标准。法律法规规定的标准目前国家和各省市均有相关的规定。例如，在广州，根据国家和广州市有关规定，"商品房经验收合格"

的含义是指开发商应当办理了工程竣工验收备案手续，取得广州市建委出具的《房屋建筑工程和市政基础设施工程竣工验收备案表》。《房屋建筑工程和市政基础设施工程竣工验收备案表》是广州市建委出具的，取得质量、消防、规划、人防、环保、燃气、室内环境、电梯等24项验收合格文件后的备案证明，其中《建设工程施工质量验收监督意见书》只是其中一项。另外，《商品房销售管理办法》还规定，开发商须完成永久水、电、市政及煤气、通信、通邮等生活必需的基础设施项目建设后，方可将房屋交付业主使用。开发商交付住宅的，还应当同时向购房人提供三书：除向购买人提供广东省住房和城乡建设厅规定的《广东省商品住宅质量保证书》《广东省商品住宅使用说明书》外，还要提供《广州市商品住宅交楼书》。

二、入住服务的内容

（一）入住服务的含义

入住是指建设单位将已具备使用条件的物业交付给业主并办理相关手续，同时物业管理单位为业主办理相关事务的过程。

对业主而言，入住的内容主要包括：①物业验收及其相关手续的办理；②物业管理有关业务的办理。入住过程涉及建设单位、物业管理单位以及业主，入住的完成意味着业主正式接受物业管理单位，物业由开发建设转入使用，物业管理服务活动全面展开。

（二）入住的准备

入住服务是物业管理单位首次直接面对业主提供相关服务，直接关系到业主对物业管理服务的第一印象。因此，物业管理单位要从各方面做好充分细致的准备，全面有效地保障业主的入住工作。

1. 资料准备

（1）《物业质量保证书》及《使用说明书》。《物业质量保证书》是建设单位向业主发出有关房屋保修证明和使用方法的说明，是房地产开发企业对销售的商品住宅承担质量责任的法律文件，房地产开发企业应当按《住宅质量保证书》的约定，承担保修责任。《使用说明书》是指对住宅的结构、性能和各部位（部件）的类型、性能标准等做出说明，并提出使用注意事项。

（2）《入住通知书》。这是建设单位向业主发出的办理入住手续的书面通知。

（3）《物业验收须知》。这是建设单位告知业主在物业验收时应掌握的基本知识和应注意的提示性文件。

（4）《业主入住房屋验收表》。这是记录业主对房屋验收情况的文本，可以清晰地记录业主的验收情况，也是房屋验收重要的法律文本和业主收楼的依据。

(5)《业主（住户）手册》。这是由物业管理单位编写，向业主、物业使用人介绍物业基本情况和物业管理服务相关项目内容的服务指南性质的文件。

(6) 物业管理的有关约定。业主在办理入住手续时，物业管理单位要与业主签订有关物业管理服务的约定，进一步明确双方的权利和义务，常用的是《前期物业服务合同》。主要明确：服务标准和质量，物业管理费的收费标准、计费时段和缴交时间、收缴方式、滞纳金和调整管理费的条件等。

2. 其他准备

(1) 入住工作计划。建设单位和物业管理单位应在入住前一个月制订入住工作计划，由项目管理负责人审查批准，并报经上级主管部门核准。计划中应明确：入住时间、地点；负责入住工作的人员及职责分工；入住过程中使用的文件和表格；入住手续办理和程序；注意事项及其他情况。

(2) 入住仪式策划。为了提高小区整体形象，有效加强与业主、物业使用人的沟通，通常由物业管理单位根据物业管理的特点及小区实际情况，组织举行入住仪式。参加人员有业主、物业服务企业代表、建设单位代表以及其他有关人员。

(3) 环境准备。在完成对物业的竣工验收和接管验收之后，物业管理单位要对物业共用部位进行全面彻底的清洁，为业主、物业使用人入住做好准备。同时，要布置好环境，保持道路通畅。遇有二期工程施工或临时施工情况，要进行必要隔离，防止安全事故发生。

(4) 物业档案的建立。物业档案资料的建立是对前期建设开发成果的记录，是以后实施物业管理时对工程维修、配套、改造必不可少的依据，也是更换物业服务企业时必须移交的内容之一。物业档案资料的建立管理主要抓住收集、整理、归档、利用四个环节。收集的关键是尽可能完整，从时间上讲是指从规划设计到工程竣工的全部工程技术维修资料；从空间上讲是指物业构成的方方面面，从地下到楼顶、从主体到配套、从建筑物到环境。整理的重点是去伪存真、去粗取精。归档就是按照资料本身的内在规律、联系进行科学的分类与保存。利用即是在日后的管理过程中使用并加以充实。

(5) 其他准备事项。

①准备及布置办理入住手续的场地，如布置彩旗、标语，设立业主休息等待区等。

②准备及布置办理相关业务的场地，如电信、邮政、有线电视、银行等相关单位业务开展的安排。

③准备资料及预先填写有关表格，为方便业主，缩短工作流程，应对表格资料预先做出必要处理，如预先填上姓名、房号和基本资料等。

④准备办公用具，如复印机、电脑和文具等。

⑤制作标识牌、导视牌、流程图，如交通导向标志、入住流程、有关文件明示等。

⑥针对入住过程中可能发生的紧急情况，如交通堵塞、矛盾纠纷等，制定必要的紧急预案。

（三）入住流程与手续

1．入住流程

①业主凭入住通知书、购房证明及身份证明登记确认。

②验收房屋并填写《业主入住房屋验收表》，签字确认。

③提交办理产权所需要资料，签订服务协议和相关签收文本，缴纳相关费用。

④签署有关服务管理服务约定等文件。

⑤检查已缴纳维修资金凭证和缴纳当期物业服务有关费用。

⑥领取《业主（住户）手册》等相关文件资料。

⑦领取房屋钥匙。

2．房屋验收

（1）事前了解。验收管理人员验收之前应尽量把物业可能产生的问题了解清楚，并逐项进行鉴定检查。把问题解决在入伙之前，将“先天缺陷”限制到最低限度。

（2）记录问题并请业主签字。业主收楼验房时，如发现房屋有任何问题，包括外观、水、电灯，物业管理人员应当场做好记录并请业主签字确认，然后交由开发商解决处理。

（3）与开发商联系处理。物业管理人员应分辨问题缓急，如能马上解决的问题应立即同开发商联系沟通，否则可待入伙工作全部完结后集中处理。

3．入住手续

①持购房合同、入住通知书等进行业主登记确认。

②房屋验收，填写《业主入住房屋验收表》，建设单位和业主核对无误后签章确认。

③产权代办手续，提供办理产权的相关资料，缴纳办理产权证所需费用，一般由建设单位承办。

④建设单位开具证明，业主持此证明到物业管理单位继续办理物业入住手续。

⑤业主和物业管理单位签署物业管理的相关文件，如物业管理收费协议、车位管理协议、装修管理协议等。

⑥缴纳入住当月物业管理及其他相关费用。

⑦领取提供给业主的相关文件资料，如《住宅质量保证书》《住宅使用说明书》《业主手册》等。

⑧领取物业钥匙。

三、入住服务应注意的问题

（一）入住服务准备工作要充分

物业入住在物业管理中是一项烦琐细致的工作，既要求快捷高效，又要求井然有序。由于业主普遍缺乏物业入住的相关知识和经验，经常会存在相关资料准备不足和对物业入住管理等缺乏认识的问题，加之业主入住又是短时间内集中办理的，工作的频密度高、劳动强度大，因此，一定要充分做好物业入住的各项准备工作。

物业入住准备各工作的核心是科学周密的计划。在进行周密计划、资料准备及其他准备工作的同时还应注意以下四个方面的工作。

第一，人力资源要充足。现场引导、办理手续、交接查验、技术指导、政策解释、综合协调等各方人员应全部到位，协同工作。如现场出现人员缺位，其他人员或机动人员应及时补位。

第二，资料准备要充足。虽然物业服务公司可通过一定管理方法有意识地疏导业主，避免业主过于集中，但业主的随意性是不可控的，因此，有必要预留一定余量的资料。

第三，分批办理入住手续，避免因为过分集中办理产生的混乱。为避免入住工作的混乱，降低入住工作强度，在向业主发出《入住通知书》时，应明确告知其入住办理时间，现场亦应有明确标识和提示，以便对业主入住进行有效疏导和分流，确保入住工作的顺利进行。

第四，紧急情况要有预案。入住时由于现场人员混杂、场面较大，随时可能发生如治安、消防、医疗、纠纷等突发事件，建设单位及物业管理单位应预先设立各种处理方案，防患于未然。

（二）入住期间需要注意的问题

（1）业主入住实行一站式柜台服务，方便业主办理有关入住手续。在入住办理期间，物业建设单位、物业管理单位和相关部门应集中办公，形成一条龙式的流水作业，一次性地解决业主入住初期的所有问题，如办理入住手续，开通电话、有线电视等。

（2）因故未能按时办理入住手续的，可按照《入住通知书》中规定的办法另行办理。

（3）应合理安排业主入住服务办理时间，适当延长办理时间。为方便业主入住，应根据业主的不同情况实行预约办理或实行弹性工作方式，如在正常工作时间之外另行安排入住手续的办理，或延长工作时间，如中午或晚上延时办公。

（4）办理入住手续的工作现场应张贴入住公告及业主入住流程图，在显要位置张贴或摆放各类业主入住的标牌标识、作业流程、欢迎标语、公告提示等，方便业主了解掌握，加快入住进程。同时，现场摆放物业管理相关法规和其他资料，方便业主取阅，减轻咨询工作压力。对于重要的法规文件等，可以开辟公告栏公示。

（5）指定专人负责业主办理入住手续时的各类咨询和引导，以便入住工作有序顺利进行。入住现场应设迎宾、引导、办事、财务、咨询等各类人员，以方便业主的不同需要，保障现场秩序，解决各类问题。

（6）注意安全保卫以及车辆引导。入住期间不仅有室内手续办理，还有现场验房等程序。而有些楼盘的现场施工尚未完结，现场人员混杂，故应注意业主人身安全和引导现场车辆有序摆放。

【实习建议】

1．选择新楼盘跟班实习。

选择新楼盘交楼时期，在物业公司的房地产营销部门和交楼业务组进行顶岗实习，参与交楼全过程。或在物业公司进行承接查验时参与物业公司与开发建设单位的物业承接查验全过程，熟悉交档和物业承接查验业务。

2．方案设计。

参与物业公司的专项物业管理方案设计活动，或在教师指导下经过自己在物业公司的调研，并利用物业管理实训室的资料进行物业管理方案的设计工作，从而熟悉物业管理方案的设计业务。

3．流程设计。

通过物业服务公司的实习和在线实训及实习资料进行前期物业管理某项具体业务流程的设计；或在物业公司实习导师的指导下对现有的前期物业管理流程进行修改与再设计。

4．模拟实习。

通过实训室资源和网络教学资源进行模拟实习。

【思考题】

1．前期介入不同阶段的工作重点是哪些？你认为应该重点关注那些方面？

2．请结合实习内容草拟一项规章制度。

3．谈谈如何做好承接查验的准备工作。

4．谈谈承接查验时要重点做好那些工作。

5．物业服务企业迎接业主、使用权人入住要做好哪些工作？

第八章 房屋装修与管理

综合服务实习

【学习目标】

领会： 常见的房屋维修问题；制订房屋维修及保养计划；公共设施的维修、保养及改造工程程序。

掌握： 装修管理各项管理工作；房屋维修处理程序；房屋维修的日常管理要点。

应用： 做好装修管理中各环节的工作；组织房屋维修管理工作。

第一节 装修管理

一、物业装饰、装修管理流程

装饰、装修流程既是物业管理内部操作的指导书，也是方便业主了解装饰、装修管理流程的公示性标志。因此，要求物业装饰、装修流程的书面形式须文字简明、内容清晰、图表明确、一目了然。

（一）流程示意图

装饰、装修流程示意图（如图 8－1 所示）一般悬挂于物业管理单位或在业主入住办理现场。在物业管理内部装饰、装修作业文件以及《业主手册》（或《业主须知》）等发放给业主的资料上也需有与其相一致的内容。

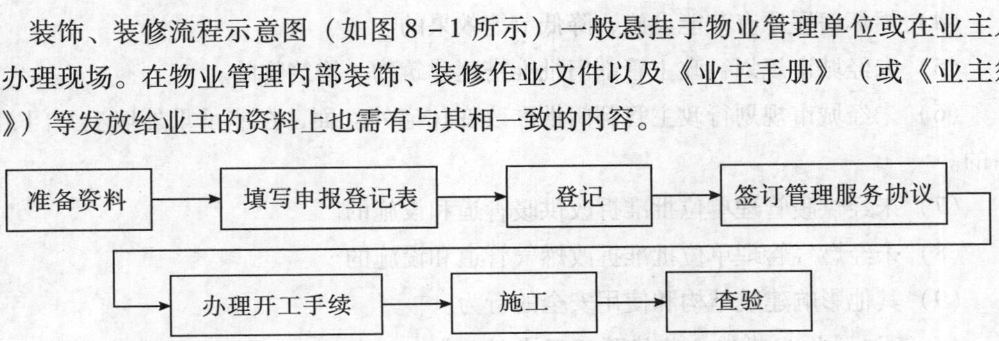

图 8－1 装饰、装修流程示意图

（二）流程分述

1. 资料准备

资料的准备由业主（或物业使用人）、施工队分别准备和提供。一般包括物业所有权证明，申请人身份证原件及复印件，装饰、装修设计方案，装修施工单位资质，原有建筑、水电气等改动设计和相关审批文件，以及其他法规规定的相关内容。物业使用人对物业进行装饰、装修时，还应当取得业主的书面同意。

2. 物业装饰、装修申报

用户在入住过程中，应已收到物业管理企业发出的装修手册及装饰、装修申报登记表（如表8-1所示）。用户在装修施工前，须认真阅读装修手册，填写申报登记表，并提交管理单位登记备案。只有在物业管理单位对装饰、装修内容的登记备案完成之后，用户才能动工装修。

3. 物业装饰、装修登记

物业管理单位在进行装饰、装修登记时，应当以书面形式将装饰、装修工程的禁止行为和注意事项告知装修人和装修人委托的装饰、装修企业，并且督促装修人在装饰、装修开工前主动告知邻里。

物业管理单位应该在规定工作日（一般为3个工作日）内完成登记工作；超出物业项目管理单位管理范围的，应报主管部门。

物业管理单位应详细核查装饰、装修申请登记表中的装修内容，有下列行为之一的将不予登记。

（1）未经原设计单位或者具有相应资质等级的设计单位提出设计方案，擅自变动建筑主体和承重结构的。

（2）将没有防水要求的房间或者阳台改为卫生间、厨房的。

（3）扩大承重墙上原有的门窗尺寸，拆除连接阳台的砖、混凝土墙体的。

（4）损坏房屋原有节能设施，降低节能效果的。

（5）未经城市规划行政主管部门批准搭建建筑物、构筑物的。

（6）未经城市规划行政主管部门批准改变住宅外立面，在非承重外墙上开门、开窗的。

（7）未经供暖管理单位批准拆改供暖管道和设施的。

（8）未经燃气管理单位批准拆改燃气管道和设施的。

（9）其他影响建筑结构和使用安全的行为。

4. 签订《物业装饰、装修管理服务协议》

在物业装饰、装修之前，物业管理单位和装修人应签订《物业装饰、装修管理服务协议》，约定物业装饰、装修管理的相关事项，主要应约定下列内容。

表 8－1　装修申报登记表

编号：　　　　　　　　　　　　　　　　　　　　　　　　　　　　年　　月　　日

申请人	房号		业主（或委托人）姓名	
	身份证号码		联系电话	
装修单位	名 称			
	负责人姓名		联系电话	
“装修保证金”收款收据号				

申请装修项目	1.	提供图纸	1.
	2.		2.
	3.		3.
	4.		4.
	5.		5.
	6.		6.
	7.		7.
	8.		8.
	9.		9.
特项申请	改动外立面：（有）（无）	改变原有结构：（有）（无）	
施工期限	由　　年　　月　　日至　　年　　月　　日		

业主签署/盖章：　　　　　　　　　　　　　　　　装修负责人签署/盖章：

日期：　　　　　　　　　　　　　　　　　　　　日期：

物业处登记备案意见	负责人： 日期：	相关单位登记备案意见	责任人： 日期：	物业公司登记备案意见	责任人： 日期：
部门	工程部门		物业部门		管理处
装修验收查验	查验验收人： 日期：	装修验收查验	查验验收人： 日期：	装修验收查验	查验验收人： 日期：

（1）装饰、装修工程的实施内容。

（2）装饰、装修工程的实施期限。

（3）允许施工的时间。

（4）废弃物的清运与处置。

（5）外立面设施及防盗窗的安装要求。

（6）禁止行为和注意事项。

（7）管理服务费用。

（8）违约责任。

（9）其他需要约定的事项。

5. 办理开工的一般手续

（1）业主按有关规定向物业管理单位（或指定方）缴纳装饰、装修管理服务费。

（2）装饰、装修施工单位应到物业管理单位办理开工证、出入证等。

（3）装修人或装饰、装修施工单位应备齐灭火器等消防器材。

6. 施工

物业装饰、装修施工期间，装修人和装饰、装修施工单位应严格按照装修申报登记的内容组织施工。

物业管理单位应按照装饰、装修管理服务协议做好管理和服务工作，加强现场检查，发现装修人或者装饰、装修施工单位有违反有关规定的行为，应当及时劝阻和制止；已造成事实后果或拒不改正的，应及时报告有关部门依法处理。对装修人或者装饰、装修施工单位违反《物业装饰、装修管理服务协议》的，应追究违约责任。

7. 查验

物业管理单位应当按照装饰、装修管理服务协议进行现场检查，对照装修申报方案和装饰、装修的实际结果进行比较查验，查验合格后应签署书面意见。对因违反法律、法规和装饰、装修管理服务协议而查验不合格的，应提出书面整改意见要求业主和施工方限期整改。若发生歧义、无法统一意见或业主拒不接受情况的，应报请城市管理有关行政部门处理，并将检查记录存档。

二、物业装饰、装修管理的内容

装饰、装修管理是一个系统工程，要真正达到科学管理、细致服务，不仅要严格遵守上述装饰、装修管理流程，还要对装饰、装修过程中的各个环节、涉及的各个方面进行全面的分析。在综合各方面因素的基础上，科学地制订装饰、装修管理细则，使物业装饰、装修管理真正落到实处。物业管理单位应当按照装饰、装修管理服务协议实施管理，加强现场检查，及时发现问题加以制止。一般而言，物业装饰、装修管理包括以下内容。

（一）物业装饰、装修范围和时间管理

物业装饰、装修的区域应按照相关装饰、装修管理规定和业主权益予以限定，原则上应统一要求、统一形式，如室内装饰、装修只限于房屋本体单元内的自用部位。

装饰、装修时间应根据各地不同的作息时间、季节变换以及习惯习俗等综合确定。装饰装修时间包括一般装饰、装修时间，特殊装修时间和装饰、装修期。

一般装饰、装修时间是指除节假日之外的正常时间。一般装饰、装修时间因地域和季节的差异而有所不同，如南方某些地区规定作业时间为 8 时至 12 时与 14 时至 18 时，拆打时间为 8 时 30 分至 11 时 30 分与 14 时 30 分至 17 时 30 分。已经入住的小区一般节假日和休息日是不允许装修的。新交付小区可根据具体情况调整。

特殊装修时间是指节假日休息时间。为保障其他业主的休息和正常生产生活秩序，原则上一般不允许在节假日进行装修。因特殊情况需要装修，应视具体情况相应缩短装修时间。

需要注意的是商业写字楼的装修时间刚好与住宅小区相反，一般安排在下班时间和休息日装修，以减少对正常办公用户的影响。

装饰、装修期是指装饰、装修过程的完结时间。目前国家颁布的法规虽无明确规定，但在一般情况下不超过 3 个月，大户型或别墅在一般情况下不超过 6 个月。

（二）物业装饰、装修管理的要求

为确保物业安全和全体业主的合法权益，物业装饰、装修管理应重点检查以下方面。

（1）有无变动建筑主体和承重结构。

（2）有无将没有防水要求的房间或者阳台改为卫生间、厨房。

（3）有无扩大承重墙上原有的门窗尺寸，拆除连接阳台的砖、混凝土墙体。

（4）有无损坏房屋原有节能设施，降低节能效果。

（5）有无其他影响建筑结构和使用安全的行为。

（6）有无未经有关单位批准的搭建建筑物、构筑物；改变住宅外立面，在非承重外墙上开门、窗；拆改供暖管道和设施；拆改燃气管道和设施；超过设计标准或者规范增加楼面荷载的；改动卫生间、厨房防水层等行为。

同时，还应注意检查以下方面：施工现场有无采取必要的安全防护和消防措施，有无擅自动用明火和进行焊接作业等；有无任意刨凿楼地面、穿凿梁柱等；新砌隔墙是否采用轻质材料等；是否符合物业装修公共及室外统一要求（如空调室外机的安装

和排水的统一要求、阳台栏杆的统一要求等）；物业装修方案和材料的选择是否符合环保、节能的要求。

（三） 物业装饰、装修管理费用和垃圾清运的管理

物业装饰、装修管理既涉及公共权益，也涉及业主个人权益。装饰、装修管理费的收取要严格按照国家和地方的相关规定办理，不得自行设置收费项目和任意确定收费标准，即使无统一规定而又确需临时设置收取的，也应合理测算并报经相关主管行政部门批准或以协商的形式与业主达成一致。

为确保物业装饰、装修工程的有序进行，维护装饰、装修活动涉及的各方的合法权益，目前较为通常和相对合理的做法是：在物业装饰、装修之前，由装修人和物业管理单位签订《物业装饰、装修管理协议》，约定物业装饰、装修相关事项和管理收费，并以此为依据规范各方行为。一般而言，《物业装饰、装修管理协议》中物业管理单位向装修人约定收取的费用包括装饰、装修管理服务费和垃圾清运费。

1. 管理服务费

管理服务费是指因物业装饰、装修工程增加物业管理服务工作量或附属设施而设置的临时性收费项目，如公共区域的清洁、公共设施及场地的保护、能耗、环保措施及装修巡查所产生的额外管理费用。装修服务费应由业主自行解决，或者在物业合同中事先约定，没有约定的物业不能向业主强制额外加收，业主可自行按照装修管理要求做好相关的现场保护工作并自行承担相应的成本。装修人也可和物业管理单位根据装修服务的需求，双方进行约定，该费用可向装修业主收取，也可向装饰、装修工程单位收取，一般情况下向装饰、装修工程单位收取。

2. 垃圾清运费

垃圾清运费是指由装饰、装修工程所产生的垃圾的管理和清运费用。如业主按照要求管理并自行清运装修垃圾，则该费用由业主自行承担；业主委托物业管理单位代为清运装修垃圾，双方应按公示的明码实价标准，根据房屋装修的实际需求和工程量进行协商，确定垃圾清运费用。

对装饰、装修垃圾清运管理是装修管理中的一个重要内容，其对物业环境和业主以及物业使用人的工作生活有着极大的影响，甚至会产生环保、安全等方面的隐患。因此，物业装饰、装修管理的基本要求是装饰、装修垃圾需袋装处理；装饰、装修垃圾应按指定位置、时间、方式进行堆放和清运。

对于商业项目，需要改动或增加如消防系统、空调系统、给排水和供配电等设施设备，在符合技术规范的前提下，装修人可与物业管理单位另行协商具体改造或增加工程的费用。

（四）物业装饰、装修现场管理

1. 严把出入关，杜绝无序状态

由于装饰、装修工人的来源有极大的不确定性，施工过程中的自我约束不足，施工单位管理不力等原因，在物业装饰、装修期间，物业管理单位应严格物业区域出入口（包括电梯）的人员和材料管理。凡未佩戴物业装饰、装修施工标志的施工人员和其他闲杂人员，应一律禁止入内，保证装饰、装修人员管理的有序化、规范化。

装饰、装修材料和设备是装修违章的一个重要因素，应着重核对是否为审批同意的材料与是否符合相关规定两个方面加强控制和管理。

对于有特别要求的材料或设备（如电焊机），应按照规定办理相应手续；施工队须进行动火作业的，必须办理申报审批手续；进入物业区域的装饰、装修材料、设备等，应符合物业装饰、装修规定要求，否则拒绝入场。通过加强装饰、装修材料和设备的出入管理，杜绝不安全因素的出现。

2. 加强巡视，防患于未然

物业装饰、装修期间，物业管理单位要抽调专业技术人员、管理人员和保安力量，加大物业装饰、装修管理巡视力度，对有违规违章倾向的装饰、装修户，要重点巡视盯防、频繁沟通，做到防患于未然。出现违规违章行为的，要晓之以理，动之以情，必要时须报告有关行政主管部门处理。同时，要检查施工单位的施工人员是否如实申报和办理了施工证，强化施工人员的管理。

3. 控制作业时间，维护业主合法权益

物业装饰、装修管理要特别注意装修施工（尤其是拆打）的作业时间，避免影响其他业主、物业使用人的正常生活和工作秩序。另外，还应针对不同的物业类型，制定相应的管理规定，区别对待。

4. 强化管理，反复核查

物业集中装修期间，要增派人力，做到普遍巡查和重点检查相结合。一方面，要检查装饰、装修项目是否为已登记的项目，一是要检查装饰、装修项目是否申报，二是检查装饰、装修物业的内容、项目有无私自增加，在巡视过程中发现新开装饰、装修项目的，须指导用户及时申报，办理相关手续。另一方面，要检查施工人员的现场操作是否符合相关要求，如埋入墙体的电线是否穿管、是否用合格的套管，施工现场的防火设备是否配备，操作是否符合安全要求，现场的材料堆放是否安全；垃圾是否及时清运，有无乱堆放，装修户门外是否保持清洁卫生等。

三、装修管理应注意的问题

（1）服务与控制是装修管理过程中的一对矛盾，如何处理才能充分体现物业管理的水平和技巧？物业管理是服务活动，而装修管理工作的核心是对装修人各项装饰、装修行为的控制，甚至是约束。因而，如何做好控制和服务，解决好这一矛盾，在实现控制的基础上让业主感到满意，树立良好服务形象，就需要物业管理各级各类人员真正做到坚持原则，熟悉装饰、装修管理规定，换位思考，为业主着想，规范操作行为。

（2）装修人在准备资料的阶段，常常不知道如何表达需做的装饰、装修项目，甚至因为语言表达不同，致使装修人与物业管理单位出现理解歧义。此时，物业管理单位有必要进行现场核对，避免出现漏项或错报项。

（3）在装饰、装修项目申报登记时，物业管理单位必须到现场对所附图纸进行核对，以防有漏项，或有大的拆动项目漏报。如建成使用已有数年的房屋申请装饰、装修，需注意其在此之前是否做过装饰、装修，内部布局是否有改变。尤其是多层建筑，在一般情况下大多数墙体为承重墙体，如在此之前进行过拆打，则需对其新申报的拆打项目谨慎核查，以确保其结构的安全。

（4）在办理开工手续前，物业管理方需确认装修施工的相关手续是否已经完备。

（5）在施工过程中，物业管理方应注意现场是否有未申报项目和材料是否存在违反有关装修法规的行为（如装修中有无注意防火安全、有无使用电炉等）；装修工程是否对公共秩序、公共安全以及毗邻业主或物业使用人构成侵害。

（6）查验工作是装修管理的最后一道工序，也是控制违章的最后一关。如果在此之前已经发现了违章，则需在处理了违章后再进行验收工作。

（7）对于在物业装饰、装修过程中的违规违约行为，应根据相关法规、业主公约及物业装饰、装修管理服务协议进行处理。

（8）装饰、装修资料的一部分为业主申报资料，如申报表、装修图、施工人员资料等，另一部分为操作记录表。在每一单项装饰、装修完成后，物业管理单位需及时整理好相关资料，属业主申报资料的部分需归入业主档案资料，并长期保存，以备后查，操作记录则按文件管理办法进行相应的归档。

四、对违章行为的处理

（1）责令立即停工整改。一般在多次口头和书面通知无效的情况下，可以根据装修登记的有关约定，通知装修户业主，要求其停工进行整改。

（2）责令恢复原状。对于违章装修有损害房屋结构、公共设施、其他住户损失的，应要求其在规定时间将其恢复到违章前的状态。

（3）赔偿经济损失。在装修过程中造成公共设施、设备和其他住户利益受损的，可根据损失情况要求相关责任人进行赔偿。

（4）情节特别恶劣的，可根据国家有关条例法规报国家有关执法机关进行处罚或制止。对于在装修过程中无视规定，造成重大损失或人员损害的，应报有关部门进行处罚。

以上几种处理可同时并处。对于装修的违章，由于物业公司没有执法权，在运用处罚措施时，应适当掌握尺寸，避免由于制止引起不必要的争执和由于不当行为而需要承担法律责任，对于难以解决的问题，可要求有关执法部门（城管、公安等）协助处理。

第二节　房屋维修管理

一、常见的房屋维修问题及维修方法

（一）公共设施和住宅内部维修

1. 地基基础工程的修缮

地基出现的问题主要是地基沉降，其原因有很多，主要体现在地基软弱、设计不合理、材料不符合要求、施工质量差等。

2. 结构工程修缮

目前多数建筑是钢筋混凝土框架结构。常见缺陷结构工程主要有以下方面。

（1）混凝土的常见缺陷。主要有蜂窝、麻面、空洞、漏筋、掉角、酥松等，产生的原因主要是施工、使用和维护不当所引起。

（2）钢筋的锈蚀。其产生的原因是多方面的，在正常的环境中产生的锈蚀，主要是由于混凝土不密实或有裂缝存在。钢筋产生锈蚀的危害很大，锈蚀造成钢筋断面逐渐减小，造成其与混凝土之间的黏着力降低，影响构件的强度安全。

（3）钢筋混凝土结构的裂缝。钢筋混凝土结构上的裂缝，按其产生的原因和性质，主要可分为荷载裂缝、温度裂缝、收缩裂缝。

3. 混凝土结构裂缝的维修方式

混凝土结构或构件出现裂缝，应根据裂缝性质、大小，结构受力情况和使用要求，区别情况，及时进行治理。一般有表面修补法和内部修补法。

（1）表面修补法。适用于承载能力无影响的表面裂缝，以及大面积细裂缝防渗、漏水的处理。一般采用表面涂抹水泥砂浆或表面涂抹环氧胶泥或用环氧粘贴玻璃布以及表面凿槽嵌补的方法。

（2）内部修补法。用压浆泵将胶结料压入裂缝中，由于其凝结硬化而起到补缝作用，以恢复结构的整体性。此修补方法适用于对结构整体性有影响，或有防水、防渗

要求的裂缝修补。常用灌浆材料有水泥和化学材料，可按裂缝的性质、宽度以及施工条件等具体情况选用。一般对宽度大于0.5毫米的裂缝，可采用水泥灌浆；宽度小于0.5毫米的裂缝，或较大的温度收缩裂缝，宜采用化学灌浆。

（二）楼地面的工程维修

1. 地面起砂的维修

（1）地面起砂的原因。造成水泥地面起砂的原因是多方面的，例如，水泥砂浆掺和物砂级配不当，水灰比过大，养护不适当；水泥地面在未达到足够的强度时就在上面走动或进行下道工序；冬季低温施工时，门窗未封闭或无供暖设备造成大面积冰冻；原建材不符合要求，如水泥受潮或砂粒过细等都有可能造成地面起砂现象。

（2）维修的方法。修理时可用钢丝刷将起砂部位的面层清刷干净，用水充分湿润后抹107胶水泥砂浆，配比可选用107胶、水泥与中砂的比例为1：5：25，厚度以3~4毫米为宜。抹好后待砂浆凝聚以后，覆盖锯末洒水养护7天。

2. 地面空鼓的维修

地面空鼓多发生于面层和垫层之间，或垫层与基层之间。空鼓处受力容易开裂，严重时大片剥落，破坏地面使用功能。

（1）造成空鼓的原因。造成空鼓的原因包括：做楼地面的面层前，基层表面清理不干净、有浮灰，结合层黏结不牢；原材料质量低劣，配合比不正确，达不到规定的强度；楼地面的楼板表面或地面垫层平整度较差且未处理好；违反施工操作规定，未按要求做好结合层；养护不善，受到振动；等等。

（2）空鼓的维修方法。空鼓的维修方法有：清理地面的混凝土垫层或楼板表面，并用水冲刷干净；按施工质量要求，严格选用原材料；当楼地面的基层平整度较差时，先做一层找平层，再做面层，使面层厚薄一致；严格遵守施工操作规定；养护期间，禁止在上面操作和走动，应适时浇水养护；对空鼓的面层，先将空鼓部分铲除，清理干净并用水润湿，再做结合层，最后用原材料嵌补，挤压密实、压光。

3. 水泥楼地面裂缝的维修

（1）造成水泥楼地面裂缝的原因。水泥楼地面裂缝的原因包括：地基基础不均匀沉降、楼板支座产生负弯矩，使楼面产生裂缝；楼板的板缝处理粗糙，降低了楼板的整体性，使楼面产生裂缝；大面积的水泥砂浆抹面，没有设量分格缝，使楼地面产生收缩裂缝；原材料质量低劣，如水泥标号低或失效等；现浇钢筋混凝土楼面温差变形裂缝；使用维护不当；等等。

（2）水泥楼地面裂缝的修护方法。水泥楼地面裂缝的防治方法有：由于地基基础不均匀沉降引起的裂缝，先整治地基基础，再修补裂缝；提高楼地面面层的整体性，可在楼板上做一层钢筋网片，以抵抗楼面端部的负弯矩；处理楼板的板缝，其施工顺序为清洗板缝、水泥砂浆灌缝、捣实压平、养护；大面积的楼地面面层，应做分格；对一般的裂缝，可将裂缝凿成V形，用水清扫干净后，用1∶1或1∶2的水泥砂浆嵌缝抹平压光即可；对于大面积裂缝，且影响使用的面层，应铲除重做。

4. 木地板的维修

木地板存在的主要问题有地板起鼓、地板缝不平、表面不平整及踩踏时有响声等。

地板起鼓主要是局部板面受潮所致，或未铺防潮层，或地板未开通气孔。因此，应注意木板的干燥及施工环境的干燥；遇到起鼓时应将起鼓的木地板面层拆开，在地板上钻通风孔若干，晾几天时间，待干燥后重新封板。

木地板缝不平，常常是因为板条规格不准或板潮所致。修补缝隙一般可用相同的材料刨成刀背形薄片，醮胶嵌入缝内刨平。

木地板表面不平整，一般为木地板质量原因导致，可拆掉重换。

地板踩踏时有响声往往是由于木格栅未被固定住，产生移动而发生响声。木格栅含水率大或施工环境湿度大造成木格栅部分松动，也会导致上述结果。防治措施主要有：在木格栅或毛地板钉后分别检查两次，发现声响及时处理，或加绑铅丝或补钉垫木。现在一般可用膨胀螺栓固定。

5. 给排水管道的维修

在一些高层住宅（包括小高层）小区中，由于管道复杂，特别容易出现一些问题，其中以管道渗漏最为普遍，一般来说，管道渗漏有给水管渗漏和排水管（包括污水管和废水管）渗漏两种。

对于给水管的渗漏，由于是有压管道，一般来说出现渗漏的部位有比较明显的水渍（防水损坏的话一般在背水面比较明显），如果是轻微渗漏，可以通过观察水表的方式进行确定，操作方法是关闭室内所有用水，观察水表是否转动，转动则证明有漏水；也可通过接压力表的方式进行捡漏，但一般用得较少。

由于现在室内的给水管道一般是采取暗铺的形式，在进行维修施工前，一般要看管线的相关图纸，确定位置后开凿施工，对于没有图纸资料的，可观察用水点的位置来确定，在一般情况下，给水管线都是沿墙直线布置。

对于排水管道出现渗漏，可根据情况进行修补或更换。

二、房屋维修处理程序

在物业管理上，对于公共设施的维修，通常遵循下面的程序。

（1）在日常巡视中发现公共设施的损坏或接到住户相关的维修请求应填写《房屋维修表》（见表8－2），以便进行跟进。

表 8－2　房屋维修表

业主姓名		报修时间	
组团网点号		业主手机号	
维修内容			
备注			

制表：　　　　　　　　　　　　　　　　物业管理员：

维修人员姓名		维修时间	
维修完工时间		维修人员手机号	
房屋维修情况	业主确认签字：　　　　　　年　　月　　日		
备注			

（2）对现场进行勘查，确定损坏的原因。

（3）制定维修方案。应制定几种方案进行比较，选定最佳方案。

（4）编制维修的工程预算。如果属于房地产开发商保修范围，应尽快通知房地产开发商进行维修；若是房地产开发商委托进行维修，应在维修完成后与房地产开发商结清费用。

（5）工程招标、投标。对于一些比较小型的工程，也可通过指定有信用的工程队进行维修，但必须注意需与其签订保修协议以保证质量。

（6）施工的项目管理和现场的施工监理。

（7）工程验收。对于未达到施工要求的应要求其返工。

工程管理人员在管理中的任务是在项目的施工中实行全过程的造价、质量及工期三大目标的控制，确保工程的顺利完成。

三、住宅内部的维修程序

住宅内部的维修属于住户房屋内部的维修，大体上可分为有偿维修和无偿维修两类。无论是有偿维修还是无偿维护，在维修的程序处理上，是非常接近的。

（1）接到住户维修申报，填写《报事报修记录表》（见表 8－3）。

表 8-3　物业报事报修记录表

序号	业主姓名及房号	联系电话	所报事项	责任部门及跟进人员	处理情况	未完成原因	客服回访记录	客服主管
1					□完成 □未完成			
2					□完成 □未完成			
3					□完成 □未完成			

（2）对现场进行勘查，确定损坏的原因。

（3）确定需维修的内容属于哪种类型（有偿、无偿，有无过保修期）。

（4）在征得住户同意后，制定维修方案和编制施工预算，填写《住户维修单》。

（5）预约时间。

（6）施工的项目管理和现场的施工监理。

（7）业主、管理处进行工程的验收。

（8）使用情况回访。

（9）工程结算（有偿服务和非保修内容）。

四、房屋维修的日常管理要点

由于在日常管理中，房屋维修的相关投诉一般比较多，为做到及时、高效地对住户投诉进行处理，须注意以下工作要点。

（1）紧急故障，在接报后 10 分钟内赶到现场。

（2）土建、给排水、设备的维修一般要求 3 天内完成，如果工程量较大或有特殊原因的不应超过 1 周，并应当向业主解释清楚。

（3）维修前应确认维修的类别，是否已过保修期，并做好解释工作。

（4）确定维修的方式，如涉及其他住户可预先联系协调。

（5）约定时间后联系施工队伍进行施工。

（6）应做好施工前、施工过程中的记录工作。

（7）制定最佳的施工方案，尽量减少对住户的影响。

（8）做好施工期间的跟进，保证施工质量。

（9）做好施工完成的验收、回访。

（10）填写好相关表格，以备以后查验。

第三节 公共设施的维修、保养和改造

随着小区使用年限的增加，一些公用设施和设备的老化在所难免，对这些设施进行必要的保养和维修，可有效增加设施的使用年限，节省更换的费用。

一、维修及保养计划的重点

工程管理人员应根据小区的使用情况，依据有关的维修标准，借鉴类似小区的一些好的经验和方法，结合管理处的经营情况，在每年的年末制定第二年土建等的维修、保养、改造计划，并制定相关的预算，通过审批后作为第二年的工作计划和费用支出的依据。

维修保养计划的编制的重点内容是：外围围墙及其附属设施；小区道路及其附属设施；走道大堂，内部墙饰；楼顶天面及其附属设施；建筑外立面；给排水管道和相关管井设施；化粪池和沙井等设施的定时清疏；游乐设施。

二、维修保养项目、标准的制定

具体日常维修保养的检查项目、标准、周期及修缮、养护内容可制成表格，并定期填写《公共设施周期检查、养护计划及实施计划表》（如表 8－2 所示）。

表 8－2 公共设施周期检查、养护计划及实施计划表

<table>
<tr><th>序号</th><th>项目</th><th>检查标准</th><th>检查周期</th><th>修缮、养护内容</th></tr>
<tr><td>1</td><td>楼层地面</td><td>平整，无裂纹、无起壳、无下沉</td><td rowspan="5">每年检查一次</td><td rowspan="5">日常报修与年度检修相结合</td></tr>
<tr><td>2</td><td>踢脚线</td><td>接缝应紧密、平整</td></tr>
<tr><td>3</td><td>踏步</td><td>平整、无裂缝</td></tr>
<tr><td>4</td><td>台阶</td><td>平整完好、无起壳</td></tr>
<tr><td>5</td><td>楼梯扶手</td><td>无损坏、无脱落、无裂缝</td></tr>
<tr><td>6</td><td>门、窗</td><td>门、窗铰链开关灵活，玻璃完好</td><td>每季度一次</td><td>玻璃破损及时更换</td></tr>
<tr><td>7</td><td>外墙面</td><td>平整、不倾斜、不凹凸</td><td rowspan="4">每半年检查一次</td><td rowspan="4">日常巡查与年度检修相结合</td></tr>
<tr><td>8</td><td>屋顶女儿墙</td><td>墙面无结构性裂缝、灰缝饱满、不倾斜</td></tr>
<tr><td>9</td><td>屋顶隔热层、防水层</td><td>完好，屋面无缺损、无渗漏</td></tr>
<tr><td>10</td><td>屋顶排水沟</td><td>无堵塞</td></tr>
</table>

续上表

序号	项目	检查标准	检查周期	修缮、养护内容
11	屋顶水箱	完好，无渗漏、滴水，爬梯无脱焊、锈蚀	每半年一次	每年清洗、除锈、油漆一次
12	屋顶通风口	网罩无脱落		—
13	雨水总管	无堵塞		—
14	污水总管	无堵塞，检修孔螺钉紧固件完好	每年检查一次	出墙横管每半年疏通一次
15	给水总管	无堵塞，接口处无渗漏		—
16	雨水（污水）井及盖	畅通、井盖无破损	每季度检查一次	井盖每年除锈、油漆（黑色）一次
17	屋顶避雷带	无破损、变形，无明显锈蚀	每半年检查一次	一年除锈、油漆一次
18	单元门	门牌齐全，开关灵活		—
19	儿童游乐设施	娱乐设施安全可靠	每月检查一次	每季度保养一次，注润滑油，紧固螺栓等连接件，每年油漆一次
20	室外健身设施	健身设施安全可靠，健身房环境良好		
21	喷水池	水质干净，喷水设施完好	每季度检查一次	清除沉淀及漂浮垃圾、杂物
22	游泳池	池内面砖无损坏，周围环境卫生良好	定期做水质检验	开放前检查并做修缮、养护
23	雕塑景观	外观完好、无损坏、清洁		—
24	路面、路侧石	路面平整，无损坏	每月检查一次	—
25	垃圾箱	完好，夜间明亮		—
26	路灯	完好，夜间明亮	夜间巡视发现，及时更换	—
27	室内消防栓	无滴漏、无损坏	每月检查一次	每年油漆（红色）一次
28	小区大门	门脚头及四周嵌粉密实	每半年检查一次	铁门每年除锈、油漆一次
29	围墙	灰缝饱满，无损坏缺失		—

三、建立有效的公共设施日常巡查制度

（1）日常巡查准备。将小区划分成若干路段并编号，制定时间表，按路段进行巡视。

（2）巡视小区的外围。包括围墙、护栏、门岗和外围属于小区的人行道。

（3）巡视公共设施。主要是路面、管井等基础设施。

（4）巡视楼宇单体。包括楼宇的外墙、通道、大堂、天面、防雷等设施。

对于巡视中发现的问题，填写《房屋设施巡视记录表》进行记录，然后分类汇总进行解决，对于一般损坏，应在最快时间内进行处理，比较严重的，应向领导报告，协商解决。对于住户和其他巡视人员反映的问题，应及时到现场查看，及时采取有效措施进行维修。

四、公共设施的维修，保养及改造工程程序

（一）巡视中发现问题的解决步骤

（1）确认现场问题需实施维修的规模（小维修，还是中等维修或大修）。

（2）对于一般性小问题，工程管理人员能自行解决的应尽快解决。

（3）属房地产开发商、施工单位保修期范围内的维修，应通知有关单位进行保修工作，工程管理人员给予必要的协助和监督。

（4）已过保修期的中等维修和大修，应报领导批准立项后再进行。

（二）维修采用的一般方式

（1）属一般维修的，工程管理人员向管理处（公司）经理汇报同意后，应联系合格的承包商（或通过招投标）对维修项目进行现场考察，编写施工方案和项目预算。工程管理人员对方案和预算进行初步的审核，报由管理处经理进行决定（比较大型的工程必要时通过相关部门的审定）。

（2）对于年度计划的维修内容，工程管理人员应根据计划联系有关承包商进行维修改造，并编写预算和具体实施方案。

【实习建议】

1. 选择新楼盘跟班实习。

选择新楼盘业主收楼装修频繁时期，在物业公司进行顶岗实习，跟踪一项装修活动全过程，从而熟悉装修管理业务。

2．方案或制度设计。

参与物业公司的装修管理方案设计活动，或在教师指导下经过自己在物业公司的调研，并利用物业管理实训室的资料进行装修管理方案或制度的设计工作，从而熟悉装修管理方案或管理制度的设计业务。

3．模拟实习。

通过实训室资源和在线网络教学资源进行模拟实习，了解物业管理装修的全过程。

【思考题】

1．常见的房屋维修问题有哪些？

2．结合实习编写一项装修管理制度或装修管理方案。

3．请设计一套房屋维修处理的程序。

4．结合实习谈谈装修管理中常常会碰到的问题。

第九章　设备管理实操

【学习目标】

领会：设备更新改造与备用品配件管理；物业设备技术运行管理；物业设备经济运行管理。

掌握：设备原始档案、技术资料、设备维护维修质量记录资料管理。

应用：物业设备管理制度保障设备正常运行。

第一节　物业设备台账管理

一、物业设备系统的分类

为了让物业设备台账建立得更规范、更科学，必须从基础做起，首先对设备设施有一个系统的分类。在物业管理行业中，通常依据专业用途分为供配电系统、空调系统、给排水系统、消防系统、安防监控系统、电梯系统、楼宇机电设备自动控制系统（简称楼宇自控系统）、通信系统、计算机与网络系统、音响视频系统、土木建筑设施系统等。例如，供配电系统里又细分为多个系统，包括：供电子系统，主要有变压器、发电机、高压配电柜、直流屏、高压配电设备的保护（辅助）装置及高压送（配）线缆（槽）；配电子系统，主要有低压配电柜（箱）、用户配电柜（箱）、低压配电设备的保护（辅助）装置、低压送（配）线缆（槽）；照明子系统，其中分为户外和户内的灯具，户外的灯具有彩灯、霓虹灯、广告灯、喷泉灯、顶灯、外围射灯、水池灯、航标灯等；户内的灯具有大厅、过廊、楼梯、停车场、会议室舞台灯光设备以及警示灯或临时需求电光源等。

二、物业设备台账的格式和建立

（一）设备卡片

所有设备都要建立设备卡，一台设备有一张设备卡片。可以按系统、部门或场所将设备编号，再按编号逐台在设备卡片（如表 9－1 所示）上登记该设备的原始档案资料。

表 9－1 设备卡片表（样）

设备卡			
设备类别	发电机	生产厂家	美国卡特彼勒
设备名称	裙楼发电机	出厂编号	3512/1KZ60953
规格型号	1250F/CAT00000ACMJ00490	使用日期	2003 年 10 月
设备编号	FFD—1#	放置地点	地下一层发电机房
主要技术参数	额定功率：1000 KW		电压：230/400 VAC
	相数：3		频率：50 Hz

（二）设备台账

将各设备卡片按编号统一登记，组成一本企业可拥有的全部设备台账（如表 9－2 所示）。在设备台账中只需登记设备概况，各系统、各部门、各场所各自拥有的设备状况也在设备台账中一目了然，为查阅、统计及管理带来了方便。根据不同的分类，物业设备设施台账格式包括设备的规格型号、设备名称、制造单位、出厂日期及编号、设备的技术规范、安装地点（部位）、数量、特别备注等内容。

表 9－2 设备台账（样）

中月物业公司

设备类别	电梯
设备名称	手扶电梯
规格型号	EX－EN/1200
设备编号	TFT－B1
数量	1 台
出厂编号（序列号）	FT020797
生产厂家	日立电梯公司
出厂日期	2003 年 2 月
投入使用日期	2003 年 10 月 1 日
联系地址及联系人	日立电梯售后服务部 何生
联系电话	8008308333
保修期限	2 年
放置地点	一层中庭
主要技术参数	电压：380 V 额定电流：15.5 A 频率：50 Hz
	额定功率：7.5 kW 额定速度：0.5 m/s
备 注	此栏是记录好设备大、中、小修相关资料及更换的配件

（三）设备技术登录簿

每一台主要设备都应设立一本技术登录簿，它是设备的档案簿，对设备的使用全过程进行登录和记载，登录和记载内容视设备的不同而不同。但应该做到完整和正确，设备设施的检修、系统保养、技术改造、变更等记录要做到详尽、准确，以便为该设备建立最有价值的原始档案。物业设备台账中设备技术登录簿具体内容至少包括以下五个方面。

（1）检修记录，包括设备各种的大小修、事故抢修的记录，记录形式应有检修分析、工作记录、结论报告等。

（2）系统保养记录，包括设备定期切换、执行系统保养项目等。

（3）技术改造记录，包括设备的技术改造、运行方式的调整。

（4）变更记录，包括设备的损坏更换、技术替换、项目增减等。

（5）运行记录，包括调试记录、投运日期、运行状态、运行周期、参数变化、事故记录、缺陷登记等。

（四）竣工图

施工结束、验收合格后，设计院把已修改完毕的全部图纸整理后提交给用户，这些图纸就是竣工图。竣工图必须符合实际情况，以便于指导用户今后的日常管理工作。

（五）系统资料

按系统或场所把各系统分成若干小系统，针对每个小系统，单独采用示意图和文字或版本号来说明。表达方式要灵活、直观、简明，使之通俗易懂且便于查阅，还可当作对新员工进行培训的实用教材。

三、物业设备台账的管理

（一）物业设备台账填写要求

（1）台账的变更、记录工作必须具有完整性、及时性、长久性。

（2）必须用钢笔填写，蓝、黑墨水均可，书写要工整、清晰。

（3）填报数据一律用阿拉伯数字，文字说明一律用汉字。

（4）大型设备按统一表格规范填写；小型设备或小部件可另作表格记录，但表格要规范，记录必须要详尽。

（二）物业设备台账的管理要求

1. 专人管理

所管辖的建筑物所配套设施的工程部主管全面负责其设施台账的建立、填写、变更记录及管理工作。

2．物业设备台账的变更记录的及时性

当设施出现故障维修、技术改造及变更时，必须在设施对应的台账进行及时的变更记录。

3．物业设备台账的完整性

一套好的物业设备台账必须具有完整性。对于设施，平时的定期保养、维修、技术改造、变更及运行、报废等记录必须详尽与完整。一台设备出现故障，必须按照设备事故处理的表格填写，做到发现问题、解决问题。记录要规范，按设备管理的一整套表格规范记录。

4．进行科学的管理

在设备管理现代化的要求下，尽能力应用电子计算机信息管理系统进行对整套台账的管理。

（三）物业设备资料参数的收集

物业设备台账的建立、记录、管理必须持之以恒，为日后在设备设施管理过程中提供最有价值的原始数据，才能更有效地达到设备设施管理目标。鉴于台账的重要性，在记录台账时，必须对设备的各参数做到详尽、准确。所以要求在物业前期介入管理过程中就要详细地去熟悉各设备系统设计技术参数、技术性能参数以及安全经济运行的状态参数等，做好详细记录并建立完善的设施前期技术资料档案。对于隐蔽性设施，在了解其施工质量情况的同时还要求图像存档。在物业设备接收前，还要求施工单位提供各设备系统的安装验收阶段各设施运行的有关资料。目前，通常物管部门都存在着在建后期或建成后才接手进行物业管理，在这种情况下，设备的有关资料是不完整的。所以，若存在接管后设施设备资料欠缺的情况，最好的办法就是通过对现场设施设备（包括附属设备）铭牌上数据记录的抄录来完善数据。总之，必须通过多渠道进行设施设备资料收集，尽可能将建立台帐所需的资料、详细参数，准确记录在簿。

第二节　设备的运行与维护的管理

设备的运行与维护的管理包括很多内容。从物业管理角度看，主要有消防设备的运行与维护的管理、柴油发电机组的运行与维护的管理、高压供电系统运行与维护的管理、低压供电系统运行与维护的管理、给排水系统的运行与维护的管理、中央空调的运行与维护的管理、电梯的运行与维护的管理等。在这里只从制度管理角度介绍设备运行与管理的基本知识。

一、物业设备技术运行管理

设备运行管理首先要在技术上考虑安全性和可靠性，其次是在技术性能上应始终处于最佳运行状态，以发挥设备的最佳效力。设备技术运行管理要点：一是制定科学、严密的操作规程。二是对操作人员进行专业的培训教育，通过理论及实际操作的考核，取得专业设备的操作资格证书和等级证书。三是加强维护保养工作，做到“正确使用，精心维护”，确保设备保持完好的使用状态。四是对事故的处理要严格执行“三不放过”的原则，即事故原因不查清不放过、对事故责任者不处理不放过、事故后没有采取改善措施不放过。

二、物业设备经济运行管理

在物业设备管理工作中除了重视设备的技术性能管理外，还要重视设备的经济运行管理，即要重视设备运行时的经济性、维护检修和更新改造的经济性等。在设备经济性运行管理中最重要的是设备运行成本管理，这在大厦设备管理中更能得到体现。设备运行成本管理主要包括能源消耗的经济核算、设备操作人员的配置、设备维修费用的管理和设备大修费的管理。

其中，能源消耗的经济核算工作有以下两方面。

（一）制订能源耗用量计划和做好计量工作

其一，设备在运行过程中，需要消耗水、电、蒸汽、压缩空气、煤气、燃料油等各类能源。设备管理部门每年要预先按月编制各类能源的消耗量及能源费用计划，做出每个月的各类能源的耗用计划及能源费用的支出计划。

其二，各类能源的使用要有正确可靠的计量仪表。在实际使用中，应坚持做到每天定时抄表记录，并计算出日耗量，每旬检查统计一次实际耗用量，每月统计一次实际耗用量及能源费用，并将每月的实际耗用量及能源费用同年计划、季度计划进行比较。如能源耗用量出现异常情况，应立即查清原因并报告负责人。

（二）采用切实有效的节能技术措施

首先，在选用设备时，注意设备的技术参数要同工艺要求匹配，优先采用先进的电子控制技术，实施自动调节，使设备在运行过程中一直处于最佳运行状况和最佳运行负荷之中。

其次，在节约用水方面，要做到清浊分流、一水多用、废水利用。设备冷却水应采用冷却塔循环利用。

再次，在节约用电方面，优先选用节能型电机，在供配电设施上应有提高功率因素的措施。在照明用电方面，尽量多利用自然采光，应选择合理的照明系统和照明灯具。照明灯具的开关控制应采用时间控制、日光控制或红外音频控制等节能控制方式。

同时，防止管道、阀门及管道附件泄漏和损坏，发现问题及时修理和调换。对使用热源与冷源的管道和设备应加强保温绝热工作，减少散热损失。

三、设备维护保养的管理

（一）维护保养的方式

维修保养的方式主要有清洁、坚固、调正、防腐、防冻及外观表面检查。

大气中的灰尘进入设备内，会加快设备的磨损和引起局部堵塞，还会造成润滑剂的恶化和设备的锈蚀，致使设备的技术性能下降、噪声增加，所以设备的清洁工作看似简单，实际上是维护保养工作中很重要的一种方式。

设备运转相当一段时间后，因多次启停和运行时的振动，地脚螺栓和其他连接部分的坚固件可能会发生松动，随之导致设备的更大振动直到螺帽脱落、连接尺寸错位和设备的位移以及密封面接触不严形成泄露等故障，因此必须经常检查设备的坚固程度。在坚固件调正时，应该用力均匀恰当，坚固顺序按规定的进行，确保坚固有效。

润滑管理是正确使用和维护设备的重要环节。润滑油的型号、品种、质量、润滑方式、油压、油温及加油量等都有严格的规定。润滑管理要求做到“五定”，即定人、定质、定时、定点、定量，并制订相应的润滑管理制度，建立润滑站、润滑卡。此外，对设备的清洗、换油也应有合理的计划，确保润滑管理工作的正常开展。

设备零部件之间的相对位置及间隙是有其科学规定的，因设备的振动等因素，零部件之间的相对尺寸会发生变化，容易产生不正常的错位和碰撞，造成设备的磨损、发热、噪声、振动甚至损坏，因此必须对有关的位置、间隙尺寸做定量的管理，定时测量、调正，并在调正以后再加以坚固。

外观表面检查是指从设备的外观做目视或测量观察、检查。包括：设备的外表面有无损伤裂痕；磨损是否在允许范围内；温度压力运行参数是否正常；电机有无超载或过热；传动皮带有无断裂或脱落；振动和噪音有无异常；设备密封面有无泄漏；设备油漆有无脱落，外表面有无锈蚀；设备的防腐、保温层有无损坏。

同时，对不同类型的设备，应根据其使用特点，采取不同的维护保养方式。如对空调设备应在季节变化之前进行检查保养；对水箱类设备，需定期清洗、换水等。

（二）维护保养工作的实施

维护保养工作主要分日常维护保养和定期维护保养两种。

日常维护保养工作要求设备操作人员在班前对设备进行外观检查，在班中按操作规程操作设备，定时巡视记录各运行参数，随时注意运行中有无异声、震动、异味、超载等现象，在班后对设备做好清洁工作。在冬天，如设备即将停用，应在下班后放干设备内剩水，以免冻裂设备。日常维护保养工作是设备维护管理的基础，应该坚持实施，并做到制度化，特别是周末或节假日前更应注意维护保养工作。

定期维护保养工作是以操作人员为主、检查人员协助进行的。它有计划地将设备停止运行，进行维护保养。根据设备的用途、结构复杂程度、维护工作量及人员的技术水平等，来决定维护的间隔周期和维护停机时间。定期维护保养需要对设备进行部分解体，应做好以下工作：彻底内外清扫、擦洗、疏通；检查运动部件运转是否灵活及其磨损情况，调整配合间隙；检查安全装置；检查润滑系统油路和油过滤器有无堵塞；清洗油箱，检查油位指示器，换油；检查电气线路和自动控制的元器件的动作是否正常。设备的不定期维护保养能够消除事故隐患，减少磨损，延长设备寿命，发挥设备的技术功能和经济特性。

（三）设备的点检

设备的点检就是对设备进行有针对性的检查。一些主要的设备在出厂时，制造厂商会提供该设备的点检卡或者点检规程。其内容包括检查内容、检查方法、检查周期以及检查标准等。设备点检时可按制造厂商指定的点检点和点检方式进行工作，也可根据各自的经验补充增加一些点检点。设备点检时可以停机检查，也可以随机检查。检查时可以通过人的摸、听、看、嗅等方法，也可利用仪器表进行诊断。通过设备的点检，可以掌握设备的性能、精度、磨损等情况，及时清除隐患，防止突发事故，不但保证了设备的正常运行，又为计划检修提供了正确信息依据。

设备的点检包括日常点检及计划点检。设备的日常点检由操作人员随机检查。

日常点检内容主要包括：运行状态及参数；安全保护装置；易磨损的零部件；易污染堵塞、需经常清洗更换的部件；在运行中经常要求调整的部位；在运行中经常出现不正常现象的部位。设备的计划点检一般以专业维修人员为主，操作人员协助进行，计划点检应该使用先进的仪器设备和手段，可以得到正确可靠的点检结果。

计划点检内容主要有：记录设备的磨损情况，发现其他异常情况；更换零部件；确定修理部位、部件及修理时间；安排检修计划。

（四）物业设备的计划检修

对在用设备，根据运行规律及计划点检的结果可以确定其检修间隔期。以检修间隔为基础，编制检修计划，对设备进行预防性修理，这就是计划检修。实行计划检修，可以在设备发生故障之前就对它进行修理，使设备一直处于完好的使用状态。根据设备检修的部位、修理工作量的大小及修理费用的高低，计划检修工作一般分为小修、中修、大修和系统大修。

（五）计划检修和维护保养的关系

设备管理应建立“维护保养为主，计划检修为辅”的原则。如果维护保养工作做得好，发现问题后及时加以处理则会减少设备检修工作量；反之，如果设备操作人员不爱护设备，不遵守设备的操作规程，使设备损坏经常发生故障停机，则会增加设备检修工作量。因此，每位维护保养人员应该具有很强的工作责任心，认真执行各项工作标准，精心维护设备。

第三节　设备更新改造与备用品配件管理

一、设备更新

设备更新就是以新型的设备来替代原有的老设备。原有老设备在使用相当一段时期后，因磨损等各种原因降低设备的技术性能和使用价值，影响运行效率，并经常发生故障，增加检修费用。如果设备的损坏已经非常严重，过了它的技术寿命或经济寿命，这样的设备如果继续使用下去，在技术上、经济上是不合理的，必须考虑更新。

设备更新有原型更新和技术更新两种形式。

设备的原型更新指相同型号规格的设备以旧换新，即原来的设备不能继续使用时就购买一台相同的新设备来替代它。原型更新往往比较方便简单，操作人员、维修人员及管理人员都能熟悉与掌握设备的运行性能和管理方法。但这种形式只是就事论事解决问题，不利于提高设备的技术性能和设备管理的业务水平。

设备的技术更新指采用在技术上比较先进、使用操作上比较方便、经济上比较合理、管理上比较进步的新型设备来替代原来使用的老设备。这种更新形式真正能达到设备更新的目的，同时也对设备的操作、维修和管理人员提出了更高的要求，有利于企业的发展。

二、设备改造

设备改造是不舍弃原有旧设备，花费的改造费用一般比设备更新所产生的费用要少得多，所以只要通过技术改造同样能达到目的，一般就不采取设备更新的方式。

设备技术改造的途径主要有：设备的结构做局部改进；加新的零件和各种装置；对设备的参数、容量、功率、转速、形状和外形尺寸进行调正。

编制改造方案的内容包括：原设备在技术上、经济上、管理上存在的主要问题，设备发生的故障情况及其原因；改造的部位和内容；改造中所应用的新技术及其合理性、可行性；改造后能达到的技术性能、安全性能；预计改造后的经济效益；改造的费用预算以及资金来源计划；改造的时间及停机的影响；改造后竣工验收和投入使用的组织工作。

三、备用品配件的管理

设施设备在运行过程中，一些运转的零部件因磨损或老化，而导致设备技术性能的降低。为了恢复性能，在检修时需要用新的零部件来更换已磨损老化的零部件。同时为了缩短检修时间，应该在检修之前就把新的零部件准备好。这就是备用品配件管理的基本原则。

（一）备件的确定依据

（1）零部件的使用寿命，根据设备的运行时间、运行负荷及工作环境；零部件的受磨损程度；设备润滑状况及操作和维护保养是否妥当合理。

（2）有较多相同型号的设备，或者型号不同但备件可互用的设备。如零部件损坏更换的概率较高，可适当考虑多储备一些。

（3）加工困难，或者制造、采购周期长的备件，虽不属于易损零部件，也应预先做好准备，作为备件来储备。

（4）关键的重要设备如果停止运行会带来很大的影响，应该优先考虑备件的储备，储备的品种也应适当增加。

（5）因材质、加工质量转差造成先天不足的备件以及价格便宜的备件，可适当增加一些储备量。

（二）备件的仓库管理

备件的仓库管理是一个经常性的工作，应由专人来管理。仓库管理是备件管理的重要环节。备件仓库管理工作的程序是：接货→验收→保管→出库→盘点。

接货是仓库管理的开始，接货时要注意防止运输搬动时备件的遗失和损坏，并及时验收入库。

验收可以确保备件在数量和质量上无误。在验收时，应先核对入库凭证，查看有无备件编号、图号、名称、规格、材质及数量等说明，再开箱验收，根据装箱单清点备件的规格、数量和检查表面的外观，并将装箱单与入库凭证进行核查，连同产品质量证明书及其他技术资料一起验收。确认无误后，作为验收合格，准许备件入库保管。

保管是指对验收合格后入库的备件，立即建立备件台账及备件卡。应将每天的出入库情况及时登记记录，每月结算一次。备件卡就做到标记清楚，图号、名称、规程、材质、数量准确。备件台账、备件卡、备件实物及备件资金一定要做到“四相符”。备件的仓库管理要做堆放合理，无丢失、无损坏、无腐蚀，要求按备件的性质及精度合理分类摆放。同时对成品备件、半成品备件、毛坯备件等储备要加以不同的管理。备件的在库保养是一项日常工作。入库后，工作人员就要对备件逐件除锈、清洗、涂油、上漆，定期进行仓库整理和倒动。库房要求通风、干燥、防盗，防止备件在仓库保管期间有损坏和遗失。

备件的发放出库必须办理领用手续。领用单上须有领用项目、领用日期、领用备件的编号、名称、规格、数量和费用，以及领用部门和领用人及发放人。发放备件时按领用单当面点交出库。发放后在备件台账及备件卡上及时登记记录。

对备件的库存情况一般每月盘点一次，以确保账、卡、物、资金的相符，也可作为备件资金核查的一种手段。在盘点中，如发现数量有短缺或盈余，或者规格不符合，或者备件有损等情况应查明原因，分别做盘亏、盘盈、调整或报废处理。通过盘点，及时向管理人员报告正确的库存情况，以便采取措施，保证正常的备件管理工作。

备品配件管理中常用的表格有服务用品采购表（如表9－3所示）、服务用品收付卡（如表9－4所示）、服务用品出仓单（如表9－5所示）。

表9－3　服务用品采购表

部门：　　　　　　　　　　　　　　　　　　　　No：

批号		采购原因				
申购物品清单						
品名	型号/规格	数量	用途	质量要求	检验方法	估价
估价合计：＿＿＿＿元　申请人：						
部门负责人：＿＿＿＿　＿＿＿＿年＿＿月＿＿日						
供货方						

进货检验

品名	抽检数量	合格品数量	合格率	品 名	抽检数量	合格品数量	合格率

检验员：＿＿＿＿　＿＿＿年＿＿月＿＿日

备注：

注1：未在合格分承包方购买的物品应说明原因，并经上一级主管部门批准。

注2：未列入《服务用品采购标准》的物品应说明质量要求和检验方法。

表 9-4　服务用品收付卡

部门：________　　　　　　　　　　　　　　　No：

品名：________　类别：________　编号：________　单价：________

规格/型号：________　生产厂家：________　存放货架号：________

年		凭证编号	入仓		出仓		结存		备注
月	日		件数	数量	件数	数量	件数	数量	

仓管员：________

表 9-5　服务用品出仓单

部门：　　　　　　　　　　　　　　　　　　No：

年		名称	规格/型号	数量	单价	金额	用途	领用人	批准人	仓管员	出仓编号
月	日										

第四节　物业设备管理制度

一、物业设备承接查验制度

设备验收工作是设备安装或检修停用后转入使用的重要过程，因此在设备的运行管理和维修管理之前，首先要做好设备的承接查验工作。承接查验不仅包括对新建房附属设备的验收，而且包括对维修后设备的验收以及委托加工或购置的更新设备的开箱验收。验收后的设备基础资料要保管好。

二、物业设备预防性计划维修保养制度

预防性计划维修保养是为了延长设备的使用寿命，防止意外损坏而按照预定计划进行的一系列预防性设备维修、维护与管理的组织和技术措施。实施预防性计划维修保养制度可以保证物业设备经常保持正常的工作能力，防止设备在使用过程中发生不

应有的磨损、老化、腐蚀等情况，充分发挥设备的潜力和使用效益，正确掌握设备状况，提高设备运行效率。实施预防性计划维修保养制度即可延长设备的修理间隔期，降低修理成本，提高维修质量，又可保证物业设备的安全运行，延长设备使用寿命，树立物业服务企业良好的形象。

预防性计划维修保养制度主要包括制订设备的维修保养计划，确定设备的维修保养类别、等级、周期、内容，实施预防性计划维修保养制度，并进行监督检查等。

三、运行管理制度

运行管理制度包括巡视抄表制度、安全运行制度、经济运行制度、文明运行制度等。此外，特殊设备还需另行制定一些制度，如临时申请用电用水制度、临时申请加班空调制度、锅炉给水处理制度、电梯安全运行制度等。

四、值班制度

建立值班制度并严格执行，可以及时发现事故隐患并排除故障，从而保证设备安全、正常地运行。值班制度的内容主要包括：不得擅自离岗；按时巡查，及时发现事故隐患；接到故障维修通知，及时安排人员抢修、维修等。

五、交接班制度

交接班制度主要包括：做好交接班工作；提前办好交接班手续；除值班人员外，其他人员一律不准进入值班室等。若确需进入值班室或设备房的，需经部门主管或管理处领导同意，方可进入设备房并做好记录手续。

六、报告记录制度

建立报告记录制度可以让物业设备管理部门经理、技术主管和班组长及时了解设备的运行情况和设备维修管理情况，及时发现设备管理中存在的问题，以便及时解决。

除了上述设备制度外，还有设备清理制度，设备技术档案资料保存、管理制度，设备更新、改造、报废规划及审批制度，承租户责任制度和保管设备责任制度及设备清点，盘点制度等一系列物业设备管理制度体系，从而有效地实行专业化、制度化的物业设备管理。

【实习建议】

1．跟班实训。

选择管理设备较集中和较先进的写字楼物业的物业公司进行顶岗实习，跟踪工程技术管理人员进行值班，观察技术人员的设备操作与设备管理的细节，做好记录，参加技术人员的心得交流会、技术与管理讨论会，获得一定的感性认识，从而了解物业设备操作与管理活动的全过程，熟悉设备管理业务。

2. 方案或制度设计。

参与物业公司的设备管理方案设计活动，或在教师指导下经过自己在物业公司的调研，并利用物业管理实训室的软件资料进行设备管理方案或制度的设计工作，从而熟悉设备管理方案或管理制度的设计业务。

3. 分析案例。

通过物业设备管理的案例，主要是对易出现的问题与事故隐患的环节，以案例评析的方式进行分析，了解设备性能，掌握设备常见问题的诊断与处理的方法技巧，以及管理制度上如何完善的途径。

【思考题】

1. 设备资料管理有哪些内容？设备技术资料怎么进行管理？
2. 设备技术运行管理要点有哪些？
3. 结合实习内容编制一个物业设备改造方案。
4. 物业设备管理制度有哪些？

第十章　智能化设施的维护与管理

【学习目标】

领会： 智能化系统维护与管理。

掌握： 智能化物业的基本知识；物业管理信息化系统功能。

应用： 住宅小区智能系统维护与管理。

第一节　智能化物业的基本知识

一、智能化物业的概念

智能化物业又称智能物业，也叫智能建筑（Intelligent Building，IB），常见的是智能大厦或商业综合体，也包括智能化住宅公寓和小区。智能化物业是信息时代的必然产物，它是多学科、多种高新技术的有机结合，也是现代物业发展的方向。智能化物业是现代建筑与高新信息技术相结合的产物，是将结构、系统、服务、管理进行优化组合，获得高效率、高功能与高舒适性的建筑，可为人们提供一个高效、舒适和具有经济效益的工作环境。

智能化物业拥有集成的楼宇自动化控制系统与现代通信网络设施，能对物业的各类设施、安保、消防、环境等许多方面进行自动监控，能为用户提供信息传输便利和良好的居住环境，具有高度综合管理功能。

智能建筑要满足两个基本要求：一是对使用者来说，智能建筑应能提供安全、舒适、快捷的优质服务，有一个利于提高工作效率、激发人的创造性的环境。二是对管理者来说，智能建筑应当建立一套先进科学的综合管理机制，不仅要求硬件设施先进，软件方面和管理人员（使用人员）素质也要相应提高，以达到节省能耗和降低人工成本的效果。

（一）智能建筑在物业管理方面的应用现状

近几年来，建筑智能化系统对于建筑物运行管理的重要性日益体现出来，并被越来越多的行业所重视，很多行业的建筑智能化标准都对用于物业管理的系统功能提出了明确规定。我国住房和城乡建设部发布的《绿色建筑评价标准》提出“智能化系统定位准确，采用的技术先进、实用、可靠，达到安全防范子系统、管理与设备监控子系统与信息网络子系统的基本配置要求”。功能完善、运行有效的建筑智能化系统能够极大地提高物业管理的工作效率和服务品质，降低运行成本，给业主带来良好的经济效益和丰厚的投资回报。

承担运营管理的机构及其工作人员需要具有一定的智能化技术能力，建立有效的设备与系统管理制度，并在智能化系统的维护工作上投入必要的资金。智能化系统大量采用电子设备（电子设备一般寿命是5~8年；一般厂商最多提供3年的免费维保期；房地产施工方一般提供2年的免费维保期），许多智能建筑在运营两三年后就会出现“维护资金不到位”，设备故障无法修理、系统无法更新、软件不能升级致使智能化功能减少和无法运行。智能化系统如何维护，如何延长寿命，如何有效地增强智能建筑在运营中的价值，并使智能化系统能够长期有效运行，需要多方面的共同努力，更需要物业管理行业持续不断的努力。

（二）智能建筑运维机构物业早期介入工程建设的重要性

物业服务企业早期介入智能建筑工程建设过程，有利于提高工程质量保障运营品质。从大部分现已投入运行的智能化系统来看，工程质量问题是影响后期运营维护的重要因素（如产品质量、施工质量、现场调试质量和后期服务质量）。

智能化系统工程质量控制的成功，是智能建筑成功的保证，是实现智能化系统设计目标的基础，也是运营维护顺利开展的重要前提。

（1）工程需要从设计阶段抓起，在充分了解后期的运营需求后确保设计的合理性和准确性。

（2）设计时，充分考虑智能建筑后期运营维护的经济性和可行性，要对智能建筑后期的运营维护进行充分考虑，避免出现运营维护成本大于实际回报。

（3）工程质量也要从招采阶段抓起，确保设备性能的稳定性和可靠性。系统集成商及智能化产品的质量，是影响智能建筑正常运营的重要因素。建设中要注意规避系统集成商采用低价投标进入项目，提供性能低劣的设备以维持企业利益，给智能建筑后期的运营维护带来较大困扰，使智能化系统难以正常运行。

（4）工程售后服务需考虑良好本地化的售后服务，尤其是没有本地化服务队伍的进口产品及本地化的代理商和经销商。在招采阶段除了要摒弃“低价中标”的理念，还要求“国内外厂商提供本地化的服务”，保障智能化系统的稳定性和可靠性（降低维护成本，提高维护效率）。

（5）施工管控和承接查验的质量，也是至关重要的因素。布管穿线阶段（尤其是隐蔽工程）各分系统及机房中的布线、走线、扎线、线端、开关、面板等要有准确的标签标志，各种插件的连接、焊接牢靠，这些都为日后的维修和维护打下良好的基础。施工质量低劣，后期运维就很难做好。

（6）设备资料是后期维护的依据（尤其是竣工图纸编号表及系统调试记录），都是运营维护期间尽快诊断系统故障、确定维修方案的工作基础。因此，运营维护机构在竣工验收期间必须收集完整的竣工资料并复核准确性。

实践证明，运营维护机构在智能建筑建设阶段（规划设计、施工查验和接管验收）深度介入并严格监管的项目，后期智能化系统运维质量一般都比较好。

（三）智能建筑运维管理需要体制和机制的创新

智能化系统不同于传统的物业工程设备管理，它是一个高度综合的信息系统，其管理体制和运作机制都不同于传统物业管理，尤其是必须配备具有一定 IT 技术水平的操作人员。开发商长期形成的“重建设、轻管理”的习惯，造成“高度现代化、智能化”的甲级智能楼宇因维保预算偏低，维护保养标准降低，设备更新延迟，致使智能建筑的“智能化”不能充分发挥。因此，合理确定智能化系统运维费用标准和更新周期，才能让智能建筑达到预期的效益。

建筑智能化系统专业跨度大，涉及自动控制技术、计算机网络技术、现代通信技术、多媒体音视频技术、灯光照明技术和现代节能技术，并随着科技的发展不断衍生出各种新技术。因此，物业服务公司应不断总结学习，培养建立一支真正掌握智能化运维知识、具有丰富理论知识和实践经验的智能化专业队伍。

二、智能建筑的系统构成

智能建筑是楼宇自动化系统（Building Automation System，BAS）、通信自动化系统（Communication Automation System，CAS）和办公自动化系统（Office Automation System，OAS）三者通过结构化综合布线系统（Structured Cabling System，SCS）和计算机网络技术的有机集成。

（一）楼宇自动化系统

楼宇自动化系统，又叫建筑物自动化系统是将建筑物或建筑物群内的电力、照明、空调、给排水、消防、安保、门禁、车辆管理等设备和系统以集中监视、控制和管理为目的而构成的综合系统，如图 10－1 所示。

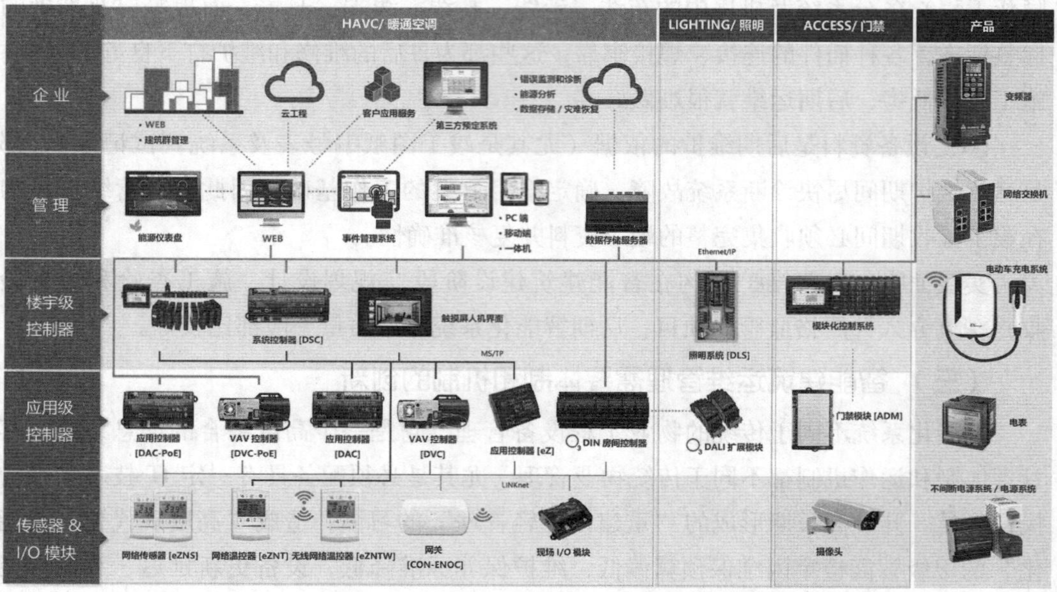

图 10－1　楼宇自动化系统示意图

楼宇自动化系统主要是对建筑物内的机电设备进行管理、调控，是基于现代分布控制理论而设计的集散控制系统。通过网络系统，楼宇自动化系统对分布在各监控现场的机电设备（包括变配电、照明、通风、空调、电梯、给排水、消防、安保、能源管理等）进行实时监控（包括检测、显示其运行参数，监视、控制其运行状态），根据外界条件、环境因素、负载变化情况自动调节各种设备，使其始终处于最佳运行状态；自动监测并处理诸如停电、火灾、地震等意外事件；自动实现对电力、供热、供水等能源的使用、调节与管理，从而保障工作或居住环境既安全可靠，又节约能源，而且舒适宜人。

楼宇自动化系统按建筑设备和设施的功能可划分为以下 10 个子系统。

1. 变配电控制子系统

变配电控制子系统（包括高压配电及直流屏、变电、低压配电、应急发电等），是建筑物自动化系统中的重要组成部分之一，是以计算机技术为核心，实现电源监测、变压器温度和负荷监测、线路状态监测、备用电源控制、供电恢复控制等功能的集中管理，用于控制各机房设备运行管理、数据采集和过程控制的自动化系统（如图 10－2 所示）。

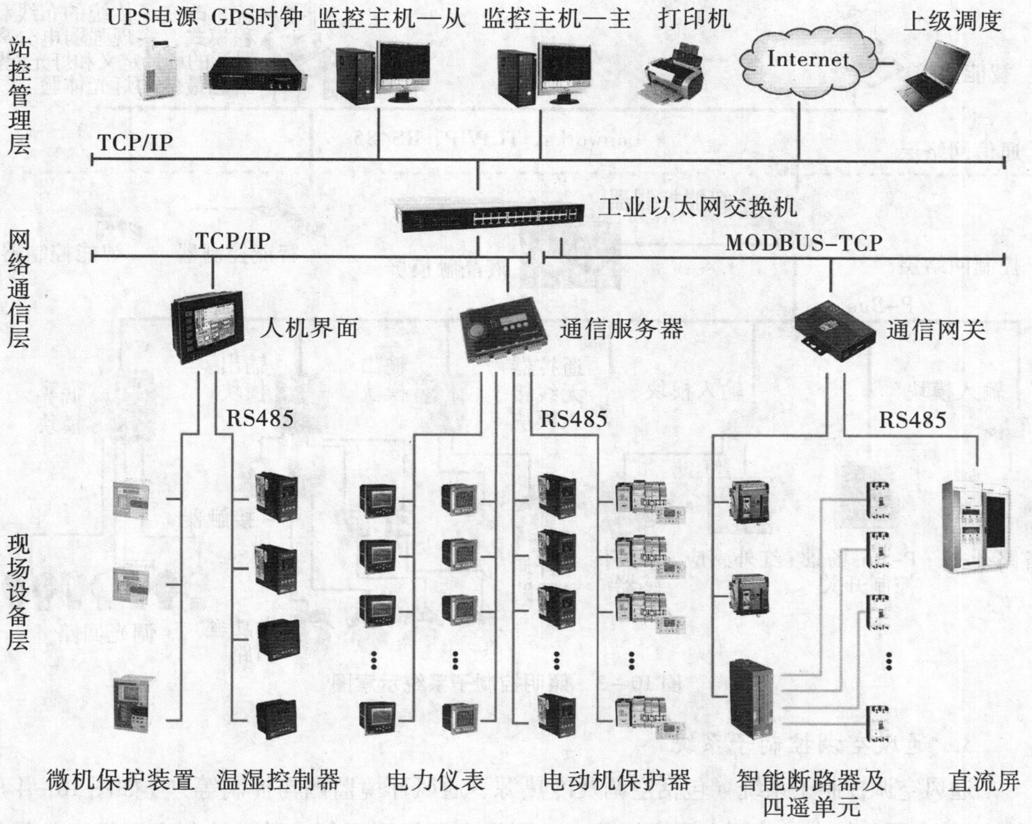

图 10-2　变配电控制子系统示意图

2. 照明控制子系统

照明控制子系统，是以提供照明控制为基础的系统，包括光导照明系统（采集室外自然光，经漫反射处理后的照明系统）、人工照明系统（工作照明、应急照明、泛光照明、景观照明、障碍照明等）及二者结合构成的系统（如图 10-3 所示），是利用计算机通信、无线电通信、智能化信息处理、电力载波通信技术及节能型电器控制等技术组成的控制系统，以实现控制各楼层门厅及楼梯照明定时开关；控制室外泛光灯定时开关；控制停车场照明定时开关；控制舞台艺术灯光开关及调光设备；显示航空障碍灯点灯状态及故障警报；控制事故应急照明；监测照明设备的运行状态等功能。

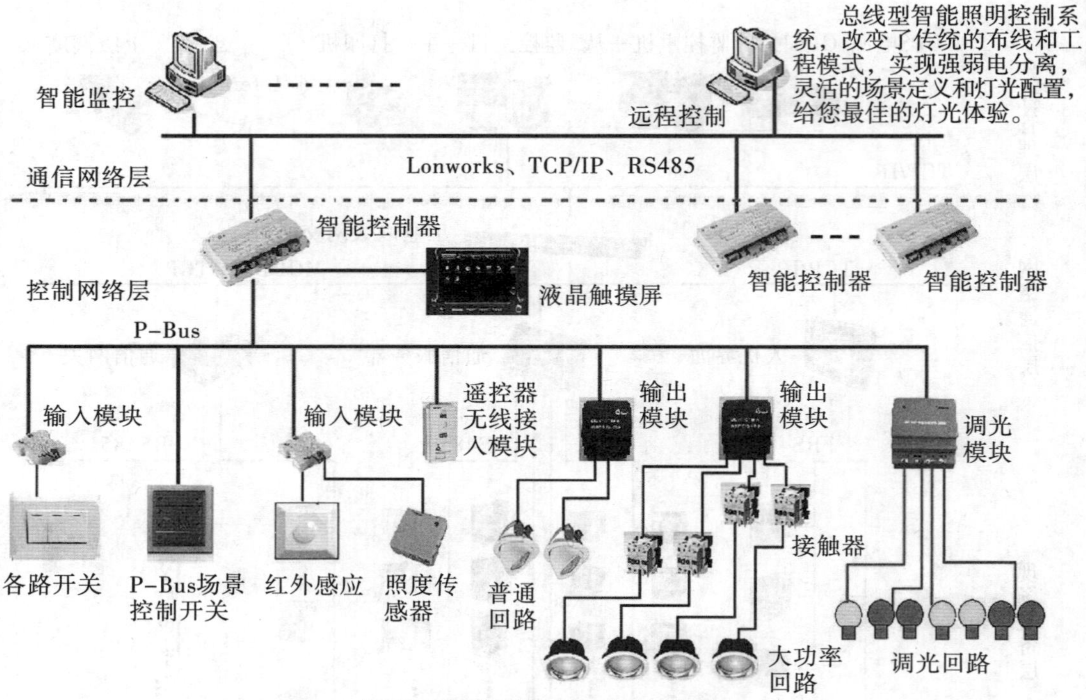

图 10－3　照明控制子系统示意图

3. 通风空调控制子系统

通风空调控制子系统（包括空调及冷热源、通风环境监测与控制等）（如图 10－4 所示），其主要功能有：监测空调机组状态、测量空调机组运行参数、控制空调机组的最佳开/停时间、控制空调机组预定程序、监测新风机组状态、控制新风机组的最佳开/停时间、控制新风机组预定程序、监测和控制排风机组、控制能源系统工作的最佳状态，等等。

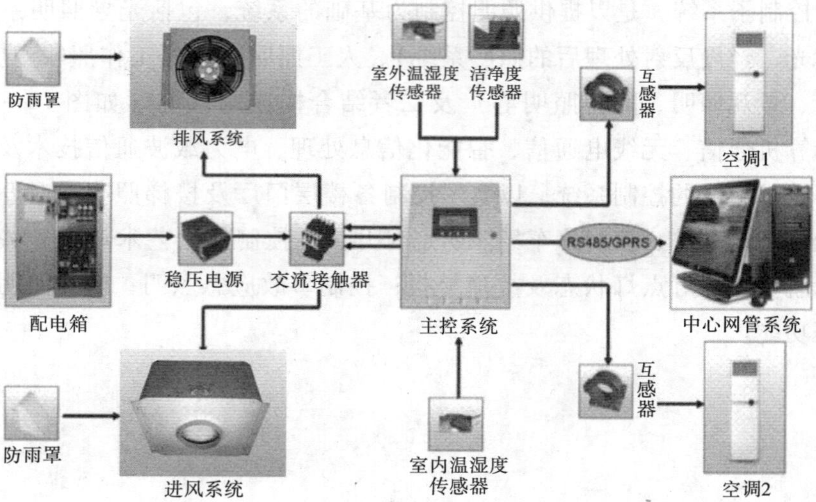

图 10－4　通风空调控制子系统示意图

从统计数据来看，空调系统占整栋智能大厦耗能的50%以上，而装配楼宇自动化系统以后，可节省能耗约25%，节省管理人员约30%。

4. 交通运输控制子系统

交通运输控制子系统（包括客用电梯、货用电梯、自动扶梯、自动人行道等），是指服务于规定楼层的固定式运输设备（如图10－5所示），主要功能有：运输乘客和货物、检测运行状态、处理故障及紧急救助、呼叫电梯、语音服务系统等。

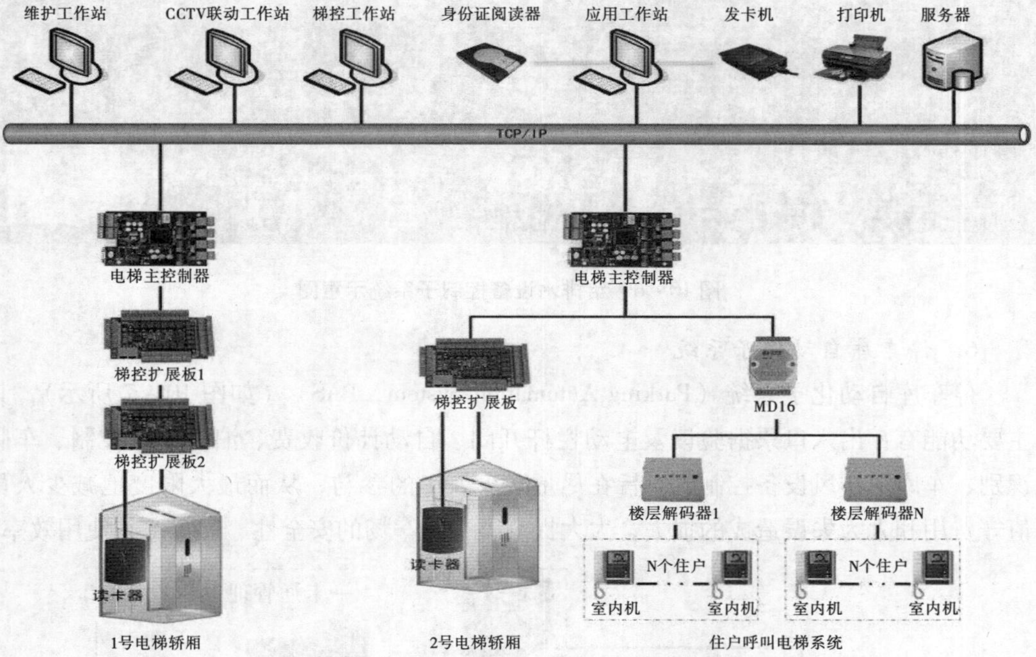

图10－5　交通运输控制子系统示意图

5. 给排水设备控制子系统

给排水设备控制子系统（包括给水、排水）（如图10－6所示），其主要功能有监测给排水设备的状态；测量用水量及排水量；检测污物、污水池水位及异常警报；检测水箱水位；过滤公共饮水、控制杀菌设备、监测给水水质；控制给排水设备的启动/停止；稳定水压；监测和控制卫生、污水处理设备运转及水质；等等。

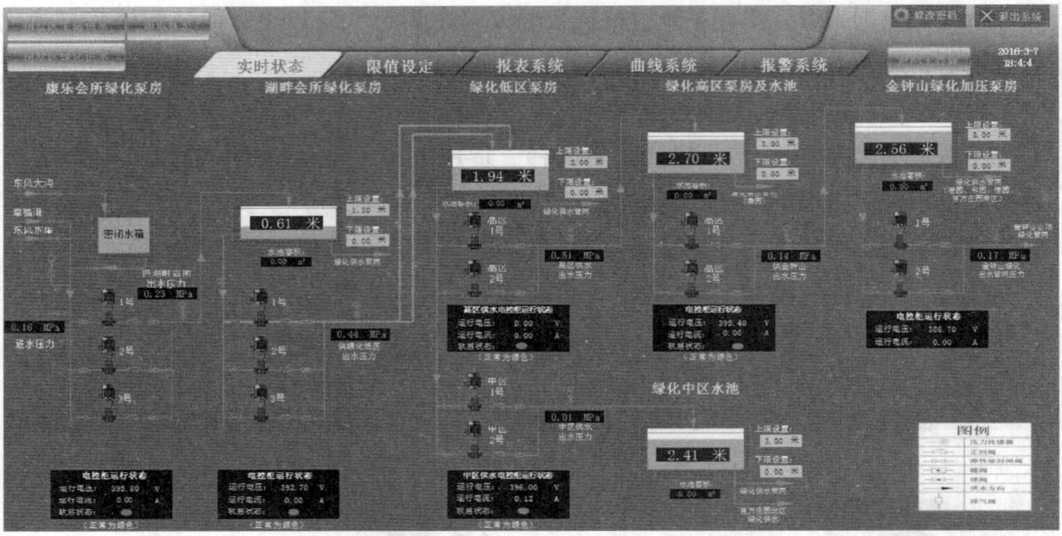

图 10－6　给排水设备控制子系统示意图

6. 停车库自动化子系统

停车库自动化子系统（Parking Automation System，PAS）（如图 10－7 所示），其主要功能有：出入口票据验读及电动栏杆开闭、自动计价收费、泊位调度控制、车牌识别、车库送排风设备控制等。旨在尽量减少人工的参与，从而最大限度地减少人员值守费用和人为失误造成的损失，大大提高整个停车场的安全性、通行率与使用效率。

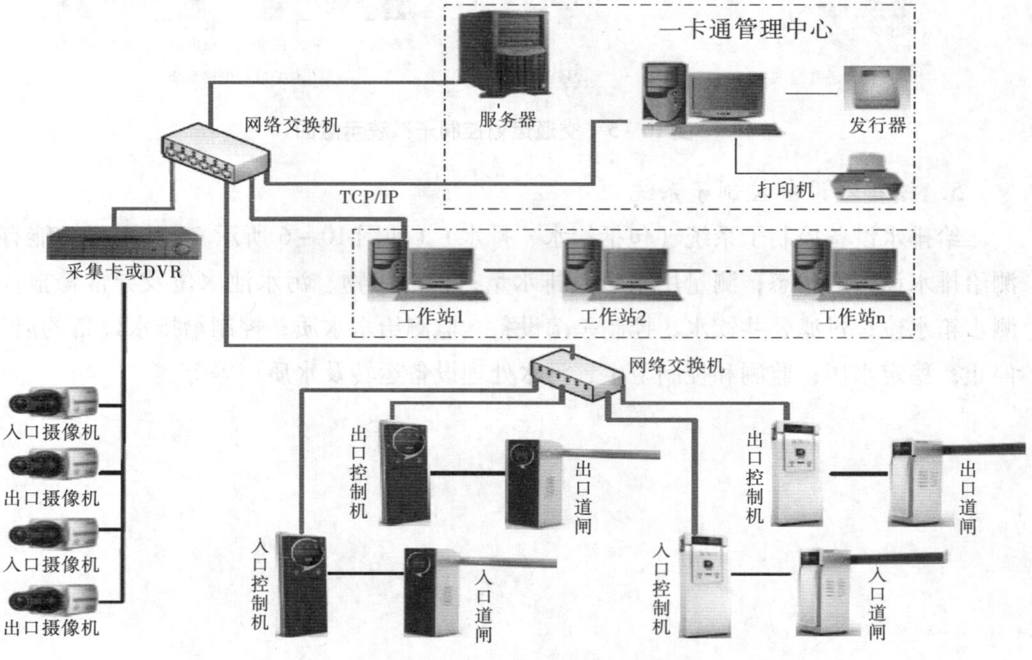

图 10－7　停车库自动化子系统示意图

7. 消防自动化子系统

消防自动化子系统（Fire Automation System，FAS）（如图10－8、图10－9所示），其主要功能有：火灾监测及报警；各种消防设备的状态检测与故障警报；自动喷淋、泡沫灭火、卤代烷灭火设备的控制；火灾时供配电及空调系统的联动；火灾时紧急电梯控制；火灾时的防排烟控制；火灾时的避难引导控制；火灾时的紧急广播的操作控制；消防系统有关管道水压测试；等等。

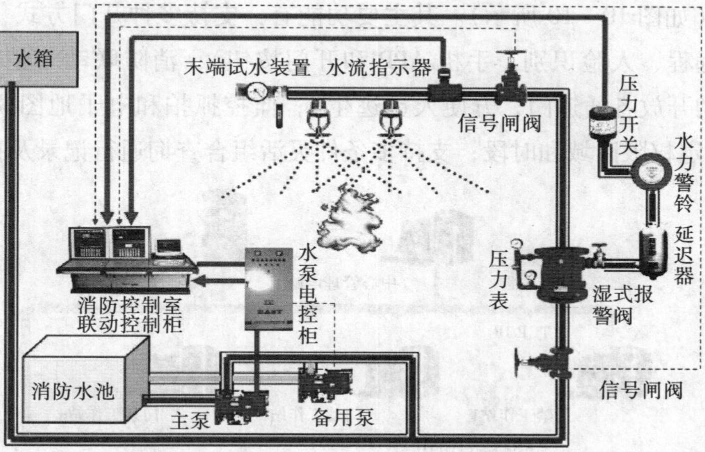

图10－8　消防灭火系统示意图

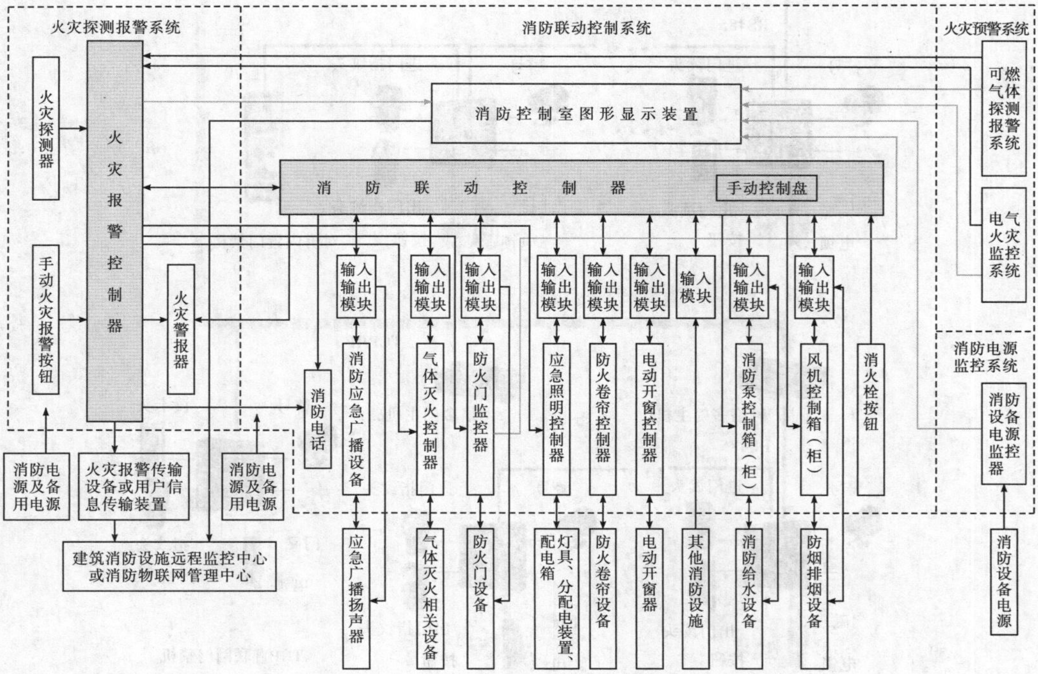

图10－9　消防报警系统示意图

8. 安保自动化子系统

安保自动化子系统（Safety Automation System，SAS），包括门禁系统、视频监控系统、防盗报警系统、巡更系统和楼宇对讲系统。

（1）门禁系统。

门禁系统（Access Control System，ACS），是运用电子、机械、光学、计算机技术、通信技术、生物技术等新技术对行人和车辆出入口通道进行管控的新型现代化安全管理系统（如图10－10所示）。其主要功能有：支持多种开门方式（包括密码、刷卡、蓝牙、远程、人脸识别、手机APP和开门按钮）；消防联动（消防报警状态下，门禁控制自动开放各通道门，方便人员逃生）；监控抓拍和电子地图联动（防止代刷卡）；灵活设定权限区域和时段；支持多条件灵活组合查询通行记录及报表导出。

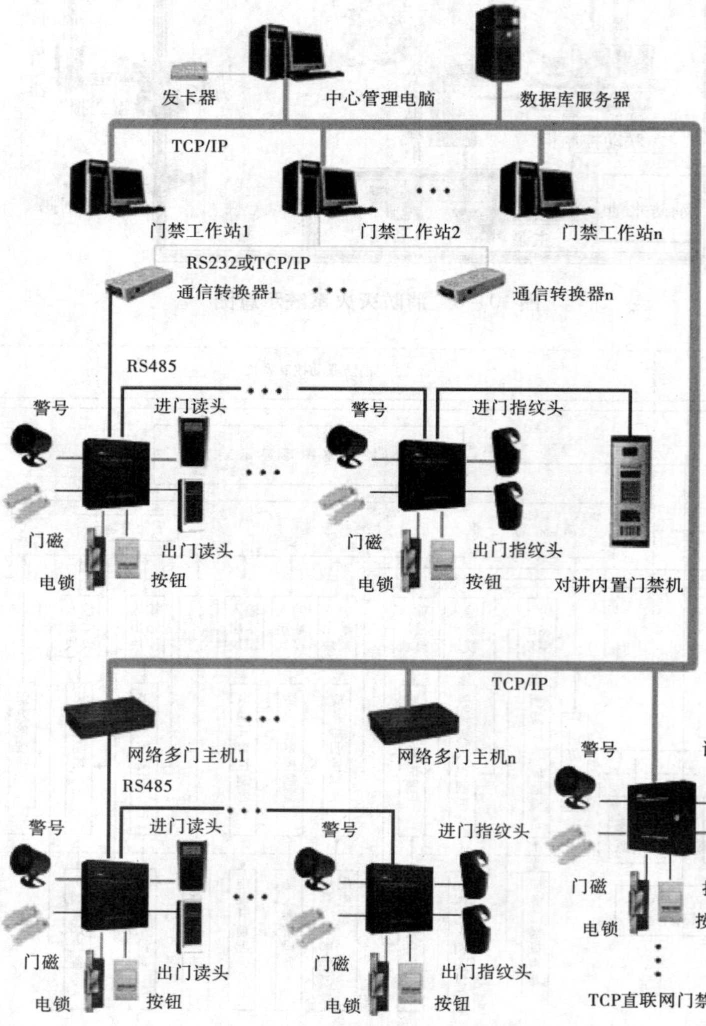

图10－10　门禁系统示意图

（2）视频监控系统。

视频监控系统（Video Surveillance System，VSS），又叫闭路电视监控系统，是所有安全防范系统中最关键的子系统，由摄像、传输、控制、显示、记录登记五大部分组成。被监视场所的视频录像、移动抓拍和智能行为分析（对重要场所进行行为预判）由摄像机通过同轴视频电缆、网线、光纤将视频图像传输到控制主机，控制主机再将视频信号分配到各监视器及录像设备，同时可将需要传输的语音信号同步录入录像机内。通过控制主机，操作人员可发出指令，对云台的上、下、左、右的动作进行控制及镜头的调焦变倍操作，并可通过控制主机实现在多路摄像机及云台之间的切换。利用特殊的录像处理模式，可对图像进行录入、回放、处理等操作，使录像效果达到最佳。

（3）防盗报警系统。

防盗报警系统是在无人值守的地方安装电子探测设备，当检测到非法入侵时，报警信号传至报警中心（消控室、监控中心）报警主机，同时启动报警中心和事发现场的声光报警器。防盗报警设备一般分为：前端探测器，报警控制器（如图 10 – 11 所示）。报警控制器是一台主机（如电脑的主机一样），用来控制包括有线/无线信号的处理、系统本身故障的检测、电源部分、信号输入、信号输出、内置拨号器等。前端探测器包括：门磁开关、玻璃破碎探测器、红外探测器和红外/微波双鉴器、紧急呼救按钮。

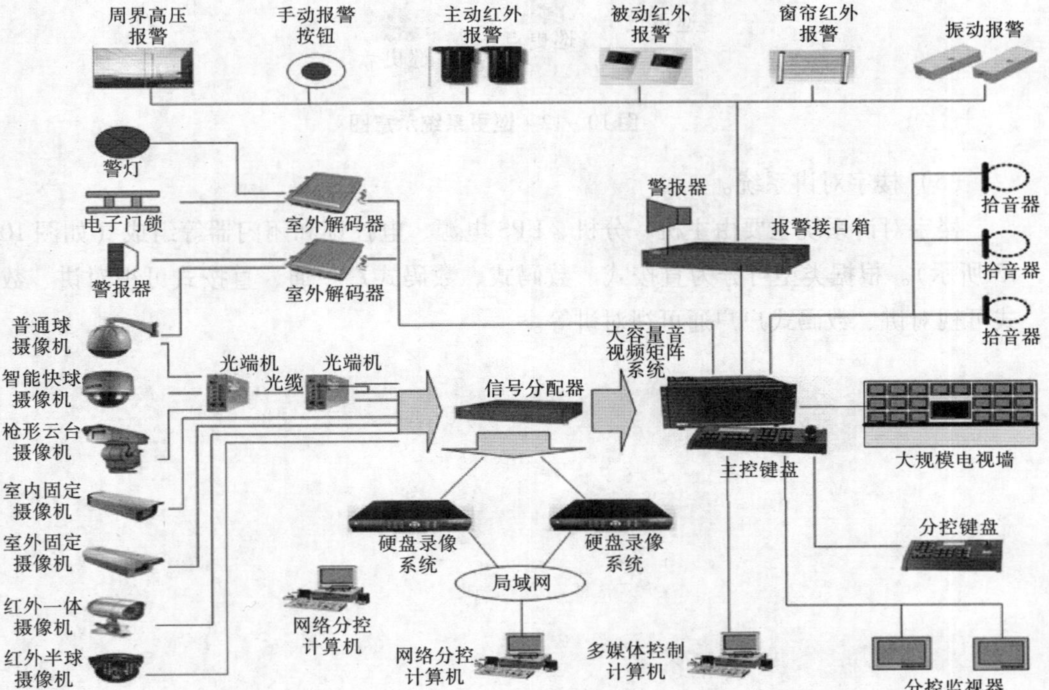

图 10 – 11 防盗报警系统示意图

（4）巡更系统。

巡更系统是管理者考察巡更者是否在指定时间按巡更路线到达指定地点的一种手段（如图 10－12 所示）。将巡更点安放在巡逻路线的关键点上，保安在巡逻的过程中用随身携带的巡更棒读取自己的人员点，然后按线路顺序读取巡更点，定期用通信座（或通信线）将巡更棒中的巡逻记录上传到计算机中。管理软件将事先设定的巡逻计划同实际的巡逻记录进行比较，就可得出巡逻漏检、误点等统计报表，通过这些报表可以真实地反映巡逻工作的实际完成情况。巡更管理系统包括巡更棒、通信座、巡更点、人员点（可选）、事件本（可选）、管理软件（单机版、局域版、网络版）等主要部分，是安防中的必备系统，因为没有任何电子技防设备可以取代保安，而保安最主要的安全防范工作就是巡更。

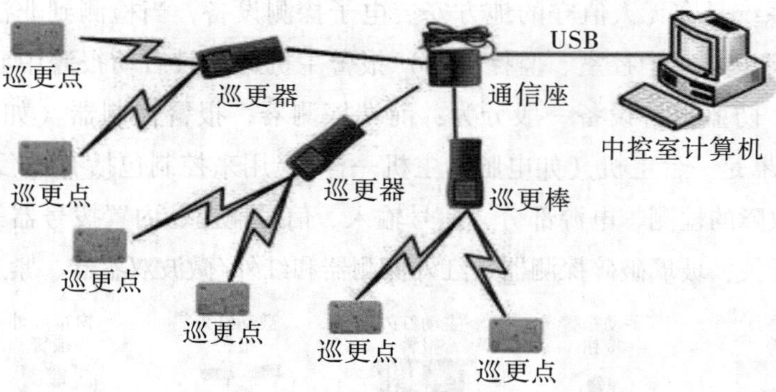

图 10－12　巡更系统示意图

（5）楼宇对讲系统。

楼宇对讲系统主要由主机、分机、UPS 电源、电控锁和闭门器等组成（如图 10－13 所示）。根据类型可分为直按式、数码式、数码式户户通、直按式可视对讲、数码式可视对讲、数码式户户通可视对讲等。

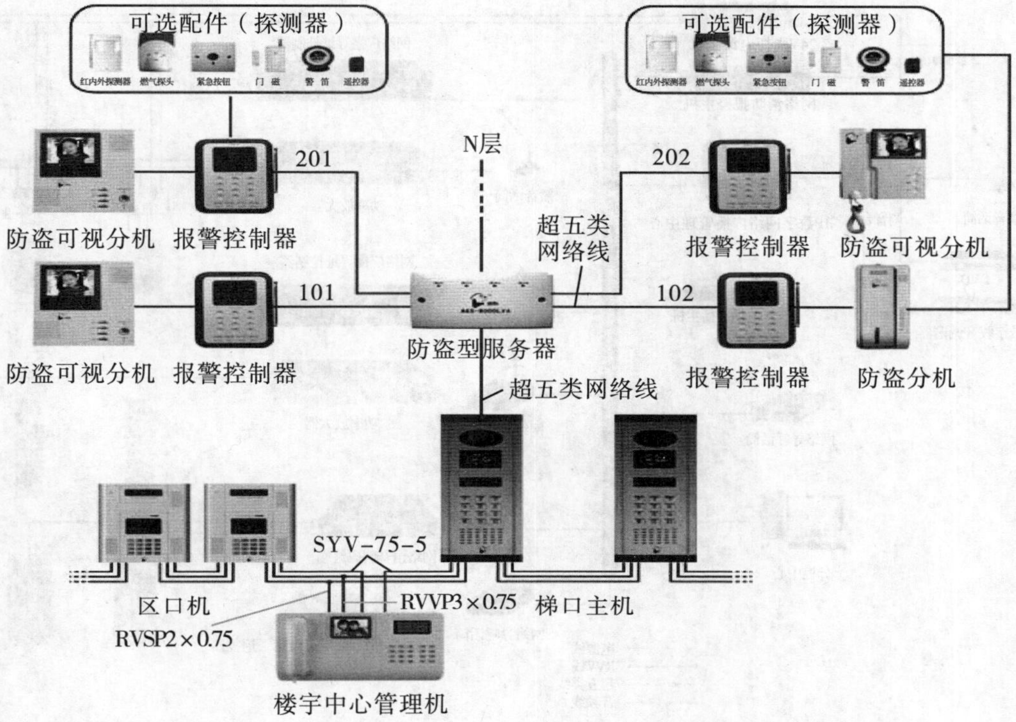

图 10－13　楼宇对讲系统示意图

9. 公共广播与背景音乐系统

公共广播与背景音乐系统（Public Address and Background Music System，PABMS），可分为背景音乐、业务性广播系统、服务性广播系统和火灾事故广播系统，一般由音源、广播功放、放声器材、智能播放四个部分组成（如图 10－14 所示）。根据需求，可分区或分层播放不同的音响内容；紧急广播和背景音乐采用同一套系统设备和线路，当发生紧急事故（如火灾时），可根据程序指令自动切换到紧急广播工作状态；火灾报警时，可进行报警层与相邻上、下两层的报警广播；有广播、背景音乐及扬声器线路检测功能；提供任何事件的报警联动广播；手动切换的实时广播；等等。

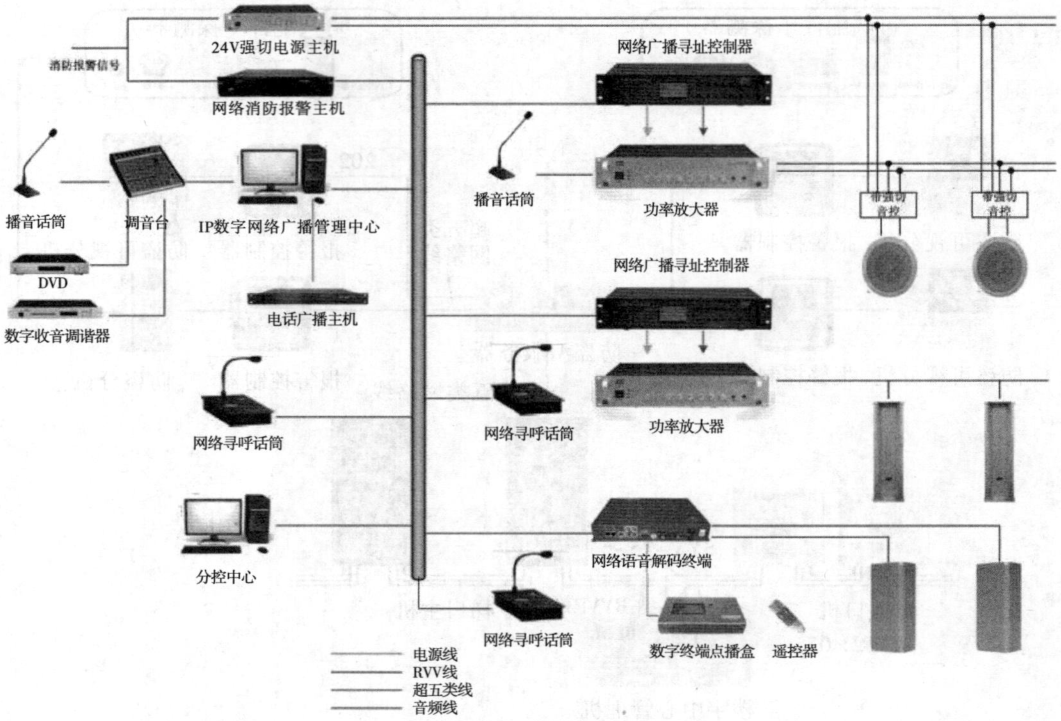

图 10－14　公共广播与背景音乐系统示意图

10. 多媒体音像系统

多媒体音像系统（Multimedia Sound System，MSS），包括扩声系统、会议声频系统、同声传译系统、立体声电影放声系统、视频信息点播系统（Video on Demand，VOD）等（如图 10－15 所示）。扩声系统主要功能是把自然声源（如唱歌、演奏、演讲等）的声音信号加以增强，提高听众的声压级，使远离声源的听众也能清晰地听到声源发出的声音。会议声频系统由主席机（含话筒和控制器），控制主机和若干部代表机（含话筒和登记申请发言按键）组成，大型国际会议系统由数字会议网（DCN）构成。同声传译系统是将一种语言同时翻译成两种或两种以上语言的声频系统。立体声电影放声系统采用放映室内的杜比器声道还音系统，利用标准机柜将电影录音，经功放分若干路引至观众厅四周的扬声器组，以达到最佳的立体声效果。VOD 系统有随时自主点播精彩影视、各种账单查询、宾馆酒店信息查询、查看交通信息、气象预报、股市行情、商业信息、完成电视购物、卡拉 OK 音乐点播、E-mail、Internet 浏览、收看闭路电视等功能。系统自动完成点播计费并可与宾馆酒店计算机管理系统连接。

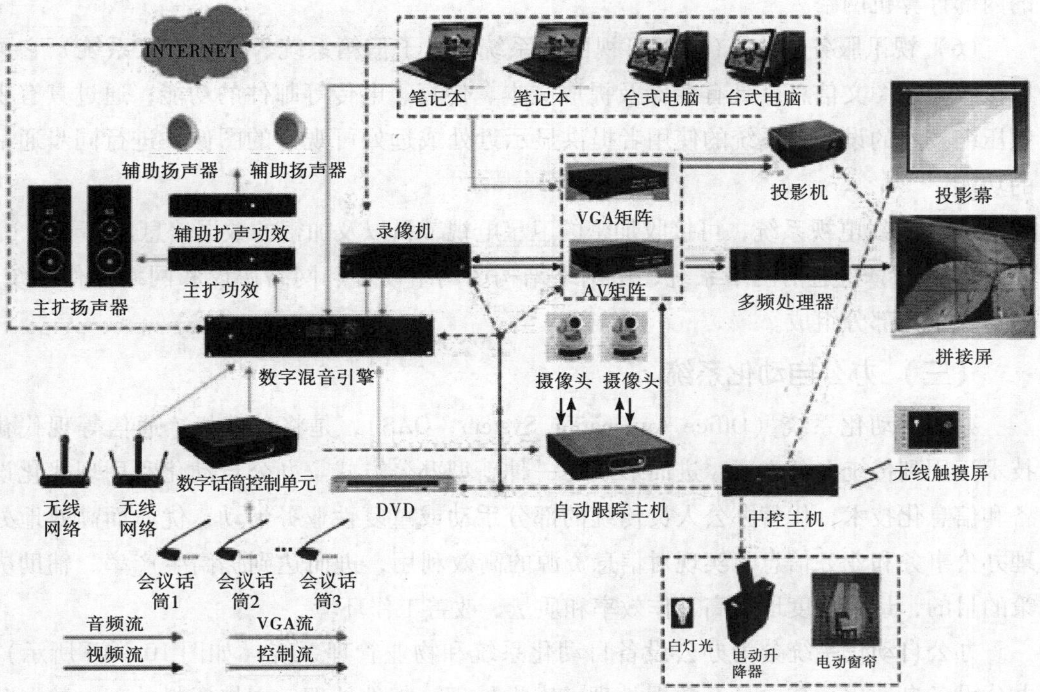

图 10－15 视频会议系统图

（二）通信自动化系统

通信自动化系统（Communication Automation System，CAS），一般指智能建筑的信息通信系统，是保证建筑物内语音、数据、图像传输的基础，同时与外部通信网（如电话公网、数据网、计算机网、卫星以及广电网）相连，与世界各地互通信息，主要由程控数字用户交换机网（Private Automation Branch Exchange，PABX）和有线电视网（CATV）两大网构成。通信自动化系统按功能划分为 8 个子系统。

（1）固定电话通信系统，设 PABX 或采用公网的集中小交换机。

（2）声讯服务通信系统（语音信箱和语音应答系统），具有存储外来语音，使电话用户通过信箱密码提取语音留言；可自动向具有那个语音信箱的客户提供呼叫（当语音信箱系统和无线寻呼系统连接后），通知其提取语音留言；通过电话查询有关信息并及时应答服务功能。

（3）无线通信系统，具备选择呼叫和群呼功能。

（4）卫星通信系统，楼顶安装卫星收发天线和 VAST 通信系统，与外部构成语音和数据通道，实现远距离通信的目的。

（5）多媒体通信系统（包括 Internet 和 Intranet），Internet 可以通过电话网、分组数据网（X25）、帧中继网（FR）接入，采用 TCP/IP 协议。Internet 是一个企业或集团的内部计算机网络。

（6）视讯服务系统，（包括可视图文系统、电子信箱系统、电视会议系统）它可以接收动态图文信息；具有存储及提取文本、传真、电传等邮件的功能；通过具有视频压缩技术的设备向系统的使用者提供显示近处或远处可观察的图像并进行同步通话的功能。

（7）有线电视系统，可接收加密的卫星电视节目以及加密的数据信息。

（8）计算机通信网络系统，由网络结构、网络硬件、网络协议和网络操作系统、网络安全等部分组成。

（三）办公自动化系统

办公自动化系统（Office Automation System，OAS），是将计算机、通信等现代化技术运用到传统办公方式，进而形成的一种新型办公方式。办公自动化利用现代化设备和信息化技术，代替办公人员传统的部分手动或重复性业务活动，优质而高效地处理办公事务和业务信息，实现对信息资源的高效利用，进而达到提高生产率、辅助决策的目的，最大限度地提高工作效率和质量、改善工作环境。

办公自动化系统分为办公设备自动化系统和物业管理系统（如图 10－16 所示）。办公设备自动化系统要具有数据处理、审批处理、邮件处理、文档资料处理、数据分享、电子报表和辅助决策等功能。对具有通信功能的多机事务处理型办公系统，应能担负起电视会议、联机检索，以及图形、图像、声音等处理任务。物业管理系统不但包括原传统物业管理的内容，即日常管理、清洁绿化、安全保卫、设备运行和维护，也增加了新的管理内容，如固定资产管理（设备运转状态记录及维护、检修的预告，定期通知设备维护及开列设备保养工作单，设备的档案管理等）、租赁业务管理、租房事务管理，同时赋予日常管理、安全保卫、设备运行和维护新的管理内容和方式（如水、电、煤气远程抄表等）。

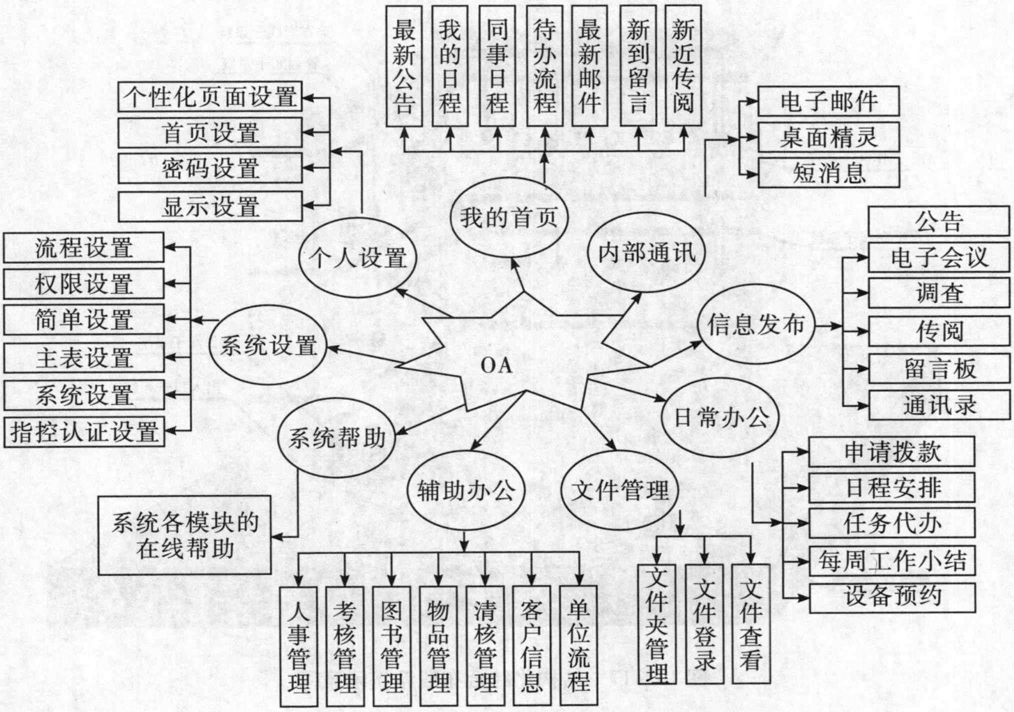

图 10－16　办公自动化系统拓扑图

（四）结构化综合布线系统

结构化综合布线系统（Structured Cabling System，SCS），又称综合布线系统（Premises Distribution System，PDS），它是建筑物或建筑群内部之间的传输网络。它把建筑物内部的语音交换、智能数据处理设备及其广义的数据通信设施相互连接起来，并采用必要的设备同建筑物外部数据网络或电话局线路相连接。其系统包括所有建筑物与建筑群内部用以交连以上设备的电缆和相关的布线器件（如图 10－17 所示）。

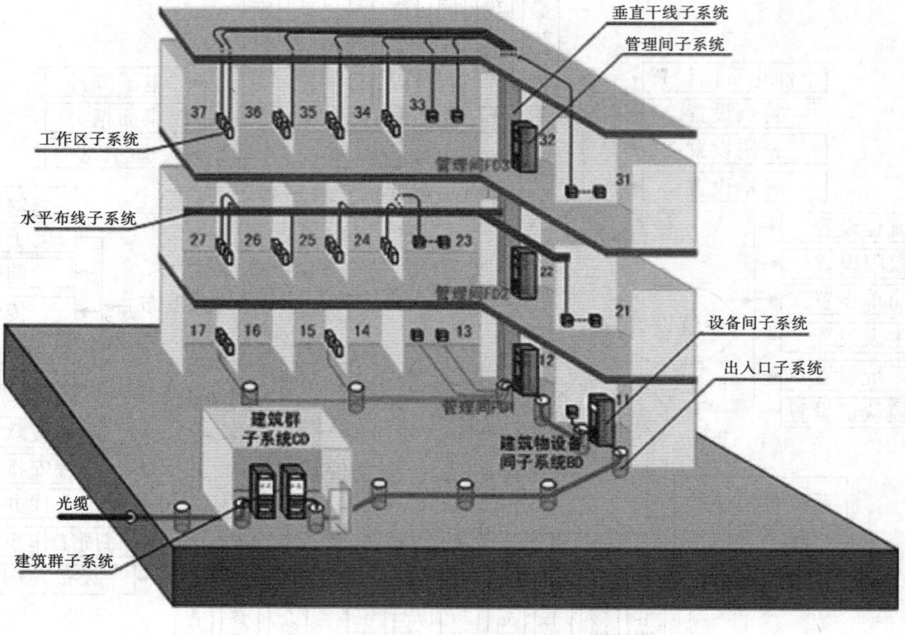

图 10－17　结构化综合布线系统示意图

综合布线系统采用的是星型结构，主要由 6 个子系统构成，而这 6 个子系统每一个都可以独立地、不受其他影响地进入 PDS（综合布线系统）终端中。这 6 个子系统具体如下：

1. 工作区（终端）子系统

工作区（终端）子系统由信息插座的软线和终端设备连接而成，包括装配、连接、扩展软线，并将它们搭建在输入、输出插座与设备终端之间，其中，信息插座分为墙、地、桌、软基型等多种形式。

2. 垂直干线子系统

垂直干线子系统是综合布线系统的中心系统，主要负责连接楼层配线架系统与主配线架系统。

3. 水平布线子系统

水平布线子系统主要负责将管理间子系统配线架的电缆从干线子系统延伸至信息插座位置，一般来说这些系统都处在同一楼层。

4. 管理间子系统

管理间子系统连接各楼层水平布线子系统和垂直干缆线，负责连接控制其他子系统，由交连、互连和 I/O 设备组成，可以定位通信线路，便于实现对通信线路的管理。

5. 设备间子系统

设备间子系统的组成部分包括电缆、连接器和相关支撑硬件，负责公共系统间的各种设备连接。设备间子系统中的导线类似于电话配线系统站内配线，它将相对应的电气保护设备连接到了需要设备保护的建筑物设施地点。

6. 建筑群子系统

建筑群子系统是把其中一个建筑的电缆线通过技术延伸至本建筑群中其他建筑的通信设备中，以此为楼群之间的信号连接提供可能。它还为通讯设备提供工作需要的硬件零件设施，其中包括防护浪涌电压的电气防护设备、铜制电缆以及光缆，同样可以类比于电话配线系统中电缆保护箱和保护电缆的作用。

（五）计算机网络

智能建筑的计算机网络是指利用通信设备和线路将位置不同、功能独立的多个计算机系统互连起来，以功能完善的网络软件实现网络中资源共享和信息传递的系统。计算机网络系统是由网络硬件和网络软件组成的。在网络系统中，硬件的选择对网络起着决定的作用，而网络软件则是挖掘网络潜力的工具。智能建筑采用的计算机网络技术主要有以太网、FDDI 网（Fiber Distributed Data Interface）、异步传输模式（ATM）、综合业务数字网（ISDN）等（如图 10－18 所示）。

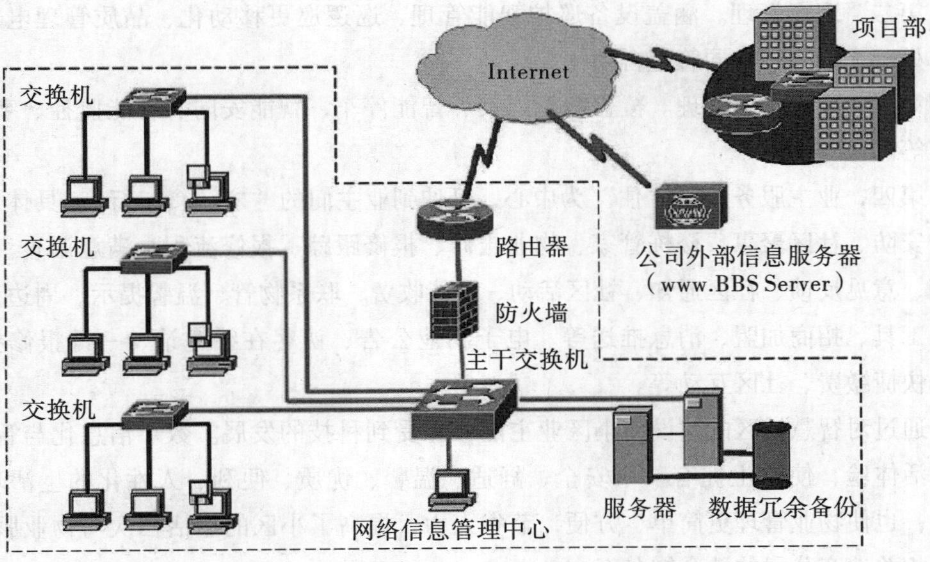

图 10－18　计算机网络系统示意图

三、智慧社区

（一）智慧社区的含义

智慧社区是指通过互联网、物联网、大数据、云计算等新一代信息技术的集成应用，基于信息化、智慧化社会管理与服务的一种新型管理形态小区。从功能上讲，智慧社区是以社区居民为服务核心，从政务信息、物业信息、物业服务、商业服务等多方面，为居民提供安全、高效、便捷的智慧化服务，全面满足居民的不断发展需求。

智慧社区的组成主要包括：园区管理平台、社区管理平台、社区服务平台、互联网运营平台、基础建设平台等五个层面的建设。其中，涉及物业管理的主要功能为：园区管理平台中的智慧物业；社区管理平台中的社区综合信息、政务信息、户籍管理；社区服务平台中的智慧养老、智慧生活、智慧医疗及配套居民 APP。

（二）智慧社区的内容

1．智慧物业管理

智慧物业管理是指通过大数据、物联网等先进信息化技术手段，将物业服务企业的各个部门紧密连接起来，以实现融合，并对数据进行分析与挖掘，同时解决物业服务企业传统工作模式产生的问题，打通部门之间的沟通壁垒，建立起高效的联动机制，从而建立高效、快速的工作机制。其主要功能如下：

第一，智能收费。实现多种费项自动计算、电子账单一键推送、24 小时智能催缴、多种方式在线支付。

第二，现场管理。涵盖设备巡护智能管理、巡逻巡更移动化、品质管理电子化、工单处理无纸化、合同管理自动化等。

第三，硬件设备管理。覆盖智能门禁、智能停车、智能安防、智能监控、智能充电桩等。

第四，业主服务。以“住”为中心，延伸到业主们的“衣、食、行”。具体包括：家居安防、社区聚惠、楼栋管家、物业报修、报修跟踪、报修流程、满意调查、电话咨询、意见反馈、社区通知、社区活动、智能收费、联系物管、温馨提示、周边商家、便民工具、招商加盟、消息推送等。电子物业公告、访客在线邀请、一键报修报事、在线快捷缴费、社区互动等。

通过对智慧社区的建设使小区业主能够感受到科技的发展。数字信息化与智能化的生活体验，使业主拥有一个安全、舒适、温馨、优质、便利、人性化的生活环境。同时，也使物业管理更简单、方便，节省人力，提高了小区的生活档次与物业服务企业和相关地产公司的社会知名度。

2．智慧社区管理平台

（1）社区信息管理系统。

社区信息管理系统的建设与应用在提高社区居委会办公效率的同时，促使社区居委会工作规范化，使各部门紧紧围绕社区这根“线”，为社区服务，为辖区居民服务。与此同时，社区信息管理系统的建设还为数字民政与数字社区建设奠定基础，在维护社区建设的基础上实现新的飞跃。社区信息管理系统主要是包括社区基础建设信息、社区家庭与人口信息、计生管理信息、社区党建信息、社区档案信息、社区治安信息、社区商户入驻信息、社区医疗机构信息、社区教育机构信息等。

（2）社区政务管理系统。

社区政务管理系统的建设旨在实现社区政务信息的共享和公开，随着政府阳光政策的推行，社区政务管理将推行四个制度，即重大决策听证制度、重要事项公示制度、重点工作通报制度和政务信息查询制度。因此，社区政务信息的公开是智慧社区的建设必不可少的，具体包括：政策法规的公示、重要活动的通报、专项工作动态公告、社区管理动态等信息公示及查询，体现社区管理的有序、公正、透明，为打造文明社区奠定坚实的政务基础。

（3）户籍管理系统。

户籍管理系统实现了系统用户管理、人口信息管理、重点人口管理、企业家信息管理、流动人口管理、年龄段比例分析、系统管理等功能模块。

3．智慧社区服务平台

（1）智慧养老。

“智慧养老”是指利用互联网、物联网、云计算等技术手段，搭建“智慧养老云服务管理平台”，通过平台有效整合社会资源、政府资源、信息资源，借助平台及各类终端按照养老服务规范和服务标准向老人及家属等提供涉及安全看护、健康管理、生活照料、休闲娱乐、亲情关爱等五个方面的服务，让老人及家属获得“触手可及”的服务保障。

（2）智慧生活。

“智慧生活”旨在通过先进实用技术的应用和开发建设模式的创新，综合运用信息科学技术、先进的消费方式、决策和管理方式，挖掘社区范围内外资源潜力，建设生态高效、信息发达、经济繁荣新型现代化社区，以满足社区内居民及他们所组成的社会群体和社会组织对所必需的生产资料、生活资料、生活必需品、服务附加品的诉求，进而满足其经济生活、政治生活和文化生活。

（3）手机 APP 服务平台。

手机 APP 服务平台，以新一代物联网、云计算、移动互联网等信息技术为手段，通过监测、分析、整合及智慧响应的方式，时刻感知小区动态，实现物业资源合理配置，提高物业管理工作效率，降低运营成本，提升智慧物业的持续运营能力。

第二节 智能化系统的维护与管理

一、空调监控系统

（一）空调处理机组监控功能

（1）根据送风温度与BAS系统中设定的温度值进行比较，由控制器调节控制冷冻回水电动阀，改变冷冻水流量，使送风温度达到设定值。

（2）将回风管内的温度与系统设定的值进行比较，用控制器控制冷水/热水电动阀开关，调节冷冻水或热水的流量，使回风温度保持在设定的范围之内。

（3）对回风管、新风管的温度与湿度进行检测，计算新风与回风的焓值，按回风和新风的焓值比例，控制回风门和新风门的开启比例，从而达到节能效果。

（4）检测送风管内的湿度值与系统设定的值进行比较，由控制器控制湿度电动调节阀，从而使送风湿度保持在所需要的范围之内。

（5）测量送风管内接近尾端的送风压力，调节送风机的送风量，以确保送风管内有足够的风压。

（6）风机启动/停止的控制、风机运行状态的检测、风机故障报警。

（7）过滤网堵塞报警。

（二）中央制冷监控系统功能

（1）设备启动/停止顺序控制。为保证整个制冷系统安全运行，设备启动/停止需按照一定的顺序进行：只有当润滑油系统启动，冷却水、冷冻水流动后，压缩机才能最后启动。该系统通过软件程序实现设备启动/停止顺序控制。

启动顺序为：冷却水电动阀→冷却水泵→冷却塔进水自动阀→冷却塔风机→冷冻水电动阀→冷冻水泵→冷水机组→监视水流状态。

停止顺序为：冷水机组→冷冻水泵→冷冻水电动阀→冷却塔风机→冷却塔进水电动阀→冷却水泵→冷却水电动阀。

（2）冷水机组开启台数控制。根据实际冷负荷调整冷水机组投入台数与相应的循环水泵投入台数。

（3）压差旁通控制。调节位于供、回水总管之间的旁通管上的电动调节阀的开度，实现进水与回水之间的旁通，以保持供、回水压差恒定。

（4）水流检测、水泵控制。如果水流流量太小甚至断流，则自动报警并自动停止相应制冷机运行。当某一台水泵出现故障，备用水泵将自动投入运行。

（5）冷却水温度控制。

（6）水箱补水控制。

（7）工作状态显示与打印。

（8）机组启动/停止时间控制及工作时间累计。

（9）设备用电量累计。

（三）通风机监控系统功能

通风机监控系统的功能有：①通风机启动/停止的控制，这种控制是由 BAS 的时间控制程序和事件控制程序来控制的；②通风机运行状态的检测和故障报警；③当发生火灾时，BAS 系统根据消防系统发来的信号，发出控制指令，关闭所有通风机。

（四）空调系统的节能控制与管理

暖通空调系统消耗能量最大，占建筑物中总动力用电的 50% 左右，有些建筑物的空调消耗能量甚至还要高。这充分说明了空调节能的必要性，也从另一个侧面说明目前我国的空调节能还大有潜力可挖。节能方法可以归纳如下：

（1）利用回风的热量与冷量以节约能源。

（2）变设定值控制温、湿度为设定值随大气温、湿度变化而自动进行修正。

（3）焓值控制。室外空气焓值随着季节、气象条件不断变化，根据焓值变化，调节混风比，加大新风比例，充分利用新风冷量、节约能源。

（4）时间控制。包括正常运行时间、节假日及夜间运行时间、其间歇性运行、最佳启动/停止时间控制等，通过软件实现节能运转。

（5）设备容量与负荷匹配。冷水机组及其配套设备的投入台数，根据实际需要的冷负荷来决定，需要多少台，投入多少台，以设备容量与实际负荷相匹配，节省能源。

（五）维护保养内容

（1）每月两次检查系统主机及网络运行是否正常。

（2）每月两次检查系统主机后备电源是否正常工作。

（3）每月一次对系统主机数据做备份。

（4）每季一次对系统设备进行吸尘保养。

（5）每半年一次检查网络总线是否有松脱，检查管线过渡盒的密封性。

二、供配电监控系统

在电气设计中，对于采用双回路供电电源和自备发电机组的供配电系统，均设置一整套完整的电气连锁启动/停止和保护装置。当工作电源失电后，备用电源通过连锁装置的切换投入运行，担负起全部负载的供电；当发生二路供电电源都失电时，应急柴油发电机组将在最短的时间内自动启动投入运行，确保负载的供电。当外部供电电源恢复供电后，电气连锁装置将使柴油发电机组自动停机。

系统具体的监控功能如下：

（1）检测运行参数。对电气运行参数的检测，包括高、低压进线电压、电流、有功功率、无功功率、功率因数等参数的检测；变压器温度检测；直流输出电压、电流等参数的检测；发电机各参数的检测等，并为正常运行时的计量管理、事故发生时的故障原因分析提供数据。

（2）监视电气设备运行状态。包括高、低压进线断路器、母线联络断路器等各种类型开关当前分、合状态，是否正常运行；变压器断路器状态监测和故障报警；直流操作柜断路器状态监测与报警；发电机运行状态与故障报警；提供电气主接线图开关状态画面；如发现故障自动报警，并显示故障位置、相关电压、电流数值等。

（3）火灾时切断相关区域的非消防电源。

（4）对建筑物内所有用电设备的用电量进行统计及电费计算与管理。包括空调、电梯、给排水、消防喷淋等动力用电和照明用电；绘制用电负荷曲线如日负荷、年负荷曲线；并且实现自动抄表、输出用户电费单据等。

（5）对各种电气设备的检修、保养维护进行管理。如建立设备档案，包括设备配置，参数档案，设备运行，事故，检修档案，维修操作等存档，避免维修操作时引起误报警等。

系统的维护保养内容与上述空调监控系统的维护保养内容相同。

三、电梯监控系统

电梯系统的监控内容包括：

（1）按时间程序设定的运行时间表，启动/停止电梯、监控电梯运行状态、故障及紧急状况报警，运行状态监视包括启动/停止状态、运行方向、所处楼层位置等，通过自动检测并将结果送入直接数字控制器（DDC），动态地显示出各台电梯的实时状态。

（2）多台电梯群控管理。以办公大楼中的电梯为例，在上下班、午餐时间客流量十分集中，其他时间又比较空闲。如何在不同客流时期，自动进行调度控制，达到既能减少候梯时间、最大限度地利用现有交通能力，又能避免数台电梯同时响应同一召唤造成空载运行、浪费电力。

（3）配合消防系统协同工作。发生火灾时，普通电梯直驶首层放客，切断电梯电源；消防电梯由应急电源供电，在首层待命。

（4）配合安全防范系统协同工作。可按接到的安全信号，根据保安级别自动行驶到规定楼层，并对桥厢门进行监控。

电梯监控系统的维护保养内容与前述空调监控系统的维护保养内容相同。

四、消防系统

由于建筑物的多样性、防火对象的多样性以及形成火灾的不同场合及特点，这样自然而然地要求设置多种消防系统和报警装置。

（一）火灾自动报警控制系统构成

火灾自动报警控制系统由光电感烟探头、差定温式探测器、手动火灾报警按钮、消火栓按钮、喷淋头、水流指示、湿式报警阀、压力开关、楼层显示器、防火阀、排烟阀、排烟机、正压送风机、正压送风阀、新风机组、空调机组、消防电梯、消防广播、消防电话、消火栓泵、喷淋泵、切断非消防电源、控制器主机和显示系统组成。

1. 光电感烟探头

光电感烟探头是一种检测燃烧产生的烟雾微粒的火灾探测器。光电感烟作为前期、早期火灾报警是非常有效的。对于要求火灾损失小的重要地点，火灾初期有阴燃阶段，产生大量的烟和少量的热，很少或没有火焰辐射的火灾，都适合选用。

2. 差定温式探测器

差定温式探测器是利用热敏元件对温度的敏感性来检测环境温度，特别适用于发生火灾时有剧烈温升的场所，与感烟探测器配合使用更能可靠探测火灾，减少损失。

3. 手动火灾报警按钮

手动火灾报警按钮主要安装在经常有人出入的公共场所中明显和便于操作的部位。当有人发现有火情的情况下，手动按下按钮，向报警控制器送出报警信号。手动火灾报警按钮比探头报警更紧急，一般不需要确认。因此，手动报警按钮要求更可靠、更确切，处理火灾要求更快。

4. 消火栓按钮

消火栓按钮安装在消火栓箱中。当发现火情必须使用消火栓的情况下，手动按下按钮，向消防中心送出报警信号，在主机设置在自动时，将直接启动消火栓泵。

5. 喷淋头

动作温度 68 ℃玻璃球充液颜色为红色，动作温度 93 ℃玻璃球充液颜色为绿色，厨房等高温场所使用。

6. 水流指示

在喷淋系统的楼层支路管道上安装，从顶楼到地下每层一个，当管网内的水流动，并且流量大于 15 升/分时，水流指示即因叶片受水流的冲击而改变开关的状态，发出报警信号，从而起到检测和指示报警楼层的作用。

7. 湿式报警阀

湿式报警阀水单向流动，依靠管网侧水压的降低而开启阀瓣，有一个喷头爆破就立即动作送水去灭火。

8. 排烟机

排烟系统是将烟气排出建筑物外，是人员安全疏散的重要保证。排烟机平时可以低速用于通风换气，火灾时远程启动高速排烟。

9. 排烟阀

在通风管上设排烟阀，平时关闭排烟阀，火灾时打开着火区的排烟阀。

10. 正压送风机

当发生火灾时，人员逃生通道应是楼梯间。因此，保持楼梯间的正压使烟火不得入内就十分重要了。正压风机一般处于屋顶，与各层的正压风阀联动。火灾初起时打开风阀，启动正压送风机，使楼梯间、电梯厅处于正压状态。

11. 正压送风阀

正压送风是阻止烟气进入疏散区域。火灾时打开对应区域正压风机及对应正压送风阀，令新鲜空气高压充入，达到阻止烟气的目的。

12. 新风机组

新风机组是将楼外新鲜空气由机组吸入，经过温度增减调节和加湿处理后，通过送风风道送到各个房间。

13. 空调机组

空调机组是将少量的楼外新鲜空气和大量的室内回风由机组吸入，经过温度增减调节和加湿处理后，通过送风风道送到各个房间。

14. 防火阀

防火阀安装于空调风管回风口，当出现火情时关闭防火阀能阻断风管，起到两个作用：不往火灾现场输送空气，避免助燃；阻止火源从风管往其他地方扩散。

15. 消防电梯

当发生火灾时，电梯无论在任何方向和位置，必须迫降到首层并自动开门以防困人。到达首层后，电梯转入消防状态，可由消防救援人员根据情况进行消防运行。

16. 消防广播

消防广播用于指挥疏散告知住户和疏通人流。

17. 消防电话

消防电话用于消防中心和现场之间的通信，启动多个可多方通话，可报警、核对警情、指挥救援和故障联络。

18. 消火栓泵

消火栓泵用于向消防栓供水，保证消防栓水供水压力。

19. 喷淋泵

喷淋泵用于向喷淋管网供水，保证喷淋管网供水压力。

20. 压力开关

在水的压力作用下，压力开关使其中的触点动作输出信号至消防中心主控制器。

21. 控制器主机

火灾报警控制器是火灾自动报警控制系统的核心。其主要作用：一是能接收探测信号，并转换成声光报警信号，指示着火部位和记录报警信息；二是可通过火警发送装置启动火灾报警信号，或通过自动灭火控制装置启动自动灭火设备和联动控制设备；三是自动监视系统的正确运行和对特定故障给出声光报警。

22. 显示系统

当发生火灾时，显示系统用于指示人流疏通和反馈信号。

23. 切断非消防电源

火灾确定后，应能在消防控制室或配电室手动切断相关区域的非消防电源。国家防火规范对非消防电源的切断做了严格的规定，即火灾确认后，才能切断非消防电源。这说明非消防电源的切断是个很严肃的问题，不能一有火警就立刻自动切断。

采用消防控制室全楼切断，切断非消防电的范围包括：冷水机组及其附属泵和楼内所有空调机组、新风机组、风机盘管、客梯、通信交换机、一楼以上的全部照明(消防中心除外)、一楼以上的全部非消防专用的设备电源。

24. 防火卷帘门

防火卷帘门是一种适用于建筑物较大洞口处的防火、隔热设施。产品在设计上采用了卷轴内藏的特点，结构合理紧凑。防火卷帘帘面通过传动装置和控制系统达到卷帘的升降，起到防火、隔火作用。产品外形平整美观、造型新颖，具有刚性强。防火卷帘门广泛应用于工业与民用建筑的防火隔断区，能有效地阻止火势蔓延，保障生命财产安全，是现代建筑中不可缺少的防火设施。

25. 气体灭火

气体灭火系统具有自动、电气手动和机械应急手动三种控制方式。该系统主要由气体灭火控制器、灭火剂储瓶、瓶头阀、电磁瓶头阀、选择阀、液流单向阀、气流单向阀、安全阀、压力信号器、火灾探测器、储瓶框架、喷嘴及管路系统等组成。根据使用要求，可设计成无管网系统、单元独立系统和组合分配系统，实施对单区和多区的保护。该系统主要适用于电子计算机房、图书馆、档案馆、配电房、电信中心、地下工程等重点部门的消防保护。

（二）火灾自动报警及控制

火灾自动报警及控制系统的基本框架如图 10－19 所示。

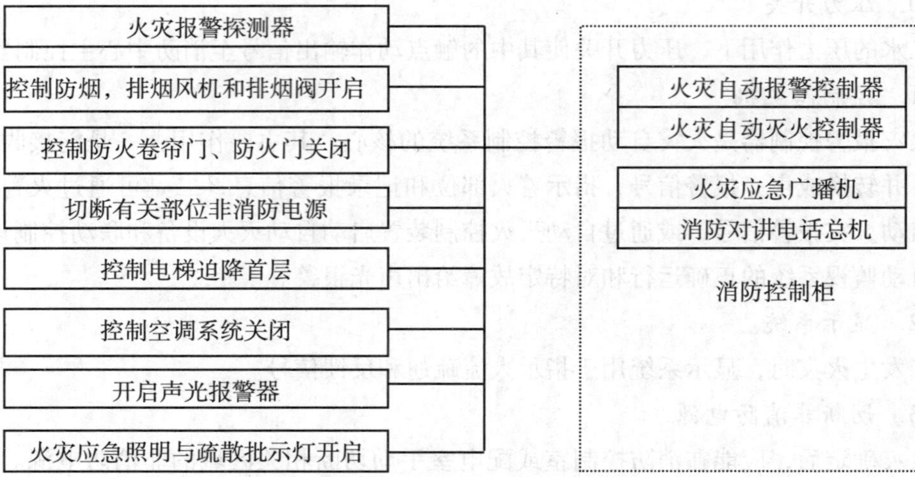

图 10－19　火灾自动报警及控制系统

消防系统按功能可分为火灾自动报警系统和联动系统。火灾自动报警系统的功能是在发现火情后，发出声光报警信号并指示出发生火警的部位，便于扑灭；联动系统的功能是在火灾自动报警系统发现火情后，自动启动各种设备，避免火灾蔓延直至扑灭火灾。从二者的不同功能可看出它们是密不可分的。实际上有很多火灾自动报警系统同时具有自动联动系统的功能。

火灾自动报警及控制系统的工作原理是：探测器不断向监视现场发出检测信号，监视烟雾浓度、温度、火焰等火灾信号，并将探测到的信号不断送给火灾报警器。报警器将代表烟雾浓度、温度数值及火焰的电信号与报警器内存储的现场正常整定值进行比较，判断确定火灾。当确认发生火灾时，在报警器上发出声光报警，并显示火灾发生的区域和地址编码并打印出报警时间、地址等信息，同时向火灾现场发出声光报警信号。值班人员打开火灾应急广播通知火灾发生层及相邻两层人员疏散，各出入口应急疏散指示灯亮，指示疏散路线。为防止探测器或火警线路发生故障，现场人员发现火灾时也可手动启动报警按钮或通过火警对讲电话直接向消防控制室报警。

在火灾报警器发生报警信号的同时，火警控制器可实现手动/自动控制消防设备，如关闭风机、防火阀、非消防电源、防火卷帘门、迫降消防电梯；开启防烟、排烟（含正压送风机）风机和排烟阀；启动消防泵，显示水流指示器、报警阀、闸阀的工作状态等。以上控制均有信号反馈到火警控制器上。

（三）消防报警系统

消防报警控制系统的基本框架如图 10－20 所示。

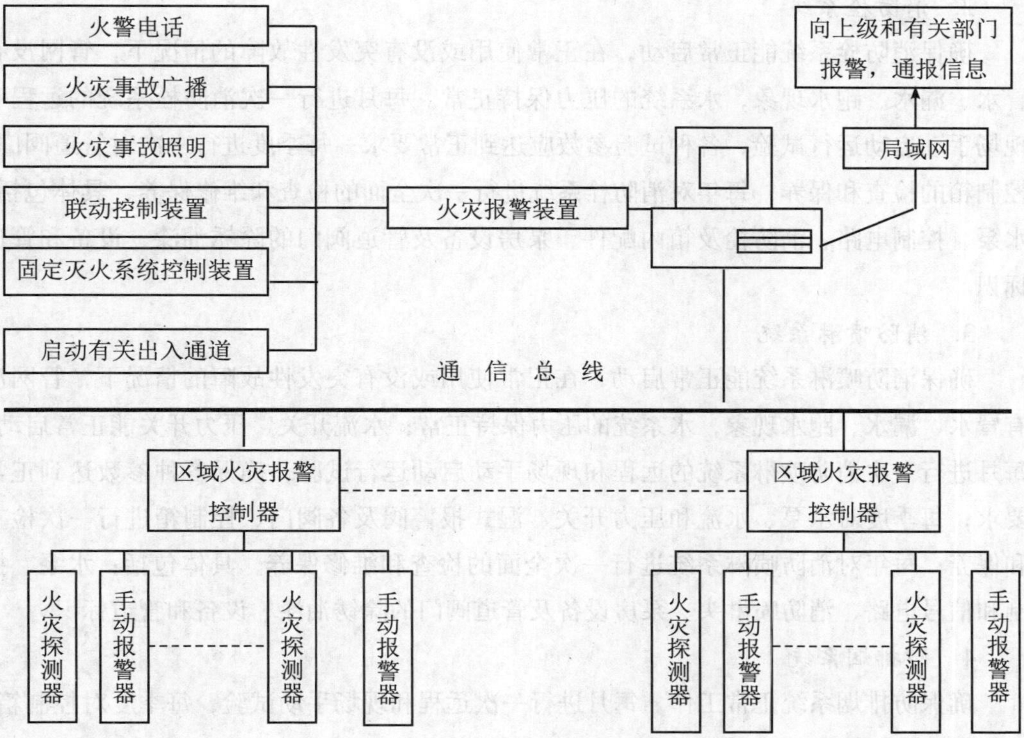

图 10－20　消防报警控制系统

（四）消防报警系统的维护保养内容

根据《中华人民共和国消防法》和公安部的相关规定，物业服务企业应与具有建筑消防设施维护保养能力的单位签订维护保养合同，每月至少进行一次消防报警系统维护保养，出具维护保养报告书并及时维修，确保其正常使用。保养公司按规定对消防系统进行检查，做好各种定期检查记录，并交物业服务企业存档备案，检查中发现的问题要及时处理。每季度进行一次系统全面联动测试，并做详细记录。维护保养的内容和要求如下：

1. 自动报警系统

（1）保证报警主机、联动控制器、消防广播对讲等系统均处于正常工作状态。

（2）保证控制模块的控制信号能及时送出，并能启动相关的外部设备。

（3）保证随时监视外部水流、闸阀的动作状态。

（4）对所有烟感、温感等设施设备进行全面清洁除尘，每年至少一次，保证烟感、温感、手动报警按钮、输入模块等报警部件均处于正常工作状态。

（5）保证本报警联动系统相关的外部警铃广播音响均处于正常工作状态。

（6）确保控制模块能控制警铃、风机、水泵、电梯等受控设备并接收其反馈信号。

2. 消防栓系统

确保消防栓系统能正常启动，在正常使用或没有突发性故障的情况下，管网没有冒水、漏水、跑水现象，水系统的压力保持正常。每月进行一次消防栓系统的远程和现场手动启动运行试验，各种试验参数应达到正常要求；每季度进行一次对管道阀门、控制箱的检查和保养；每年对消防栓系统进行一次全面的检查和维修保养，具体包括：水泵、控制电路、消防栓及箱内配件、泵房设备及管道阀门的除锈油漆、设备和管道标识。

3. 消防喷淋系统

确保消防喷淋系统能正常启动，在正常使用或没有突发性故障的情况下，管网没有冒水、漏水、跑水现象，水系统的压力保持正常；水流开关、压力开关能正常启动。每月进行一次消防喷淋系统的远程和现场手动启动运行试验，确保各种参数达到正常要求；每季度对水泵、水流和压力开关、湿式报警阀及各阀门、控制箱进行一次检查和保养；每年对消防喷淋系统进行一次全面的检查和维修保养，具体包括：水泵、控制和信号电路、消防喷淋头、泵房设备及管道阀门的除锈油漆、设备和管道标识。

4. 防排烟系统

确保防排烟系统正常工作。每月进行一次远程和现场手动试验，每季度对控制箱、送风阀、排烟阀、消防风机进行一次检查和保养，每年对系统进行一次全面的检查和维修保养。

5. 气体灭火系统

确保气体灭火系统能正常工作，联动、手动开启装置测试正常。每月进行一次模拟火警及气体喷放测试，消防中心主机能正确接收气体灭火系统的火警、放气及故障的反馈信号，每年对系统进行一次全面的检查和维修保养。

6. 防火卷帘设备

确保防火卷帘设备能正常工作。每月进行一次远程和现场手动试验，每季度对控制箱进行一次检查和保养，每年对系统进行一次全面的检查和维修保养。

7. 消防水池、消防水箱

每两年对消防水池、消防水箱全面进行检查，修补缺损和防腐处理；每年对水源的供水能力进行一次测定；每季度对报警阀进行一次放水试验，对管道控制阀进行一次检修；每两个月利用末端试水装置对水流指示器进行试验；每月对消防水池、消防水箱及消防气压给水设备的水位和压力进行一次全面检查；消防水泵每月启动运转一次并模拟自动控制启动运转一次；内燃机驱动消防水泵每周运转一次；电磁阀每月检查一次并做启动实验；每月对全部喷头进行一次外观检查；室外消火栓、室内消火栓、水泵接合器每月进行一次检查。

第三节　住宅小区智能系统维护与管理

智慧社区就是将在一定地域范围内，多个具有相同或不同功能的建筑物的设备设施或系统，充分利用互联网、物联网、大数据、云计算等新一代信息技术的集成应用，基于信息化、智慧化社会管理与服务的一种新型管理形态小区。

一、小区智能安全防范系统

（一）出入口控制系统

1. 出入口控制系统概述

出入口控制就是对建筑内外正常的出入通道进行管理。该系统可以控制人员的出入，还能控制人员在楼内及其相关区域的行动。过去，此项任务是由保安人员、门锁和围墙来完成的。但是，人有疏忽的时候，钥匙也可能会丢失、被盗和复制。智能大厦采用的是电子出入口控制系统，可以解决上述问题。在大楼的入口处、金库门、档案室门、电梯等处可以安装出入口控制装置，如磁卡识别器或者密码键盘等。用户要想进入，必须拿出自己的磁卡或输入正确的密码，或两者兼备。只有持有有效卡或密码的人才能允许通过。采用这样的系统有以下优点。

（1）每个用户持有一个独立的卡或密码，这些卡和密码的特点是它们可以随时从系统中取消。卡片一旦丢失即可使其失效，而不必像使用机械锁那样重新给锁配钥匙，或者更换所有人的钥匙。同样，离开单位的人持有的磁卡或密码也可以轻而易举地被取消。

（2）可以用程序预先设置任何一个人进入的优先权，一部分人可以进入某一些部门，而另一些人只可以进入另一部门。这样能够控制谁可以去什么地方，还可以设置一个人在一周里有几天、一天里有多少次可以使用磁卡或密码。这样就能在部门内控制一个人进入的次数和活动。

（3）系统所有的活动都可以用打印机或计算机记录下来，为管理人员提供系统所有运转的详细记载，以备事后分析。

（4）使用这样的系统，很少人在控制中心就可以控制整个大楼内外所有的出入口，节省了人员，提高了效率，也提高了安保效果。

采用出入口控制为防止罪犯从正常的通道进入提供了保证。

2. 出入口控制系统的功能

（1）设定卡片权限。进出口控制系统可以设定每个读卡机的位置，指定可以接受哪些通行卡的使用，编制每张卡的权限，即每张卡可进入哪道门，何时进入，需不需要密码，系统可跟踪任何一张卡，并在读卡机上读到该卡时就发出报警信号。

（2）设定每个电动锁的开启时间。

（3）能实时收到所有读卡的记录。当读卡进入后，假如出门时不读卡（在双向读卡情况下），再使用该卡读卡进入时，软件将视为警报，并备有记录。

（4）通过设置磁簧开关检测门状况。在读卡机读到卡后，电动锁将开启，则开锁为正常。如门在设定时间内没有关上，则系统会发出警报信号。在读卡机没有读到卡的情况下或没有接到开门键信号，磁簧开关检测到门被打开的信号则会发出报警信号。

（5）当接到消防报警信号时，系统能自动开启电动锁，保障人员疏散。

3. 出入口控制系统的计算机管理

出入口控制系统最终由系统计算机来完成所有的管理工作，如何来完成由计算机内的管理软件决定。一般市场上出售的出入口控制系统本身带有计算机管理软件，供应商也可以根据用户要求，按照控制器提供的接口协议自行编制。出入口控制系统的管理软件通常包括以下部分。

（1）系统管理。这部分软件的功能是对系统所有的设备的数据进行管理，有以下内容：一是设备注册。如在增加控制器或是卡片时，需要重新登记，以使其有效；在减少控制器或是卡片遗失、人员变动时使其失效。二是级别设定。在已注册的卡片中，哪些可以通过哪些门，哪些不可以通过。某个控制器可以让哪些卡片通过，不允许哪些通过。对于计算机的操作要设定密码，以控制哪些人可以操作。三是时间管理。可以设定某些控制器在什么时间可以或不可以允许持卡人通过；哪些卡片在什么时间可以或不可以通过哪些门等。四是数据库的管理。对系统所记录的数据进行转存、备份、存档和读取等处理。

（2）事件记录。系统在正常运行时，对各种出入问题、异常事件及其处理方式进行记录，保存在数据库中，以备日后查询。

（3）报表生成。能够根据要求定时或随机地生成各种报表。例如，可以查找某个人在某段时间内所有的出入情况，某个门在某段时间内都有谁进出等，生成报表，并可以打印出来。

（4）网间通信。系统不是作为一个单一的系统存在，它要向其他系统传送信息。如有非法闯入时，要向电视监视系统发出信息，使摄像机能监视该处情况，并进行录像。所以要有系统之间通信的支持。

管理系统除了完成所要求的功能外，还应有漂亮、直观的人机界面，以便于操作。

（二）防盗报警系统

防盗报警系统就是用探测装置对建筑内外重要地点区域进行布防。它可以探测非法侵入，并且在探测到有非法侵入时，及时向有关人员示警。借助现代化高科技的电子、红外线、超声波、微波、光电成像和精密机械等技术来辅助人们进行安全防范是一种最为理想的方法。

一个有效的电子安保防盗系统由以下部分组成：

(1) 各种类型的探测器。按各种使用目的和防范要求，在报警系统的前端安装一定数量的各种类型探测器，负责监视保护区域现场的任何入侵活动。

(2) 信号传输系统。将探测器所感应到的入侵信息传送至监控中心。

(3) 监控中心。负责监视人各种保护区域送来的探测信息，并经终端设备处理后，以声、光形式报警或在报警屏显示、打印。

(4) 报警验证。在较复杂的报警系统中要求对报警信号进行复核，以检验报警的准确性。

(5) 出击队伍。根据监控中心的批示，保安人员迅速前往报警地点，抓获入侵者，中断其入侵行为。

（三）闭路电视监视系统

闭路电视监视系统在重要的场所安装摄像机，它为保安人员提供了利用眼睛直接监视建筑内外情况的手段，使保安人员在控制中心便可以监视整个建筑物内外的情况，从而加强安保的效果。监视系统除起到正常的监视作用外，在接到报警系统和出入口控制系统的示警信号后，还可以进行实时录像，录下报警时的现场情况，以供事后重放分析。目前，先进的视频报警系统还可以直接完成探测任务。

出入口控制系统、防盗报警系统和闭路电视监视系统由计算机协调起来共同工作，组成了大厦的安保系统，来完成大厦的安保任务。

闭路电视监视系统依功能可以分为摄像、传输、控制和显示与记录四个部分，各个部分之间的关系（如图 10－21 所示）。摄像部分是安装在现场的，它包括摄像机、镜头、防护罩、支架和电动云台，它的任务是对被摄体进行摄像并将其转换成电信号；传输部分的任务是把现场摄像机发出的电信号传送到控制中心，它一般包括线缆、调制与解调设备、线路驱动设备等；显示与记录部分是把从现场传来的电信号转换成图像在监视设备上显示，如果有必要，就用录像机录下来，所以它包含的主要设备是监视器和录像机；控制部分则负责所有设备的控制与图像信号的处理。

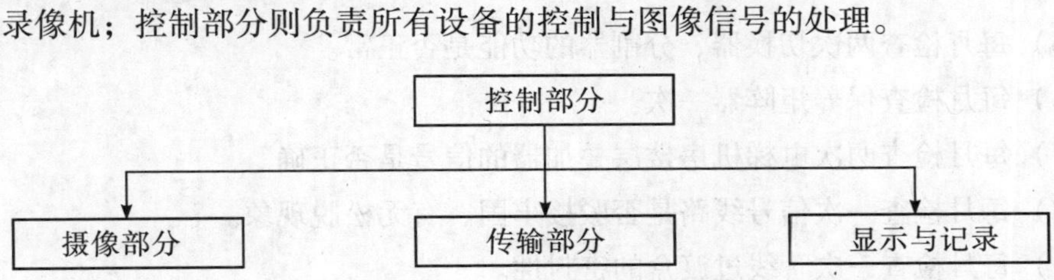

图 10－21　闭路电视监控系统的功能关系

（四）小区智能安全防范系统维护保养的内容

1. 出入口控制系统的维护保养

（1）每周检查一次系统主机运行是否正常。

（2）每月检查两次系统管理软件运行是否正常，并对软件进行杀毒。

（3）每月检查两次 DDC 控制器、密码键盘是否正常工作。

（4）每月检查两次电锁是否正常开关，闭门器的力度是否适中，门开关是否能顺畅自如，门拉手是否完好。

（5）每季度检查一次控制线路接线处是否驳接牢固，管线过渡盒密封性是否良好。

（6）每月对系统部件进行除尘保养两次。

2. 防盗报警系统的维护保养

（1）每月检查两次系统主机运行是否正常，并对管理软件进行杀毒。

（2）每月检查两次网络控制器运行是否正常。

（3）每月检查两次软件报警接收情况是否正常，报警记录时间是否准确。

（4）每月检查两次声光报警器工作是否正常。

（5）每月检查两次系统主机后备电源是否正常工作（增加 UPS 后）。

（6）每月对主机数据进行备份。

（7）每季度对系统设备进行除尘保养。

（8）每半年检查一次网络总线是否有松脱，检查管线过渡盒的密封性。

3. 闭路电视监控系统的维护保养

（1）每周检查两次监视器功能是否正常，图像是否清晰。

（2）每月检查一次摄像机的供电电压是否在正常范围，摄像机拍摄的角度是否符合预定要求。

（3）每月检查两次摄像机外壳是否有锈蚀，视窗的玻璃是否被污染，机壳内是否有积水、积尘。

（4）每月清洗两次录像机的磁头，并检查录像的效果是否达到要求，回放图像是否清晰。

（5）每月检查两次切换器、分割器的功能是否正常。

（6）每月检查保养矩阵器一次。

（7）每月检查两次电梯机房楼层叠加器的信号是否正确。

（8）每月检查一次信号线路是否驳接牢固、有无松脱现象。

（9）每月检查一次管线过渡盒的密封性。

（10）每月清除一次各设备表面、接线口和各类引线的灰尘。

（11）每月对监控中心有关设备进行除尘保养。

二、小区智能综合服务系统

（一）小区智能综合服务系统的组成

（1）能耗表数据远程抄收系统，通过银行计算机系统的联网，实现收费自动化。

（2）停车场管理系统。实现对进出社区停车场的车辆有效监管，自动收费。

（3）社区广播与背景音乐。

（4）共用设备监控系统。

（5）出入口门禁系统。

（6）综合业务服务系统

（7）住宅小区设施综合服务系统（见图10－22所示）。

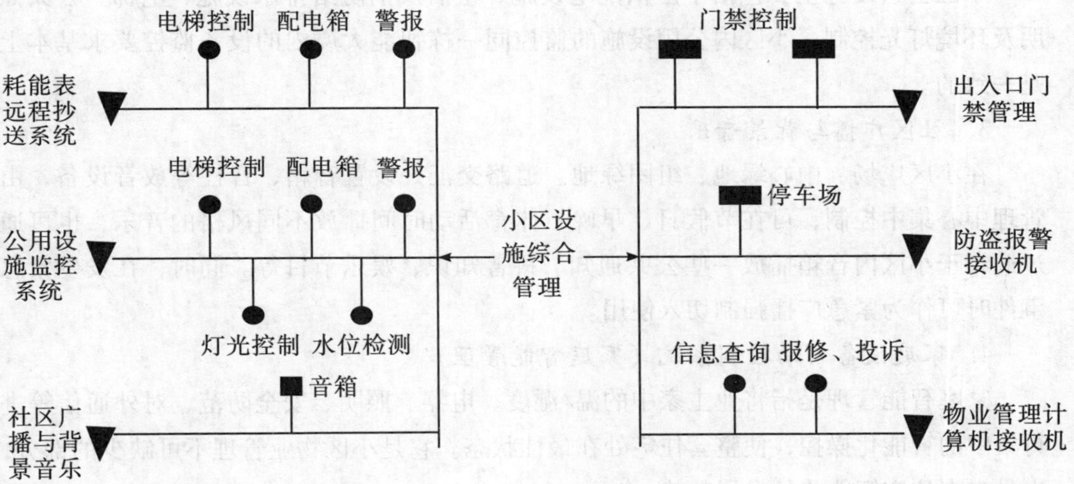

图10－22　住宅小区设施综合服务系统

（二）小区智能综合服务系统的内容

1．能耗表数据远程抄收系统

（1）数据远程抄收系统组成。远程抄表系统由远程电表、远程水表、远程纯水表、远程煤气表、智能控制器、智能节点、管理中心服务器、供电局服务器、自来水公司服务器、煤气公司服务器、银行信用卡收费系统等组成。该系统由家庭控制器采集数据，通过智能节点将数据送到管理中心服务器。管理中心的计算机将水、电、气的有关数据传送给供电局、自来水公司、煤气公司的计算机系统，并在规定的时间将这些资料传送给银行的计算机系统。实现各户各表数据的录入、费用计算并打印收费账单，将相关数据传送到相应的职能部门，从而避免入户抄表扰民和人为读数的误差。

(2）远程抄表系统功能。

①能耗计量抄收，精度与原表相同。

②各个二次表独立工作，互不干扰，总线制通信，安全性高，安装维护简便。

③进入城市通信网，便于各职能部门直接监督、管理。

④用户可以通过管理中心的触摸屏自己查询能耗数据，既可防窃电，又可对拒绝缴费住户进行强制断电处罚。

2. 小区公共设施监控系统

智能化小区要求对公用设备进行集中管理，对小区内供配电、给排水、电梯（高层式住宅）等系统的工作状态实施监测和控制，从而实现公共设备的最优化管理及降低故障率，起到集中管理、分散控制、节能降耗的作用。

小区公共设施主要包括小区供配电设施、生活及消防给排水设施、电梯、公共照明及环境灯光控制。小区内公用设施的监控同一栋智能大厦内的设备监控要求基本上是一致的。

3. 社区广播与背景音乐

在小区广场、中心绿地、组团绿地、道路交汇处设置音箱、音柱等放音设备，由管理中心集中控制，可在节假日、早晚、体育活动时间播放不同风格的音乐，也可通过遍布于小区内音箱播放一些公共通知、科普知识、娱乐节目等。同时，在发生紧急事件时可作为紧急广播强制切入使用。

4. 家庭设备自动控制系统（家庭智能管理）

家庭智能管理是指将业主家中的温/湿度、电器、照明、安全防范、对外通信等进行集中的智能化操控，使整套住宅处在最佳状态。它是小区物业管理不可缺少的部分，也是未来住宅智能化的发展趋势。

家庭设备自动化是采用在每户设置“家庭智能控制器”的方式，来实现业主家庭的智能化管理。

家用电器的控制方式如下：控制器具有多个数字、开关、脉冲量 I/O 端口，可用于住户室内外的安全防盗报警系统、煤气泄漏监测、紧急报警、服务请求和水电气表的数据记录等多种用途；具有键盘可用于布防、撤防的控制；具有液晶显示屏，可用于发布公告信息，也可以控制用户室内的门锁及其他电气开关。另外，业主在外时间可通过双音频电话机或手机拨打专用电话号码，若家中无人应答时，集中控制机看自动电话，并给业主提供语音信息，业主在语音提示下进行相应的操作，遥控启动家中空调等电器，使其在业主到家之前提前开始工作，以提供舒适的环境（如表 10－1 所示）。

表 10－1　家庭智能解决方案（附表）

区域	名称	功能/位置/特点
家中	家庭自动化系统	控制家中照明、安保、娱乐（电视/音响）、通信、空调、电器、防火（烟感/温感/煤气泄漏）、门禁、停车、游泳池/喷泉、门/窗帘、节能及其他（一切用电器）；特点：可通过世界上任何一部电话或因特网远程遥控家中一切用电器；还可通过电脑、语音、无线电（RF）、红外线、电源线、RS－232、时序/事件、数字/模拟输入、手持遥控器等
	家居智能化布线系统	面向未来的家庭网络 Future Smart 家中的信息高速公路 支持高速语音/图像
	家用中央空调	集中制冷/供热，节省能源
	家用中央热水器	24 小时有热水供应
	家用垃圾处理机	免除倒垃圾之苦
	可视对讲	客厅
小区	智能化闭路电视监控	小区各重要区域
	可视对讲	小区入口、住户家中
	一卡通门禁	小区入口、楼栋防盗门、住户家门处
	周边红外线	小区四周
	停车场管理	出入口、停车场
	光纤通信到小区/楼栋	结构化布线到楼层/接入因特网
	小区应急联动报警中心	重要部位、出入口
	背景音乐	浪漫气氛，温馨家园
	灯光照明控制	亮度可调，温馨浪漫
	草坪自动浇灌系统	物业管理内部电话
	报警/内部电话	公共区域电话报警
控制室	电子巡更	
	物业管理电脑化	
	电脑监控和电视墙	
	报警联网中心	
	自动抄三表（水、电、气）	

5．小区智能综合服务系统维护保养的内容

（1）社区广播与背景音乐系统。

①每月检查两次功放机、分配器、CD机、收音机、卡座、音量调节器、话筒等设备是否正常工作。

②每月检查两次各音箱喇叭音质是否清晰，有无噪声、杂音。

③每月检查两次系统与消防广播联动功能是否正常。

④每月对系统设备进行除尘、清洁保养一次。

⑤每季度对音箱线路进行一次检查。

（2）其他系统的维护保养。

①每周检查一次系统主机运行是否正常。

②每月检查两次系统管理软件运行是否正常，并对软件进行杀毒。

③每月两次对系统部件模块进行除尘保养。

④每季度检查一次控制线路接线处是否驳接牢固，管线过渡盒密封性是否良好。

三、智能停车场管理系统

随着城市机动车数量的飞速增加，传统的停车场人工管理已不能满足使用者和管理者对停车场效率、支付方式、收费标准、停放安全、通行效率以及管理上的需求。凭借科学技术的发展优势，智慧停车系统也得到了不断的优化和发展，实现停车位资源利用率和停车场利润的最大化，及车主停车服务的最优化。

（一）概述

智能停车场管理系统是现代化停车场车辆停放、收费及设备自动化管理的统称，通常被简称为智能停车场。智能停车场管理系统是通过计算机、网络设备、云技术、车道管理设备和管理系统搭建的一套对停车场车辆出入、场内车流引导、停车费收取进行管理的综合系统。它通过采集记录车辆出入记录、场内位置，实现车辆出入和场内车辆的动态和静态的综合管理。

在出入口管理系统，早年以射频感应卡为载体已经逐步淘汰，目前使用广泛的光学数字镜头车牌识别方式代替传统射频卡计费，车牌识别技术要求能够将运动中的汽车牌照从复杂背景中提取出来并识别，通过车牌提取、图像预处理、特征提取、车牌字符识别等技术，识别车辆牌号、颜色等信息，目前最新的技术水平为字母和数字的识别率可达到99.7%，汉字的识别率可达到99%。通过管理软件实现收费，收费账务管理、车位数量实时统计、车道设备控制等功能。停车场成为完全置于计算机统一管理下的高科技机电一体化产品，将原来需要人工处理的问题交由智能设备处理。

（二）原理

智慧停车场设备，可分成出入口设备、停车场车位检测设备、缴费或寻车设备。

其中，出入口设备逐步采用一体机，其集成了控制机、道闸、车牌识别摄像机、补光灯、信息屏、交换机、车辆检测器、停车场收费软件。单个车道只需要部署一台一体控制机，即可实现车牌识别输入口功能。

当车辆到达入口处，进入视频识别范围或地感线圈检测到信号后，触发卡口主、辅摄像机进行拍照，视频车牌识别软件通过视频流自动识别车牌号码，视频流识别是对视频流中的所有图片进行快速分析，并智能选择最佳图片进行识别，将识别出的多个车牌号进行最佳筛选，选出最佳结果作为识别结果。同时，将数据通过有线或无线两种形式上传至控制中心，道闸自动升起，司机开车入场，进场后道闸自动关闭，收费管理系统中该车辆的停车计时开始。

当车辆进入后，传统停车场还需要值守人员或是保安指挥其寻找空车位，但在智慧停车场，车主只需要根据停车场内 LED 引导屏和车位状态指示灯，就能快速地找到空车位，不用担心场内拥堵，还能省去了人工勘查和引导成本，此外，车位视频引导系统通过对车辆、车牌的实时识别，还能助车主反向寻车，停车场再大也能轻松找到车辆。

车辆出场缴费，智慧停车场采用移动支付和全能自助缴费机相结合的方式，来取代传统的单一人工收费。通过手机端扫码微信支付、设定无感快捷支付、消费免费支付等方式可以轻松实现线上缴费，支持语音对讲、电子发票等功能和无人值守的云座席功能，提高了收费速度，让车主缴费不用再排长队，减少出口拥堵情况，推进停车场无人值守智慧化升级。

对物业企业收费管理，停车费用都直接进入物业企业停车场账户，通过接入大数据云平台的智能管理，物业企业能实时监控所有收费数据，收入明细即查即有、一目了然，避免了人工收费账目混乱，减少收费过程中的人工干预。

（三）构成及功能

1. 管理控制中心

管理控制中心由高性能工控机、打印机、停车场系统管理软件组成，管理控制中心负责处理进、出口设备采集的信息，并对信息进行加工处理，控制外围设备，并将信息处理成合乎要求的报表，供管理部门使用。

2. 入口设备

入口设备由车牌自动识别系统、智能补光、道闸等组成，主要负责对进入停车场的内部车辆进行自动识别、身份验证并自动起落道闸；对外来车辆进行自动识别车牌号码实时抓拍记录进入时间、车辆信息并自动起落道闸。一个完整的车牌识别系统应包括车辆检测、图像采集、车牌识别等几部分。车牌识别是利用采集车辆的动态视频或静态图像进行车牌号码、车牌颜色的自动模式识别技术。技术的核心包括车牌定位算法、车牌字符分割算法和光学字符识别算法等。

3．出口设备

出口设备由车牌自动识别系统、智能补光、道闸等组成，主要负责对驶出停车场的内部车辆进行自动识别、身份验证并自动起落道闸；对外来车辆进行自动识别车牌号码匹配驶入时间、车辆信息实行自动计费，收费后自动起落道闸。

4．停车诱导

停车诱导通过停车场的数据采集模块对各停车场的车位状态信息进行采集，并按照一定规则通过数据传输网络将信息送至中央控制模块，由中央控制模块对信息进行分析处理后存放到数据库服务器中，同时分送给信息发布模块，提供诱导停车服务。目前主流车位诱导系统主要有三类：停车区位引导、超声波车位诱导和视频车位诱导。

5．反向寻车

反向寻车通过停车场的数据采集模块对各停车场的车位与车牌信息进行采集并绑定，并按照一定规则通过数据传输网络将信息送至中央控制模块，由中央控制模块对信息进行分析处理后存放到数据库服务器，同时分送给信息发布模块，提供寻车服务。由车主通过寻车一体化触摸查询机、手机端等查询车辆信息，规划最优寻车路径，完成寻车服务。

6．停车场运营管理

停车场通过管理系统可以对出入车辆进行统一、精细化的管理。对不同类型的车场和停车需求进行设置不同的收费标准、多样化的收缴费模式和放行规则等，提供多样化的报表协助企业分析停车场的运营情况，提高停车场的运行效率。

（四）维护和管理

1．资料要求

在系统正式投入使用时，使用单位应要求工程商提供系统图纸（包括点位图和点位表、施工详图、系统图、平面布置图、管线图等电子文档）；系统最终设备清单；系统与设备技术手册和操作手册；对使用单位指定人员进行充分培训；厂家和施工单位提供专业的售后通讯录。

2．车牌识别保养方法

定期清除箱体表面灰尘和杂物；定期清理摄像头镜头，确保识别的准确性；定期检查摄像机识别角度确保识别范围的准确性；检查各部件间的通信接头是否连接牢固，发现有松动立即加固或重新连接，并做好防护准备；检查主机和遥控机电池电量是否充足，如果不足请及时更换；定期检查网络交换机工作是否正常，通信信号是否正常。

3．自动道闸机保养方法

每周一次检查电源指示灯是否正常；控制板电源是否正常；电动机和传动机构是

否松动；闸机手动控制是否正常；闸机运转是否有异响、闸机各接线是否牢靠；闸机本地固定是否牢靠；活动部件每季度按时加润滑油保养。

4. 主机系统保养方法

每月一次对主机数据做好备份。每日检查系统主机运行是否正常，管理软件运作是否正常；每周两次检查网络控制器运行是否正常。

另外，每季度一次对系统设备进行吸尘保养。每半年一次检查网络总线是否有松动，检查管线过渡盒的密封性。

第四节　物业管理信息化系统

一、概述

物业管理信息化系统以新一代物联网、云计算、移动互联网等信息技术为手段，通过监测、分析、整合及智慧响应的方式，时刻感知小区动态，实现物业资源的合理配置，提高物业管理工作效率，降低运营成本，提升智慧物业的持续运营能力的管理平台。其实现了物业管理服务与互联网的无缝对接，为物业管理提供信息化解决方案与平台，推动物业管理行业由传统行业向现代化服务业的转型和提升。物业管理信息化系统总体架构如图 10－23 所示。

图 10－23　智慧物业管理信息化系统总体架构图

二、主要功能

物业管理信息化系统的功能主要包含：智能收费、现场业务管理、业主服务、硬件设备管理、大数据综合分析和多端并存等。以下选取市场比较成熟的市场化产品做概述介绍。

（一）智能收费

物业管理信息化系统的智能收费模块能实现多种费用的自动计算、电子账单一键推送、24 小时智能催缴、多种方式在线支付。收费的相关管理工作实现 99% 以上物业账单无现金支付，可以实现房产绑定、分摊、抄表、收费、账单、催缴、预存款等功能，涵盖了收费工作的方方面面。系统还可以统计各类应收、已收、未收账单，自动生成报表，并可根据单一项目数据的变化第一时间更新报表，为物业管理人员提供决策支持，同时物业管理人员可以实现异地管理收费，不需要派驻收银员，降低人力成本。

（1）房产绑定。物业管理人员可以在系统中单独或批量绑定房屋信息，再根据房屋的基本情况，制定相关的收费标准。

（2）分摊录入。按面积或金额分摊费用至小区房屋，用于公摊费用及其他固定金额费用分摊，可自动循环生成。

（3）自动抄表。系统可以根据缴费日期，自动更新水、电、气等仪表的数据，然后将数据导入系统中，物业管理人员可以在系统中查询房屋抄表数据以及数据汇总。

（4）物业收费。系统可根据仪表数据和收费标准，自动计算每家每户的物业费用，再生成明细账单发送到每一位业主的手机上，业主只需要在手机上进行缴费即可。

（5）账单列表。物业管理人员可以通过系统查看小区内所有的物业费用账单，包括应收账款、已缴账款和未缴账款，所有收费详情一目了然，不需要人工收费和统计，避免收费漏洞。

（6）缴费通知。针对不按时缴费，长时间拖欠物业费用的业主，系统会根据拖欠时间和拖账款情况，针对性地发送相关催缴信息，支持短信、微信推送等方式，不需要人工上门催缴。

（7）预存款管理。如果业主平时比较忙，系统也支持业主预存款，业主只需要通过小程序预存一定的资金，当月物业账单生成后，预存款可自动抵扣。

（8）生成报表。系统可以自动统计应收款、已收款和未收款的数据，自动生成财务报表，并且当其中某一项数据发生变化时，财务报表也会及时、自动进行更新，方便物业管理人员随时查看，为决策提供全面的数据支持。

（二）现场业务管理

物业管理信息化系统的现场业务管理模块涵盖综合客服、综合安防、设施设备、综合收入、综合品质和仓库管理等品质和业务管控功能。具体如下：

（1）综合客服。实现流程的自定义配置、服务授权与开通、服务人员配置、工单查询、我的工单、工单录入、工单调度（包括派单、接单、处理、转单、退单、关单、评价、回访）、工单报表、抢单模式、有偿服务；服务工单等功能。服务类型包括投诉建议、室内维修、公共报障、清洁绿化、小区安全等。

（2）综合安防。旨在建立安全防范系统，充分发挥人防、物防、技防相结合的安全技术防范手段。集成网络视频监控、门禁、巡更等子系统于一体。包括巡更管理（包括巡更点设置、路线设置、计划设置、实时监控、统计报表）、门禁管理（包括门禁设置、门禁授权、员工门禁授权）等。

（3）设施设备。设备管理系统实现对设备信息台账及任务制订、执行、监控的全面管理，全面提升设备的工作管理。包括设备类型管理、设备分类管理、设备台账管理、设备二维码管理、设备巡检、设备保养、设备维修、设备任务处理、设备任务监控、设备任务和类型统计等。

（4）综合收入。基于移动互联网架构的综合收入管理系统，提供统一配置、统一算费、统一收费服务。包括初始化参数设置，费用计算、费用收取、财务处理和统计报表等。

（5）综合品质。标准化管理各专业类别的品质检查标准，移动化核查现场品质问题，数据化管控现场服务品质。包括指标设置、巡检设置、品质核查、问题整改、分析报告功能等。

（6）仓库管理。基于移动互联网的仓储系统，用于管理物料的进出入库的管理跟踪及员工处理报事报修用料、日常消耗品领取、领用审批、盘点记账与查询等工作场景。包括仓库基本信息管理、入库、出库、存储盘点、使用去向和记录查询、报表统计等。

（三）服务管理

物业管理信息化系统的服务管理模块包含：业主 APP \ 微信号 \ 小程序、员工 APP、管控平台（Web）、运营监控中心（大屏）、智能云400等。

（1）业主 APP \ 微信号 \ 小程序。用户服务端提供物业信息化移动服务入口，为社区的企业和社区住户提供互助互帮的交流沟通平台，如数字社区、消息中心、报事报修、投诉建议、在线缴费、社区资讯、社区调查、活动发布等。

（2）员工 APP。即企业员工移动工作平台通过移动端上处理工作任务及企业内部管理事项，如装修巡检、设备管理、品质巡检、安全巡更、客服工单、考勤打卡、任务审批等，及时收到通知处理任务。

（3）管控平台（Web）。后台基础信息、角色授权、工作台、各业务板块管理模块的核心入口。

（4）运营监控中心（大屏）。主要应用于大屏显示，它不仅作为显示工具，将图像、数据信号传输到大屏幕上显示给用户，而且对系统中大量的数据信息进行高效率分析，帮助管理者发现数据背后的关系和规律，为决策提供依据。通过将所有项目运营数据实时汇总，以多样化动态图表直观展示，实现对缴费率、服务满意度、工单完成率、员工出勤、设备运行、能耗、安防、注册使用等重要指标的实时监控和预警。领导可以足不出户掌握企业运营情况，第一时间发现问题快速解决，做到实时管控和集约化管理。

（5）智能云400。支持客户报单和400客服全流程打通，客户通过400客服报单直接弹屏显示报单客户的详细信息（包含客户姓名、房间号、身份证、地址等基础信息和客户的欠费信息、缴费信息、历史来电记录、报修记录、投诉记录等服务信息），自动生成相应工单流转到相应服务员工手机客户端，物业员工及时上门完成相关服务，同时，记录客户来电录音且支持平台一键回拨功能以及全程键盘操作。

（四）大数据综合分析

物业管理信息化系统综合大数据分析主要包括业务管控专项报表、管理综合报表，不同角度的数据分析报表和管理决策视窗，让物业管理工作得到有效的过程管控，数据实时准确呈现，使服务品质更稳定、服务效率更高，业务更容易获得快捷精准和优质的服务。

（1）专项报表。各业务板块针对实时管控所需要的报表，如巡更实时管控报表、智能云400报表、设施设备任务监控、费用实收报表、费用应收报表等。

（2）综合报表。归纳整理各业务模块数据，对各职能部门和系统的业务模块运营数据进行多维度展示，主要为面向领导的内部经营管理业务数据展示和中层管理人员考核时的业务数据展示。包括项目基本信息、客户满意度、服务工单信息、物业收费信息、安防管控信息、设备信息、员工考勤信息、出入库的统计及数据展示。

（3）分析报表。

①基于基础报表的统计表格，通过多维度的图形化组合，使数据可视化，更直观，更具说服力，便于项目管理层看出数据的差异和变化，可直接获取所需要的数据并进行分析总结，也可在日常工作中根据数据变化做出相应的管理工作调整。

②项目分析。展示企业下不同业态的项目数量和管理面积，房屋的不同状态，本月不同科目组和账目类型的收款和渠道，不同科目组的欠费情况和账龄，今日投诉和待关闭投诉，今日工单和待关闭工单，用户数和用户APP的注册数、认证数和活跃度，不同岗位的员工数。

③服务分析。展示企业下客服工单的今日情况、待关闭数量、渠道分布，工单的趋势分析，不同服务类型的数量对比，工单的执行情况、各环节及时率、满意度，以

及下级组织机构的对比。

④设备分析。展示企业下设备概况，今日任务完成情况，以及设备任务各个指标的趋势变化，和组织机构对比。

⑤巡更分析。展示企业下当前任务的实时完成情况，耗时分析，以及巡更任务各个指标的趋势变化，和组织机构对比。

⑥考核分析。企业针对系统运行，对各业务设置权重和分值，实现对项目和员工的打分考核。

（4）决策视窗。主要应用于大屏显示，将图像、数据传输到大屏幕上显示给用户，并对系统中的数据信息进行高效率分析，帮助管理者发现数据背后的关系和规律，为决策提供依据。通过将所有项目运营数据实时汇总，以多样化动态图表直观展示，实现对缴费率、服务满意度、工单完成率、员工出勤、设备运行、能耗、安防、注册使用等重要指标的实时监控和预警。领导可以足不出户掌握企业运营情况，第一时间发现问题快速解决，做到实时管控和集约化管理。

【实习建议】

1. 跟班实训。

选择管理智能化物业管理设备较集中和较先进的写字楼、高档物业小区的物业公司进行顶岗实习，跟踪工程技术管理人员进行值班，观察技术人员的智能化物业管理的设备操作与设备管理的细节，做好记录，参与技术人员心得交流会、技术与管理讨论会，获得一定的感性认识，从而了解智能化物业管理设备的操作与管理活动的全过程，熟悉智能化物业管理设备的管理业务。

2. 模拟实习。

通过实训室软件资源进行各种智能化管理系统的模拟实习。了解智能化物业管理设备的组织功能作用，熟悉智能化物业管理设备的操作方法及养护管理等。

3. 分析案例。

通过智能化物业管理设备的管理案例，主要是对智能化设备易出现的问题与事故隐患的环节，以案例评析的方式进行分析，了解智能化物业管理设备的性能，掌握智能化物业管理设备常见问题的诊断与处理的方法技巧，以及管理制度上如何完善的途径。

【思考题】

1. 请归纳实习场所某种智能物业管理设备的基本功能。
2. 请结合实习写一篇某种智能物业管理的方案。
3. 简述某小区电子信息服务项目内容与选择这些项目内容的依据。

第十一章　物业公共秩序管理实务

【学习目标】

领会： 各项安全管理制度和工作规范。

掌握： 安全防范要点；处理突发事件；消防管理工作要点。

应用： 能组织安全管理防范关键工作；消防培训与演习。

第一节　公共安全防范管理

一、公共安全防范管理的基本知识

（一） 公共安全防范管理的工作任务

在具体的物业管理工作中，公共安全防范管理的工作任务主要包含：辖区内的人身、财产安全；根据物业业主及管理单位的需求，维持辖区内的公共秩序，发现、消除潜在的安全隐患；配合公安机关等对辖区内的治安秩序进行管理及协调；配合消防管理机关、物业管理单位开展消防工作，承担义务消防队任务。

（二） 公共安全防范管理队伍的建立和架构

物业服务企业对物业的安全管理，一般可以委托专业安保公司或自行组织专门的队伍实施管理业务。随着社会分工的日益细化和市场的需求，市场上出现了一些专业的安保服务公司，也有一些公安部门的公共安全防范管理机构提供类似服务。目前，我国对企业自建保安均需要在公安机关的相应主管部门进行登记审批备案并严格服从公安机关的统一管理，具体手续视各地方制度而略有差异。选择何种安全管理方式，主要还是应根据物业服务企业和物业具体情况而定。

物业服务企业都必须建立一个健全合理的安全管理体系或机构。通常下设专门的安保部负责专门的安全管理工作，而根据物业服务企业架构和物业性质的不同，安保部下设的具体运作机构也有不同。单体商用物业通常由于工作任务复杂，人员配置多，而相应设置多级管理机构，例如，管理处—安保部—安保主管—保安班长—组长—队员。而一般住宅物业通常由于人员配置较少，同时亦利于降低运作成本，通常可采取最简单的安全体系。例如，管理处—保安班长（主管）—组长—队员。总之，物业公共安全防范管理架构的建立，应当适应物业具体治安服务的需求，以层级清晰、责任分明、管理到位、运作高效为标准，为物业公共安全防范管理工作发挥最大效能。

二、公共安全防范管理的制度与实施

（一）公共安全防范管理的制度

（1）制定依据。制定《治安秩序管理规定》的依据主要包括：小区的物业性质和服务需求；物业特点及物业内各行为人的特点；属地附近的治安状况特点和警力配备。

（2）包含要素。《治安秩序管理规定》一般包含的要素：辖区内各业主、租户、进入辖区的所有行为人在治安秩序方面的行为守则；辖区内各行为人在辖区内的关于治安秩序方面的责权利及义务；公共安全防范管理队伍的责任、权利、义务；适用于辖区范围的治安秩序问题处理方法及相关处罚制度。

《治安秩序管理规定》是辖区内部共同制定、共同遵守的内部管理制度及约定，而不具备法律约束力。这个规定必须符合相关公共安全防范管理法规制度的要求，充分保护公民的权利，不得违反社会公德，是社会公共治安秩序管理规定的补充。因此，该规定在实施时应注意宣传，确保让辖区内各业主、租户清晰知道，还要在辖区公示，以便进出辖区的各行为人知悉遵守。

（二）岗位职责及任务

公共安全防范管理职责，可能因具体的物业状况而有所不同，也不能一概而论。但是，各级治保岗位的分工是层层紧扣、责任分明的。尽管各自分工并不相同，分别承担着物业公共安全防范管理工作中的不同任务，但每项工作都是不可或缺、相互关联的。如保安经理负责全面工作，安排、分配工作任务；保安班长承上启下，负责安排、管理、督促队员完成工作任务，检查任务完成情况；保安队员负责具体落实和操作工作任务，确保管区安全。这样就形成物业管理一种比较有效，并便于落实工作的物业治安保卫工作的三级管理体系。在确定具体的岗位职责任务时，必须充分结合本企业的情况、物业的特点、岗位的设置等条件进行详细的规划，力求做到周密无遗、责任清晰，同时也应注意可操作性和运作成本。

（三）岗位制度

根据物业类型、硬件配置和管理服务要求的不同，各物业管理项目具体的治安岗位设置各不相同，甚至可能存在较大差异。但是，无论什么岗位制度，都应当具有以下共同点：岗位责任清晰，任务明确；制度落实，奖惩分明；内容合理，可操作性强；科学有效，适应要求。

在编制岗位制度时，要注意包含以下要素：

（1）指导思想。岗位的任务及工作目的。如小区大门岗要控制人员车辆进出小区，控制阻止闲散人员或违法犯罪嫌疑人进入小区，确保小区业主居民安全等。

（2）岗位任务及权限。如门岗主要控制人员车辆出入秩序、大堂值班岗负责进出人员登记控制等。

（3）岗位纪律要求。工作时间（交接班制度）、操作规范（如何填表、如何进行登记）、装备使用规定等。操作规范有时也可根据操作、文件管理等分别单列出来。

（4）服务对象。商用物业、住宅物业等所对应的管理服务对象是完全不同的，而工作的性质也存在着明显的差异，因而工作特点和要点都存在巨大差别。

（5）岗位操作要点。各具体岗位情况不同，可能存在的一些常见或特殊情况的处理要点及处理技巧。

（6）岗位设备设施配置使用管理要求。

（7）奖惩制度。

（四）常用法规制度

物业公共安全防范管理适用的相关法律法规很多，主要是各级政府、公共安全防范管理机关、城市管理部门等制定颁布的有关治安、秩序的管理规定。如《中华人民共和国治安管理处罚条例》《北京市社会治安综合管理条例》《广东省保安服务管理条例》《上海市社会治安防范责任条例》《深圳经济特区社会治安综合治理条例》。但作为物业服务企业，必须摆正自己的地位，因为物业服务企业并非行政执法机关，而只是服务型企业，应当充分学习和运用有关法律法规，依法对辖区内的治安秩序进行有效的管理。不但要自己知法、依法、守法，还要尽力宣传，让服务对象也懂法、守法。这样，才能使物业公共安全防范管理工作有序、有效，使辖区内的人民生命财产安全和物业的价值得到有效保障。

三、秩序维护员的管理

（一）秩序维护员的聘用及培训

对于自设保安的物业服务企业，秩序维护员的聘用标准可视各管理企业的经济实力、实际工作需要等条件而定。一般商用物业、高档住宅等的聘用要求较高些。

秩序维护员的招聘条件一般包括：身高、年龄、身体素质、工作经验、政治面貌、思想品德（户籍所在地公安机关无犯罪记录证明）。其中，一般对退伍军人、党员、学历较高者优先。由于应聘秩序维护员多数不具备相关工作经验，而每一物业管理项目的具体情况也不尽相同，因此招聘当中对应聘者的可发展能力应当放在比较重要的位置。另外，语言是与客户沟通的基本条件，标准的普通话也是招聘过程中一个不可忽视的项目。

为培养一支纪律严明、训练有素、文明执勤的秩序维护员队伍，必须对保安人员进行一些常规性的军事化、正规化、规范化的学习和训练。一般培训的项目包括上岗前培训和岗位培训。

上岗前培训是对新录用的秩序维护员在上岗前必须进行岗前培训。其内容应包括：公司简介，着重培养对企业的荣誉感和归属感；物业管理的基本知识，主要学习各级物业管理法规条例及其实施细则；企业内部的管理制度；安全防火教育；ISO9000 质量体系标准的基础知识，主要学习相关质量方针、质量目标、操作手册等；其他有关知识，如普法知识；职业道德教育；军训。

岗位培训是对在岗的秩序维护员要进行常规培训，以便保持、提高其所需掌握的基本知识、技能和方法。其培训的内容包括：详细学习公司制定的《治安工作手册》内容，包括职责权限，规章制度、规定，工作程序、规范、标准；常规训练，如队列训练、擒拿格斗、体能训练、消防灭火训练、交通指挥训练等；有关精神文明内容的学习等。

（二）日常的工作管理

保安人员的工作管理主要体现在制度管理上。由于物业公共安全防范管理工作直接明了、任务清晰，适合规范化、程序化的管理，另外，对于大部分的保安人员来说，规范化和程序化的工作流程也便于执行。

一般物业公共安全防范管理的工作制度主要包括：治安人员礼仪礼貌标准；员工管理、工作纪律及奖惩规定；训练考核标准；奖罚制度。

根据物业的具体服务需求，各物业的工作流程和操作规范是不同的。编制相关的岗位操作规范一般应包含的内容有：一是岗位任务、权限、常见事务处理程序等。如门口岗位控制人员车辆出入秩序须知、监控中心录像机使用规范、车辆出入卡编号一览表等。二是管理标准，即所需的服务档次、执行标准，严谨程度。三是岗位纪律要求。四是岗位设备设施配置使用管理要求。

相关的制度或操作规程可采取按岗位划分或按内容划分，应根据实际情况的需要选择。相关的制度规程以简单明了、标准明确、适应管理服务需求、操作性强为目的。如所管物业实行 ISO9000 质量体系管理，相关的制度还应符合有关 ISO 质量体系要求。

为保证上述有关制度和规定的正确有效执行，物业管理者必须制定相应的执行情况记录登记表格，作为执行这些工作的记录，便于监督、存档和查阅。

（三）保安生活管理

对保安队伍的管理有必要引进和吸收部队的管理模式，采取统一的生活管理方式，对保障治安队伍工作时的战斗力、精神面貌，甚至培养团体精神等方面是非常重要的。一般性的生活管理制度，通常包括宿舍管理制度、卫生制度、请销假制度等。另外，适时组织一些文体活动，丰富队员业余生活，将会取得更好的效果。

四、突发事件处理

（一）物业管理中常见的突发事件

（1）治安事件，如盗窃、抢劫、斗殴、纵火等。

（2）紧急医疗事件，如急病、事故受伤急救等。

（3）自然灾害，如火灾、水灾、地震等。

（4）其他特殊事件，如楼宇坍塌、坠楼等。

（二）突发事件处理的程序

大部分突发事件在处理的程序上存在着很多共通点。因各种灾害，大部分都由专业的社会保障部门负责，物业管理单位通常只担负着发现、联络、支持、保护等方面的责任。因此，在保证分工明确、责任分明、行动有效的条件下，多数事件的处理方案都可以通用。通常采用的住宅小区的紧急事件处理程序如图 11－1 所示。

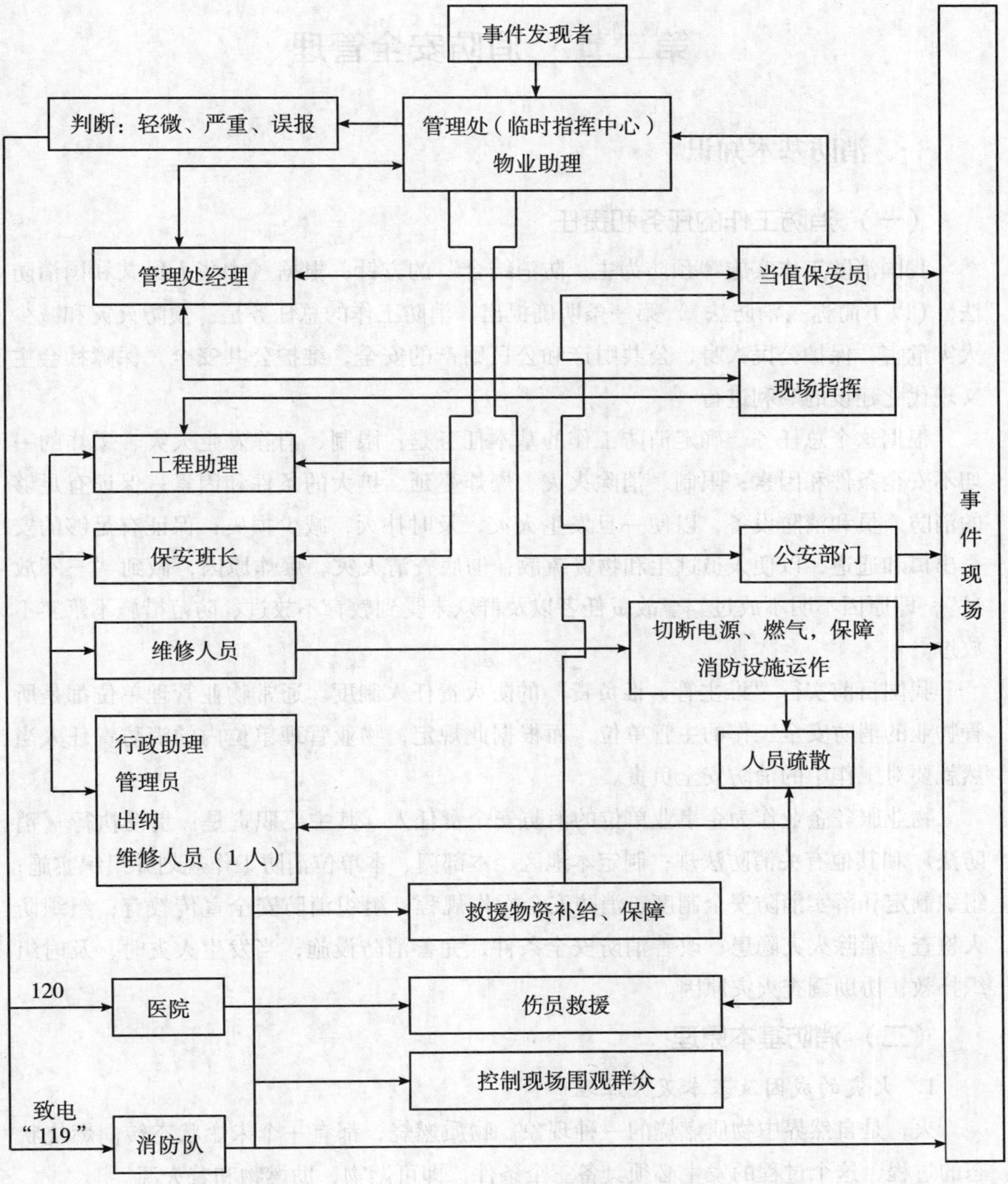

图11-1　住宅小区的紧急事件处理程序

应急处理程序必须在日常工作中认真学习、反复演练，方可在紧急情况出现时临危不乱，处理有序。

第二节 消防安全管理

一、消防基本知识

（一）消防工作的任务和责任

我国消防工作实施“预防为主，防消结合”的方针，根据《中华人民共和国消防法》（以下简称《消防法》）第一条明确提出，消防工作的总任务是：预防火灾和减少火灾危害，保护公民人身、公共财产和公民财产的安全，维护公共安全，保障社会主义现代化建设的顺利进行。

根据这个总任务，确定消防工作的基本任务是：限制、消除发生火灾、爆炸的一切不安全条件和因素；限制、消除火灾、爆炸蔓延、扩大的条件和因素；保证有足够的消防人员和消防设备，以便一旦发生火灾，及时扑灭，减少损失；保证有足够的安全出口和通道，以便人员逃生和物资疏散；彻底查清火灾、爆炸原因，做到“三不放过”，即原因不明不放过、事故责任者以及群众未受到教育不放过、防范措施不落实不放过。

我国目前实行“谁主管，谁负责”的防火责任人制度。通常物业管理单位都是所管物业的消防安全工作的主管单位，而根据此规定，物业管理单位内的消防责任人当然就要对工作中的消防安全负责。

物业服务企业作为企事业单位的消防安全责任人，其主要职责是：贯彻执行《消防法》和其他有关消防法规；制定本地区、本部门、本单位消防工作规划并组织实施；组织制定和落实消防安全制度、消防安全操作规程；组织消防安全宣传教育；组织防火检查，消除火灾隐患；改善消防安全条件，完善消防设施；当发生火灾时，及时组织扑救；协助调查火灾原因。

（二）消防基本原理

1. 火灾的成因及基本灭火原理

火，是自然界中物质燃烧的一种现象。物质燃烧，都有一个未燃状态转向燃烧状态的过程，这个过程的发生必须具备三个条件，即可燃物、助燃物和着火源。

常见的可燃物有：固体的木材、纸张、棉麻制品、硫黄等；液体如石油产品、酒精等；气体如氢气、乙炔、煤气等。

常见的助燃物有氧气及各种氧化剂，如氧、氯、过氧化氢等。

着火源一般有明火、灼热物体、金属撞击的火星、物体摩擦、静电火花放电、雷击、聚光、化学火等。

消防工作通常是指防火与灭火两个方面。防火与灭火的基本方法、措施，都是以燃烧原理为依据的。

（1）防火。

防火的一切措施，都是以防止燃烧的三个条件结合在一起为目的。其基本方法是：控制可燃物、隔绝助燃物、消除着火源。

控制可燃物，如以难燃或非燃材料代替易燃材料。对具有火灾、爆炸危险场所采用加强通风、排气、排除或减少爆炸混合物的形成和数量；对可燃气体、易燃液体采用容器密闭、管道输送；对性质相互抵触的化学危险物品、大量干燥颗粒粉末，采用分仓、分堆存放保管等。

隔绝助燃物，如容器真空排除空气中的氧；充入惰性气体等。

消除着火源，如隔离控制火源，严禁烟火；保持建筑之间的足够间距等。

（2）灭火。

一切灭火措施都是为了破坏已经结合在一起的燃烧三个条件中的一个或两个条件为依据的。灭火基本方法有隔离法、冷却法、窒息法、化学抑制法。

隔离法是将尚未燃烧的物质移走，使其同正在燃烧的可燃物分开，燃烧得不到足够的可燃物，火就会熄灭。如切断可燃气来源、移走剩余的可燃液体等。

冷却法即把燃烧着的物体温度降低，当可燃物的温度低于其燃点时，燃烧便停止。如用水扑灭火灾时，主要是冷却法起作用。

窒息法就是隔绝空气，使可燃物得不到足够的氧气而停止燃烧。如用不燃或难燃的物质捂盖燃烧表面，用水蒸气或惰性气体灌注容器设备，封闭起火的建筑和设备的孔洞，用泡沫覆盖燃烧表面等。

化学抑制法的原理是使灭火剂参与到连锁反应中去，使燃烧过程中产生的自由基消失，而形成稳定的分子或低活性的自由基，使连锁反应中止。大家熟悉的“1202”“1301”“1211”等均属这类灭火剂。

2. 物业管理中常见的火灾类型及防火灭火常识

在物业管理工作中，可能导致火灾的因素和条件是非常多的，主要有以下因素。

（1）电气火灾。

在各种物业中，都会有或多或少的电气元件、线路等，因材料质量、使用寿命等原因，或是线路在设计、安装中违反规定，或在使用过程中违反用电安全制度，造成线路短路、过负荷、接触电阻过大等故障。由电气类故障引起的火灾在物业管理工作中并不鲜见，而通常物业管理者就是这些引发消防事故的设备设施的维护人或使用人，其责任重大并不容推卸。因此，作为物业管理者必须对辖区内的有关设备设施状况了如指掌，确保及时发现并排除此类安全隐患。导致以上故障的主要原因有以下方面。

①短路。如导线绝缘受高温、潮湿或腐蚀等作用的影响而失去绝缘能力；线路年

久失修，绝缘层陈旧老化；导线绝缘层受机械损伤、脱落；电源过电压，或导线的绝缘与电源电压不适应；裸电线上有金属物体或小动物跌落发生电线间的跨接；电线机械强度不够，使电线断落接触大地，或断落在另一根电线上；等等。

②过负荷。如导线截面选择不当，实际负载超过导线的安全电流；乱拉电线，接入过多的并联负载；在线路中接入功率过大的电气设备；线路漏电或电器设备故障；等等。

③接触电阻过大。如安装质量差，造成导线与导线、导线与电气设备衔接点连接不牢；导线连接处沾有杂质，如氧化层、泥土等；连接点由于长期震动或冷热变化，使接头松动；铜导线和铝导线直接相接，接头处理不当，在电腐蚀作用下产生较大的接触电阻；等等。

常见的电气火灾主要是由照明灯具、电热器、开关及熔断器、电动机等造成的，电气火灾具有燃烧猛烈、蔓延迅速及容易造成触电伤人的特点，因此在扑救当中要适当注意，特别要注意断电灭火。

（2）易燃液体。

与日常物业管理工作接触较多的易燃液体主要有：汽油、酒精、天那水、松节油等。易燃液体有些是属于可燃液体，有些甚至是危险品。由于在日常工作中不时需要对该类物品进行储存、运输、使用，因此在进行以上作业时必须严格按照有关规程进行。

对易燃液体，主要实施的安全措施有：一是正确储存，远离火源、热源；不能与氧化剂及氧化性酸类混存；通风要良好。二是容器密闭、管道输送，是易燃液储存、使用安全的重要措施；保证不漏、不滴、不冒、不跑。三是杜绝一切火源，防止静电聚积放电。电气动力、照明应采用整体防爆装置。

（3）液化石油气。

液化石油气是目前普遍使用的一种民用气体燃料。液化石油气具有挥发性、易燃性、爆炸性、膨胀性、溶解性、麻醉性等特点。造成液化石油气事故的主要原因有：角阀松动漏气、减压阀等胶圈老化脱落、输气管老化破裂、气瓶残旧破裂、纵火、违章倾倒过罐等。

（4）焊割作业。

在物业管理范围内，不少设计装修、维修等工作涉及焊割作业。焊割的方法很多，常见的火灾危险性较大的有电弧焊（电焊）和气焊（风焊）。电焊由于工作温度高，相对简陋的电气回路和电源线容易引发电气火灾；气焊由于要使用易燃易爆的气体（氧气及乙炔等），焊割作业中还产生高温和金属熔融飞溅，因此其影响范围更大，火灾危险性也更大。

在物业管理工作中，对焊割作业一般采取动火审批制度，由有关部门和负责人办理审批，发放动火作业许可证方可进行焊割动火作业。焊割作业必须严格遵照有关焊割操作规程进行，现场必须没有易燃易爆物品、配备相应的灭火器材，安全负责人、焊割作业人员必须持合格的焊工证上岗并严格执行安全操作规程，动火人员和现场安全责任人在动火后，应彻底清理现场火种后才能离开现场。

(5) 用火不当。

在一些日常用火中，由于安全意识淡薄或缺乏足够的消防知识，违规用火而导致的失火。这类火灾并不罕见，常见如香烛、烟头、玩火等引发的火灾。预防该类火灾，最主要是加强消防安全意识和知识，向辖区内各业主、用户进行足够的消防知识和消防意识的教育及宣传。动用明火不能靠近易燃物和可燃物，做好防火隔离措施，临危不惧。

二、常用的消防管理制度

（一）消防管理责任制

在物业管理单位中，除了单位主管消防工作的领导担任单位的消防安全责任人外，还要在下属各具体消防安全工作操作层设立各级消防安全责任人。在物业服务企业中常见的是建立三级防火机构，任命三级防火机构责任人。三级消防机构组织人员一般由总经理根据实际需要进行调整。

(1) 物业服务公司总经理为公司消防安全责任人（由当地政府消防安全部门任命），负责消防组织机构的建立和消防工作的组织及安排。

(2) 管理处主任作为第二级消防机构的责任人，负责管理处各部门消防责任制度的建立和日常消防工作的监督、指导。负责有关消防法规的贯彻和消防规章制度的建立，研究解决消防人员、设备中的重大问题，定期组织消防安全检查及消防演习。

(3) 工程部（或其他部门）主管（水电主管）作为第三级消防机构的责任人，负责消防的监督、检查和日常管理工作。

在部分商用物业中，物业服务企业在办交楼手续时，应将根据本物业具体情况制定的《消防手册》发给业主及租户，并要求驻物业各单位设一名消防安全责任人和联系人，负责本单位的消防安全工作及与物业服务公司联系。工程部负责对疏散出口指示灯、应急灯、灭火器、防火门等进行维修、保养工作，负责建立《消防设备设施台账》。物业服务企业还可以委托专业消防公司负责消防设备设施的维护、保养、检修、试验，物业服务企业则负责对专业消防公司的上述工作进行监督、检查。

（二）物业管理操作中的常见预防措施

在物业管理工作的实际操作当中，必须切实贯彻“预防为主，防消结合”的方针。因此，作为物业管理者，必须根据自身物业的情况制定合理、有效的消防管理制度并贯彻落实。由于各种类型甚至各单体物业的具体情况都不一样，在使用性质、通道设计、消防设备设施配备等方面都存在着许多差异，物业管理者必须清楚分析自身物业在消防安全方面的各种优势和劣势，从而制定出适合自身物业并行之有效的消防管理制度。住宅小区的消防管理规定应包括预防火灾的措施，主要从消防设施保障、消防通道分区等保障、危险品及易燃易爆物品的使用贮藏管理、用火用电管理等方面着手。

（三）物业管理中预防火灾的组织及应急处理方案

1. 义务消防组织

根据《消防法》，企事业单位、团体等可根据需要建立由职工等组成的义务消防队。作为物业服务企业，健全专职和兼职的消防队伍，建立义务消防队伍，是消防组织网络中重要的一环。通常情况下，义务消防队应从管理员工中选择年轻、身体素质好、工作负责的人员组成。而安保部全体秩序维护员一般都作为义务消防员。定期对这支队伍进行业务培训，使其掌握消防技能，对消防体系的建立有着重要的意义。至于培训，可请有经验的消防人员、有关专家、教授等来讲课，也可请公安消防部门代为培训。培训内容可以适当拓宽，使消防队员们能适应复杂的、多变的消防情况。

义务消防组织是正规消防力量的补充，它具有距离近、反应快的特点，在以最快的速度抢救人们生命财产的安全或扑救、控制初期火灾过程中发挥行政权作用。但由于装备、技能等方面的差距，不能依赖它。特别是当火灾扩散蔓延或专业消防队到场后，义务消防组织应当利用熟悉现场人员、资源、场地等优势，转入协助专业消防队伍进行扑救、救援、维持秩序、疏导人流等工作中去。

2. 消防应急预案

消防应急预案主要是根据物业自身特点而制定的在发现火警后，各岗位人员、义务消防队等将如何运作行动的指引。在编制消防应急预案时，应考虑物业的状况，主要包括以下方面。

（1）建筑物结构、防火级别。

（2）疏散通道或消防分区设计、各单元或单位的最快撤离路线。注意物业现场的消防疏散指示标志必须与消防应急预案相符。

（3）消防设备设施配置状况（配置级别及种类数量、灭火能力、分布位置、消防取水点等）。

（4）业主、租户构成（商户或住宅、妇孺数量、行动不便的患者等情况）。

（5）消防通道状况（畅通与否、可容纳多大尺寸的消防工作车辆进入）。

（6）通信保障（电话、对讲机等）。

（7）临近医疗机构状况及急救用品配备。

三、消防管理常用法规及管理规定

我国现行消防法规大体可分为消防基本法规、消防行政法规和消防技术规范三大类。

（一）消防基本法规

2009 年 5 月 1 日起施行的《消防法》，包括总则、火灾预防、消防组织、灭火救援、监督检查、法律责任、附则，规定了我国消防工作的性质、任务、方针、组织机构、灭火救援实施规程、监督范围与内容、法律责任等。《消防法》是我国的消防大法，是制定其他消防行政法规和技术规范的主要依据，任何其他消防行政法规和技术规范，都不得与其相违背。

（二）消防行政法规

消防行政法规是指除《消防法》以外的其他消防方面的行政法规，都是规定某一特定对象的消防活动的组织原则、管理办法、工作程序等，通常由各级人民政府或主管部门根据上述消防行政法规制定颁发的，也有由地方人大常委会批准颁发的。

由国务院制定颁发或批准颁发的有《化学易燃物品防火管理规则》《关于违反爆炸、易燃危险物品管理规则的处罚暂行办法》等；由国务院授权公安部制定颁发的《仓库防火安全管理规则》，公安部、建设部①等部委联合制定颁发的《城市消防规划建设管理规定》等。另外，还有各地方人大常委会颁布的一些地方性法规。

（三）消防技术规范

消防技术规范通常是由各有关主管部门单独或联合制定颁发的，用以调整消防技术领域中人与自然、科学、技术的关系规则或标准。如《建筑设计防火规范》《高层民用建筑设计防火规范》《城镇消防站布局与技术装备配备标准》《自动喷水灭火系统设计规范》《火灾自动报警系统设计规范》《建筑灭火器配置设计规范》等。

四、消防培训及演练

消防工作是物业管理工作的重要组成部分，物业管理单位的每一位员工都应不同程度地掌握必备的消防知识。为此，必要的消防培训工作是不可或缺的。消防培训可采取多种方式，如理论授课、现场演示等，当地的消防主管部门通常都提供相关的培训课程。另外，消防演练也是消防培训的重要组成部分。而有效、适用、充分模拟实战的消防演练，所有参与演习的员工、客户等都会留下深刻的印象，从而获得良好的培训效果。一份效果良好的消防演练计划主要应包含以下要素。

① 2008 年 3 月，国务院组建中华人民共和国住房和城乡建设部，简称住建部，撤销建设部。

（1）时间及地点。如需配合停电、点火、试喷淋系统、喷洒消防水带等，必须选择适当的时间及地点，避免因以上情况对正常运作造成影响或损失。

（2）演练方式。使用部分或全部设备，是否需要租户、业主、驻地消防部门等参加。

（3）人员分工。应与《应急处理方案》相对应，以便让各岗位在实际操作中熟悉自己的分工、责任与操作要点。分工要合理明确，必须确定每一个人的责任分工，避免意思含糊造成混乱。

（4）行动步骤。明确演练程序，必须有清晰的程序指引，才能让参与演练的人深刻认识处理、灭火作战、逃生等程序的正确方法。这样，才能在实战中对各种情况都有清晰的思路，达到理想效果。

（5）观察记录。尽量安排专门的观察记录人员，以便在演练后对整个演练过程进行评价、分析，找出演练中出现的问题和缺点，有利于进一步整改提高。

消防演练既能检验《应急处理方案》的可操作性及不足，也能检验各员工消防理论培训的效果，同时对物业的整个消防系统的功能、协调能力等也是一个较全面的检查。科学合理并仿真程度高的演练，还能一定程度上反映出在实战情况下可能出现而《应急处理方案》中未能预见的问题，便于及时进行调整完善。

【实习建议】

1. 方案或制度设计。

参与物业公司的公共安全防范管理与消防管理的方案设计活动，或在教师指导下经过自己在物业公司的调研，并利用物业管理实训室的资料进行公共安全防范管理与消防管理的方案或制度的设计工作，从而熟悉公共安全防范管理与消防管理的方案或管理制度的设计业务。

2. 分析案例。

通过治安与消防管理的案例，主要是对易出现问题与事故隐患的环节，以案例评析的方式进行分析，了解在治安与消防管理过程中出现的漏洞和不完善的地方，掌握在治安与消防管理中的日常管理问题及突发事件处理的方法与技巧，并了解与掌握从管理制度上如何完善的途径。

3. 模拟场景训练。

通过参与或观摩物业公司或公安部门组织的治安与消防管理演练，从实战的角度出发，掌握治安突发事件和消防突发事件的应急处理方式、方法与技巧，获得实战经验。

【思考题】

1. 请谈谈你对安全管理队伍的建立和架构的认识。
2. 结合实习编制公共安全防范管理岗位操作规范。
3. 简要说明物业管理中常见的火灾类型及防火灭火常识。
4. 请结合实习制订一份消防演练计划。

第十二章　绿化管理

【学习目标】

领会： 绿化的设计和营造。
掌握： 绿化管理工作的要领。
应用： 运用绿化管理知识处理绿化管理中常遇见的问题。

第一节　绿化系统及组成

一、绿化系统说明

绿化系统是指不同规模、不同种类的绿地，按点、线、面相结合的原则，组成的相互协调的有机体系。从物业管理的角度，物业管理区域内的绿化可以称为物业环境绿化系统。

二、环境绿化的基本要求

（一）居住区绿地规划布置的基本要求

（1）规划布置的重点。根据居住功能组织和居民对绿地的使用要求，采取集中与分散，垂直与一般，点、线、面相结合的原则，以形成完整的统一的居住区绿化系统，并与周围的绿化系统相协调。

（2）绿化用地的原则。节约用地，尽可能地利用劣地、坡地、洼地进行绿化；原有绿化、湖河水面要自然利用。

（3）整体环境的搭配。应注意美化居住环境的要求，在植物配置和种植方式上力求投资少、有效益，便于管理。

（二）居住区绿化树种选择和植物配置

（1）大面积绿化的选择和配置。对于大面积绿化，应选择易长、易管、少修剪、少虫害、有特色的优良品种，一般以乔木为主，也可考虑一些有经济价值的植物，一些重点绿化地段，如居住区入口、公共活动中心，可选种一些观赏性的乔灌木或少量花卉。

（2）公共娱乐场所绿化的选择和配置。树种可选用速生和慢生相结合，以速生为主，以迅速形成环境绿化。

（3）宅旁庭院绿化的选择和配置。应考虑四季景色变化，可采用乔木与灌木，常绿与落叶，以及不同树姿和色彩变化的树种，搭配组合，力求四季常青、鲜花常开，以丰富居住环境。

（4）人行道路旁绿化的选择和配置。人行道上的树木宜选种遮阳力强的落叶乔木，老年儿童休憩、游戏场所路旁忌用有毒或带刺的植物。运动场则应避免大量种植扬花、落果、落花的树木等。

（三）植物选择

园林绿化中有植物、建筑、小品、山石、水体、道路的项目，但植物是其主体，适宜的植物可以充分发挥绿化的功效，美化环境，改善居住条件。所以，在植物的选择上必须根据其原有的环境特性做好选用工作。

（四）配置方式

小区园林绿化布置可采用规则式和自然式两种格式，接近房屋建筑物的采用规则式，远离房屋的采用自然式。两者结合起来则形成混合园林。绿化植物配置，不仅要取得绿的效果，还要给人以美的享受，所以必须考虑植物的外形、赏色等方面的特性，仔细选择，合理配置。

（五）施工重点

为达到绿化美化和改善环境的目的，除良好的设计外，施工是一个重要的环节，直接影响工程的质量与日后的管护工作，影响花木的生长及绿地美化的效果和各种功能的发挥，在具体施工过程中必须严格按照设计图样施工，确保工作质量。

三、绿化系统的组成

物业环境绿化系统主要包括四部分：公共绿地，即物业范围内公共使用的绿化用地；公共建筑和公用设施专用绿地，如物业范围内的学校、幼儿园、医院等周围的绿地；宅旁和庭院绿地，即住宅四周的绿地及住宅阳台绿化；街道绿地，如物业范围内各种道路的种植物等。

第二节　绿化管理工作的要领

一、绿化承接查验

（一） 承接查验前的准备工作

1. 组织验收小组

物业公司发出验收通知书后，物业公司及建设单位各自组织好专业人员，如果与竣工验收同时进行，还包括监理单位的监理工程师，成立验收小组。

2. 制定验收细则与标准

按合同内容及相关要求制定出验收细则和标准，要求验收工作中各环节负责人按细则及标准进行验收，以规范验收工作的统一及达标率。

园林绿化验收标准如下。

（1）植物叶色正常，不黄叶、不焦叶、不卷叶、不落叶，无明显虫屎、虫网，每棵植株被虫咬食叶片数量在5%以下。

（2）直立树树干挺直，倾斜度不超过10°，树干基部无蘖芽滋生，枝干粗壮，无明显枯枝、死桩，基本无蛀干害虫的活卵、活虫，主、侧枝上基本无介壳虫活虫。

（3）树冠完整美观，分枝点合适，侧枝分布均匀，枝条疏密适当，内膛不乱，通光透光。

（4）乔木、灌木的成活率应达到95%以上，并对未成活植物适时进行补栽；珍贵树种、孤植树和行道树成活率应达到98%，并对未成活植物适时进行补栽；色块灌木无缺株断行，覆盖度达98%，色块分明，线条清晰流畅；绿篱、造型灌木形状轮廓清晰，表面平整，新枝不超过10厘米，圆滑、不露空缺、不露枝干、不露捆扎物。

（5）花卉种植地应无杂草、无垃圾、无枯黄、无病虫害，各种花卉生长茂盛，种植成活率应达到95%以上，并对未成活植物及时进行补栽。

（6）草坪生长茂盛，叶色正常，基本无秃斑、无枯草层、无杂草、无病虫害，留茬高度保持在5~8厘米，覆盖率应达到95%以上。

（7）人行道树分枝点高低、树高、冠幅基本一致，无缺株，相邻5株的高差<10%。

（8）藤本植物长藤分布合理，枝叶覆盖均匀，附着牢固，覆盖度达85%以上。

（9）所有绿地整洁，无垃圾杂物，表面平整，排水通常。

（二） 组织验收时的工作重点

1. 质量验收的重点

物业公司在进行验收时，不应只从工程施工质量方面进行检查，而是从物业管理的角度，对整个工程的规划设计、施工、材料选用等一切可能影响管理的地方进行检查并提出问题，让建设单位解决好，减轻物业公司日后的负担。

2．植物数量、名称、绿化面积的验收

在验收中注意统计好植物的数量，大小，品种名称（包括俗名、学名、别名等），各类绿地的绿化面积等，引进的新植物品种还要了解其生态习性、栽培方法等。

3．资料的验收

在绿化承接查验中应注意有关资料的完整性，主要资料有：工程的总平面设计图；设计变更通知单及变更图；竣工图及竣工报告；竣工验收合格证（复印件）；隐蔽工程验收合格证明；材料、设备、构件的质量合格证书；质量检验评定资料；水、电及设备的试运行、试压报告；设备使用操作说明书；重点植物及新引进植物的名录及习性，养护措施简介。

（三）接管后质量问题的跟踪与落实

1．验收中发现问题的跟踪

对于在物业公司自检及正式验收中发现的问题，物业公司归类整理好，以“验收备忘录”的形式书面通知委托方或相关建设、施工单位。限期整改或以资金补偿的办法解决，即由物业公司整改，费用由对方付出。

2．接管后有关问题的跟办

对于限期整改的内容，物业公司应在到期限后对相关问题进行再验收，确保问题已得到解决；如果委托方既不整改，又不肯用资金补偿，或对一些规划设计合理性进行争论，物业公司也应在“验收接管备忘录”中注明，以免日后出现责任不清的争执。

二、物业绿化植物的养护管理

物业绿化接管验收完成后，要巩固其成果，发挥其功能，主要取决于养护工作。养护工作必须一年四季不间断地长期进行，才能保证花木生长旺盛、花红草绿。一般来说，养护工作主要包括以下内容。

（一）浇水

根据季节、气候、地域条件决定浇水量，根据绿地、花木品种、生长期限等决定浇水量。室外绿化要根据不同季节、天气，不同植物品种生长习性，不同栽培目的，不同土壤每天、隔天或几天淋水一次。因天气炎热干旱而出现水分不足时，则必须相应增加浇水次数，保证所有植物不因缺水而萎蔫。天晴季节，室外盆栽每天浇水一次；栽在花基的3～4天浇一次水，雨天则不浇；室内盆栽每周浇水2～3次。

（二）施肥

根据土质、花木生长期和培植需要，决定施肥的种类和数量。一般盆栽植物花前花后可多施一两次肥，其他植物全年施用化肥两三次，每次施肥中结合耕耘松土有利于植物生长。草坪施肥最好是在草坪修剪后进行，施肥后要立即浇透水。合理的肥水管理，可使植物生长旺盛，增强抵抗力，减少病虫害发生。

（三）整形与修剪

整形与修剪树木的形态、观赏效果、生长开花结果等方面，都需要通过整形修剪来解决或调节。乔木、灌木及绿篱要定期修剪，特别是成型的灌木球和绿篱，既要保持其造型又要保证植株生长正常。灌木的造型根据品种和位置的不同可由绿化技术人员确定，小区灌木造型包括圆形、蘑菇形、圆柱形、三角形、方形、菱形等。草坪应定期修剪，全年剪草至少五六次，对于一些植物的修剪应注意技巧，修剪不当会影响生长甚至导致植株死亡。例如，美人蕉开花后要剪除老枝杆及枯花，保持通风，减少病害发生；月季花怕涝也怕热，在休眠期枝杆不能修得太短；棕榈树剥棕要适量，超量剥棕会发生干腐病或导致植株死亡。此外，绿篱的修剪高度也要适度，如黄心梅绿篱的修剪高度应控制在30～40厘米，九里香、山指甲绿篱的高度一般为60～80厘米。

（四）除草与松土

除草是将树冠下非人工所植的草类清除，以减少杂草与树木争夺土壤中的水分和养分。松土是把土壤表面松动，使之疏松透气，达到保水、透气、增温的目的。绿化工人应每日清扫落叶、杂物，填补楼旁陷地，为植被浇水，根除杂草。浇水要浇透，浇均匀，按季节调整浇水时间，确保植物正常生长。清除杂草主要通过人工除草和化学除草两种方法，人工除草要提倡中耕的方法，化学除草要选好、调配好除草剂，以免发生药害，且要在草荒发生前喷洒。

（五）草坪修剪

要定期修剪，根据不同季节、长势，合理安排修剪期，以草长不超10厘米为准，一般每年的5月至9月为25～30天修剪一次，3月至4月和10月至11月为35～40天修剪一次，北方地区则在当年12月至翌年2月不修剪，修剪后草坪面平整高度3～4厘米。每次修剪后对草皮施一次肥，施后浇透水，保证草皮全年常绿。每巡查草皮，发现杂草及时清除，使草坪纯度控制在优类小区95%、一般小区90%以上。

（六）治病虫害与病虫害的防治

对于病虫害首先应贯彻“预防为主，综合治理”的基本原则。防治住宅小区植物病虫害，在使用农药时应尽量采用高效低毒的产品，降低农药对小区的污染，并结合人工捕除同时进行。其次要对症施药，注意药剂比例，不同品种的药剂要轮换使用，防止病虫害产生抗药性。使用农药要带好防护用品，喷施要均匀。做好农药登记，药后要进行评估。春夏季是病虫害的高峰期，要特别注意做好病虫害的防治工作，修整树形，剪除枯树病枝，清除虫卵、虫茧，以减少虫源。

（七）物业空间绿化管理

物业环境绿化管理部门不但要搞好地面绿化，而且在条件适宜的地方，应自己或鼓励用户搞好物业的空间绿化，包括墙面绿化、阳台绿化、屋顶绿化、室内绿化等。空间绿化除了观赏作用外，还可弥补建筑物的缺陷。物业空间绿化的某些内容（阳台绿化、室内绿化等）基本上归用户控制，对此，物业绿化管理部门应着重做好两方面的工作：一是在业务上对用户进行指导，可通过技术咨询方式传授有关知识或技艺；二是对用户进行安全宣传教育，帮助用户找到美观、安全的绿化方法，防止花盆及其他绿化设施与器具等的坠落而发生严重事故。

三、绿化管理中常遇见的问题

（一）管理处协调与绿化公司工作关系的要点

1. 合同审定的要点

选择专业绿化公司之后，双方在签订的合同中明确规定承包护养的双方权利与义务，特别注意如配置人数、人均管理面积、合同单价、包干的范围（是否包苗木的更换）和苗木缺失的责任等。同时，合同附件要清晰标明保养的标准和日常重点保养工作计划，物业公司则规定检查标准，作为检查监督的依据。

2. 分包、承包方自行检查制度

（1）员工自查。

每个员工都要根据操作规范和要求，对自己所负责的区域、项目不断地进行自查，发现问题及时解决。

（2）主管巡查。

主管应把巡回监督检查作为自己的主要工作，每天对自己辖区内的所有部位、项目进行巡回检查，不得少于一次。

（3）部门经理抽查。

由部门经理或组织有关人员联合检查，每两周抽查一次，部门经理应协同上级领导或有关组织人员定期联合检查。

3. 日巡视检查的方法

物业服务企业的管理人员每天按工作计划和检查标准对绿化工作进行监督检查，并将结果记录在表格上，不合格的可通知绿化公司责令返工，直至合格。

4. 发现问题进行处理的整改方法

物业服务企业的管理人员对绿化抽查发现的问题进行评估分析，及时要求绿化公司整改，并报上级领导阅评，以便工作上的协调和整改工作的有效进行。

（二）预防绿化管理中的紧急情况

对新种的乔木须用水泥柱或竹竿做防护架，平时应注意对灌木和乔木进行培土；对乔木进行剪枝以减少阻风力，检查保持植物周边雨水井的明沟、暗道顺畅，对下沉绿地进行填土改造，以防积水；风雨过后对住宅区的绿化进行全面检查，发现受灾的树木，应在12小时内根据情况采用锯树、培土、扶正、支架或拉绳等方法处理。

（三）绿化改造时应注意的事项

小区绿化经过一段时间的管理，由于规划设计不合理或使用材料不当、施工不合理等所造成的隐患就会暴露出来，并直接破坏园林景观，根据具体情况进行优化改造，可以保证良好的绿化景观。

1. 设计要求

旧有绿化园林多数会出现被人踩踏出新路痕、黄土裸露、排水不畅、积水、植物生长不良、功能老化等问题。就这些问题进行改造，首先要针对重点进行分析，找出改善的方式，根据原因制定改造方案，有针对性地进行新设计。

2. 植物配置的重点

对于一些明显不适应所在地环境或原设计者选择有误，又或经多次补种后仍生长不良的植物品种，应考虑选用其他适应性较好的植物品种。例如，在已长大成荫的大树下可考虑使用耐阴性植物，在碱性土壤上、酸性土壤上选用耐碱性喜酸性植物，在水湿的土质上选用耐湿性植物等。根据土质或周边环境选用合适的植物进行改造。

3. 改造后的跟进要求

绿化改造工程完成后对实施工程进行验收，对不符合要求的工程按“严重问题”或“一般问题”进行划分并列表汇总报施工单位，限期整改，并在整改限期后针对有关问题进行再验收。另外，注意观察工程是否对周围植物和环境及地下管线造成破坏，原有苗木品种及规格是否与周围原有绿化环境相协调。

（四）日常绿化养护应注意的事项

在日常绿化养护工作中常常存在一些人为或非人为的破坏及阻力，针对这些现象制定相应措施，以起到全面养护的目的。

1. 风暴预防措施

夏季多狂风暴雨，特别是台风常影响沿海地区，土壤潮湿松软，会造成树木被风吹倒的现象。轻则影响树木生长，重则造成死亡，甚至造成人身伤亡和其他事故，故雨季前应采取一些防风措施，如修剪、培土、支撑等。工作人员要经常检查花木生长情况，护树架要及时进行加固，备好抗风用具。进入雨季要注意排水系统畅通，防止植物受浸。冬天对热带植物要做好防寒处理，在5 ℃以下，盆栽热带植物要搬至室内或放置温室保温，地栽植物可用薄膜防寒，并适当减少浇水量。

2．防寒与防旱

工作人员要对绿化地加强栽培管理，增加植物抗寒力，寒冷季节即将到来时做好推土护根、树主干包扎、油漆涂白等预防工作。旱季加强人工淋水，有选择性地对不耐旱或新种植物淋灌，日常巡查时加强对喷淋设备的养护，保证旱季供水正常，做好紧急计划措施，旱季延长时及时采用临时解决方法。

3．人为破坏的维护措施

对人为破坏绿化植物的维护主要采取看管巡查和积极宣传的措施。随着业主入住，损坏花木等现象时有发生，因此，对业主加强爱护绿化的宣传很有必要。可利用各种宣传手段，如举办绿化讲座等来提高业主爱绿护绿的思想意识。同时，应动员全体员工共同参与绿化管理工作，以确保小区绿化管理工作顺利进行，积极利用保洁工、保安等工作人员等移动性工种，看护绿地，宣传保护绿地，检查绿地、树木的情况，劝阻损绿毁绿行为，发现问题及时报告上级处理。与相关单位、部门配合协作，保护树木。

【实习建议】

1．见习。

选择绿化覆盖率高、养护好的高档物业小区进行参观、见习。了解绿化管理的基本内容与环节，了解各种植物、花草的选择与配置的方法技巧，认识绿化对物业小区环境的重要作用。

2．调研。

主要是深入一些绿化专业工作外包做得比较好的物业服务企业项目管理中心，调查绿化外包的管理运作模式和存在的问题，并探讨问题解决的方法。

【思考题】

1．谈谈绿化的设计和营造的要点。
2．结合实习说出所在小区种植的花木的名称。
3．怎样进行居住区绿化树种选择和植物配置？
4．绿化日常养护的要点有哪些？
5．在绿化管理中常遇见的问题有哪些？怎样处理？

第十三章　清洁卫生管理

【学习目标】

领会： 清洁管理的基本方法；清洁卫生管理的运作规范。

掌握： 清洁卫生管理要求；专业承包公司的选择及监督检查；垃圾分类管理要求。

应用： 清洁卫生管理的运作。

第一节　清洁卫生管理的基本知识

一、清洁卫生管理机构设置及职责划分

清洁卫生管理简称保洁管理，它是由物业服务公司管理部或保洁部具体实施。保洁部一般设部门经理（保洁主管），专项技术员，仓库（保洁设备、工具与物料）保管员和保洁员等。其下属班组可以根据所辖物业的规模、类型、布局以及清洁对象的不同而灵活设置。规模较大的物业服务公司其保洁部可以下设楼宇清洁服务班、高空外墙清洁班和公共区域清洁班等班组，各班组设保洁领班和若干经过专业培训的保洁员。然后，从所辖物业和服务对象的实际情况出发，建立起部门、班组、人员的岗位规范、工作流程、服务标准和奖惩办法，做到保洁管理规范化、标准化、制度化。

二、清洁卫生管理的制度建设

（一）明确要求

例如，处理日常垃圾专人负责、日产日清，定点倾倒、分类倾倒，定时收集、定时清运，按照规定的工作流程，履行保洁的岗位职责等。

（二）规定标准

标准是衡量事物的准则，也是评价保洁工作的尺度。物业区域环境保洁的通用标准是“五无”，即无裸露垃圾，无垃圾死角，无明显积尘积垢，无蚊蝇虫滋生地，无

“脏、乱、差”顽疾。在建设部颁布的《城市道路清扫保洁质量与评价标准》中，有两条可以作为物业区域道路清扫保洁质量的参考：一是每天普扫两遍，每日保洁；二是达到“六不”（不见积水、不见积土、不见杂物、不漏收堆、不乱倒垃圾和不见人畜粪）和“六净”（路面净、路沿净、人行道净、雨水口净、树坑墙根净和废物箱净）标准。

（三）计划安排

物业服务公司应制订出每日、每周、每月、每季直至每年的清扫保洁工作计划。

（四）定期检查

物业服务公司可将每日、每周、每季、每年清扫保洁工作的具体内容用记录报表的形式固定下来，以便布置工作和进行定期检查。

三、垃圾分类管理

（一）垃圾分类的定义及目的

垃圾分类（Garbage classification），一般是指按一定规定或标准将垃圾分类储存、投放和搬运，从而转变成公共资源的一系列活动的总称。分类的目的是提高垃圾的资源价值和经济价值，力争物尽其用，减少垃圾处理量和处理设备的使用，降低处理成本，减少土地资源的消耗，具有社会、经济、生态等几方面的效益。

（二）垃圾分类相关政策

2019 年 6 月，住建部、发改委、生态环境部等九部门联合印发的《住房和城乡建设部等部门关于在全国地级及以上城市全面开展生活垃圾分类工作的通知》提出，2019 年下半年起全国地级及以上城市全面启动生活垃圾分类工作，到 2020 年，先行先试的 46 个重点城市要基本建成垃圾分类处理系统，其他地级城市实现公共机构生活垃圾分类全覆盖；到 2022 年，各地级城市至少有 1 个区实现生活垃圾分类全覆盖；到 2025 年，全国地级及以上城市基本建成生活垃圾分类处理系统。

（三）生活垃圾分类及管理责任

《广东省城乡生活垃圾管理条例》第十九条规定：“生活垃圾分为下列四类：（一）可回收物，是指适宜回收利用的生活垃圾，包括纸类、塑料、金属、玻璃、织物等；（二）厨余垃圾，是指易腐烂的、含有机质的生活垃圾，包括家庭厨余垃圾、餐厨垃圾和其他厨余垃圾等；（三）有害垃圾，是指《国家危险废物名录》中的家庭源危险废物，包括灯管、家用化学品及电池等；（四）其他垃圾，是指除可回收物、厨余垃圾、有害垃圾外的生活垃圾。”

城乡生活垃圾分类投放管理实行管理责任人制度。城镇居住地区，包括住宅小区、街巷等，委托物业管理的，由物业服务人员负责；自行管理的，由自行管理人员负责；没有委托物业管理且没有自行管理的，由居民委员会负责。

（四）生活垃圾分类投放的管理方法

（1）建立生活垃圾分类日常管理制度。

（2）开展生活垃圾分类知识宣传，指导、监督、检查生活垃圾分类行为。

（3）根据生活垃圾产生量，按照就近便利原则和分类标准、分类标志设置生活垃圾分类收集点和收集容器，并保持生活垃圾分类收集容器的正常使用和周边清洁。

（4）合理确定生活垃圾的投放时间、地点，并组织责任区域内的分类收集工作。

（5）劝阻不按照分类规定投放生活垃圾者，制止混合收集、运输已分类的生活垃圾的行为发生。

（6）将生活垃圾交由符合规定的垃圾清运单位收集、运输、处理。

第二节　清洁卫生管理的运作规范

一、大厦的清洁保养

大厦保洁管理是企业管理中的十大主要内容之一，尤其是高档高层或超高层综合型的商务大厦，清洁卫生管理不到位，就会直接影响各楼层的企业形象。在一个商务物业区域中，整洁及其所带来的舒适和优美，是一个十分重要的评价指标。它具有视觉上的直观性，会由此直接带来心理上的舒适感与美感。同时，保洁也是对建筑和设备维护保养的需要，大厦保洁成为物业管理水平的重要标志。

一方面要创造大厦内优外秀的环境，让业主及租户在大楼内工作与生活感到舒适、方便；另一方面要通过清洁工作使大厦物业（房产、设备等）得以保值，并为设备提供一个良好的运行环境。

（一）地下车库、天台、转换层清洁

地下车库、天台、转换层清洁要达到的标准是：地下车库地面无油污、污渍，无纸屑等杂物，墙面无污渍，天台与转换层及裙楼平台无积水、杂物，管线无污渍。

（二）大厦大堂清洁

大厦大堂清洁要达到的标准是：地面无烟头、纸屑等杂物，无污渍，大理石地面、墙面有光泽，公共设施表面用纸巾擦拭无明显灰尘，不锈钢表面光亮无污渍，玻璃门无水迹、手迹、污渍，天棚、风口目视无污渍、灰尘。

（三）公共卫生间清洁

公共卫生间清洁后的标准：地面无烟头、污渍、积水、纸屑、果皮，天花、墙角、

灯具目视无灰尘、蜘蛛网，目视墙壁干净，便器洁净无黄渍，室内无异味、臭味。一般认为，公共卫生间的卫生水平反映一座大厦总的卫生水平。

（四）楼层通道地面清洁

楼层通道地面清洁要达到的标准是：大理石地面目视干净、无污渍、有光泽，水磨石地面和水泥地面目视干净、无杂物、无污渍。

（五）瓷砖、喷涂和大理石墙面清洁

瓷砖、喷涂和大理石墙面清洁要达到的标准是：目视墙面干净无污渍；清洗后，用纸巾擦拭墙面50厘米无明显污染。

（六）乳胶漆墙面清洁

乳胶漆墙面清洁要达到的标准是：目视墙面清净无污渍、无黏附物、无灰尘。

（七）地毯清洁与保养

地毯清洁要达到的标准是：无污渍、无斑点。

（八）灯具清洁

灯具清洁的标准是：清洁后的灯具无灰尘，灯具内无蚊虫，灯盖、灯罩明亮清洁。

（九）玻璃门窗、幕墙清洁

玻璃门窗、幕墙清洁要达到的标准是：玻璃面上无污渍、水渍，清洁后用纸巾擦拭50厘米无灰尘。

二、小区的清洁保养

（1）公共场地和马路的清洁。确保小区的汽车道、人行道、消防通道、羽毛球场、门球场等公共场地和马路的清洁。

（2）绿地的清洁。保持草地和绿化带的清洁。

（3）散水坡和排水沟的清洁。保持排水沟畅通、散水坡清洁。

（4）雕塑装饰物、宣传栏、标志宣传牌的清洁。保持雕塑装饰物、宣传栏、标志宣传牌的清洁，使其不受破坏。

（5）喷水池的清洁。保持喷水池内外干净清洁。

（6）不锈钢的清洁、保养。保持奖牌、标志牌、宣传栏、雕塑及其他不锈钢制品表面的清洁，使其不受氧化。

（7）化粪池的清理。确保化粪池畅通。

（8）垃圾池（箱）的清洁。保持垃圾池、果皮箱的清洁。

（9）垃圾的清运和垃圾中转站的清洁。保持垃圾中转站的清洁和正常使用。

三、外墙的清洗

空气中的灰尘和有害物质会侵蚀大楼外墙（瓷砖、花岗石、玻璃等），只有及时做好清洁工作，才能避免或减少外墙表面损坏。外墙清洁是高楼清洁工作的难点，危险性大，易发生人员坠落伤亡事故。

（一）外墙清洁的方式

目前外墙清洁主要有两种方式：吊板方式和擦窗机方式。

1．吊板方式

吊板方式是用吊绳、吊板将人吊到工作位置进行清洁，一般的大楼都可以用这种方式进行清洁。这种方式简单、成本低，只要工人素质好，绳子连接牢固就可以进行，但危险性比较大，一旦安全措施不到位就可能发生事故。近几年来，发生的高空清洁坠落伤亡事故多数是采用吊板清洁时因安全措施不到位造成的。

2．擦窗机方式

擦窗机方式是通过擦窗机进行清洁的方式。擦窗机又称室外吊篮，一般在大楼建造时安装好。工作人员站在吊篮内，吊篮可以上下、左右移动，吊篮内有电话，可以与外界随时进行联系，比较安全。擦窗机价格昂贵，不少新建大楼为了节省钱不安装擦窗机。目前，我国的大楼大多数没有擦窗机，只得用吊板方式进行清洁。

安装擦窗机是高楼外墙清洁发展方向，一些先进的国家已经发展到用无人操作擦窗机进行外墙清洁工作。应大力研究发展国产的擦窗机，降低成本，使擦窗机逐渐普及。

（二）外墙清洁的条件

1．气候条件

外墙清洁必须在良好的气候条件下进行，大风、下雨、下雪、有雾能见度差、高温（35 ℃以上）和低温（0 ℃以下）等情况都不适宜进行外墙清洁。风力应小于5级，5级风以上停止工作，因此，工作前应测定风力，尤其是高空风力。

2．人员条件

外墙清洁工应有良好的身体条件和心理素质，必须经过严格的身体检查和定期复查，年龄应在40岁以下，血压正常、视力良好、无恐高症，发现有不适合的疾病应立即停止工作。同时还必须经过专门的培训，取得国家劳动部门核发的高空作业证书，并在有效期内方可上岗，严格禁止无证上岗。工人上岗前不得饮酒，有感冒等身体不适症状应暂停高空作业。

3．设备条件

外墙清洁的设备必须处于良好的工作状态，擦窗机必须定期检查保养，每次工作前必须对钢丝绳、传动部位和保险装置进行检查，发现故障或原因不明的不正常现象应停止使用。用吊板工作的也应对吊绳、吊板等固定用具进行认真检查，凡用绳有发毛、部分丝股断裂等现象应立即更换新绳。

（三）外墙清洗检查标准和检查方法

1. 楼宇裙房外墙面、立柱

（1）检查标准。检查标准包括：外墙玻璃清洁明亮，无污垢、无水迹、无印迹；不锈钢镜面无污垢、无印迹，有金属反光；花岗石、大理石光面纹理清晰，有光泽；花岗石毛面无灰尘、有质感；涂料墙面无污垢，色泽鲜艳、无变色；铝合金饰物表面无污垢，有光泽；外墙面砖无污垢，色泽光亮。

（2）检查方法。检查方法包括：一是视检。直观外墙面、立柱表面有无污垢；直观外墙面、立柱表面有无折光、质感、光泽；不锈钢镜面光亮照人。二是手检。用白色餐巾纸擦拭外墙面、立柱面各死角处，查看有无污垢残留。

2. 楼宇主楼外墙立面

（1）检查标准。检查标准包括：外墙玻璃明亮，无明显污垢；外墙面砖表面无明显污垢，色泽光亮；金属装饰无明显污垢，有金属光泽；花岗石光面纹理清晰，有光泽；花岗石毛面无灰尘，有质感；涂料墙面无明显污垢，色泽有整体感；铝合金百叶窗无污垢，有光泽。

（2）检查方法。检查方法包括：从层面可开启的窗户、阳台检查清洁情况；直观外墙面有无污垢；直观外墙材料表面有无折光、质感、光泽、色泽。

（四）外墙清洗工作的注意事项

1. 高空吊板下吊作业前的准备工作

（1）勘查现场。建筑物顶部必须有固定吊板绳和安全绳的牢固构件，绳子下垂经过位置不得有尖锐棱角锋口，如有尖锐棱角锋口，必须经过特别安全处理。在高压电源区无法隔离时，不得进行工作。

（2）天气情况与吊篮工作要求相同。

（3）准备清洗工具，如吊板、吊板绳、安全绳、水枪、水管、抹水器、刮水器、清洗滚筒、毛巾、板刷、百洁布、铲刀、吸盘以及清洗剂等。

（4）吊板绳和安全绳直径不得小于16毫米。

2. 高空吊板下吊作业前的安全检查

（1）检查下吊用吊板绳、安全绳有无损伤或断裂，一经发现，应禁止使用。

（2）检查坐板有无裂纹，吊带是否反兜。坐板底面及吊带有无损伤，一经发现，应禁止使用。

（3）确认吊板绳、安全绳的长度在建筑物顶部固定后，应仍有比该建筑物高度相对长的长度。

（4）确认高空下吊员工每人一根吊板绳、一根安全绳，严禁一人一绳危险操作。一经发现，必须停止工作。

（5）检查高空下吊员工佩戴的保险带有无损伤，一经发现，则禁止使用。

（6）检查座式登高板连接的下滑扣（V 形扣）的固定销栓是否可靠，若有损伤，一经发现，应禁止使用。

（7）检查连接在保险带上的自锁器是否灵活可靠，若有损伤，一经发现，应禁止使用。

（8）检查吊板绳、安全绳在建筑物顶部的绑扎固定部位是否牢固，吊板绳、安全绳在建筑物顶部的绑扎固定部位不得在同一受力处，必须是分别的两处，一经发现不符合要求，则停止工作。

（9）检查下吊员工的着装正确与否。

四、卫生消杀

1. 卫生消杀的内容

（1）灭蚊、蝇、蟑螂工作。

（2）灭鼠工作。

2. 消杀工作标准

（1）检查仓库或地下室，目视无明显蚊虫在飞。

（2）检查商场酒楼和办公室，目视无苍蝇滋生地。

（3）检查室内和污雨水井，每处蟑螂数不超过 5 只。

（4）抽检楼道、住户家无明显鼠迹，用布粉法检查老鼠密度不超过 5%，鼠夹法不超过 1%；每 100 间房（以 15 平方米为一间计）有新鲜鼠迹（鼠洞、鼠粪、鼠咬痕、鼠路）的不超过 2%。

3. 消杀工作的管理与检查

（1）消杀工作前，必须详尽地告诉作业人员应注意的安全事项。

（2）参与检查消杀工作的进行情况，并将工作情况记录于每天工作日记中。

（3）现场跟踪检查，确保操作正确。

（4）每月会同有关人员对消杀工作按检验方法和标准进行检查，并填写《消杀服务质量检验表》。上述资料由部门归档保存一年。

五、常态化疫情防控下重点区域和部位的清洁与消毒管理

（一）电梯厅及电梯轿厢的清洁与消毒

电梯按键、轿厢扶手等表面保持清洁卫生，应用有效氯浓度为 250 ~ 500 mg/L 的消毒液进行擦拭，每日擦拭不少于 4 次。

（二）大堂、消防通道的清洁与消毒

大堂、消防通道的清洁与消毒要求包括但不限于以下几种。

（1）中央空调出风口、大堂及电梯每日使用有效氯浓度为250～500 mg/L的消毒液喷洒消毒1～2次。

（2）出入口门把手、可视门禁系统面板、各楼层通道门拉手每日使用有效氯浓度为250～500 mg/L的消毒液擦拭消毒1～2次。

（3）出入口不宜设置地毯，确实需要铺设地毯的，宜采用可每天清洗的地毯，如塑料地垫，每日使用清水冲洗后再用有效氯浓度为250～500 mg/L的消毒液喷洒消毒。

（4）走廊、楼梯、电梯间等公共区域每日使用有效氯浓度为250～500 mg/L的消毒液喷洒消毒1～2次；楼梯扶手每日使用有效氯浓度为250～500 mg/L的消毒液擦拭消毒1～2次。

（三）户外设施

户外座椅、儿童娱乐设施、健身器材等户外设施保持清洁卫生，每日消毒1～2次，使用有效氯浓度为250～500 mg/L的消毒液进行擦拭，每次作用30分钟；地面用有效氯浓度为250～500 mg/L的消毒液进行喷洒。

（四）停车场

停车场内人经常触摸的物体表面如岗亭门把手等部位保持清洁卫生，每日消毒1～2次，用有效氯浓度为250～500 mg/L的消毒液进行擦拭，每次作用30分钟；地面用有效氯浓度为250～500 mg/L的消毒液进行喷洒。

（五）公共区域卫生间

每日消毒1～2次，用有效氯浓度为500 mg/L的含氯消毒液进行冲洗或擦拭，每次作用30分钟。

（六）给排水系统

宜根据病毒传播风险的可能性，识别给排水系统风险类别，并进行清洁与消毒作业，包括但不限于以下几种。

（1）定期清洁污水机房和中水机房，保持洁净，不经常使用的排水点地漏宜暂时封闭停用。

（2）定期清洁雨水检查井、雨水总排口，保持洁净、无污垢、无异味。

（3）在不影响用水需求的前提下，宜停用中水系统。

（4）定期检查下水的水封是否设置及密封性，并做消毒处理，用有效氯浓度为250～500 mg/L的消毒液进行冲洗或擦拭。

(5) 每日应对生活水箱间用有效氯浓度为 250 ~ 500 mg/L 的消毒液进行冲洗或擦拭，注意不要污染水源。

(6) 每日应对化粪池、排水沟、污水总排口持续微滴加有效氯浓度为 250 ~ 500 mg/L 的消毒液，每月 1 ~ 2 次。

(7) 保持污水系统伸顶通气立管畅通，并每日对楼顶排水通气管口、污水检查井及周边用有效氯浓度为 250 ~ 500 mg/L 的消毒液进行冲洗或擦拭 1 ~ 2 次，作用时间不少于 30 分钟。

(七) 物业管理用房

物业管理用房消毒要求包括但不限于以下几种。

(1) 对物业管理用房内经常触摸的物体表面如门把手、桌椅、设备与器材表面等应保持清洁卫生，每日用有效氯浓度为 250 ~ 500 mg/L 的消毒液擦拭消毒 1 ~ 2 次。

(2) 应对物业管理用房内排水相关设施进行检查与预防。

(八) 垃圾管理

垃圾管理要求包括但不限于以下几种。

(1) 在垃圾分类的基础上，加大防控工作宣传，尤其是医用品的使用及回收，设置指定回收站。

(2) 垃圾清理站每日消毒 2 次，使用有效氯浓度为 500 mg/L 的消毒液对距垃圾池周边 2 米的地面（含垃圾桶、垃圾池等）进行喷洒。

(3) 在醒目位置设置废弃口罩、废弃手套等特殊有害垃圾专用的收集桶，该专用的定点收集桶应为红色。也可用其他符合安全密闭要求的垃圾桶代替，收集桶应注明“供废弃口罩、废弃手套等特殊有害垃圾使用”字样。

(4) 对废弃口罩、废弃手套等特殊有害垃圾进行单独收集、单独运输，宜减少中转环节。收运的废弃口罩、废弃手套等特殊有害垃圾宜日产日清，统一交当地生态环境主管部门或卫生健康主管部门指定的危险废弃物处置场所进行专门处置，并做好登记。

第三节 清洁卫生运作的管理

一、清洁卫生质量管理

提高物业的保洁水平和工作质量，关键是以更高的保洁标准为指导，制定出促进物业保洁水平提高的保洁要求和操作规范，并将这些要求、规范落到实处，同时，加强对服务人员的培训和教育，提高服务水平。

（一）建立科学的管理机制

1. 良好的组织结构

保洁不仅仅是清洁专业的事情，也是与整个物业企业从上至下各级部门相关的事情。应建立一个从上至下的保洁组织结构，如“公司—部门—班组—清洁工”。公司总部主要负责保洁服务的改进与创新、保洁质量的升级等重大事项决策；部门主要负责具体运作，对公司做出的保洁服务决策进行细化、实化，并对保洁工作过程进行监督控制；班组负责组织实施部的各项保洁指令；清洁工负责保质保量地完成自己所承担的保洁任务。同时，还要定义好各级部门之间的接口，使各级部门的保洁工作能很好地衔接。

2. 合理的人员配备

保洁是一项涉及范围较广、任务较重的工作，合理的人员配置是保证顺利、有效地实施保洁工作的基础。人员配备的首要任务是明确工作内容、工作负荷，合理地评估每项工作的工作量，主要从完成一项任务单位人工的耗时来考虑，按总工作量与单位工作量所需人数的比值来配备人员数量（如果一名清洁工清理一个卫生间单次耗时15分钟，根据需要的卫生间保洁度，一天需要多少次完整的保洁过程清理，才能使卫生间整体保持在让业主认同的清洁状态。再就是在一天工作中清洁工不间断地巡场，发现问题及时清理）。要客观地对待人员配备问题，需要多少人就应该配备多少人。

3. 明确的岗位职责

岗位职责必须是鲜明的，让每个员工都很明确地知道自己需要做什么，并且工作范围划分清晰，避免出现某项工作可能由甲员工来完成，也可能由乙员工来完成，结果谁也不来完成的情况。

4. 合理的工作流程

工作流程在项目型的服务中尤为重要，它保证对客户服务的快速响应以及保质、可控地完成服务。应对项目型的服务（如上门洗地毯、代家政、代邮政服务等有偿收费服务）建立一套完整的服务流程，甚至可以把如卫生间保洁这样的工作当作项目来看待，建立工作流程。在建立工作流程时要注意设定过程监控点，以便对工作过程实行监控，保证工作质量、服务质量。

5. 有效的监督控制机制

要使保洁工作能保质、保量完成，必须有有效的监督控制机制，应把监督控制分布到保洁工作的各个环节，并切实抓好监控工作。监督控制机制包括过程监控和结果验证，过程监控是在保洁工作过程的不同阶段设立检查点，进行检查；结果验证是在某项保洁工作完成后对保洁效果进行检查。过程监控和结果验证都是必需的，缺少任何一个方面都不能达到良好的监控效果。现在某些清洁工作只进行了结果验证而无过程监控，所以在出现不理想的结果时难以找出原因。

6. 良好的沟通体系

良好的沟通是工作有效性的催化剂，也是管理决策的有力辅助。现在清洁专业缺乏从上而下的工作链形式的沟通体系。良好的沟通体系应该是公司的决策、指导精神布置到管理处后，部门在细化实施过程中将遇到的问题、总结出来的意见反馈给公司，公司对反馈的问题、意见进行参考，对决策进行调整，将新的决策、指导精神进行灌输，这样形成一个循环体系，促进持续改进工作。

（二）更高的管理标准

现在国内很多物业企业都开始有目标地提升自我，从较容易操作和易见效果的“5S”（五常法）开始，到实施 ISO9001。各专业都已实施系统化、规范化的质量管理，包括清洁专业，但是清洁专业还需要双约束质量管理标准，那就是需要导入 ISO14001 环境质量管理体系。同时，实施 ISO14001 对企业而言也应该是一项蕴含着许多商机的新型的环境经营战略。通过不断的清洁环境评价、管理评审、体系审核（内审和外审）活动，推动这个体系的有效运行，推动管理处清洁专业工作质量的持续改进，从而加快此方面的进程。

（三）灌输“人本化”的服务理念

真正贯彻“以人为本，服务第一”的理念，无论是公司管理上或是员工对客户服务中，都应该做到把业主的满意放在第一位，贯彻“不仅是做事，更重要的是对人进行服务”的思想，提高对客户服务的意识，增强服务技能。

（四）市场化的服务组织

保洁服务应朝高质量、多样化的方向努力。在社会分工越来越细的今天，应引入“集成服务”的观念。物业是一个随着社会变革和人们的生活观、价值观进步而不断延伸的平台。任何一个物业服务企业，不可能包揽所有最好的服务，但却可以通过市场化运作，充分利用物业这个平台或服务市场，从社会各行各业中，引入佼佼者，通过集成，形成自己的顶级品牌服务。保洁也是如此，例如，某公司在保洁工作的某一项目上有着明显的专业优势，那么可以把该项保洁工作承包给该公司（如灭鼠承包和食堂清洁卫生管理已在部分国内大公司实行）。

（五）加强内部培训

在绿化保养、零干扰服务、清洁巡查、言行规范等方面，需要清洁工的优质服务，规范化操作。但由于目前清洁工整体文化程度较低，服务意识、服务技能上比较欠缺，需要在这些方面对他们加强培训，强化服务意识。同样，管理层的相关人员也要加强自身多方面的素质培养，这样才能让服务意识和清洁工作技能，在现有基础上再上一个台阶。同时，各层次的员工都应培养自我挑战的意识，有挑战才可能有提高，才会动脑筋去思索工作中存在的问题，才有动力去寻求解决问题的方法。

二、专业承包公司的选择及监督检查

（一）选择标准

在选择专业承包公司时，应考察专业承包公司是否具备承担清洁、垃圾清运业务的资质，有没有能力履行承包合同的义务与责任，有没有能力承担违约责任，社会信誉是否好，服务价格是否合理。

（二）在管理上要注意的事项

第一，应要求承包公司制订具体的工作计划，包括岗位设置及职责、服务标准、技术要求、垃圾清运时间、责任和义务等，并在合同中约定，作为监督检查的依据。

第二，应根据实际情况制定一些工作制度、规定，如《清洁工作检查规程》《消杀管理办法》等，并监督承包公司实施。

第三，承包公司根据要求、工作计划、合同，安排属下员工进行具体的清洁、消杀、垃圾清运工作，物业服务公司依据上述文件每天进行监督检查。

第四，在日常工作中，物业服务公司要规定清洁工人的工作操行，要求他们遵守物业的有关管理规定，应以合约形式约定双方的行为规范，并附带经济责任。

（三）监督检查

物管员每天要对所辖物业区域的日常清洁、消杀及垃圾清运工作进行监督检查。承包公司主管及物管员依据质量标准进行自查和巡查工作，物管员要将检查结果登记在《清洁巡查日评分记录表》及《消杀记录表》中。

物管员发现清洁工作不合格时，要立即通知清洁公司主管责令责任人（清洁员）予以返工，垃圾清运工作不合格，则要上报主管联系垃圾清运公司负责整改，直至合格为止。

管理处主管也可对辖区内的清洁、消杀及垃圾清运工作进行不定时抽查，如每月的日评分表中累积有15天出现问题，则要发出《整改通知书》进行整改，并将结果报管理处主任。

三、清洁工作的应急措施

对意外情况制定清洁工作应急处理措施，可避免其对物业环境卫生的影响，为业主和用户提供始终如一的清洁服务。清洁处理后符合《清洁工作检验标准和办法》中对应的标准。意外情况是指出现火灾，污雨水井、管道、化粪池严重堵塞，暴风雨，梅雨天，水管爆裂，户外施工，装修等现象。

（1）火灾后的应急处理措施。救灾结束后，用垃圾车清运火灾遗留残物，打扫地面；清除地面积水，用拖把拖抹；检查户外周围，如有残留杂物一并清运、打扫。

（2）污雨水井、管道、化粪池堵塞，污水外溢的应急处理措施。维修工迅速赶到现场，进行疏通，防止污水外溢；清洁员将捞起的污垢、杂物直接装上垃圾车，避免造成二次污染；疏通后，清洁员迅速打扫地面被污染处，清洗地面，直到目视无污物。

（3）暴风雨影响环境卫生的应急处理措施。清洁班班长勤巡查、督导各岗位清洁员的工作，加强与其他部门的协调联系工作；天台、裙楼平台的明暗沟、地漏由班长派专人检查，特别在风雨来临前要巡查，如有堵塞及时疏通；检查污雨水井，增加清理次数，确保畅通无阻；各岗位清洁员配合秩序维护员关好各楼层的门窗，防止风雨刮进楼内，淋湿墙面、地面及打碎玻璃；仓库内备好雨衣、雨靴、铁勾、竹片、手电筒，做到有备无患；暴风雨后，清洁员及时清扫各责任区内所有地面上的垃圾袋、纸屑、树叶、泥、石子及其他杂物；发生塌陷或大量泥沙淤溃至路面、绿地，清洁员协助管理处检修，及时清运、打扫；清洁员查看各责任区内污、雨排水是否畅通，如发生外溢，及时报告管理处处理。

（4）梅雨天气应急方案。梅雨季节，大理石、瓷砖地面和墙面很容易出现返潮现象，造成地面积水、墙皮剥落、电器感应开关自动导通等现象；在大堂等人员出入频繁的地方放置指示牌，提醒客人“小心滑倒”；班长要加强现场检查指导，合理调配人员，加快工作速度，及时清理地面、墙面水迹；如返潮现象比较严重，应在大堂铺设一条防滑地毯，并用大块的海绵吸干地面、墙面、电梯门上的水；仓库内配好干拖把、海绵、地毯、毛巾和指示牌。

（5）楼层内发生水管爆裂事故的应急方案。迅速关闭水管阀门，迅速通知保安和维修人员前来救助；迅速扫走流进电梯厅附近的水，否则可将电梯开往上一楼层，通知维修人员关掉电梯；在电工关掉电源开关后，抢救房间、楼层内的物品如资料、电脑等；用垃圾斗将水盛到水桶内倒掉，再将余水扫进地漏，接好电源后再用吸水器吸干地面水分；打开门窗，用风扇吹干地面。

（6）户外施工影响环境卫生的应急处理措施。供水、供电、煤气管道、通信设施以及小区设施维修等项目施工中，会对环境有较大影响，清洁员需配合做好场地周围的清洁工作；及时清理住户搬家时遗弃的杂物，并清扫场地。

（7）新入住装修期应急处理措施。各责任区清洁员加强保洁，对装修垃圾清运后的场地及时清扫，必要时协助住户或管理处将装修垃圾及时上车清运。

（8）清洁工作应注意的事项。清理火灾场地时，应在消防部门调查了解情况后，经同意方可进行清理；发生台风时，不要冒险作业，以防发生意外；梅雨天气作业宜穿胶鞋，穿塑料硬底鞋易滑倒；暴风、暴雨天气要注意高空坠物；处理水管爆裂事故要注意防止触电。

四、生活垃圾分类工作实施初期的管理要点

第一，垃圾分类要培训员工守桶工作要点，务必让每一个员工都清晰明了。设立考核机制，考核员工相关知识是否掌握。

第二，加强现场管理，压实现场人员的工作职责。将小区内的各桶点进行网格化管理，将责任落实到人，制定排班表，按班值守，定岗定人，谁出了问题就对谁问责。

第三，延长值守时间。摸查每个桶点的实际情况，搞清楚非投放时段现场的情况，每个投放点是否有乱投放的现象，再根据现场情况延长值守时间，更精准更彻底地纠正和杜绝垃圾乱投放的现象。针对晚上 9 点以后各桶点的乱投放现象，可通过延长值守时间予以纠正和制止。

第四，调整运力，通过优化路线或者增加车辆，使运力最大化，从而保障投放的垃圾能及时运出去，不再滞留。清洁公司设立晚班应急组，工作时间可延长至晚上 11 时，主要解决业主过时投放垃圾的问题，确保不会出现垃圾围城、垃圾过夜的现象。

第五，加强宣传，做到社区全覆盖。发放倡议书，入户走访，由业主签名承诺支持垃圾分类，这样可以让业主主动参与并留存证据。

第六，在各个社区组织举办宣传活动，为社区开展垃圾分类工作再造声势。例如，联合小学和中学举行小手拉大手的活动，通过提高孩子的垃圾分类意识去带动家里大人做好垃圾分类。

第七，继续完善垃圾分类桶点建设，完善指引信息，增加呼吁业主精准投放的宣传语，让业主没有不精准投放的理由，让业主没有不按时投放的借口。

第八，增加监控，对违反规定的投放者进行曝光，通过取得证据对相关人员进行处理，同时将证据交城管执法队处理。

第九，分利用公司的媒体资源，结合社区活动进行正面报道。

【实习建议】

1. 跟班实训。

选择在清洁卫生管理方面做得较好的物业小区的物业公司进行顶岗实习，参与清洁卫生管理方案设计、专业公司选聘、清洁卫生监督管理等工作，观察物业公司专业人员在清洁卫生监督管理方面的管理方式方法与技巧，做好记录，参与物业管理人员心得交流会、清洁卫生管理工作讨论会，获得一定的感性认识，从而了解清洁卫生管理工作的全过程，熟悉清洁卫生管理工作业务。

2. 训练。

主要是开展常规的清洁卫生日常监督管理工作和定期的清洁卫生大检查工作，对

照清洁卫生工作的标准与要求，严格监督与控制清洁卫生工作全过程。学会灵活清洁卫生管理工作的方法与手段，搞好清洁卫生工作满足业主和非业主使用人的环境需求。

【思考题】

1. 谈谈清洁卫生管理的基本方法。
2. 大厦大堂清洁有哪些要求和规程？
3. 请你介绍一下垃圾分类的标准与管理方法。
4. 如何选择专业承包公司？在管理上要注意的事项有哪些？
5. 清洁工作的应急措施有哪些？各有什么内容？

第十四章　服务管理

物业经营管理服务

【学习目标】

领会： 基本服务知识和服务要求；打造企业服务力的“五个维度”；各项服务规范和工作流程。

掌握： 服务力基本内容；服务展示与沟通要求；顾客服务管理及流程。

应用： 组织开展各项顾客服务工作；社区文化活动的策划与实施。

第一节　物业服务顾客满意战略——物业服务力

一、物业服务力的概述

服务力是企业通过服务满足市场需求的能力，是企业赢得客户的吸引力，是企业战胜对手的竞争力，是企业实现持续盈利的关键能力，更是企业整合资源为客户创造有效商业价值的转化力。物业服务企业只有聚焦于服务，把保洁、安保等基础服务做好，为业主提供优质服务，建立业主信任，才能提高业主的满意度，提高物业费收缴率，进而开展其他增值服务。而物业管理费也难上调，物业服务企业只有以科技赋能，降本增效，才能让服务变得更好。另外，目前地产公司和物业服务企业的联系还不够紧密，物业服务中所直接面对的社区客户需求也不能有效传达到开发环节。

目前国内已有几十家物业服务企业纷纷上市并实现规模扩张，市值纷纷超过地产母公司，上市后要获得市场支持体现——盈利能力，最终核心比拼的还是服务力。服务力是物业服务企业持续并创新性满足客户需求的能力，而这种能力也是企业面向未来的综合能力。通过培养和发展一大批具专业服务技能的人员，让优秀人才把服务措施有效落地。

二、物业服务力的具体内容

服务力模型由服务设计、人员组织、机制保障、技术应用和服务创新等五个方面构成。

（一）服务设计

此处的服务设计主要指服务体系的设计与标准搭建。在TOP50物业服务企业中，70%以上的企业已建立面向大众化、中高端和高端客户的服务分级体系，标杆企业正探索服务从标准化到产品化再到品牌化的发展。具体实践路径如下。

①收集整理现有物业服务管理的标准和体系，初步实现服务标准化。

②借鉴国内外相对成熟的物业服务模式，针对不同客户群体和物业类型进行服务分层，依托地产母公司的产品进行试点。

③在服务标准落地后，进一步形成服务模块，在开拓市场的过程中以产品化的形式进行推广销售，并在此过程中形成自己的标杆服务项目，打造市场影响力。

④利用服务品牌的市场影响力，在第三方市场开拓过程中实现品牌溢价。

（二）人员组织

人员组织，即吸纳、培养和匹配合适的人才，其包含人才组织和组织架构的优化两个方面的意思。在行业发展深化、市场拓展力度加强、多元增值服务需求层出不穷的情况下，企业管理能力的提升，一方面取决于业务能力，另一方面取决于企业内部是否建立了合适的人员组织制度。例如，加大人才的储备和培养，并大幅度提高工资；实行校园招聘，针对不同背景设置对应的培养体系；企业内部就管理和专业人才分别建立成长通道；跨界、多元人才的引进，特别是科技、互联网、新零售和金融人才加入。

企业组织机构的优化主要包括：从地产板块分拆，搭建集团化组织；物业服务企业内部设置独立架构，满足创新业务的发展需要；三级管控模式为主，满足物业企业跨地域、规模发展需求。

（三）机制保障

机制保障，是为适应经营需求，确保各项服务指标的落地，而建立起来的多维度考核指标库。比如，在物业费收缴率、业主满意度的基础上，增加经营单元指标，如市场开拓、物业项目中标、服务预算支出、多种经营营业额等，促使考核指标日益多维度和丰富化。此外，物业服务企业还通过薪金分配及晋升机制，推动人力资源有序运转。以某大型上市物业服务企业为例，平台获取业主需求，员工线上抢单，佣金分成，分成比例为个人40%、公司60%。

标杆企业则更应通过企业文化，塑造员工的认同感及主动服务意识。好的企业文化可以让员工主动服务，只注重 KPI 指标考核，轻视管理，人们就只关注被测量的东西。通过文化氛围营造，统一价值观和经营管理，最终形成了企业员工的主动服务意识。

（四）技术应用

技术应用，即企业的数字化应用能力。物业服务企业的技术应用，主要表现为借助数字化管理提升企业服务效能。物业服务企业运营数字化主要指物业服务企业在为住宅社区、商业办公楼等提供服务的过程中，利用物联网、AI、大数据等技术，实现设备设施的管理和社区服务的在线化、智能化应用。目前，市场上的物业服务企业运营应用场景大致可分为设施设备管理系统及社区服务系统两类。

其中，设施设备管理系统包括消防、给排水、供配电、安防等，主要是实现实时监测、智慧运维的功能；利用物联网等技术实时监测社区设施设备的管理维护，发现故障及时报修；利用视频监控、人脸识别等技术实现对居民、车辆的进出门禁管理自动化；物业基础服务的在线化、无人管理化等可以减轻物业服务人员的工作量，提升管理效率，从而降低人员成本。

社区服务系统包括公共服务、商业服务、物业服务等，主要是实现在线化、实时响应等功能。利用移动端 APP 实现物业服务在线化，从而对业主的需求及时响应，优化业主体验，提升服务质量；通过搭建社区服务平台，开展各项有偿增值服务。例如，与社区周边商户合作，使居民足不出户即可享受周边服务，同时，物业服务企业可以收取商家服务费以扩大经营收入。

据统计，在物业服务企业中，100% 的服务力 TOP10 企业、87% 的服务力 TOP30 企业、76% 的服务力 TOP50 企业内部相应的管理数字化已投入应用。

（五）服务创新

服务创新，即创新性服务客户，服务的创新维度实际上蕴含在服务设计、人员组织、机制保障和技术应用等各个环节当中，“创新”是现阶段服务与更高维度服务的连接器。主要呈现以下特点：

①多层次，全方位。在服务设计、人员组织、机制保障和技术应用等多个环节中同步开启服务创新。

②场景化，客需化。依托服务本身场景和客户需求变化来进行服务创新，比如对住宅服务场景的服务创新。

③协同化，综合化。通过协同外部资源，或整合外部资源实现对服务的创新和推动，比如与环卫、医疗、教育等相关企业的合作。

④经由服务创新，企业可以形成新的服务设计，进入到服务力螺旋的更高维度。

第二节 服务展示与沟通

为了保证服务的质量和效率，需要有布局合理、一目了然的服务办公环境，即面向住户的服务展示。

一、服务环境要求

服务环境是指为顾客提供服务的工作环境和区域。它大概可以分为工作区、服务区和展示区三个部分，每个区域都要树立专业的服务形象。

（一）工作区

服务台的高度以一般的桌子高度设计，服务台前摆放椅子，以便与顾客进行面对面的沟通；配备常用的办公设备，如电脑、电话、传真机、复印机、打印机等，随时能够方便快捷地为顾客提供服务。各种工作区域划分合理，资料摆放整齐，桌面清洁不凌乱，服务人员服饰统一。

（二）服务区

服务区配备招待顾客专用的沙发、茶几、椅子等，以及饮水机、一次性纸杯、茶叶等必需品。体现关怀备至的服务，如雨天、潮湿天气铺设地毯防止顾客滑倒；设雨伞摆放点，解决顾客临时所需。

（三）展示区

在展示区里，要突出企业形象，企业标志显眼，宣传资料方便取阅；建立服务信息栏，并按信息类别进行合理的区分，如服务须知栏、推介服务栏、管理告示栏等；保持信息的时效性、权威性和版面清洁；服务区张贴管理处所有员工的情况（照片、姓名、岗位），让顾客了解员工；在显眼的地方用简单的图形和文字向顾客展现主要的服务项目和工作流程。

二、服务行为

（一）服务人员必备的素质

（1）心理素质。因物业管理人员工作的对象、内容、任务、环境等因素的特殊性，要求物业管理人员应当具备一些特殊的心理素质，如开放进取的精神、宽容豁达的心理、自信乐观的心理等。

（2）专业素养与业务能力。包括业务知识、法律知识、沟通能力、待客之道。

（二）服务人员形象要求

1. 仪表、仪容的要求

仪表即人的外表，包括容貌、姿态、服饰三个方面。

（1）上岗前应该按规定着装，服装要干净、整洁，皮鞋要上油擦亮，布鞋要刷洗干净。通常男员工的袜子的颜色应跟鞋子的颜色和谐，以黑色最为普通；女员工应穿与肤色相近的丝袜，袜口不要露在裤子或裙子外。

（2）自觉佩戴好工号牌或胸牌，工号牌应端正地佩戴在左胸上方。

（3）适当化妆、修饰，发型应统一、规范，经常修剪指甲；上班应摘除项链、戒指等物；男性发根不过衣领，不得留小胡子、大鬓角；女性不梳披肩发型，不浓妆艳抹。

2. 仪态的要求

仪态是指人在行为中的姿势和态度。姿势是指身体呈现的样子，态度则属于气质方面的流露。

（1）立姿。

站立是礼仪接待服务的基本功之一。要想做个在公共场合受欢迎的人，最重要的是具备正确的站立姿势。优美、典雅、庄重、大方的立姿是展现人的动态美的基础和起点。在站立时，应该做到挺、直、高。但无论是哪一种，切忌双手叉腰或将双手抱在胸前，也不可将手插在衣裤袋内，因为这些动作都是傲慢和懒散的表现。

（2）坐姿。

坐姿也能表达、传递一定的信息。坐姿不同，其表达的意义或展示的思想感情就有所差别。在公共关系活动中，一要根据具体的语言环境选择得当的坐姿。在接待业主投诉、参与招标活动等严肃的场合要用正规坐姿，身体挺直，双脚并拢或略略分开，手自然地放在膝盖或椅子扶手上；在随意的场合下，坐姿可以随便些，如双腿交叉叠放，上身可保持正直或微微前倾，双脚不宜过于前伸，但要注意身体不宜逐渐放松下落。二要显示稳重、豁达，将一条腿放在另一条腿上（即跷起二郎腿）常常是自信、轻松的表现；女性并拢双膝则是庄重、矜持的表现，双腿交叉又双臂交叉的坐姿则是自卫、防范的表现。三要注意坐姿的性别。男性相对随便一点，女性要力求庄重优雅，一般不要跷二郎腿。女性坐姿还要注意衣着限制，当穿裙子入座时，应先整理一下裙子为宜。

（3）行姿。

在公共关系活动中，物业管理人员在外部公众面前形成有修养的行走姿势是很重要的。要运用表达轻松、平静、自信的行走姿势。走路时身体要挺直，两眼要平视前方，精神要饱满，面带微笑；走路时重心可稍稍向前，注意用腰部力量，腰要适当收紧；走路时身体不要摇摇摆摆，不要摇头晃脑，不要拖着走路或蹭着走路，以免给人没有朝气的感觉。

（4）手势。

恰当地运用手姿，可以增强感情的表达。在与来宾谈话时，手势不宜过多，动作不宜过大，更不要手舞足蹈。在引路、指示方向时，切忌用手指指点点。

（5）表情。

面带微笑，真诚服务，这是服务接待工作者的基本要求。所以，在服务工作中要树立“笑迎天下客”的良好风气。微笑服务，不仅是接待的需要，也是广交朋友的交际手段。

3. 物业服务的标准语言要求

语言能反映个人思想，体现个人能力，是与他人沟通的工具。服务中使用礼貌用语，既能使自己敞开美好的心灵，给对方以亲切感；又能增进双方的了解和感情，为交谈创造出和谐、融洽的气氛，给客户留下美好的印象。

对业主服务用语的要求具体包括以下内容。

第一，遇到客户要面带微笑，站立服务。当距离客户3米时，应先开口主动问候，称呼要得当，问候语要简单、亲切、热情。对于熟悉的客户要称呼客户姓氏。

第二，与客户对话时宜保持1米左右的距离，要注意使用礼貌用语。

第三，对客户的话要全神贯注用心倾听，眼睛要望着客户的面部（但不要死盯着客户），要等客户把话说完，不要打断客户的谈话。在与客户谈话时，不要有任何不耐烦的表示，要停下手中的工作，眼望着对方，面带笑容，要有所反应。不要心不在焉、左顾右盼、漫不经心、不理不睬，对没听清楚的地方要礼貌地请客户重复一遍。

第四，在与客户对话时，态度要和蔼，语言要亲切，声调要自然、清晰、柔和，音量要适中，答话要迅速明确。

第五，对客户的问询应圆满回答，若遇自己不清楚或不知道的事，应查找有关资料或请示上级，尽量答复客户，绝不能以“不知道”“不清楚”作答。回答问题要负责任，不能不懂装懂、模棱两可、胡乱作答。

第六，当客户需要服务时，从言语中要体现出乐意为客户服务，不要表现出厌烦、冷漠、无动于衷的神态。

第七，当客户提出的某项服务要求一时满足不了时，应主动向客户讲清原因，并向客户表示歉意，同时要给客户一个解决问题的建议或主动联系解决。要让客户感到虽然问题一时未能解决，但受到了重视，得到了应有的帮助。

第八，在原则性、较敏感的问题上，态度要明确，但说话方式要婉转灵活，既不能违反公司规定，也要维护客户的自尊心。切忌使用质问式、怀疑式、命令式、顶牛式的说话方式，杜绝蔑视、嘲笑、否定、斗气等语言，要用询问、请求、商量、解释的说话方式。

第九，打扰客户或请求客户协助的地方，首先要表示歉意。对客户的帮助或协助（如交钱后、登记后、配合工作后）要表示感谢。对客户表示感谢时，一定要以礼貌的语言回应。

第十，在与客户对话时，如遇另一客户来访，应点头示意打招呼，或请新来客户稍候，不能视而不见，无所表示，冷落新来客户；同时尽快结束谈话，招呼新来客户，如时间较长，应表示歉意，不能一声不响就开始工作。

4. 常见服务礼仪

（1）迎送礼仪。

人来客往是人之常情，对物业公司来讲，由于所面对的住户繁多，这种人际交往更为频繁，迎送工作便成为一项日常的工作。在迎送工作中，讲究热情待客，礼貌周全，使客人高兴而来、满意而去。对于重要的宾客，必要时应组织管理人员和服务人员在大厅或大门列队迎送。迎送队伍要排列成行，服装整齐，精神饱满，在一迎一送之间表达友善之情，给客人留下美好的印象。待宾客全部进入或离去后，迎送人员方可撤离。

（2）交际礼仪。

交际礼仪所包含的内容很多，主要有拜访中的礼仪规矩、交谈的礼仪讲究、拒绝和道歉的礼仪技巧、聆听的礼仪要求等。无论是哪一种礼仪，物业管理人员都要尊重住户，保持平和的心态和恰当的礼貌。

①自我介绍。做自我介绍应在不妨碍他人工作和交际的情况下进行。介绍的内容包括公司名称、职位、姓名，并给对方一个自我介绍的机会。

②介绍他人。一是为他人介绍时必须遵守“尊者优先了解情况”的原则，在为他人做介绍前，先要确定双方地位的尊卑，然后先介绍位卑者，后介绍尊者。具体为：先向顾客介绍我方人员，先将男士介绍给女士，先将年轻者介绍给年长者，先将未婚女子介绍给已婚女子，先将职位低的介绍给职位高的，先将家庭成员介绍给对方，先介绍姓名，再介绍职位。二是用国际惯例敬语（姓名和职位）介绍他人。三是介绍时不可用单指指人，而应掌心朝上，拇指微微张开，指尖向上（被介绍者应面向对方）；介绍完毕后与对方握手问候。四是避免对某个人，特别是女性过分赞扬。五是坐着时，除职位高者、长辈和女士外，应起立。但在会议、宴会进行中不必起立，被介绍人只要微笑点头示意即可。

③握手。一是正确的握手应是手心弯曲轻轻握住对方的手。二是握手时，第一次见面要相互问候，要目视对方，不要盯着对方的手或左顾右盼。初次见面，握手要拇指与其余四指稍叉开 20°，四指自然伸直，轻握对方四指。切忌环握住对方的手或满把握住对方的五指。三是遇到主人、客人、妇女、年长者、身份高贵者不应主动伸出

手来，可先行问候，待对方伸手时再握，如对方不伸手，点头微笑示意即可。

④致意。点头是致意常用的方式，其适用于肃静场合（图书馆、音乐厅、电影院）和特定场合（酒会、舞会）。经常见面的人相遇时，可点头相互致意，而不必用语言来问候。在社交场合遇见仅有一面之交者，也可相互点头致意。点头时要面带微笑，头部微微向下一点即可。微笑要自然、真诚、不露牙、不出声。切忌做作和皮笑肉不笑。

⑤交换名片的礼仪。一是名片摆放在衬衣左侧口袋或西装的内侧口袋。口袋不要因为放置名片而鼓起来。不要将名片放在裤袋里。二是递交名片时，右手的拇指、食指和中指合拢，夹着名片的右下部分，使对方好接拿，以弧状的方式递交于对方的胸前。拿取名片时要用双手去拿，拿到名片时轻轻地念出对方名字，以让对方确认无误；如果念错，要记着说对不起。拿到名片后，可将其放置于自己的名片夹内；同时交换名片时，可以右手递交名片，左手接拿对方名片。三是不要做出让人忌讳的表现。例如，无意识地玩弄对方的名片；把对方名片放入裤兜里；当场在对方名片上写备忘事情；先于上司向客人递交名片。上司在旁边时，不要先递交名片，要等上司递上名片后才能将自己的名片递上。

⑥共同乘电梯的礼仪。一是按住电梯，让客人先进。若客人较多时，可先进电梯，一手按"开"，一手按住电梯侧门，并请客人进入电梯。二是进入电梯后，应主动询问去几楼，并帮助按下，按下客人要去的楼层数后，侧身面对客人。三是到达目的地后，一手按"开"，一手做"请出"的动作，客人走出电梯后，自己立即步出电梯，在前面引导方向。

⑦次序。一是大多数国家包括我国的习惯是以右为大、左为小。二是两人以上同行，前者为尊，陪同、随同人员在后。三是引领人员应在左前方 2～3 米处。三人并行，中者为尊。四是男女同行，一般都是男士抢先为女性拉门、拉椅，待人已进入后再退去；但在分上、下级情况下，以尊者先入为原则；关门时应看清后面是否还有人，若有人要稍停留，待来人靠近后方可离开，关门时要轻，切勿让后者吃"闭门羹"。五是上下楼梯时，尊者、妇女先行，下楼梯时，尊者、妇女在后，侍者自己在左前方 2～3 米处引领。六是进门或上车，应让尊者先行。在一般情况下，进门或上车，应让妇女先行或坐高位。七是尊者由右边上车，位低者（陪同人员）待尊者上车后，自己再由车后绕到左边上车，坐在尊者的左边。八是一般坐车后一排中间为尊位，右次之，左边又次之，前边最小。两人时坐右边为尊，左边次之。但法国人坐车时右边为尊位，左边次之，中间最小。九是室内以对门为尊位。

三、顾客沟通与接待

（一）接待与沟通形式

第一，管理处应设立接待窗口，由专人负责接待业主的咨询、投诉、接洽，提供各类物业服务、管理费等费用的收取工作，受理报修、租售等。

第二，管理处应设立热线电话，全天候 24 小时开通，受理业主的报修、政策咨询、受理业主的投诉、接受业主的监督等。

第三，定期走访业主，主动征求与收集业主对管理和服务等方面的意见，是对业主负责任的一种表现，会增加业主对物业服务公司管理水平与服务质量的信心，也是检验物业管理水平与服务质量高低的一面镜子。大厦或小区的管理部门应予重视并运用这一手段来定期自我检查：应注意在征求业主意见后，要及时给业主一个满意的答复，以维护公司的信誉。征求和收集意见可使用表格的方法，给业主答复可采取回访的办法。

第四，不定期召开业主座谈会，可根据管理服务上的实际情况邀请代表或以自愿参与的形式进行。通过座谈会把物业管理工作中一些情况相互沟通，增进理解，使业主参与小区的管理工作，配合和支持物业工作的开展。

第五，定期发放“业主（住户）意见征询表”，请业主对物业管理服务一个阶段的工作进行评议、评价，提建议、提意见，从而使管理部门了解管理工作的薄弱环节及业主的需求，不断提高管理服务水平。

（二）接待与沟通的整体要求

第一，接待与联系的语言必须规范，主动向业主征询，态度热情，耐心细致解答业主的问题并做好接待与联系的工作记录。

第二，实行工作日业主接待制度，24 小时的报修接待制度。

第三，投诉电话 24 小时开通，接受业主的投诉，投诉电话的接听人员要认真接听，做好记录，24 小时内给予答复。

第四，管理部门安排人员定期走访业主，倾听业主建议和意见，及时满足业主的合理要求，采纳业主合理的建议。

第五，实行维修服务回访制度，回访处理率达 100%，凡属安全设施维修 2 天内回访，属房屋渗漏水项目维修 3 天内回访；其他维修项目 1 周内回访，凡回访中发现问题 12 小时内书面通知维修人员整改。

（三）意见征询

物业管理中的意见征询主要分为年度意见征询和不定期的单项意见征询，其工作流程如图 14－1 所示。

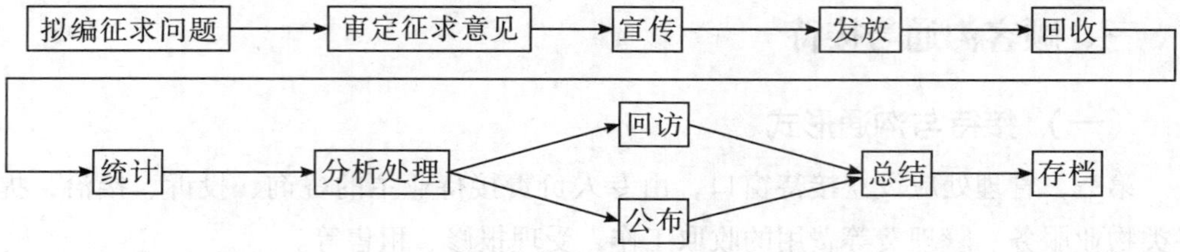

图 14－1　意见征询的工作流程

在意见征询工作中，需要注意如下问题。

第一，不定期单项意见征询是根据实际情况和需要，确定符合需要的目标住户，要尽量确保目标住户是意见征询问题最高需求者和受惠者。

第二，意见征询表以上门形式发放时，工作人员要衣着整齐，佩戴工作证，态度和蔼。

第三，意见征询表的回收应尽可能地方便顾客，设立多处回收点或使用电子邮件等。

第四，在统计过程中，正确、冷静地看待顾客的过激言论。

第五，反馈的时间要及时，否则会令顾客对管理处产生不信任感，给工作带来困难。

（四）来访接待

第一，服务人员应主动招呼，热情接待来访住户。

第二，住户来访时，应立即起立，面带微笑招呼。

第三，礼貌询问住户的姓名、住处，请住户入座并双手端上茶水。

第四，仔细、耐心地听取住户来访原因，做好来访记录。

第五，能处理的项目当即落实解决，不能处理的项目当天交部门负责人，由部门负责人决定处理办法，并交相关人员完成。处理结束后，在接待记录表上填写处理情况。

（五）来电接待

第一，应保证热线电话畅通。

第二，在电话铃响三次前，应立即接听电话。

第三，在接听电话时，讲话声音要清晰悦耳，讲话速度要适当。

第四，在接听电话时，应先问候对方；其次，告知对方本公司本部门名称，再报出接听人员本人的姓名；同时，做好记录准备。

第五，做好来电接待记录。

第六，如来电住户要找的服务人员不在，接听人应做好转告记录，并及时告知该服务人员。

（六）客户信访受理

第一，对客户的书面意见或建议，做好登记并及时回复。

第二，对于客户的书面投诉做好调查后，应由本部门解决的，应及时处理并做好回访工作；由其他部门解决的，应及时告知相关部门处理并跟踪好处理结果；对于不属于物业服务公司解决的问题，应向客户做好解释工作并向相关部门积极协调和跟进。

第三，对公司转发的投诉意见，处理结束后，应将结果以书面形式向公司汇报。

第四，对上级领导批示的重大投诉信件，应及时处理，并将处理结果及时向上级汇报。

第五，跟踪最终处理结果，并做好回访工作。

（七）走访与回访

第一，根据工作需要，适时走访住户。

第二，在走访面谈时，应耐心听取住户的意见和细致解答住户的问题，并做好记录。

第三，对住户的投诉及时处理并回访，做好回访记录。对于短期内无法处理的问题，应做好解释工作。

第四，及时研究解决方案；必要时上报公司，共同确定解决计划。

（八）报修及服务接待

第一，无论客户采取何种报修方式，对住户的报修及服务要求，接待人员应及时在“维修（服务）汇总表”上做好记录，填写“维修（服务）任务单”，并用对讲机通知维修（服务）人员携单在约定时间内上门维修、服务。

第二，维修（服务）人员上门后，应先了解维修或服务内容，根据规定的收费标准向住户报价，在征得住户认可后开始工作。维修（服务）完毕后，由维修（服务）人员根据事先约定的收费标准在单子上填写金额，请住户在“维修（服务）任务单”上签字确认，维修（服务）人员不得直接向住户收费。将住户确认的收费款项填入“付款请求书”送交住户，并请其于规定时限到管理处付费，逾期由业务员上门收款，并将收取的费用登记入账。

第三，维修（服务）人员将住户签订的“维修（服务）任务单”交给接单的服务部门，接单的服务部门应将维修（服务）情况在“维修（服务）汇总表”上完成相应栏目的注记。

（九）按急修处理的项目

第一，电梯失控与困人。

第二，因房屋结构性损坏而发生危险的排险解危，因室内线路故障而引起的停电和漏电，因水泵故障和进水表以内的水管爆裂造成的停水和龙头严重漏水。

第三，楼层地板、扶梯踏步断裂，阳台、扶梯等各种扶手，栏杆松动、损坏。

第四，钢门窗、玻璃、外墙渗水即将坠落。

第五，其他涉及危险的项目。

第三节 顾客服务管理及流程

一、服务项目

（一）服务项目的种类

1. 常规服务

常规服务是物业管理综合收费所包含的服务，包括以下方面。

（1）公共环境清洁服务。如垃圾上门收集，日产日清；清除卫生死角，随时保洁等。

（2）公共绿化养护服务。如日常淋水、除草，定期修剪、施肥；定期除虫害，及时补种枯死绿化等。

（3）公共设施维护服务。如建立房屋及公共设施档案；严密的养护计划和维修制度；按季度清洗生活水池、化验水质等。

（4）机电设备养护服务。如严格的设备巡检制度；完备的设备运行、养护记录；实行24小时技工值班制度等。

（5）消防系统管理服务。如设立消防责任人，建立义务消防队；消防监控中心24小时值班制度；定期举行消防演习等。

（6）公共秩序管理服务。如24小时保安巡逻值班制度；封闭式小区实施人、车出入登记制度等。

（7）智能化系统的应用。如家居报警系统、可视对讲系统、闭路电视监控系统、电梯监控系统等。

2. 专项服务

专项服务是除常规服务以外，物业服务公司为了满足顾客需求，为顾客生活工作提供方便的多种多样的特约服务。专项服务绝大多数为收费服务，可细分为以下类型。

（1）家居清洁服务。如包括室内一次性清洁、钟点清洁、包月清洁、专项清洁等。

（2）家居维修服务。如家电维修、防水改建、土木装修等。

（3）家居绿化服务。如花园绿化、植物养护、配送节花等。

（4）便民家政服务。如代办水、电话、煤气缴费等，代请保姆钟点工，代办、代订报纸、杂志，老人小孩残疾人特殊服务等。

（5）商务服务。如传真、复印、上网、房屋租售中介、外语翻译、代订票、代办各种证件等。

（6）配套设施服务，也可称为会所服务。小区或大厦内的网球场、游泳池、健身中心、球类室、阅览室、酒吧等活动休闲，形成特有的小区会所服务。

（7）特色服务。将一些服务产品按住户的实际需求进行恰当的组合，为顾客量身定做，形成特色服务套餐，如细致清洁套餐服务、家庭（公司）聚会服务、商务活动服务、室内植物配送服务等。

（8）爱心排忧服务。此类服务多为顾客的简单服务请求，通常是免费的，如代顾客应召的士、代管住户报纸、为住户张贴寻物启事、晴雨伞免费借用、代客咨询有关事宜等。

（二）服务工作要点及流程

服务项目开展的工作流程见图 14－2。

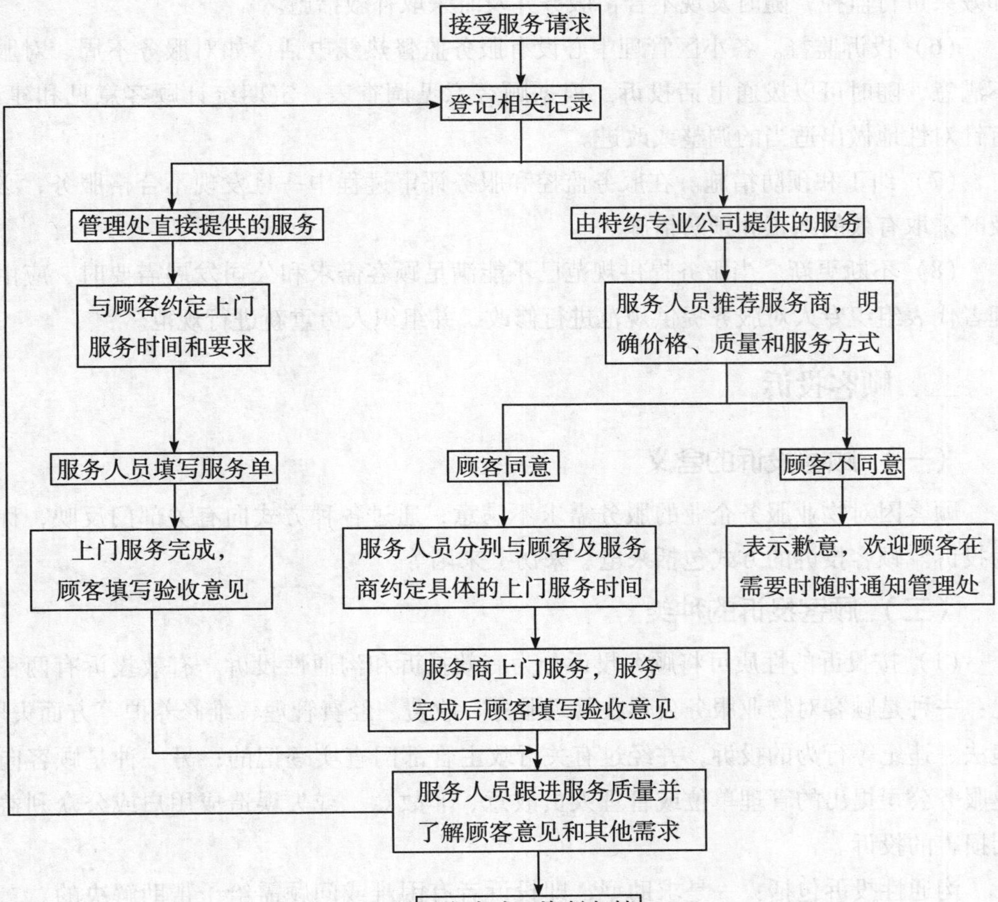

图 14－2　服务项目开展的工作流程图

（三）服务项目监控

（1）服务制度健全。管理公司制定并健全一整套规范、系统、科学的服务制度，以确保为顾客提供稳定的服务。制度应清晰有序、易于操作，切忌随意化，无章可循。

（2）建立服务中心。为了与顾客进行有效的交流，成立客户服务中心，设定统一的服务电话，让顾客方便进行服务请求。

（3）服务人员的培训。所有提供服务的人员都必须接受相关岗位的技能培训和其他有关公司运作程序等培训，对特殊岗位人员须在培训后进行考核，考核合格后方能上岗。

（4）服务程序要规范。如电话接听程序、接受服务请求程序等都要按先后次序和步骤，一项接一项、一环扣一环，不可随心所欲、杂乱无章。

（5）系统有效的服务监控措施。服务人员进行自检，对服务提供过程、执行规范和效果进行监控，随时发现不合格服务并及时采取补救措施。

（6）投诉监督。各小区管理中心设有服务监督热线电话，如对服务不周、对服务不满意，随时可以拨通电话投诉。根据顾客意见调查表，定期统计顾客意见和建议，有针对性地做出适当的调整或改进。

（7）纠正和预防措施。在服务监控和服务评审过程中一旦发现不合格服务，必须及时采取有效的纠正和预防措施。

（8）不断更新。当服务提供规范已不能满足顾客需求和公司发展需要时，应由管理者代表组织专人对服务提供规范进行修改，并组织人员重新进行规范。

二、顾客投诉

（一）顾客投诉的含义

顾客因对物业服务企业的服务需求不满意，通过各种方式向有关部门反映，称之为投诉。顾客投诉的方式包括来电、来访、来函等。

（二）顾客投诉的种类

（1）按投诉的性质可将顾客投诉分为有效投诉和沟通性投诉。有效投诉有两种情况：一种是顾客对物业服务公司在管理服务、收费、经费管理、维修养护等方面失职、违法、违纪等行为的投诉，并经过有关行政主管部门查实登记的；另一种是顾客向物业服务公司提出的管理单位或管理人员故意、非故意，或失误造成用户或公众利益受到损害的投诉。

沟通性投诉包括：一是求助型，即投诉者有困难或问题需给予帮助解决的。二是咨询型，即投诉者有问题或建议向管理部门联络的。三是发泄型，即投诉者因有某种不满，受委屈或误会等造成的内心不满，借题发挥要求把问题得到解决的。例如，某小区的住户在小区旁边马路被抢了手提包，客人非常气愤到服务中心投诉，本来该事件与本小区的管理职责无关，考虑到该住户的特殊性（为某国的领事官员），管理处经理还是采取相应的措施，包括派人上门送蛋糕慰问。沟通性的投诉若处理不当，会变成有效投诉，所以必须认真处理沟通性投诉。

（2）按投诉的内容可将顾客投诉分为服务提供方面的投诉，顾客生命财产受到侵害和损失方面的投诉，顾客违章处理程序不当方面的投诉，物业服务公司自身不健全、管理不到位所引发的投诉，对小区外单位的投诉和顾客之间的投诉。

服务提供方面的投诉内容包括：一是服务项目，即物业服务公司与顾客之间应当明确界定物业服务公司提供哪些具体项目的服务。例如，清洗玻璃方面，清洗外、内玻璃是不同价格的，这就必须在服务项目价格表上清晰地列明。不论是常规服务还是专项服务都不能模棱两可，否则就会产生分歧，引起投诉。二是服务质量。例如，顾客已多次要求维修家中浴缸，由于工程人员的专业技能不够，仍然不能彻底解决漏水问题，类似此类的投诉，都属于对服务质量的投诉。服务达到的标准要适度量化，在具体的单项服务中应当明确界定物业管理应达到的质和量。三是服务费，即收费方面的投诉占的比重最大，物业公司应当自备各种收费的文件依据和物价部门批准的收费申请报告等，以备顾客查阅，这样才能变被动为主动。四是服务时间。一般顾客对服务提供的时间上要求较高，如顾客要求维修，物业服务公司应当及时组织人员到场维修，如不能及时维修，应说明情况，另约时间。做到及时了解，及时维修，不要拖延。五是服务态度。用户对服务态度的投诉主要包括不负责任的答复行为、不良的态度、不正确的接待方式等。在提供服务的过程中，工作人员态度一定要谦逊和气，语气委婉，始终保持接触层面的气氛和谐愉快。维修完毕后马上离场，不能在顾客家闲聊、吃、喝、收受小费。

对顾客生命财产受到侵害和损失方面的投诉，物业服务公司应当做到第一时间发现、第一时间汇报、第一时间处理。对顾客应当表示关心和同情，上门加以慰问，并聆听其投诉，清楚顾客的立场，做好记录，但不要轻易同意公司负法律和赔偿责任。

顾客违章处理程序不当方面的投诉的处理方法应当以顾客自治为原则，既以住户公约为标准，通过住户委员会配合解决。如果还不能得到整改，物业服务公司应当上门向顾客指出其违章的内容，阐明其危害规劝，切勿引发不必要的口角和争执。

物业服务公司自身不健全、管理不到位所引发的投诉，如物业服务公司员工，执法不公，员工着装不整洁，言谈不文明、不严肃，行为粗野，工作纪律松散等。预防的办法只有加强内部管理，建立健全各种规章制度，如行为准则、岗位责任制度、巡回检查制度等，严格按规章制度办事，责任分明。

对小区外单位的投诉，如小区住户投诉小区旁边的施工噪声，道路秩序混乱等都属此类投诉，管理处可代住户向有关部门反映问题，并将有关部门的处理结果反馈给顾客。

顾客之间的投诉，管理处主要是进行协调，协调、跟进方案的实施，随时做相应调整。在处理过程中保持公正的态度，不偏袒任何一方，属于民事纠纷的，必要时可由居委会介入。

（三）有效处理投诉的工作要点和原则

工作性质决定了物业服务公司必须接受住户的投诉，对投诉持什么态度，反映了物业公司的服务意识。顾客肯上门来投诉，对企业而言实在是一个难得的纠正错误的好机会，是恢复信誉和塑造企业形象的好机会。因此，对待顾客的投诉，一定要非常重视，并能有效地处理投诉。

（1）真心诚意地帮助顾客解决问题。顾客投诉，说明工作尚有漏洞，说明用户的某些要求尚未被重视，每个人都应理解用户的心情，努力识别及满足他们的真正需求，满怀诚意地帮助用户解决问题。只有这样，才能赢得用户的信任与好感，才能有助于问题的解决。

（2）细心聆听，不反驳，对过激言论保持冷静。对于顾客前来投诉，不应认为他们是找麻烦的，应该始终表现出在认真聆听，保持在坦诚和谐的气氛中接受他们的意见与投诉，对于他们在气头上说的话，应保持冷静并予以谅解，不与顾客争辩。

（3）清楚记录。服务接待人员应仔细询问事件情况和顾客的要求，清楚地记录顾客的姓名、地址、联系电话和事由。凡顾客对服务质量方面的投诉，不论以何种方式，均应做必要的记录。

（4）监督相关部门立即处理。接到投诉的工作人员，一方面，根据事情的轻重、性质、急缓来判断，是否有必要派人亲临现场了解情况，进行处理。另一方面，根据投诉内容通知相关部门限期解决，要确保不再发生同样问题，坚决杜绝“二次投诉”的发生。如属特殊、严重情况应及时向领导汇报，以便迅速制定出解决方案。

（5）满足顾客合理要求，及时回复处理结果。大多顾客投诉其实是希望管理公司能重视其投诉，并能解决问题。管理公司可以解决的问题及时解决，满足顾客的合理要求部分，处理方法及时回复和反馈给顾客，并征求顾客意见。对不能立刻回应的要向顾客婉转表达，做好解释工作，有技巧地答复顾客，告诉顾客解决问题的大致期限。

（6）做好回访，并将投诉整理分析。回访是建立信任、弥补因种种原因造成失误的重要环节，也是检查工作质量、与用户沟通、搞好关系的最好机会。回访时，诚恳接受批评，采纳合理化建议，做好回访记录，询问顾客对该事件处理是否满意。定期做好投诉工作的统计与分析，将典型的投诉事件及时编成案例，列入岗位培训教材。

（7）在处理投诉的过程中，应遵循公司的原则办理。在处理投诉的过程中，不要因为顾客的态度而改变立场，若顾客的要求违背了公司的原则，则应寻求法律援助。

防止对顾客过度的承诺，保证对顾客的各种承诺合法、合情、合理，这本身就是对顾客的尊重。

（四）顾客投诉的处理流程

顾客投诉的处理流程如图 14－3 所示。

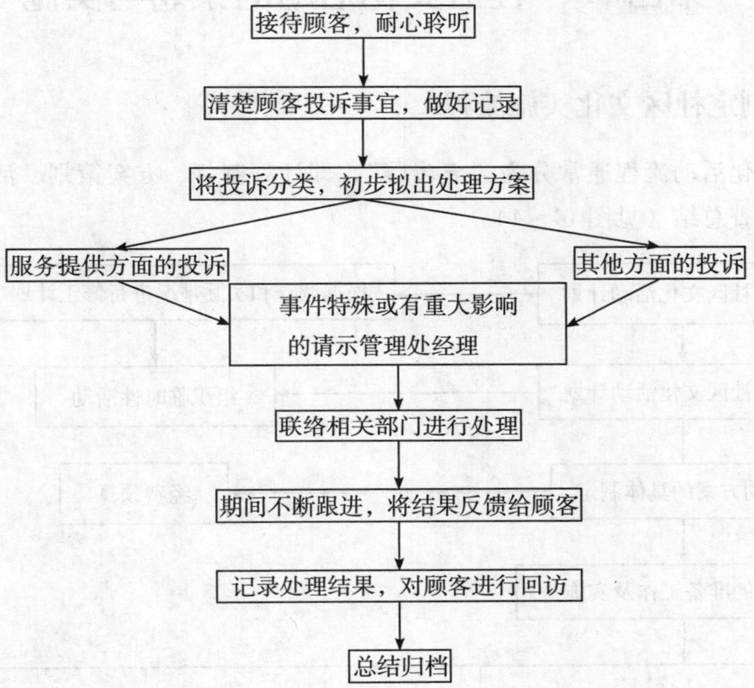

图 14－3 顾客投诉的处理流程

（1）接待。耐心聆听，无论顾客投诉的问题大小、轻重，都要认真对待和重视，倾听顾客的抱怨，第一时间表示歉意或同情，尽量让其充分发泄心中的怨气，还应感谢他们提的建议和意见，真诚地与他们商讨解决事情的方法。

（2）记录。在“用户投诉记录表”上快速记录顾客的姓名、地址、投诉事宜、联系电话等。

（3）处理。拟出初步的处理方案，以电话反馈或书面的形式传达到相关部门，较严重的投诉，提交管理处经理由其审批后再安排处理。属于对市政工作、市政设施等的投诉，可将有关部门的投诉联系电话告知顾客，由顾客直接和其联系，或由管理处代为交涉，讲明事件的经过，并要求有关部门将处理的结果或情况告知管理处。

（4）实施。在投诉处理方案实施过程中，必须将结果及时反馈给用户，做好时间预约和跟进等协调工作，随时了解工作进度和顾客意见。对需要采取纠正措施的问题，须填写相应的“纠正、预防措施通知单”，及时进行处理。

（5）检查。将处理结果加以记录，在投诉记录表上填上完成日期；记录处理结果和完成时间，对顾客进行回访，检查实施结果。

（6）总结、归档。定期将投诉分类统计和分析，提出相关的整改措施。

第四节　社区文化活动的策划与实施

一、制定社区文化实施流程

社区文化活动流程通常分为“五步骤”，即计划制订、方案策划、活动准备、活动实施、检查总结（见图 14－4）。

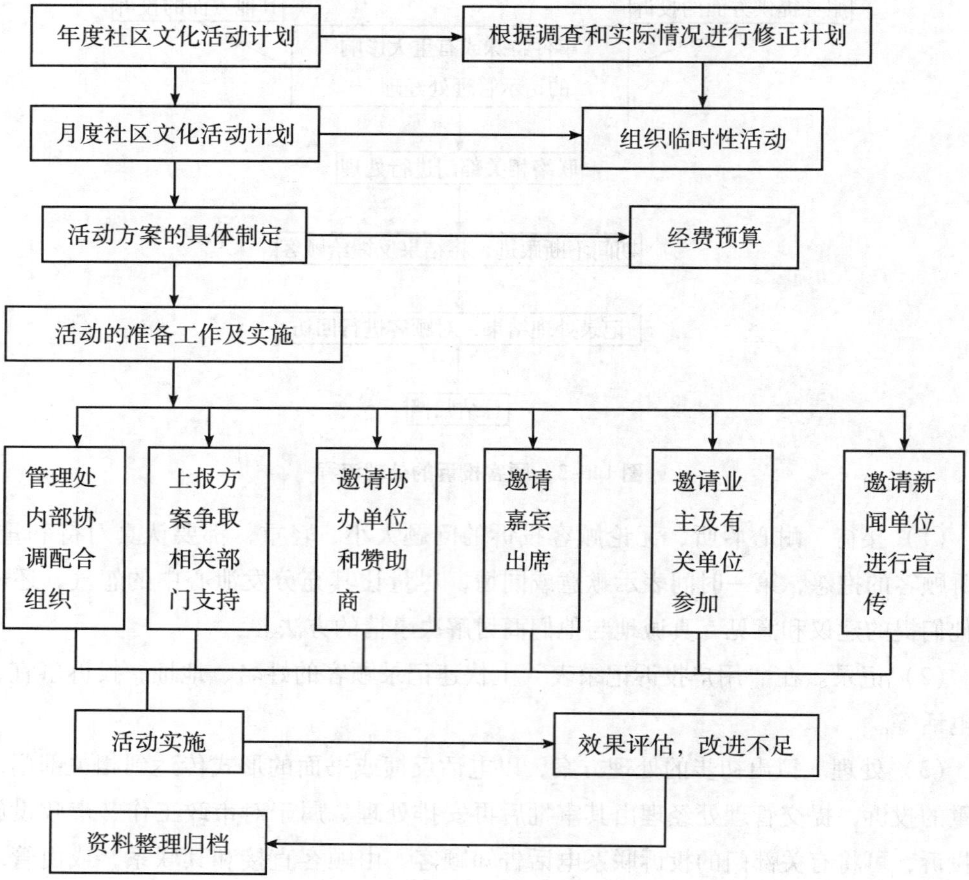

图 14－4　社区文化活动流程图

二、社区文化实施工作步骤

社区文化实施工作步骤见表14－1。

表14－1 社区文化实施工作步骤

<table>
<tr><th>序号</th><th>工作步骤</th><th colspan="2">工作说明</th><th>备注</th></tr>
<tr><td rowspan="5">1</td><td rowspan="5">制定活动方案并报批</td><td colspan="2">开展本次活动的依据及开展的目的和预期效果</td><td rowspan="5">通过对业户的访问和调查，确定活动内容覆盖的范围和对象</td></tr>
<tr><td colspan="2">对活动的开展形式进行可行性分析</td></tr>
<tr><td colspan="2">制订活动方案：活动名称、时间、地点、内容、规模、目标参加者构成</td></tr>
<tr><td colspan="2">填写“社区活文化活动实施计划表”及费用估算</td></tr>
<tr><td colspan="2">把活动方案和计划表报管理处给公司领导或社区文化部领导审批</td></tr>
<tr><td rowspan="3">2</td><td rowspan="3">方案策划</td><td colspan="2">确定活动内容后对可利用资源进行分配和申请活动经费</td><td rowspan="3">合理地利用商家的赞助</td></tr>
<tr><td colspan="2">进行合理的人员分工</td></tr>
<tr><td colspan="2">预测活动时的不可预见因素并制定相应的办法</td></tr>
<tr><td rowspan="2">3</td><td rowspan="2">活动准备</td><td>大型游园表演活动</td><td>外出参观</td><td>小规模活动</td></tr>
<tr><td>1．制定活动规则
2．制定各类资料（如活动报名表、邀请函、演出节目单、入场券、兑奖券、活动通知海报、工作人员证）
3．活动各项安排细则、分工实施安排表、现场人员分工，（保安：现场秩序、人流疏散路线；清洁：现场保洁）由管理处经理召集有关人员开会，任务明确落实到人
4．宣传资料：海报、横幅
5．场地气氛布置方案（水电：灯光、音响；助理：气氛、表演及游戏道具、活动设施）
6．联系交通、场所、演出及其他相关单位
7．用品采购和分类包装：包括奖品、饮料
8．根据实际情况适当物色赞助商
9．与活动相关的培训</td><td>1．制定活动规则，确定参观路线及行程安排
2．活动各项安排细则、分工实施安排表、活动现场人员分工，由管理处经理召集有关人员开会，任务明确落实到人
3．活动宣传资料：海报、横幅
4．联系、落实交通、参观单位、就餐场所
5．活动报名
6．费用结算</td><td>在大型游园表演活动基础上减少工作程序</td></tr>
</table>

续上表

序号	工作步骤	工作说明		备注
4	活动现场控制	1. 工作人员着装要求：工作服和工作人员证 2. 保安人员先到现场维持秩序和看管器材 3. 现场人员协调分工：总监、接待人员、咨询人员、司仪、灯光音响、保安、清洁、医疗、后勤人员（现场布置、道具搬运、催场）、兑奖人员、游戏工作人员、摄影，保证人人到位，并能互相进行有效联系 4. 活动进度控制（含台前、幕后控制）：保证节目衔接有序进行、台前信息反馈结合活动进行公司管理处形象宣传	1. 注意参加人员的安全 2. 每到一个景点，购买门票及联系接待人员或讲解员 3. 恰当安排参观时间和内容	在大型游园表演活动基础上减少工作程序
5	总结	1. 用品清点入仓 2. 进行内部总结 3. 上报活动书面总结 4. 整个活动所有费用结算 5. 将活动的有关资料和图片进行归档和公布 6. 对业户进行抽查，了解活动成效和满意率并填写“社区文化活动实施效果评估表”		

【实习建议】

1. 跟班实训。

选择服务管理理念先进、管理水平高，以及管理高档的物业示范小区的物业公司进行顶岗实习，跟踪物业管理人员进行值班、巡楼，观察各种岗位的物业管理工作人员的服务管理和方法技巧，特别是服务的礼仪与态度、程序与方法，处理纠纷的艺术、各种表格资料的正确填写与使用等，并做好记录。虚心向专业管理人员请教，定期参与管理人员的心得交流会、讨论会，获得物业服务管理的感性认识，从而了解物业服务管理的程序、方法与技巧，提高服务管理的水平。

2．方案或制度设计。

参与物业服务公司服务管理方案的设计活动，或在教师指导下经过自己在物业公司的调研，并利用物业管理实训室的资料进行服务管理的方案或制度的设计工作，从而熟悉服务管理的方案或管理制度的设计业务。

3．模拟实习。

通过实训室软件资源进行服务管理礼仪、程序和方法的模拟实习，了解物业服务管理的基本业务流程与处理方法和技巧，熟悉物业服务管理业务的概况等。

4．分析案例。

通过物业服务管理的案例，主要是对影响物业服务质量的服务环节、程序、方法进行理论论证和实践的反思总结，找到物业服务的规律，并研究业主需求和物业服务管理环境的变化，不断提高物业服务的要求和物业管理企业内部的管理要求。通过以案例评析的方式进行分析，也可以了解物业服务管理中常见问题的诊断与处理的方法技巧，以及管理制度上如何完善的途径。

【思考题】

1．实施顾客满意战略有哪些要点？
2．服务质量控制方法有哪些？
3．接待与沟通的形式有哪些？
4．有效处理投诉的工作要点和原则是什么？
5．请结合实习设计一个社区文化活动方案。

第十五章　物业服务收费管理实务

【学习目标】

领会： 物业服务收费标准的确定；服务费收取的方法及催收。
掌握： 物业管理服务费的构成；物业管理成本控制的方法。
应用： 日常财务的内部控制。

第一节　物业服务费的基本知识

一、物业服务费的概念

物业服务费是指物业服务企业按照物业服务合同的约定，对房屋及配套设施设备和相关场地进行维修、养护、管理，维护相关区域内的环境卫生和秩序，向住户收取的费用。

根据《物业服务收费管理办法》规定，物业服务收费应当区分不同物业的性质与特点分别实行政府指导价和市场调节价。具体定价形式由省、自治区、直辖市人民政府价格主管部门会同房地产行政主管部门确定。

根据《物业服务收费管理办法》规定，住户与物业管理企业可以采取包干制或者酬金制等形式约定物业服务费用。物业服务收费方式有包干制和酬金制两种。

二、物业服务费的构成

依据2004年1月1日起施行的《物业服务收费管理办法》（发改价格〔2003〕1864号）的规定，物业服务成本或者物业服务支出构成一般包括以下方面。

（一）管理、服务人员的工资、社会保险和按规定提取的福利费

管理、服务人员的工资、社会保险和按规定提取的福利费是指物业服务企业向所聘用的管理、服务人员按月发放的工资和按工资的14%提取的职工福利费。具体包括基本工资、津贴、福利基金、保险金、服装费及其他补贴等，不含奖金。

（二）物业共用部位、共用设施设备的日常运行、维护保养费

物业共用部位、共用设施设备的日常运行、维护保养费主要是指门厅、楼梯间、电梯间、走廊通道、室外墙面、屋面、供水管道、排水管道、照明灯具、电梯、邮政信箱、避雷装置、消防器具、道路、绿地、停车场库、化粪池、垃圾箱等的维修养护费用及公共照明费等。

（三）物业管理区域清洁卫生费

物业管理区域清洁卫生费是指物业管理区域内公共区域的清洁卫生费，包括清洁用具、垃圾清理、水池清洁、消毒灭虫等费用，有时还包括单项对外承包费，如化粪池清淘等。

（四）物业管理区域绿化养护费

物业管理区域绿化养护费是指物业管理区域绿化的养护费用及开展此类工作所购置的绿化工具及绿化用水、农药、化肥、杂草清运、补苗等费用。

（五）物业管理区域秩序维护费

物业管理区域秩序维护费是指物业管理公共区域的秩序维护费。包括安全监控系统、设备、器材的日常养护费等。

（六）办公费

办公费是指物业服务企业开展正常服务工作所需的有关费用，如交通费、通信费、低值易耗办公用品费、节日装饰费、公共关系费及宣传广告费。

（七）物业服务企业固定资产折旧费

物业服务企业固定资产折旧费是指物业服务企业拥有的各类固定资产如交通工具、通信设备、办公设备、工程维修设备等按其总额每月分摊提取的折旧费用。

（八）物业共用部位、共用设施设备及公众责任保险费

为从经济上保障物业管理区域内水电、电梯等设施遭受灾害事故后能及时进行修复和对伤员进行经济补偿，物业服务企业必须对这些建筑物及设备设施投财产保险和相关责任保险，对于险种的选择是由所管物业的类型、性质来决定的，但必须考虑住户的意愿和承受力。

（九）经业主同意的其他费用

经业主同意的其他费用是指经与业主协商，其同意包括在物业服务费中的内容。

应当注意的是，物业共用部位、共用设施设备的大修、中修和更新改造费用，应当通过专项维修资金予以列支，不得计入物业服务支出或物业服务成本。

三、物业服务收费的计算方法

物业服务收费的计算单位为每月每平方米建筑面积。已办理房产证的，以房产证记载的建筑面积为准，包括套内建筑面积和分摊的共有建筑面积；房产证未记载建筑面积或未办理房产证的，以物业买卖合同约定的建筑面积为准。

四、物业服务费的交费主体、交费时间的规定

物业竣工验收备案合格交付使用前发生的物业管理相关费用，由开发建设单位承担。物业竣工验收备案合格交付住户后发生的物业服务费，由住户承担；但开发建设单位与住户约定由开发建设单位承担物业服务费的，由开发建设单位承担。物业管理区域内未售出空置房屋的物业服务费，由开发建设单位交纳。

五、物业服务收费依据

（一）物业服务合同的约定

根据《物业服务收费管理办法》第十条规定："建设单位与物业买受人签订的买卖合同，应当约定物业管理服务内容、服务标准、收费标准、计费方式及计费起始时间等内容，涉及物业买受人共同利益的约定应当一致。"第十四条规定："物业管理企业在物业服务中应当遵守国家的价格法律法规，严格履行物业服务合同，为业主提供质价相符的服务。"

（二）法律规定

《中华人民共和国民法典》（以下简称《民法典》）第九百四十四条规定："业主应当按照约定向物业服务人支付物业费。物业服务人已经按照约定和有关规定提供服务的，业主不得以未接受或者无需接受相关物业服务为由拒绝支付物业费。业主违反约定逾期不支付物业费的，物业服务人可以催告其在合理期限内支付；合理期限届满仍不支付的，物业服务人可以提起诉讼或者申请仲裁。物业服务人不得采取停止供电、供水、供热、供燃气等方式催交物业费。"

《物业管理条例》第四十条规定："物业服务收费应当遵循合理、公开以及费用与服务水平相适应的原则，区别不同物业的性质和特点，由业主和物业服务企业按照国务院价格主管部门会同国务院建设行政主管部门制定的物业服务收费办法，在物业服务合同中约定。"第四十一条规定："业主应当根据物业服务合同的约定交纳物业服务费用。业主与物业使用人约定由物业使用人交纳物业服务费用的，从其约定，业主负连带交纳责任。"

《最高人民法院关于审理物业服务纠纷案件具体应用法律若干问题的解释》第六

条规定："经书面催交，业主无正当理由拒绝交纳或者在催告的合理期限内仍未交纳物业费，物业服务企业请求业主支付物业费的，人民法院应予支持。物业服务企业已经按照合同约定以及相关规定提供服务，业主仅以未享受或者无需接受相关物业服务为抗辩理由的，人民法院不予支持。"第七条规定："业主与物业的承租人、借用人或者其他物业使用人约定由物业使用人交纳物业费，物业服务企业请求业主承担连带责任的，人民法院应予支持。"

《物业服务收费管理办法》第十五条规定："业主应当按照物业服务合同的约定按时足额交纳物业服务费用或者物业服务资金。业主违反物业服务合同约定逾期不交纳服务费用或者物业服务资金的，业主委员会应当督促其限期交纳；逾期仍不交纳的，物业管理企业可以依法追缴。业主与物业使用人约定由物业使用人交纳物业服务费用或者物业服务资金的，从其约定，业主负连带交纳责任。物业发生产权转移时，业主或者物业使用人应当结清物业服务费用或者物业服务资金。"

第二节　物业服务的成本控制

一、成本控制的含义

成本控制有广义和狭义之分。狭义的成本控制是指物业管理企业在提供管理服务的过程中，按照既定的成本预算，对实际发生或将要发生的各项物业管理成本开支进行严格的计算、限制和监督，及时揭示实际成本与其预算之间的差异，并积极采取措施予以纠正，使实际成本限定在预算范围之内。广义的成本控制除包括狭义的成本控制外，还包括对成本的分析与考核，通过总结经验，为降低以后的物业管理成本提供参考。

综上可知，物业管理成本控制具有三层含义：一是对目标成本本身的控制；二是对目标成本完成的控制和过程的监督；三是在过程控制的基础上，着眼于未来，为今后成本的降低指明方向。

成本控制在成本管理中起着重要的作用。物业管理企业开展成本的控制，可以事先限制各项费用和消耗的发生，有计划地控制成本的形成，使成本不超过预先制定的标准，达到降低成本、提高效率和效益的目的。

二、成本费用控制的程序

在物业管理企业，成本费用的控制一般由以下步骤组成。

（一）指定标准

成本费用的控制标准或目标，是对各项费用支出和资源消耗规定的数量界限，是进行成本费用控制和考证的直接依据。在现实中，常用控制标准有成本费用预算（包括责任预算）和消耗定额等。

（二）执行标准

控制标准的落实，涉及运用相应的控制手段如做凭证控制和制度控制等，对成本费用的形成过程进行具体的监督，即审核各项费用的开支和各项资源的消耗，实施各种节约措施，保证控制目标的实现。

（三）分析差异

差异是指实际耗费与既定标准之间的差额，分为有利差异（节约）和不利差异（超支）两种。一般而言，差异的形成原因不外乎主观和客观两个方面，分析的目的是为了总结导致有利差异的经验，发现造成不利差异的根源。

（四）纠正偏差

针对造成差异的原因，由相关部门和人员提出降低成本费用的新措施，并予以贯彻落实。

（五）考核奖罚

考核一定时期内成本费用目标的执行情况，并依据考核评价的结果，给予相应的奖励或处罚，以充分调动有关部门和人员的积极性。

三、成本费用的日常管理

（一）严格执行预算控制

采用费用手册形式，对成本费用实行总额控制。这一凭证控制方法能使责任部门随时了解各项费用支出的数额及指标余额，如发现支出过多，可及时查明原因，采取措施节约开支。

（二）建立健全费用开支审批制度

成本费用开支需经过一定的审批手续，这也有助于控制成本费用水平。物业服务公司应结合国家有关的法律法规及各项费用开支特点，制定自身的开支审批制度，明确各项费用的审批部门和各部门的审批权限。

（三）建立健全费用报销审批制度

对每一笔费用的报销，都应通过审核原始凭证进行控制。一般而言，审核的重点为凭证的真实性、合理性、完整性。经审核确认无误后，方能予以报销；手续不全的要求补办手续；违反制度规定的不予报销。

四、年度收支预算的操作

在每年的年末或年初，物业服务处经理须根据所管物业的面积及上一年度的收支情况来预算本年度可收入的物业服务费。同时，根据上一年度的支出情况，对当年的预测做出年度支出预算。

年度可收入的物业服务费收入预算包括三部分：上一年度的欠款×预算的收费率；本年度应收（已销售面积的物业服务费+空置房面积的物业服务费）×预算的收费率；各项的经营收入及提供特约服务的收入。为便于详细掌控情况，全年预算收入可分解成半年物业服务费预算、季度物业服务费预算及月收入物业服务费预算。

年度物业服务费支出测算的操作：物业服务处按公司管理层下达的财务支出预算计划结合物业服务处实际情况编制月支出预算、季度支出预算、半年支出预算及年度支出预算。

五、物业管理企业成本管理与控制的对策

（一）运用价值工程

价值工程又称价值分析，是指通过集体智慧和有组织的活动对产品或服务进行功能分析，使目标以最低的总成本，可靠地实现产品或服务的必要功能，从而提高产品或服务的价值。

价值工程的核心思想是通过对选定研究对象的功能及费用分析，提高对象的价值。这里的价值，指的是反映费用支出与获得之间的比例，用数学比例式表达如下：

价值=功能÷成本

提高价值的基本途径有五种：提高功能，降低成本，大幅度提高价值；功能不变，降低成本，提高价值；功能有所提高，成本不变，提高价值；功能略有下降，成本大幅度降低，提高价值；提高功能，适当提高成本，大幅度提高功能，从而提高价值。

（二）追踪作业成本

追踪作业成本就是控制作业成本。目前，物业管理企业的成本控制一般都是简单地控制单位或部门成本，就是以责任会计控制、标准成本制度等为核心，依据组织机构的职能、权限、目标和任务来划分责任中心，形成纵横交错的责任控制系统。横的方面建立按职能部门划分的责任费用中心，纵的方面建立总部、物业服务处（项目中心）二级责任中心。这种控制方法的局限性就是不易分清许多不属于单一职能部门但又具有关联性和同质性的费用的归属，容易造成不同责任中心为了本部门或本单位的利益而损害企业整体利益，成本控制难以达到全局的最优。作业成本控制是着眼于成本动因，依照资源耗费的因果关系进行成本分析。从成本计算的角度看，它是以作业

为核算对象，而不是以为物业服务处（项目中心）为核算对象，这样就能从整体上控制作业或工作成本。控制作业成本有助于物业管理企业树立“以住户为中心”的管理思想，并改变传统成本管理只注重成本本身水平高低的状况，使物业管理企业着眼于成本效益水平的高低，以资源的消耗是否对住户发生价值增值作为评价成本管理水平的标准，而不再以成本本身水平高低为标准。

（三）完善细节管理

细节出效益。物业管理企业要降低成本，就必须完善细节管理。物业管理企业的成本呈现出“点多、面广、线长”的特点，这些特点除了要求规范和完善物业管理企业成本管理的思路、成本管理的政策、成本管理的制度外，也要求更多地关注成本管理的细节，要将成本管理的重点锁定在管理和服务中的每一个细节。关注细节就是要克服成本管理中的“跑冒滴漏”现象，要从控制一度电、一滴水、一张纸抓起。物业管理企业的每个岗位、每个成本发生点都要制定耗费标准，要责任到人，日常消耗和所发生的费用要分别建立台账，每月底由专人计算汇总，进行量化考核。要通过多种形式、采取多种途径让员工懂得控制成本细节的技巧和方法。让人人动脑筋、个个想办法，群策群力，集思广益，防堵成本管理中的“管涌”。

（四）降低组织成本

组织成本是影响物业管理企业成本的一个重要因素，也是物业管理企业易在成本控制中所忽略的。组织成本可以分为静态和动态两部分。其中静态部分就是一个组织本身结构所决定的成本；而动态部分则是指一个组织在运作过程中，由于机制不同导致组织效率不同，从而引起成本不同。因此，降低组织成本，要从以下两方面入手。

1．要完善组织结构，也就是完善组织的硬件部分

一个物业服务处（项目中心）内部组织机构如何设置，对物业管理成本的发生影响很大。现阶段各物业服务公司下属的物业服务处（项目中心）内部的组织机构基本趋同。物业管理企业应针对项目的特点、住户的需求进行仔细分析，然后有针对性地进行组织设计，做到力求合理。同时，也要根据市场的变化、住户需求的变化，不断调整组织结构。

2．要完善运作机制，也就是完善组织的软件部分

一个物业服务处（项目中心）内部组织机构设置后，物业服务处按照什么样的程序和流程进行运作才能达到效率最高，从而降低运行成本，这也是物业管理企业要认真研究的。如要完善决策机制与业主的沟通机制、日常服务机制、员工的激励机制、员工的进出机制等。此外，还要完善现有会计制度的成本科目设置和归集工作制度，实现会计核算、全面预算、成本控制的有效结合。

（五）提升科技含量

首先，应提升物业管理服务手段的科技含量，包括配备高科技的设施设备，以提升管理服务效率，降低服务成本。其次，要运用先进的管理方法，包括在物业管理和服务过程中对人、财、物的调度，对管理和服务过程的组织运用系统工程、运筹学、目标管理、全面质量管理、价值工程等现代化管理方法，以降低管理和服务成本。再次，提升物业管理企业成本管理本身的科技含量，包括运用信息化技术，逐步解决成本管理中成本预测、成本分析、成本评估等工作。利用会计核算电脑化和网络化的优势，根据责任会计核算的要求，利用数据库建立成本信息库等。最后，提高人员素质，建立精通管理会计、擅长成本控制的员工队伍。人员素质的高低是决定成本控制工作成败的一个关键因素。

（六）发挥集中优势

发挥集中优势，就是物业管理企业在成本控制过程中，下属物业服务处（项目中心）不能各自为政，要发挥企业总部的功能和作用，实现全企业范围内的资源和信息共享。如对一些通用强、耗用量大、供货时间快的物料，通过总部的招标与投标实现“三定管理”（定价格、定型号规格、定供货商），通过规模采购降低物料采购成本，通过零库存降低库存成本。对一些规模较大的物业管理企业，可建立自身的物料配送中心。为了降低人力成本，特别是技术人员成本，可根据物业管理工作偶然性强、均衡性差等特点成立专业团队，实现人力资源的科学调度和共享。对于一些工具的使用，也可在一定范围内实现共享，从而降低物耗成本。

第三节　物业服务费收缴的管理

一、物业服务收费的原则

《物业管理条例》第四十条对物业服务收费做出了原则规定：“物业服务收费应当遵循合理、公开以及费用与服务水平相适应的原则，区别不同物业的性质和特点，由业主和物业服务企业按照国务院价格主管部门会同国务院建设行政主管部门制定的物业服务收费办法，在物业服务合同中约定。”

（一）合理原则

物业服务收费水平应当与我国经济社会发展状况和群众现实生活水平协调一致，既不能超出住户的实际承受能力，也不能一味降低收费水平，进而造成住户房屋财产的贬损和制约群众生活水平的提高。因此，研究和确定物业服务收费标准，应当面向实际，客观决策。一方面，要深入宣传，增强住户物业管理消费意识；另一方面，要强调住户应当具备的公共意识。

（二）公开原则

2004年10月，国家发展改革委员会、建设部联合颁布《物业服务收费明码标价规定》明确物业服务收费属于《价格法》调整范围，应当明码标价，物业管理企业应在物业管理区域内的显著位置，依法向住户公示物业管理企业名称、物业服务内容、服务标准、收费项目、收费计价方式和收费标准。

（三）收费与服务水平相适应原则

要求物业服务收费与服务水平相适应，就是要求价质相符，住户花钱买服务必须买得公平合理，符合等价交换原则，物业管理企业的经营作风必须诚实信用，提供的服务质量必须货真价实，接受消费者的监督。

二、物业服务费收取的方法及催收

（一）物业服务费的收取方法

物业服务费的收取是预收的性质，按《物业管理条例》的有关规定，经约定可每季度收取一次（若住户要求逐月缴交，物业服务处须尊重住户的意愿）；物业服务处通常都要代收水费及公共水电分摊费用。

物业服务费的计算公式为：

物业服务费的金额 = 住户的建筑面积 × 物业服务费单价

计算好物业服务费后，应在公告栏内张贴收取物业服务费的通知（如属首次收取，应同时张贴物价局核准的物业服务费收费标准）并按户派发交费通知单到户内或信箱，收费通知中应注明本期收取物业服务费的起讫日期，物业服务费的单价及金额；收费通知单应设置备注栏，写明物业服务费交费地点、办公时间、交费期限及查询电话，逾期未交物业服务费的，物业服务处将按服务合同约定的规定收取滞纳金。

要确保下属物业服务处较好地完成收费任务，物业公司应向小区下达收费指标，制定奖罚制度；能否完成收费指标，收费员平常是否及时催收相当重要，但收费员已发出催收通知后，在住户仍拒付的情况下，物业服务处就应从管理服务中找原因了。

（二）业主拖欠物业服务费的原因分析

（1）物业服务质量原因。当物业服务质量不能满足业主的需求，或者提供的服务质量不合格，未达到业主的期望时，业主最常用的抗争手段就是拒交物业服务费（法律上可上升到履行合同抗辩权）。

（2）业主自身原因。一是业主的支付能力，当业主因为个人或家庭出现重大变故时，一时经济困难，无法按时支付物业服务费。二是习惯与观念，及对物业服务企业职责的错误定位等。有的业主认为，物业服务企业就是小区的大管家，小区内的诸项事务都应管理并管好，将小区出现的漏水渗水、油烟排放不畅、噪音等问题，都归咎于物业服务人员的失职，进而拒交物业服务费。

（3）开发建设单位原因。部分业主会把对开发建设单位的不满，如房屋质量差、水电设计不合理、配套设施不完善等迁怒到物业服务企业。

（4）外部环境原因。一些业主把因市政施工造成的交通不便、停水停电、噪音污染等导致的居住环境质量下降归责于物业服务企业。

针对上述拒交物业服务费的情形，物业服务处一是要加强物业管理的舆论宣传，使之逐步深入人心并得到广大群众的支持和赞同；二是加强物业管理法规的建设，特别是要制定物业管理收费的实施细则，减少物业管理收费争议；三是通过市场竞争，实行优胜劣汰，提高物业管理服务质量，使业主乐意交费，接受服务；四是提高物业质量和其他服务质量，消除业主对物业管理服务质量等的抱怨情绪，从而提高业主交费的自觉性和警觉性。

（三）物业服务费的催收工作

1．及时递送催缴款通知单

在业主入住协议中约定通过小区信箱投递各项收费通知单，业主在指定的收费日期须按时缴交，逾期可按物业服务合同或物业服务协议约定收取滞纳金。指定的收费期结束后，物业服务处应及时向欠款户发出催款通知单，顾及部分业主不查看信箱，物业服务处可将催款通知书用快递或上门的形式送达给业主；对于部分居住在其他地方的业主，物业服务处应通过电话、微信、电子邮件等方式向业主催收物业服务费。

2．采用多种方式收费，为业主交费提供方便

从提高工作效率，方便业主交费的角度考虑物业服务公司应为业主提供多渠道的交费方式，如银行托收、支付宝/微信转账交费和物业服务企业 APP、小程序服务端交费等方式。

3．加强法制意识，追讨拖欠费用

一般来说，收楼时与业主签订入住协议中应约定业主须及时足额交物业服务费。如果业主未能在规定时间内交费，物业管理企业有权收取未付款项的利息，并征收一定的滞纳金，以弥补由于拖欠引起的额外工作成本。当上期费用被拖欠时，物业服务公司应向业主发催款通知单，并要求业主签收；催款单应注明拖欠款的滞纳金，提请业主及时交费，以免带来经济上的损失。对于非恶意的欠费户，可考虑不收滞纳金；对于一些拒不交费的“钉子户”，则要严格依照法律执行起诉并做好催款的记录及证据的保存工作，如保存好业主签收的欠款通知单或通过寄挂号信的方式保存催款证据。对于一些困难户，则可以考虑给予适当的优惠。

第四节　物业管理费测算

一、物业管理费测算概述

制定科学合理的物业管理费收费标准是物业服务管理的重要工作之一，如何做到科学测算、质价相符和有据可依，为物业服务管理工作的正常开展提供了保障。

物业管理费的测算常用两种方法，即列举法和倒推法。列举法通常是根据预定的物业管理标准计算物业成本，进而测算物业管理费单价；倒推法是根据预定的物业管理费单价，测算出合理的物业管理服务标准。实际工作中，一般是两种方法结合使用，互相印证。列举法中所预定的物业管理服务标准是根据被测算物业的基本情况及客户需求和物业服务定位要求来制定的；而倒推法中所预定的物业管理费单价是根据对当地物业管理行业情况进行考察、调研、分析，参考当地同类型、同档次物业收费价格的基础上核定。

为了测算的方便，将所有费用按物业管理服务的性质和专用设备等分别归类核算，可分为：人工费用、行政费用、财产费用、物料消耗、小区公共费用和其他。

测算过程要注意两个差异：一是南北差异，即南北地域在设备、设施方面的不同，比如采暖、园林绿化等，从而带来的费用测算上的差异；二是法规差异，即各地在物管政策、劳动法规、保险条例、征收税率等方面不同而带来的费用测算上的差异。

物业管理费测算公式为：

物业管理费单价＝所有费用的总和÷参加测算的物业收费总面积

其中，参加测算的物业收费总面积的确定以开发商提供的物业资料（以提供给销售部门的售楼面积为准，如有当地政府土地资源规划管理部门所批复的《竣工查丈报告》，则以此报告为准）。若购房合同中面积已包括分摊公共面积，则按此面积直接统计；个别地区法规要求合同中按套内面积计或按套计，则应加入分摊管理费面积。

二、物业管理费具体测算方法

以下以物业服务行业常用的列举法对物业主要成本的构成和测算细节进行介绍。

（一）人工费用的测算

1．组织架构的确定

根据物业项目经营管理的规模、复杂程度、智能配套、楼宇类型、数量、档次、功能及设施设备、周边环境，以及委托方对物业管理服务的要求等实际情况，对组织架构、岗位编制进行预测。

2. 人工费用的测算

根据确定的组织架构，遵循相关法律法规及公司《薪金福利标准》进行人工费用的测算。人工费用包括：工资、奖金及双薪、工资附加费、社会保险费、补贴及过节费、其他费用。

（1）工资的测算。

根据确定的组织架构，按照公司《薪金福利标准》的规定进行人员工资的测算。

（2）奖金及双薪的测算。

根据确定的组织架构，按照公司《薪金福利标准》的规定进行奖金、双薪的测算。

（3）工资附加费的测算。

按照政府规定及公司《薪金福利标准》进行工资附加费的测算。工资附加费计提的标准按国家规定的标准计提。

（4）社会保险费的测算。

按照当地劳动部门的规定进行社会保险费的测算（一般户口所在地与非户口所在地的标准差异较大，在测算时请注意区分）。

（5）补贴及过节费的测算。

根据确定的组织架构，按照公司《薪金福利标准》的规定进行补贴、过节费、上下班交通补贴的测算。

（6）其他。

其他主要指未列入以上五项但计入人工费用的，如员工活动费用等。

（二）行政费用的测算

（1）低值易耗品购置费用。

（2）管理处办公用水用电费。

水费包括使用水费用和饮用水费用两项。

使用水费金额＝使用量（立方）/月×水费收费单价

饮用水金额＝饮用水（桶）/月×桶饮用水单价

电费包括照明用电费用和办公电器用电费用两项。

照明用电费用＝办公照明设备的功率×每天实际使用时间×电费收费标准

办公电器用电费用＝空调等办公设备的功率×每天实际使用时间×电费收费标准

（3）办公设备维护费用。主要指复印机、传真机、打印机、空调等设备每月的保养费。

（4）通信费。即物业管理处所需的通信费用，包括手机费、电话费、网络通信费、其他通信费用、对讲机等。

（5）公务车辆费。根据管理服务业务的需要，确定每月固定外出办事的车辆费用。

（6）交际应酬（公关维护）费。

（7）电脑维护费用。根据管理处配置的电脑数量以及管理处业务的需要确定电脑维护费，包括电脑的升级、维护费用、网络使用费、软件开发费用的分摊等。

（8）报刊资料费。因管理需要订购资料、书籍、报纸、杂志等所需的费用。

（9）咨询及诉讼费。聘请法律顾问的费用分摊，业主拖欠管理费向法院提请诉讼的诉讼费。

（三）财产费用的测算

1. 折旧费用

管理处正常管理服务需要所购置的固定资产（单价在2 000元以上，使用年限超过一年），按使用年限进行折旧。

固定资产包括：

（1）办公设备。如电脑、复印机、传真机、打印机、空调、电视机、保险柜等。

（2）清洁绿化工具。如洗地机、吸尘吸水机、打蜡机、剪草机、高压清洗机等。

折旧费用＝固定资产的原值÷固定的使用年限÷12月

2. 资产的摊销

管理处前期发生的开办费按《物业委托管理合同》的合同期限进行分摊。

开办费主要包括：前期购置办公设备用品的费用；机电维修费；工具、清洁用品费；绿化清洁工具费；以及办公场所的装修费等。

分摊费用＝开办费发生的总额÷委托的管理期限÷12月

3. 固定资产的修理费

前期购置的固定资产，按固定资产折旧的15%计提修理费。

4. 员工宿舍租金

为公司员工提供住宿所需的费用；如若地产公司免费提供住宿，此项费用不计。

5.（财产）保险费

保险费＝(须投保的公共设施、设备）总金额×保险费率÷保险受惠物业的总面积

为公共设施、设备购买保险是业主及物业服务公司规避风险的一种手段，必须投保，必须计提。业主如有异议，须经业主大会决定并形成法律文件，否则物业服务公司会因未尽管理责任而丧失物业管理资格。

（四）物料消耗的测算

（1）服装费的测算。按照服装的制作成本和使用年限进行分摊。

（2）保安物料消耗。根据物业管理所需配置的保安器材，按照实际使用年限进行摊销。

（3）保洁物料消耗。根据物业管理所需配置的保洁材料，按照实际使用年限进行摊销。如保洁项目外包，此项费用的金额以外包协议规定的金额为准。

（4）环境、绿化物料消耗。根据物业管理的绿化面积及绿化品种，按养护的需要测算材料的消耗。包括楼道绿化盆栽放置及裙楼绿化、施肥、杀虫、植物药剂、小区消杀等。

（5）物业维修物料消耗。根据小区配置的设施、设备的清单，按照设备的每天实际运行情况进行维修物料消耗的测算。

（五）小区公共费用的测算

1．公共电费

根据小区设施、设备的清单，按照设备的功率、每天实际工作时间进行公共电费的测算。

（1）电梯系统电费。

电梯电费＝电梯数量×电梯功率×30天×电梯每天的使用时间（折算成小时数）×电费单价（元/度）

电梯通风、照明、降温电费＝电梯通风、照明、降温等设备的数量×功率×30天×每天的使用时间（折算成小时数）×电费单价（元/度）

（2）公共照明系统电费。包括：室内照明、室外路灯、大堂、楼道、走廊、消防楼道、停车库、小区公共景观等所有照明系统的电费。

公共照明系统电费＝照明器具的功率×30天×相应照明电器的每天的使用时间（折算成小时数）的总和×电费单价（元/度）

（3）供配电系统电费。变压器的电费因各地供电收费政策可能会有差异，依各地供电部门的收费标准为准，或按以下公式计算：

公式Ⅰ：变压器的电费＝［变压器基本电费（总容量不同，基本电费有所差别）＋超出基本电量的实际使用电量］×电费单价

公式Ⅱ：变压器的电费＝变压器功率×电费单价×24小时×30天

（4）消防系统电费。

消防水泵电费（按每季度检修2.5小时计算）＝消防水泵的数量×消防水泵的功率×电费单价×2.5小时÷3月

送、排烟风机电费（元/月）（按每季度检修2.5小时计算）＝送、排烟风机数量×送、排烟风机功率×电费单价×2.5小时÷3月

中央控制室电费＝中央控制室所有电器的功率×30天×每天实际工作时间×电费单价

（5）给排水系统电费。

供水变频泵、潜水泵使用的电费 = 泵的功率 × 数量 ×30 天 × 每天实际工作时间 × 电费单价

（6）泳池系统电费。收费泳池不计此项。

泳池系统电费 = 循环系统的功率 ×30 天 × 每天实际工作时间 × 电费单价

2. 公共水费

（1）绿化水费。根据小区绿化面积确定，如根据体系要求，每月平均浇水 15 天，每次浇水渗透土壤 3 厘米。

绿化水费 = 绿化面积 ×0.03 ×50% ×15 天 × 水费单价（含排污费、加压费）

（2）清洁用水水费。根据清洁面积测算：

清洁用水水费 = 估算每天用水量 ×30 天 × 水费单价（含排污费、加压费）

（3）泳池用水水费。收费泳池不计此项。根据泳池容积测算泳池水费：

泳池用水水费 = 泳池容量 ×3 次（每年换水 3 次）÷12 月 × 水费单价（含排污费、加压费）

（4）小区景观用水水费。根据小区景观的数量测算：

小区景观用水水费 = 小区景观每天耗用水量 ×30 天 × 水费单价（含排污费、加压费）

3. 电梯运行费

电梯保养费为小区所有电梯每月保养费单价的总和。如果每部保养费单价相同，则

电梯保养费 = 电梯保养费单价 × 电梯数量

电梯年检费：

电梯每月年检费 = 每部电梯年检费用的总和（或电梯年检单价相同时为单价 × 电梯数量）÷12 月

4. 公共设施养护费

根据小区配置的设施设备清单，按照设施设备的使用寿命及保养周期进行维修费用的测算。

5. 社区文化费用

根据小区的年度社区文化计划确定所需的费用。

6. 垃圾清运费

根据小区每天的垃圾量确定：

垃圾清运费 = 垃圾量（桶）× 收费单价

（六）其他

1. 税金的测算

根据国家规定计提：

税金＝（1 项、2 项、3 项、4 项、5 项合计金额）×税率（一般按6%）

2．管理酬金的测算

按照当地政府规定的比例计提管理酬金。

管理酬金＝以上包括税金在内的所有费用×酬金提取比例（8%～10%）

3．不可预见费用

该项费用按总支出的一定比例计提。

不可预见费用＝（1 项、2 项、3 项、4 项、5 项合计金额）×3%（参考值）

（七）计算各类物业管理费的收费标准

根据测算出的总成本，按各类分摊管理面积，填写物业管理费构成明细如表 15－1 所示，计算出各类物业管理费的收费标准。

表 15－1　物业管理费构成明细表

单位：元/月

项目	人工费用	行政费用	财产费用	物料消耗	小区公共费用	其他	分摊面积	收费标准
住宅								
商业								
写字楼								
会所								
别墅								
学校								
合计								

值得注意的是，对于大型楼盘、商业或城市综合体，物业用途的多样性将使物业管理费的成本测算较复杂，成本的构成会因管理服务需求、建筑条件、设备设施硬件情况等有着不同的成本和测算的技术方法。

另外，各类管理费的测算还应参照当地政府制定的《物业收费指导标准》及政府最高限价相关规定来执行。

【实习建议】

1．编制方案。

参与物业公司的财务收支预算方案编制、收费制度设计、物业管理费催缴方案设计等活动，或在教师指导下，利用物业管理实训室的资料进行财务收支预算方案的编制工作，从而了解物业公司的财务管理业务。

2. 模拟实习。

通过实训室软件资源和财务管理资料进行财务管理活动模拟实习。了解物业财务管理的基本业务流程和处理方法，熟悉物业财务管理业务的基本流程、财务报表编制等基本知识。

【思考题】

1. 成本费用控制的程序有哪些?
2. 成本费用的日常管理有哪些内容?
3. 结合实习，分析一下住户拒交管理费的主要原因，并设计一个管理费催收工作方案。

第十六章　档案资料管理

【学习目标】

领会： 物业档案资料的基础知识。

掌握： 物业档案资料的收集处理。

应用： 物业档案资料的整理。

第一节　物业档案资料的基础知识

一、物业档案及物业档案管理

（一）物业文书

物业文书是指在物业管理活动中产生的用来传递各部门意见、交流思想、表达意愿、行使权利、对外联系等产生的一系列文件资料。如物业服务企业在运作管理中可能产生的收发文、请示、报告、批复等文书。

（二）物业档案

物业档案是指物业管理机构在物业管理的全部活动中直接形成有利用价值的、作为原始记录保存下来以备查考的文字、图像、声像以及其他各种方式和载体的文件材料的总和。物业档案的形式是多样的，从文种形式看，有公文、合同、证书、书稿等；从形体上看，有纸张、磁带、胶卷等；从记录方法看，有手写、复印、摄影、录像等；从表达方式上看，有文字、图像、声音等；从内容看，有住户档案、物业档案、服务档案等；从形式与内容的结合方式看，有图、档、卡、册、表、证、软件、声像材料等。

（三）物业档案管理

物业档案管理包括物业管理机构在物业管理活动中，对管理服务事项的原始记录进行收集、整理、归档和利用，在某一时点上，及时、准确、全面地反映物业实物形态、使用状况的有关资料与数据，为物业管理提供客观依据和参考。

（四） 物业文书与物业档案的区别

物业文书可以转化为档案，但文书与档案是有区别的。档案是直接的、原始的历史记录，文件是现行的，丧失现实效用才能转化为档案；档案是第一手的原稿，以物业档案中物业修缮工程的审批表、费用结算单为例，它们是修缮过程中形成的表格，由工作人员在实际工作时填写、审批人员核准，是未经任何加工、改动的真迹，这就是档案原始性的体现。在维修工程进行时，物业文书具备现行效力，属于一种文件，但是在工程验收、费用核算清楚后，便成了对历史的记录，转化为档案，体现出档案的历史性。

但是并非所有的文书资料都转化为档案，如重复的文件、没有查考价值的信封和通知卡、与物业管理各项业务无关的群众来信、无保存价值介绍信、便条、录音带、录像带等都没有利用价值，因此不转化为档案。

二、物业档案的特点及作用

（一） 物业档案的特点

1. 形成领域较为局限

物业管理工作涉及的方面很具体：管理的对象是物业，服务的对象是物业的业主或租用人。因此，在物业管理活动中形成的物业管理体制专门档案的文书材料必定形成于与物业有着密切联系的领域。

2. 动态性较强

物业可能需要进行维修、养护，业主可能因物业的买卖、交换、继承等权属变更而变更，租用人更有可能因租赁关系的改变而频繁变动，因此，相对应的物业及租用人的文书材料也要不断地添加到档案中去，使物业管理档案动态性较强。

3. 组成档案的文书材料较为稳定

物业管理工作虽然烦琐但并不复杂，每一项物业管理活动在卡上正轨后就按照一定的程序重复进行，因此所形成的档案的文书材料也比较稳定，且常常具有统一的规格样式。

4. 完整性

物业管理专门档案是以一个物业单位为对象组织案卷的，该物业不管发生何种变化，所产生的文书材料都须添加进去，因此，每一份档案案卷都是一个有机的整体，全面反映了一个物业单位的变迁过程，体现出一种完整性。

5. 与人们的日常生活息息相关

物业管理活动是围绕人们的日常生活而开展的，物业档案随着物业的装修、租赁、再装修、再租赁活动的需要而不断地被调阅。

6. 公开性和隐秘性并存

物业档案和某些档案如产权档案、人事档案相比，具有一定的公开性，因为物业档案记录着有关物业及对物业进行管理的情况，这部分档案内容对与本物业有关的所有人员都是公开的，如物业的维修档案，有关绿化、环卫、保安的档案等。但物业档案又具有一定的隐秘性，因为它也包含着大量的隐私内容和一定的公司机密，这部分档案内容是不便于公开的，如住户的个人资料、物业中各个单元的产权资料、公司的重大决策等。

（二） 物业档案在物业管理中的作用

物业档案最重要的内容是物业管理专门档案，它包括两个部分：一是物业本身的档案，包括开发建设成果的记录与物业公司接管后对物业进行维修养护和更新改造情况的记录；二是物业业主和租用人的档案，包括住户的姓名、家庭成员情况、工作单位、联络电话或地址、租金、管理费缴交情况等。物业档案的作用主要体现在这两部分档案上，具体表现在以下三方面。

第一，物业本身的档案是物业管理中维修养护、更新所必不可少的重要依据。

第二，物业业主和租用人档案是物业服务公司开展管理服务的前提和基础。通过这部分档案，物业服务公司可以全面了解物业业主和租用人的情况和需求，从而为物业业主和租用人提供各种有针对性的服务和开展适当的经营活动。

第三，物业档案具有一定的凭证作用。如安全监控录像档案，它真实地记录着某时某刻有何人进出过该幢大楼，当有必要查询当时该幢大楼档案室的出入情况时，安全录像档案就是最有力的凭证。

第二节 物业档案资料的收集处理

一、物业文书材料的形成

（一） 形成物业文书材料的来源

物业文书材料产生于物业管理各业务环节的每个运作过程，每一环节都产生相应的文书材料。

1. 物业的承接查验材料

（1） 房产资料。包括房屋、设备及其附着物业清单、清册及表格等。

（2） 技术资料。包括竣工图纸、地质勘查报告、工程预决算书、图纸会审记录、竣工验收证明书、总平面图、平面图、房屋及设备使用技术资料等。

（3）接管资料。包括公用设施（设备）验收情况、验收合格凭证、物业移交管理书及房屋、公用设施、设备及图纸承接查验清单、物业完好情况、接管文件等。

2．住户（租户）入住材料

住户（租户）入住材料包括楼房验收交楼表、房屋装修申报表、装修保证书、入住通知书、住户房屋交结单、住户入住合约、身份证明材料、发证情况登记表、用户情况登记卡（表）等。

3．物业租赁材料

物业租赁材料包括租赁合同、物业权属证明材料、房屋安全鉴定材料、同意出（转）租文件、委托书、公证书、证明、报告、分户图等。

4．物业维修材料

物业维修材料包括维修审批表、修缮图纸、验收合格证明、修缮工程许可证、工程预结算表、安全鉴定书、材料单等。

5．物业经营管理材料

物业经营管理材料包括公司经营发展文件、小区管理文件、小区建设文件、合资、合作文件等。

6．物业管理处员工花名册

物业管理处员工花名册包括管理体制处工作人员相片、工作人员及水电技工证复印件等。

7．物业设备仪器管理材料

物业设备仪器管理材料包括设备设施购买、安装、使用、维修文件等。

8．物业管理服务材料

物业管理服务材料包括房屋维修文件、设备运行情况文件、住户接待资料（含投诉与回访记录）、其他的相关资料等。

9．其他管理材料

其他管理材料是指在物业管理过程中具有管理指导性、行政性的文件资料和内部流转、传递的文字材料。通常有上级主管部门的有关指令、信息、企业质量手册、程序文件等。

（二）形成物业管理文件材料的基本要求

1．物业管理工作的手续和程序必须标准化，每个工作环节必须做好记录

物业管理文件材料产生于物业管理工作的每一个环节，每一道手续和程序都产生相应的记录。如果物业管理工作的手续和程序不标准或没有相应的标准可参照，或有了标准不执行，而造成物业管理文件材料不齐全或不标准，事后是很难全面、准确补回的。

物业档案本质之一是它的原始性记录，它是物业管理过程中自然产生的，而不像

图书、文献是在事后编辑加工。因而在工作过程中必须随时做好记录，某些工作中没有记录下来的数据材料是无法补救的。例如，某日某领导视察某小区，如果当时没有进行录像、录音，事后就不能再产生一样的录音、录像了。

2. 物业管理使用的载体材料必须规范和适宜长期保存

文件制成材料是承受并反映文件内容的物质材料，它由承受文件内容的载体材料和反映文件内容的记录材料组成。文件的载体材料主要有纸张、照片和音像材料（含光盘），文件记录材料主要有墨、墨汁、墨水、墨水笔、油墨、印台油、印泥、复写纸、铅笔、圆珠笔、感光材料、磁性材料等。

物业档案就制成材料来说，它与物业管理文件材料是相同的。因而要有标准规范的档案实体，就必须要求物业管理过程中使用标准化的载体材料。

文件材料转化为档案进行长期或永久保存，其载体材料要宜于长期或永久保存，即必须选用耐久性能好的纸张和音像材料。

3. 物业管理使用的记录材料、记录手段、记录技术必须科学

物业管理文件材料转化为物业档案时其所记录的内容不能修改和删节。具体要求如下：

（1）书写要工整、清晰，要用碳素墨水、黑色油墨、蓝黑墨水或档案专用笔等耐久性好的记录材料，不得用或尽量不用普通圆珠笔、铅笔或复写纸等不耐久的记录材料。

（2）文件编制要使用国家规定的简化汉字、专业术语、符号和计量单位。

（3）文件编制必须有编制（记录）时间、地点，有编制人签字，重要文件要有领导审批，须盖公章时应及时盖上公章。

（4）在不能避免复写纸复写的情况下，要保留书写版本；有些传真文件则要进行复印后一起保存，或要求传真者事后提交原件。

二、物业管理文书材料的积累

（一）文书材料积累的方法

文书材料的积累工作一般由物业管理人员自行完成，并进行登记。积累的方法是：落实责任人、定期收集、收集齐全、分类存放、简要登记。

（二）文书材料积累的要求

物业管理文件材料在积累时应注意：文书材料的积累范围要符合物业档案的归档范围；在积累过程中，尽可能保留文件正文和原件；在无法保存原件的情况下，应注明复印件出处；积累的文件一定要进行登记，供有关人员使用时，要有借用手续，并严格执行有关规章制度。

三、物业管理文书材料的归档

物业管理文书的归档是指物业管理机构及个人在物业管理过程中形成、积累的有保存价值的文书材料，由业务部门整理立卷，定期交本单位档案室集中管理的过程。

（一）归档范围

基层物业管理处日常运作形成的，反映物业状况、业主和住户变迁以及物业管理部门的管理、服务、经营活动情况，具有查考选用价值的各种形式的文件材料都作为物业档案资料的归档范围。正在办理或暂不办理的案卷和项目未完成的文件材料，不属归档范围。

根据收集、积累的物业文书进行归类整理如下：

（1）物业清册，即全面反映所有物业单元的自然状况及权属状况的文书材料。包括房屋的栋数、户数、面积、结构、完损情况、产权归属、使用性质等文件材料。

（2）物业维修材料，物业中各单元在进行维修时所产生的一系列文书材料。包括单元范围内的维修申请审批表、工程预决算表、用料单、施工图、验收证明材料，公共范围内的维修、大修材料归入基本建设档案内等。

（3）物业租赁材料，物业管理部门在开展租赁业务时所形成的原始文书材料。包括租赁审批表、租赁合约、计租表、租金缴交情况表、租赁双方身份证明材料、租赁房屋产权证明材料等。

（4）业主、住户的资料，反映物业中各单元的业主及住户的具体情况的文书材料。包括房屋交接单、楼房验收交楼表、住户入住合约、业主身份证复印件、用户情况登记卡（表）、房屋装修申报表、发证情况登记表户主类型（住户或租户）等。

（5）工程技术档案资料（含产权）。包括规划图纸、项目批文、用地批文；建筑许可证、投资许可证、开工许可证；拆迁安置资料；竣工总平面图；地质勘查报告、开竣工报告、图纸会审报告；工程合同、工程预决算；工程设计变更通知；竣工图（单体建筑、结构及隐蔽工程竣工图，消防、燃气等工程及地下管网竣工图）；房屋消防、燃气竣工验收证明书；主要材料质量保证书，新材料、购配件的签订合同证书；水、电、消防等设备的检验合格证书及设备技术资料；砂浆、混凝土块试压报告；绿化工程竣工图；各类房屋清单；出售房屋的产权范围或成本核算清单；公用设施设备及公共场地清单；未完工房屋公用设施设备及公共场地的竣工日期；产权方面的资料；其他工程技术资料。

（6）服务档案资料。服务档案一般又可细分为住户服务档案、装修档案、维修档案、治安交通管理档案、设备设施管理档案、绿化清洁卫生管理档案、社区文化档案等资料。

（7）业主及住户服务档案。包括业主意见调查、统计结果，业主接待记录，业主投诉及处理记录，回访记录等；装修档案资料：二次装修申请表、装修责任书，施工企业资质证明、装修人员登记表，室内装修设计平面图，装修竣工图等；维修档案资料：维修申请记录、回房记录，维修派工单，公共设施巡检记录等；治安交通管理档案：巡检记录、交接班记录、值班记录、巡逻路线，日常抽检记录、查岗记录、闭路电视监控系统录像带，进出入记录、应急处理记录，车辆管理记录、车辆详细资料等；设备设施管理档案：公用设备设施维修保养计划，公用设备设施维修保养记录，机电设备运行、巡查记录，设备分承包方资料，公用设备设施台账及更新记录等；绿化清洁卫生管理档案：清洁班检记录、周检记录，绿化工作记录、检查记录，消毒、杀虫记录，绿化病虫害检查记录等；社区文化档案：社区文化创建构想、组织活动计划及实施情况记录，社区文化活动图片等记录内容，传媒报道资料，文化活动场所、设施台账及使用记录等（以上初步形成的文书材料，经确定为没有查考价值或利用价值的不列入档案范围）。

（8）其他管理档案。在物业管理日常工作中形成的一些公务性、行政性、指导性的管理文件资料。一是行政文件，包括财务文件，人事管理记录、文件，政府主管部门文件，内部管理规章制度、通知、签报等文件。二是管理指导文件，包括质量手册、程序文件（质量）、环境手册、程序文件（环境）、作业文件等。三是业主委员会相关资料，下属管理处业主委员会筹备成立文件及业主委员会成立后的运行文件等。

（二）档案保管的期限

确定物业档案保管期限的具体标准如下：

（1）永久保管的物业档案。凡是反映物业公司或管理处主要活动和历史面貌，对公司工作或社会各界具有长远利用价值的物业档案，应列为永久保管。

（2）长期保管的物业档案。凡是反映公司一般工作活动，较长时间内对公司或社会各界有利用价值的物业档案，应列为长期保管。

（3）短期保管的物业档案。凡在短时间内对公司有参考利用价值的物业档案，应列为短期保管。

（4）凡在各项工作中形成的照片、录音带、录像带、计算机磁盘、光盘等声像机读档案，保管期限按与其相符的文件条款保管期限执行。

档案的保管期限分为以上永久、长期和短期三种，永久为50年以上，长期为16～50年，短期为15年以下。以某物业服务公司下属管理处常用文件材料保管为例，其期限划分见表16－1。

表16－1　某物业服务公司下属管理处常用文件材料保管期限划分

序号	文件材料名称	保管期限
1	住户资料	短期
2	房屋维修登记表、房屋装修报表	短期
3	业主及住户服务档案	短期
4	业主委员会成立文件，会议记录、纪要	短期
5	小区建设项目及种类配套设施的文件	长期
6	小区建设项目及种类配套设施的图纸	长期
7	优秀小区材料	长期
8	工作总结、工作计划	长期
9	工作会议纪要、记录	长期
10	规章制度	长期
11	管理指导文件	长期
12	管理处人员名册（一览表）、统计表	永久
13	重要照片	永久
14	各种奖励荣誉证书、奖状、锦旗、牌匾、馈赠物品、提词、字画	永久

（三）归档时间

各项工作完成后，对所形成的文书材料应及时进行整理、立卷并归档。对于一些马上就要查考利用的文书材料在工作完成后立即整理归档，如住户资料、物业技术方面的资料、房屋的常规资料。这样才便于管理人员熟悉房屋的栋数、户数、面积、结构、完损情况、产权归属、使用性质、设备安装、管道埋设情况以及住户和住户的家庭情况。

（四）归档要求

收集齐全，经过分类、立卷，并正确划分保管期限；案卷质量符合规范要求，卷内文书材料线条、字迹清楚、纸质优良；正确拟制案卷标题，填写案卷标题，填写案卷封面，归档文件目录、备考表。

（五）归档手续

建立和履行归档手续，有利于明确责任和义务，保证归档案卷的质量。编制归档材料案卷目录或移交清册，一式两份或三份，移交时按目录或移交清册清点，交接双方签字，各留一份（档案室可留两份），以便查考，归档材料中若遇有关问题需要说明时，可附说明材料。

第三节　物业档案资料的整理

一、全宗物业档案的分类

档案源于文件，在目前的档案管理工作中，文件完成了现行功效后要经过一个归档的过程才转化为档案，在这个过程中文件被组合成为案卷，而案卷又被归为不同的类别，在一层或多层次的“类”以上，最终所有文件都归属于某一个全宗。案卷是最小的档案保管单位，文件被固定在案卷内的某一位置后就基本上不再变动；全宗是最大的档案保管单位。

形成全宗的组织单位称为立档单位，又称全宗构成者。一个全宗单位的档案可以构成一个全宗。而确定一个组织单位是否可以构成立档单位，主要标志是看其在工作上、财务上和组织上是否具有一定的独立性。也就是说，一个组织单位如果具备了下列三个条件，它所形成的档案就可以构成全宗：一是可以独立行使职权，并能主要以自己的名义单独对外行文；二是一个会计单位或经济核算单位，自己可以编造预算或财务计划；三是设有管理人事的机构或人员，并有一定的人事任免权。

物业服务公司是专门对已建成投入使用的房屋及其附属设备设施、相关场地实施专业化管理，并为物业业主、使用人提供多方面、多层次的有偿服务和良好的居住，以及工作环境的独立核算、自主经营、自负盈亏，具有独立法人资格的经济实体。按照判断全宗构成者的三个条件，它应该是一个立档单位，而它所产生的全部档案也就构成一个物业档案全宗。物业管理处（小区）属物业公司的派出机构，其所产生的档案不能构成一个全宗，而属物业公司全宗的一部分（如图 16 – 1 所示）。

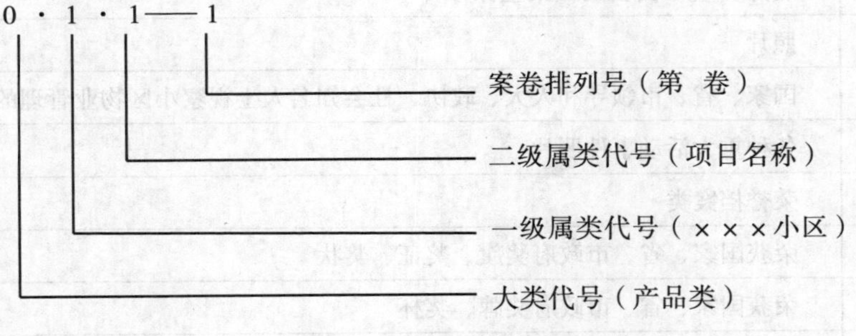

图 16 – 1　分类号示意图

全宗内物业档案分类是按照物业档案来源、时间、内容和形式的异同，把物业服务公司的全部档案分成若干类别，并组成体系，以利整理、保管和利用的过程。

分类应从物业档案形成的特点和物业档案成分的实际出发，按照文件在物业公司或各管理（小区）管理活动中原来形成的联系进行分类，最大限度地保持全宗内档案文件之间的历史联系；分类方案中同级的各类地位相等，内容上相互排斥、不能相互包容；分类应便于保管、检索和利用（如表16－2所示）。

表16－2　物业管理处档案分类表

分类号	类目名称
0	产品档案类
0.1	小区建设项目及各类配套设施的文件和图纸（按住宅、综合楼、教育设施、生活配套设施、文娱设施顺序排列）
0.2	优秀小区材料
0.3	业主委员会资料
0.4	住户资料及房屋维修任务书、委托书、协议书、合同书和登记表、装修报表
1	设备档案类
1.1	管理处的办公设备（含计算机、复印机）
1.2	管理处的电器设备（含空调机、电视机、音响设备、家电等）
4	行政管理类
4.1	工作计划和总结
4.2	会议纪要、记录
4.3	规章制度
4.4	各类统计表，人员名册（一览表）
4.5	其他
7	声像档案类
7.1	底片（统一由公司档案室保存）
7.2	照片
7.2.1	国家、省、市领导和人大、政协、社会知名人士视察小区物业管理的照片
7.2.2	各种重大活动事件照片
10	荣誉档案类
10.1	荣获国家、省、市政府奖旗、奖证、奖状
10.2	荣获国家、省、市政府奖牌、奖杯
10.3	领导及社会知名人士题词、条幅、字画
10.4	各类馈赠物品

根据目前物业公司的职能范围，物业公司的分类方案可设物业管理专门档案、党群工作、行政管理、经营管理、设备仪器、基本建设、科学技术研究、会计档案、干

部职工档案九个一级类目。这些一级类目能包括物业公司的全部档案，即全宗内的所有档案都能找到对应的大类（可参照《工业企业档案分类试行规则》）。

二、物业档案的立卷和编号

立卷就是将若干互有联系的档案文件组合成案卷，即档案基本的保管单位。案卷由两部分组成：一是经过整理的文书材料本身；二是整理过程中形成的卷内目录、卷内备考表、案卷封面封底、卷盒。卷内目录是指案卷内登记文件及其排列顺序的目录，通常排列在文件材料之前。卷内备考表是指说明案卷内文件状况的表格，通常排列在文件材料之后。

案卷有装订和不装订两种形式（本章主要讲述不装订形式的案卷）。物业档案的案卷有文字材料型（如党群工作类档案）、图样材料型（如基建档案）、图文混合型（如修缮档案）、声像材料型（如照片档案）四种类型。

（一） 物业管理专门档案的立卷方法

1. 租赁档案

租赁档案采用屋租赁单元立卷，即以一份租赁合约及其相关文件材料为一个立卷单位。如租赁合约签署的租赁地址为2503房，便将有关2503房的租赁文件材料组成一个案卷；如租赁合约签署的租赁地址为2503～2509房，便将有关2503～2509房的租赁文件材料组成一个案卷。原租赁关系解除后，房屋再次出租，所签署的租赁合约及其相关文件材料应另外组成新的案卷。同一房屋单元的不同时期组成的租赁档案的实体排架上并不集中在一起。租赁档案案卷内文件材料的排列按结论性材料在前、依据性材料在后，中文译文在前、原文附后，文字材料在前、图样在后的原则进行，如组卷时应将租赁合同排在最前面。

2. 住户（租户）档案

住户（租户）档案是以房屋单元为立卷单位，即在一段时间内一个房屋单元的住户资料，包括有关入住手续、家庭概况等文件材料组成一个案卷。这里的“一段时期内”指的是该房屋单元的住户资料积累到了一定厚度的时间段，对于不同的房屋单元其时间段长短不同。同一房屋单元的不同时期组成的住户档案的实体排架上并不集中在一起。住户（租户）档案卷内文件材料按时间顺序排列，即形成早的材料在前、形成晚的材料在后。

3. 修缮档案

修缮档案是以房屋单元为立卷单位，即在一段时期内同一单元的修缮材料组成一卷。如属公共设施或重大项目维修产生的档案归入基建档案类。同一房屋单元的不同时期组成的修缮档案在实体排架上并不集中在一起。修缮档案案卷内文件材料的排列同样按结论性材料在前、依据性材料在后，译文在前、原文附后，文字材料在前、图样在后的原则进行。

4. 物业房产档案

物业房产档案是以小区或管理处为立卷单位。

（二）卷内文件的编码

案卷内文件材料均以有书写内容的页面编写页号。页号编写位置为：单面书写的文件材料在右下角编写页号，双面书写的文件材料，正面在右下角背面在左下角编写页号。页号一律使用阿拉伯数字，字体要端正、清楚。案卷封面封底、卷内目录（原有图样目录除处）、卷内备考表不编写页号。

不是装订形式的案卷，两页以上的单份文件应单独装订和单独编写页号。不装订案卷内的文件应逐件加盖档号章（如表 16 - 3 所示）。

表 16 - 3

年度	案卷内文件的顺序号	部门	保管期限

（1）年度，如 2020 年。

（2）案卷内文件的顺序号，用阿拉伯数字从“1”起依次标注。

（3）部门，如小区的名称。

（4）保管期限，如永久、长期、短期。

（三）填写卷内目录

各类档案在立卷编号后对卷内文件材料逐一进行登记，以固定文件材料的顺序和便于查找文件，即填写卷内目录（如表 16 - 4 所示）。

表 16 - 4　物业档案卷内文件目录

部门______

件号	责任者	文号	题名	日期	页数	备注
1	×××管理处	××纪字〔2020〕第 001 号	周例会纪要	2003 0101	3	

卷内目录的内容及填写规范如下：

（1）件号，按文件的排列顺序，每份文件编一个顺序号。

（2）责任者，如部门名称。

（3）文号，指文件本身的文号。

（4）题名，指每份文件的题名（即文件标题）。

（5）日期，指每份文件正式生效日期。

（6）页数，指每份文件的实际页数。

（7）备注，指需要说明的事项。

（四）卷内备考表的填写

备考表用于填写卷内文件材料的件数、页次以及组卷和案卷使用过程中需要说明的发问（如卷内文件缺损、修改、书写材料不规范等），由立卷人具名，放在卷内文件之后。如果暂没有情况需要说明的，也要放一张备考表在卷末，以供日后档案部门记述案卷情况之用。

【实习建议】

1. 跟班实训。

在物业公司文员或档案员岗位进行顶岗实习，跟踪物业档案管理人员进行值班，收集、整理物业管理档案，并观察学习物业档案管理工作人员的档案处理方法技巧，特别是档案的收集、整理、归档和利用方法，并做好记录。虚心向档案管理人员请教，定期参与档案管理人员心得交流会、讨论会，获得物业档案管理的感性认识，从而了解物业档案管理的程序、方法与技巧，提高对档案管理在物业管理中的地位与作用的认识。

2. 模拟实习。

通过实训室软件资源和实物资源进行档案管理程序和方法的模拟实习。了解物业档案管理的基本业务流程和处理方法与技巧，熟悉物业档案管理业务概况等。

【思考题】

1. 谈谈你对物业文书、物业档案及物业档案管理的看法。
2. 结合实习谈谈物业档案的特点及作用。
3. 简述形成物业文书材料的来源。
4. 形成物业管理文件材料的基本要求有哪些？

课程导学　　期末总复习

参考文献

[1] 凯尔，等. 物业管理：案例与分析. 朱文奇，译. 北京：中信出版社，2001.

[2] 邹益华. 海外物业管理 [M]. 南京：东南大学出版社，2001.

[3] 陈才林. 物业管理职业经理人 [M]. 上海：上海社会科学院出版社，2002.

[4] 王在庚，白丽华. 物业管理学 [M]. 北京：中国建材工业出版社，2002.

[5] 宋林飞. 物业管理 [M]. 北京：社会科学文献出版社，2002.

[6] 黄福华. 现代企业物流运作管理 [M]. 长沙：湖南人民出版社，2001.

[7] 黄永安. 物业管理实务 [M]. 北京：中国建筑工业出版社，1999.

[8] 谢献春. 居住物业管理 [M]. 广州：华南理工大学出版社，2001.

[9] 方芳，吕萍. 物业管理实务 [M]. 上海：上海财经大学出版社，2001.

[10] 贺学良，等. 中国物业管理 [M]. 上海：文汇出版社，1997.

[11] 黄安永. 现代房地产物业管理 [M]. 南京：东南大学出版社，2002.

[12] 杨振标，等. 物业管理实务：下 [M]. 广州：中山大学出版社，2000.

[13] 韩强，魏小乐. 物业管理实用教程 [M]. 上海：上海远东出版社，1996.

[14] 盛承懋，等. 物业管理实习手册 [M]. 南京：东南大学出版社，2003.

[15] 黄安心. 物业管理原理 [M]. 重庆：重庆大学出版社，2010.

[16] 黄安心. 物业管理职业能力训练 [M]. 北京：清华大学出版社，2010.

[17] 郝时光. 物业管理职位工作手册 [M]. 北京：人民邮电出版社，2009.

[18] 滕宝红，李建华. 物业管理人员技能手册 [M]. 北京：人民邮电出版社，2009.

[19] 姚裕群. 职业生涯管理 [M]. 大连：东北财经大学出版社，2009.

[20] 李俊琦. 职业素质与就业能力训练 [M]. 北京：清华大学出版社，2009.

[21] 王健朴. 物业管理专业能力单元课程标准 [M]. 重庆：重庆大学出版社，2008.

[22] 于卉敏. 物业管理工作细化执行与模板 [M]. 北京：人民邮电出版社，2008.

[23] 唐海洲，欧阳晓东. 成功物业管理制度操作典范：第3卷 [M]. 长春：吉林摄影出版社，2002.

[24] 张野，邵小云. 物业管理处业户服务管理 [M]. 广州：广东经济出版

社，2009.

[25] 郭宗逵. 物业管理 [M]. 北京：化学工业出版社，2007.

[26] 陶婷芳，等. 国际物业管理透视与借鉴 [J]. 城市管理，2002，12 (4)：24 -27.

[27] 翁国强. 美国物业管理的主要特点及其楼宇星级管理模式 [J]. 中国物业管理，2003 (2)：62 -63.

[28] 宋如萍，王淑琴. 英国房地产物业管理现状及对我们的启示 [J]. 北京物价，2002 (12)：36 -37.

[29] 彭浩祥. 香港物业管理的发展历程 [J]. 北京房地产，1996 (3)：39 -40.

[30] 门晓红. 日本的"物业管理" [J]. 理论前沿，1998 (16)：18.

[31] 孟勇. 东方管理思想在企业人力资源管理中的实践："以雇员为本"的日本企业雇佣体系 [J]. 社会科学，2009 (3)：49 -55.

[32] 于军峰. 浅析物业管理纠纷的原因 [J]. 硅谷，2009 (8)：177.

[33] 黄安心. 物业管理导论 [M]. 北京：中国人民大学出版社，2020.

[34] 靳勤，黄安心. 物业管理基础 [M]. 武汉：华中科技大学出版社，2021.